万卷楼

国学经典

修订版

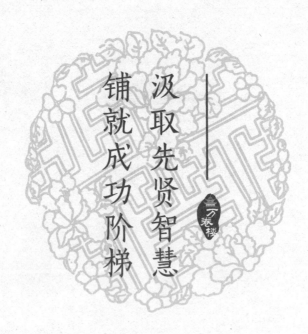

汲取先贤智慧
铺就成功阶梯

万卷楼

万卷楼国学经典
修订版

庄 子

[战国] 庄子 著

曹芳 编译

王珏 修订

北方联合出版传媒（集团）股份有限公司

万卷出版有限责任公司

2023年·沈阳

图书在版编目（CIP）数据

庄子 /（战国）庄子著；曹芳编译；王珏修订. 一沈阳：
万卷出版有限责任公司，2023.5

（万卷楼国学经典：修订版）

ISBN 978-7-5470-6205-0

Ⅰ.①庄… Ⅱ.①庄…②曹…③王… Ⅲ.①道家②
《庄子》—译文③《庄子》—注释 Ⅳ.① B223.54

中国国家版本馆 CIP 数据核字（2023）第 035392 号

出 品 人：王维良
出版发行：北方联合出版传媒（集团）股份有限公司
　　　　　万卷出版有限责任公司
　　　　　（地址：沈阳市和平区十一纬路 29 号　邮编：110003）
印 刷 者：辽宁新华印务有限公司
经 销 者：全国新华书店
幅面尺寸：170mm×240mm
字　　数：530 千字
印　　张：24
出版时间：2023 年 5 月第 1 版
印刷时间：2023 年 5 月第 1 次印刷
责任编辑：朱婷婷
装帧设计：徐春迎
责任校对：张　莹
ISBN 978-7-5470-6205-0
定　　价：58.00 元
联系电话：024-23284090
邮购热线：024-23284050

出版说明

"读万卷书，行万里路"这是中国古人"修身"的两条基本途径。晋代著名史学家陈寿给自己的书斋命名为"万卷楼"，此后，历代以"万卷楼"命名的书斋，由宋至清有数十家：宋代有方略、石待旦等；元代有陈杰、汪惟正等；明代有项笃寿、杨仪、范钦等；清代有孙承泽、黄彭年等。可见，"读万卷书"的理想在中国传统知识分子中是何等的根深蒂固。

读"万卷书"不仅是古人的理想，当我们懂得了读书的意义，都会自然而然地产生强烈的"博览群书"的愿望。然而，人类历史悠久，书籍浩如汪洋大海，时代发展到今天，科技与经济的发展更使得人类的精神领域空前丰富，获取信息与知识的途径不断增加。"万卷书"早已不再是一个象征性的概念，如何从这"万卷"之中，找到最值得细细品读的作品，已经成为人们必须解决的问题。

爱因斯坦曾说过："在阅读的书中找出可以把自己引到深处的东西，把其他一切统统抛掉。"这正是在阐述读书时选择的重要性。而他所说的把我们"引到深处的东西"无疑就是我们所需要深度阅读的作品，也就是我们常说的经典作品。

卡尔维诺对经典作出的定义之一是：经典就是我们正在重读的。的确，在对经典作品反反复复的品味中，人们思想得到了升华，从浅薄走向思考，最后走到通达。我们都曾有这样的感触，面对海量的书籍和信息，一方面，人们在向着功利性浅阅读大张其道，另一方面，我们的精神深处又在不断地呼唤能够滋养自己内心的深度阅读。因此，经典的价值不仅没有因为浅阅读时代的到来而有所损失，反而更显示出其珍贵来。

在惜字如金的中国传统典籍当中，从来不乏这种需要反复品味的经典。从先秦诸子到历代的经史子集，这些经典为一代代的中国人提供了取之不尽的精神滋养，为中华文化的传承和发展建立了基础。我们把这种包蕴中国文化的学问称为国学。国学的范围非常广泛，它包含了文学、历史、哲学、艺术、语言、音韵等在内的一系列内容。

包罗万象的国学经典为我们提供了广泛的教育。阅读国学经典，也就是在与我们的"先圣先贤"对话和交流，一步步地揳进我们的历史和传统。这个过程可以让我们领会先贤的旨趣，把握他们的神髓，形成恢宏的历史意识，可以让我们通晓文义、熟习经史、通彻学问，让我们成为博学之士。另一方面，国学经典所代表的传统学问，更是具有极为厚重的伦理色彩。阅读国学经典的过程，不仅是增进知识的过程，而且是一个熏陶气质、改善性情、提高涵养的过程，这个过程在潜移默化中培养着行谊谨厚、品行端方、敦品励行的谦谦君子。

当然，随着时代的发展，国学早已不再是人们追求事功的唯一法典，我们也不赞成对国学的功能无限夸大。但毫无疑问，阅读国学经典，必能促进我们对真、善、美的崇敬之心，唤起我们对伟大、深邃、美好事物的敏感和惊奇，同时也让我们了解到先贤们在探寻知识过程中思考的重大课题和运用的基本原则。这些作品体现着我们民族精神的精髓，如《周易》所阐述的"自强不息"的君子人格，《论语》所强调的"和而不同"的包容精神，《诗经》所培养的温柔敦厚的情感，《道德经》所闪耀的思辨智慧，等等，它们共同构筑了中华民族传统的精神范式。品读先贤留下的经典，恰如与他们进行一次次心灵的直接触碰，进而去审视我们自己的内心，见贤思齐，激浊扬清。

正是基于对国学经典的这种认识，我们精选了这套《万卷楼国学经典》系列丛书，以期引导步履匆匆的现代人走近国学经典、了解国学经典。在选编过程中，我们希望能够体现这样一些特点。

首先，我们希望这套丛书能够最具代表性。在选目中，我们注重于最经典、最根源的作品，在有限的时间内，把那些最具影响力，最应该知道的作品提交给读者。四书五经、先秦诸子、唐诗宋词等这些具有符号意义的作品无疑是最应该为我们所熟知的，因此，丛书所选的30种作品都是这些经典中的经典。

其次，我们希望能够做出好读的经典。在面对国学作品时，佶屈的文言和生僻的字词常让普通读者望而却步。所以，我们试图用简洁易懂的形式呈现经典，使读者可随时随地以自己的时间、自己的速度来进入阅读。因此，我们为原著精心添加了注音、注释和译文，使读者能够真正地"无障碍阅读"。同时，我们还邀请北京大学、南京大学、复旦大学等知名学府的古代文学方面专家对丛书进行了整体修订，对原文字句及标点进行核准，适当增删注释条目、校订注释内容，对白话翻译做进一步校订疏通，使图书内容臻于完善，整体品质得到了大幅度提升。作为一名读者，也许你会常常感慨，以前没有花更多的时间去读更多的经典，如今没有机会或能力来细读，但实际上，读经典什么时间开始都不算晚，"万卷楼"就是一个极好的途径。重读或是初读这些经典，一样可以塑造我们未来的生活。

第三，我们希望呈现一套富有美感的读物。对于经典而言，内容的意义永远排在第一位，但同时，我们也希望有精彩的形式与内容相匹配，因而，我们在编辑过程中选取了大量的古代优秀版画作为本书的插图，对图片的说明也做了精心设计。此外，图书的编排、版式等细节设计都凝聚了我们大量的思索。我们希望这套经典不只是精神的食粮，拥有文本意义上的价值，更能带来无限美感，成为诗意的渊薮。

"经典作品是这样一些书，我们越是道听途说，以为我们懂了，当我们实际读它们，我们就越是觉得它们独特、意想不到和新颖。"卡尔维诺经典的评论让人击节叹赏，我们也希望这套丛书能够彰显经典的价值，使读者在细细品读中真正融化经典，真正做到"开茅塞、除鄙见、得新知、增学问、广识见"。同时，经典又是可以被享受的。当我们走进经典之时，不能只作为被动的接受者，也可用个人自我的方式进入经典，做精神的逍遥之游，对经典作品进行贴近个体生命的诠释和阅读，在现实社会之中营造自由的人生意境和精神家园，获取一种诗意盎然的人生。

怎样阅读本书

原文： 根据权威版本，精心核校，确保准确性，对生僻字反复注音，使读者无障碍阅读。

插图： 精选历代精品古版画，美妙传神，增强美感。

图注： 以图释义，扩展阅读，丰富全书知识含量。

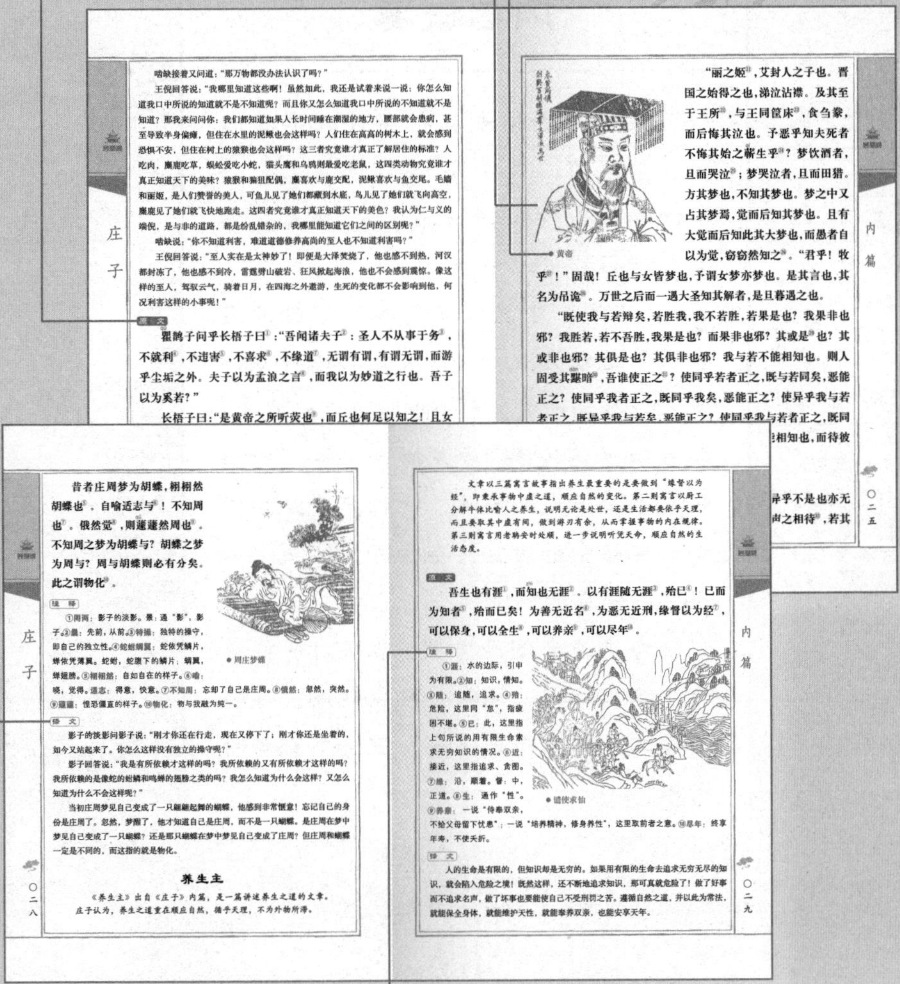

译文： 流畅、贴切，以现代白话完整展现原著全貌。

注释： 准确、简明，极具启发性。

啮缺接着又问道："那万物都没法认识了吗？"

王倪回答说："我哪里知道这些啊！虽然如此，我还是试着来说一说：你怎么知道我口中所说的知道就不是不知道呢？而且你又怎么知道我口中所说的不知道就不是知道？那我来问你吧：人们都知道如果人长时间睡在潮湿的地方，腰部就会患病，甚至导致半身偏瘫，但住在水里的泥鳅也会这样吗？人们住在高高的树木上，就会感到恐惧不安，但住在树上的猿猴也会这样吗？这三者究竟谁才了解居住的标准？人吃肉，麋鹿吃草，蜈蚣爱吃小蛇，猫头鹰和乌鸦嗜爱吃老鼠，这四类动物究竟谁才真正知道天下的美味？猿猴和雌猿相配，麋鹿和鹿交配，泥鳅喜欢与鱼交配。毛嫱和丽姬，是人们赞誉的美人，可鱼儿见了她们都藏到水底，鸟儿见了她们就飞向高空，麋鹿见了她们就飞快地跑走。这四者究竟谁才真正知道天下的美色？我认为仁与义的端倪，是与非的道路，都是纷乱错杂的，我哪里知道它们之间的区别呢？"

啮缺说："你不知道利害，难道道德修养高尚的至人也不知道利害吗？"

王倪回答说："至人实在是太神奇了！即便是大泽焚烧了，他也感不到热，河汉都冻结了，他也感不到冷，雷霆劈破山峦，狂风掀起海浪，他也不会感到惊惧。像这样的至人，驾临云气，骑着日月，在四海之外遨游，生死的变化都不会影响到他，何况利害这样的小事呢！"

庄子

〇二〇

原文

瞿鹊子问乎长梧子曰："吾闻诸夫子：圣人不从事于务，不就利，不违害，不喜求，不缘道，无谓有谓，有谓无谓，而游乎尘垢之外。夫子以为孟浪之言，而我以为妙道之行也。吾子以为奚若？"

长梧子曰："是黄帝之所听荧也，而丘也何足以知之！且女

"丽之姬，艾封人之子也。晋国之始得之也，涕泣沾襟；及其至于王所，与王同筐床，食刍豢，而后悔其泣也。予恶乎知夫死者不悔其始之蕲生乎？梦饮酒者，旦而哭泣；梦哭泣者，旦而田猎。方其梦也，不知其梦也。梦之中又占其梦焉，觉而后知其梦也。且有大觉而后知此其大梦也，而愚者自以为觉，窃窃然知之。'君乎！牧乎！'固哉！丘也与女皆梦也，予谓女梦亦梦也。是其言也，其名为吊诡。万世之后而一遇大圣知其解者，是旦暮遇之也。

"既使我与若辩矣，若胜我，我不若胜，若果是也？我果非也邪？我胜若，若不吾胜，我果是也？而果非也邪？其或是也？其或非也邪？其俱是也？其俱非也邪？我与若不能相知也。则人固受其黮暗，吾谁使正之？使同乎若者正之，既与若同矣，恶能正之？使同乎我者正之，既同乎我矣，恶能正之？使异乎我与若者正之，既异乎我与若矣，恶能正之？使同乎我与若者正之，既同乎我与若矣，恶能正之？然则我与若与人俱不能相知也，而待彼

庄乎？是亦一无穷，非亦一无穷也。故曰莫若以明……其好之也亦无已，无之相待，若

黄帝

内篇

〇二五

原文

昔者庄周梦为胡蝶，栩栩然胡蝶也。自喻适志与！不知周也。俄然觉，则蘧蘧然周也。不知周之梦为胡蝶与？胡蝶之梦为周与？周与胡蝶则必有分矣。此之谓物化。

注释

①罔两：影子的淡影。景，通"影"，影子边缘。②蜩：先前，从前。③待：独特的操守，即自己的独立性。④蛇蚹蜩翼：蛇腹下横鳞、蝉翼。蚹，蛇腹下横行的鳞片；蜩翼，蝉翅膀。⑤恶识：怎样知道。自知自在的样子？⑥喻：晓，觉。⑦适志：得意，快乐。⑧不知周：忘却了自己是庄周。⑨俄然：突然，忽然。⑩蘧蘧然：惊喜得意的样子。⑪物化：物与我融为一体。

译文

影子的淡影问影子说："刚才你还在行走，现在又停下了？刚才你还是坐着的，如今又站起来了，你怎么这样没有独立的操守呢？"

影子回答说："我是有所依赖才这样的吗？我所依赖的又有所依赖才这样的吗？我所依赖的是像蛇的腹鳞和蝉的翅膀之类的吗？我怎么知道为什么会这样呢？又怎么知道为什么不会这样呢？"

当初庄周梦见自己变成了一只翩翩起舞的蝴蝶，他感到非常惬意！忘记了自己的身份是庄周了。忽然，梦醒了，他才知道自己是庄周。而不知道究竟是庄周，梦中变成了蝴蝶呢？还是蝴蝶梦中梦见自己变成了庄周？但庄周和蝴蝶一定是不同的，而�这就是物化。

养生生

《养生主》出自《庄子》内篇，是一篇讲述养生之道的文章。

庄子认为，养生之道重在顺应自然，循乎天理，不为外物所害。

● 周庄梦蝶

庄子

〇二八

文章以三则寓言故事指出养生最重要的是要做到"缘督以为经"，即要顺本事物中虚之道，顺应自然的变化。第二则寓言以庖丁分解牛体比喻人之养生，说明生理当养乎于天，而且要紧其于虚假同列，做到游于虚实，从而了解事物的内在规律，第三则寓言用秦佚安慰老聃之死，进一步说明听从天命，顺应自然的生活态度。

原文

吾生也有涯，而知也无涯。以有涯随无涯，殆已！已而为知者，殆而已矣！为善无近名，为恶无近刑，缘督以为经，可以保身，可以全生，可以养亲，可以尽年。

注释

①涯：水的边际，引申为有限之意。知：知识，情知。②殆：疲困，追求。③恶：危险，这里指"恶"。④督：中，指后田不可耻之意。⑤经：此，这里指上句所说的用智寻求生命意义求穷知识的境界。⑥缘：随顺，这里指追求。⑦善：进作"性"。⑧恶：进作"性"。正道，依顺"性"。⑨养亲：一说"待养以亲，不使父母留下忧患"，一说"培养精神，修身养性"，这里取前者之意。⑩尽年：终享天年，不折寿。

译文

人的生命是有限的，但知识却是无穷的。如果用有限的生命去追求无穷的知识，就会陷入危险之境！既然这样，还不断地追求知识，那可真就危险了！做了好事而不追求美名，做了坏事也要避免受到刑罚的惩处，顺着自然之理，把它作为常规，就能保全身体，就能维护天性，就能奉养父母，也能安享天年。

● 缘督求物

内篇

〇二九

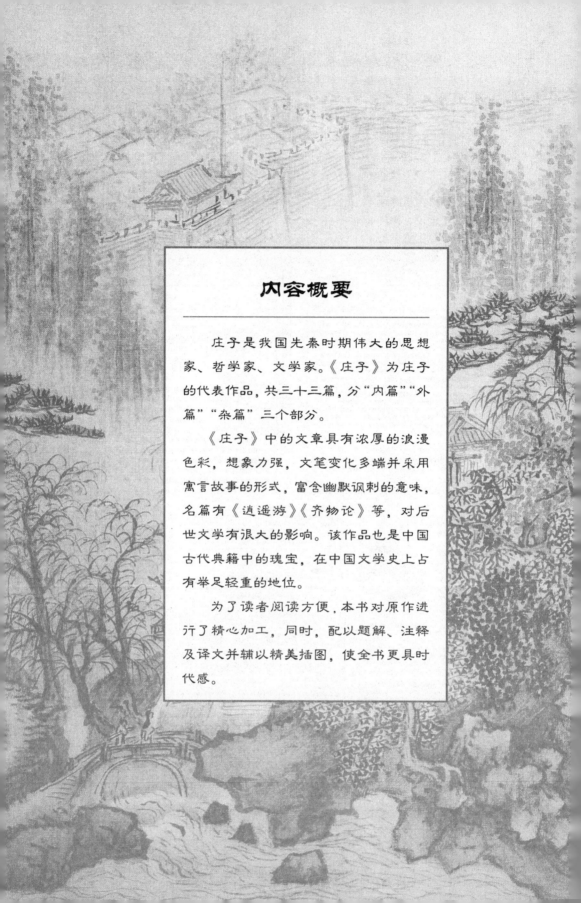

内容概要

　　庄子是我国先秦时期伟大的思想家、哲学家、文学家。《庄子》为庄子的代表作品，共三十三篇，分"内篇""外篇""杂篇"三个部分。

　　《庄子》中的文章具有浓厚的浪漫色彩，想象力强，文笔变化多端并采用寓言故事的形式，富含幽默讽刺的意味，名篇有《逍遥游》《齐物论》等，对后世文学有很大的影响。该作品也是中国古代典籍中的瑰宝，在中国文学史上占有举足轻重的地位。

　　为了读者阅读方便，本书对原作进行了精心加工，同时，配以题解、注释及译文并辅以精美插图，使全书更具时代感。

目录

内 篇

外 篇

内 篇

逍遥游①

《逍遥游》是《庄子》的首篇，表现了庄子追求绝对自由的思想。"逍遥游"即没有拘束、悠然自得地畅游于自然和社会。庄子认为，只有达到无己、无功、无名的境界，无所依凭而游于无穷，才是真正的"逍遥"。

庄子借鹏和蜩、学鸠等小动物的对比，阐述了"大"与"小"的区别，由此指出，高飞的大鹏、浮游的尘埃、御风而行的列子，它们都是"有所待"而不自由的，从而引出并阐释了"至人无己，神人无功，圣人无名"的道理。文章最后通过庄子与惠子就大与小、有用与无用、有待与无待等一系列哲学问题，说明不为世所用才能"逍遥"。文章想象奇伟，构思精巧，言语间透着浪漫主义的色彩。

另外，本文在写作方法上充分体现了庄子散文的特点。庄子寓理于寓言之中，文章整体上雄奇怪诞，其比喻也丰富多样，亲切自然，增强了文章的说服力；并且虚实结合，其种种寓言和比喻既有现实意味，又使文章呈现出光怪陆离的风貌。

原 文

北冥有鱼②，其名为鲲③。鲲之大，不知其几千里也；化而为鸟，其名为鹏④。鹏之背，不知其几千里也。怒而飞⑤，其翼若垂天之云⑥。是鸟也，海运则将徙于南冥⑦。南冥者，天池也⑧。

《齐谐》者⑨，志怪者也⑩。《谐》之言曰："鹏之徙于南冥也，水击三千里⑪，抟扶摇而上者九万里⑫，去以六月息者也⑬。"野马也⑭，尘埃也⑮，生物之以息相吹也⑯。天之苍苍⑰，其正色邪⑱？其远而无所至极邪^⑲？其视下也，亦若是则已矣。

　　且夫水之积也不厚^⑳，则其负大舟也无力^㉑。覆杯水于坳堂之上^㉒，则芥为之舟^㉓；置杯焉则胶^㉔，水浅而舟大也。风之积也不厚，则其负大翼也无力。故九万里则风斯在下矣^㉕，而后乃今培风^㉖；背负青天，而莫之夭阏者^㉗，而后乃今将图南^㉘。

　　蜩^{tiáo}与学鸠笑之曰^㉙："我决起而飞^㉚，抢榆枋而止^㉛，时则不至^㉜，而控于地而已矣^㉝，奚^{xuè}以之九万里而南为^㉞？"适莽苍者^㉟，三餐而反^㊱，腹犹果然^㊲；适百里者，宿舂^{chōng}粮^㊳；适千里者，三月聚粮。之二虫又何知^㊴！

　　小知不及大知，小年不及大年。奚以知其然也？朝菌不知晦朔^㊵，蟪蛄^{huì gū}不知春秋^㊶，此小年也。楚之南有冥灵者^㊷，以五百岁为春，五百岁为秋；上古有大椿^{chūn}者^㊸，以八千岁为春，八千岁为秋。此大年也。而彭祖乃今以久特闻^㊹，众人匹之^㊺，不亦悲乎？

●汤

　　汤之问棘也是已^㊻。穷发之北^㊼，有冥海者，天池也。有鱼焉，其广数千里，未有知其修者^㊽，其名为鲲。有鸟焉，其名为鹏，背若泰山，翼若垂天之云；抟扶摇羊角而上者九万里^㊾，绝云气^㊿，负青天，然后图南，且适南冥也。斥鷃^{yàn}笑之曰⁽⁵¹⁾："彼且奚适也？我腾跃而上，不过数仞而下⁽⁵²⁾，翱翔蓬蒿之间⁽⁵³⁾，此亦飞之至也。而彼且奚适也？"此小大之辩也⁽⁵⁴⁾。

　　故夫知效一官⁽⁵⁵⁾、行比一乡⁽⁵⁶⁾、德合一君而征一国者，其自视也^{⑤⑦}，亦若此矣。而宋荣子犹然笑之^{⑤⑧}。且举世誉之而不加劝^{⑤⑨}，举世非之而不加沮^{⑥⓪}，定乎内外之分^{⑥①}，辩乎荣辱之境^{⑥②}，斯已矣。彼其于世，未数数然也^{⑥③}。虽然^{⑥④}，犹有未树也^{⑥⑤}。

● 列子御风

夫列子御风而行^{⑥⑥}，泠然善也^{⑥⑦}，旬有五日而后反^{⑥⑧}。彼于致福者，未数数然也。此虽免乎行，犹有所待者也^{⑥⑨}。

若夫乘天地之正^{⑦⓪}，而御六气之辩^{⑦①}，以游无穷者^{⑦②}，彼且恶乎待哉^{⑦③}？故曰：至人无己^{⑦④}，神人无功^{⑦⑤}，圣人无名^{⑦⑥}。

注释

①逍遥游：悠然自得、无拘无束的样子。②北冥：即北海。冥，即"溟"。③鲲：这里指大鱼。④鹏：指传说中的大鸟。⑤怒：通"努"，奋发，奋起。⑥垂天：天边。垂，通"陲"，边。⑦海运：指海啸所引起的海波动荡，形容海动风起之时，大鹏可乘风南飞。⑧天池：天然形成的池子，这里指大海。⑨《齐谐》：书名，是一本出于齐国的志怪之书。⑩志：记述，记载。⑪击：拍，拍击。⑫抟：又作"搏"，表示拍打、盘旋上升。扶摇：海中回旋向上的暴风。⑬息：这里指风。⑭野马：好似野马的游气。⑮尘埃：大气中飞扬的灰尘。⑯以息相吹也：因气息的吹拂而飘荡。⑰苍：这里指深蓝色。⑱正色：真正的颜色。⑲邪：通"耶"。⑳且夫：助词，表示下文要进一步地论述。㉑负：载。㉒覆：倒。坳堂：屋前地上的凹坑。㉓芥：草，小草。㉔胶：动词，粘着，粘住。㉕斯：就。㉖培风：凭借风力。培，凭。㉗夭：折，挫折。阏：阻碍，阻止。㉘图：图谋，谋划。㉙蜩：蝉。学鸠：指斑鸠。㉚决起：迅急跃起的样子。㉛抢：冲，撞。榆枋：指树木。枋，檀树。㉜则：或。㉝控：投，落下。㉞奚以：哪里用得着。之：往，到。

为：疑问助词，犹“呢”。㉟**适**：去往，到。**莽苍**：近郊，郊野。㊱**反**：通“返”，返回。㊲**果然**：饱饱的样子。㊳**舂粮**：把谷物放在臼里，捣掉外壳，指准备粮食。㊴**之**：指示代词，这。**又何知**：又怎么会知晓呢。㊵**朝菌**：生命极为短暂的菌类，只有一个早晨。**晦朔**：指黑夜与平明。晦，每月的最后一天；朔，每月的第一天。㊶**蟪蛄**：寒蝉，春生夏死，夏生秋死。㊷**冥灵**：大龟名，与下文大椿并为神话传说。㊸**大椿**：树名，指椿树，传说是神树。㊹**彭祖**：传说中寿达八百岁的人物。㊺**匹之**：和他相比。㊻**汤**：商汤，商朝的建立者。**棘**：人名，指夏革，相传是商汤时的大夫。㊼**穷发**：不生草木的地方。㊽**修**：长。㊾**羊角**：形如羊角的旋风。㊿**绝云气**：穿越云气。绝，超越，越过。(51)**斥鴳**：生活在小池泽中的一种小雀。(52)**仞**：古代的长度单位之一。(53)**蓬蒿**：指低矮的草本植物。(54)**辩**：通“辨”，区别。(55)**效**：这里指胜任。(56)**行**：行为，品行。**比**：合于，合乎。(57)**其**：指上述三种人。(58)**宋荣子**：战国中期的思想家宋钘。**犹然**：嗤笑的样子。(59)**誉**：赞美、赞扬。**劝**：勉励，努力。(60)**非**：批评，指责。**沮**：消极，沮丧。(61)**分**：分际。(62)**辩**：通“辨”，辨别。(63)**数数**：着急，急促。(64)**虽**：即使。(65)**树**：立，树立。(66)**列子**：郑人，名御寇，战国时期的思想家。**御**：驭，驾驭。(67)**泠**：轻快，轻妙。(68)**旬**：十天。**有**：通“又”。(69)**待**：依赖，依靠。(70)**若夫**：至于。**乘**：顺，顺着。(71)**六气**：指阴、阳、风、雨、晦、明。(72)**无穷**：无始无终之境。(73)**恶**：何，什么。(74)**至人**：境界最高的人。(75)**无功**：不求功名。(76)**无名**：不求名望。

译 文

北海里有一种鱼，它的名字叫作鲲。鲲的体积很大，不知道有几千里。变成一种巨大的鸟，它的名字叫作鹏。鹏的背也不知道有几千里；大鹏奋起而飞，它的翅膀像是天边的云。这只鸟，海风起时就要飞到南海去。那南海，是天然形成的大池。

《齐谐》是记载怪异事件的书；《齐谐》中说：“鹏迁往南海的时候，翅膀拍打水面激起了三千里的波涛，它乘着狂风盘旋而上到九万里，凭借六月的大风离开北海。”野马般奔驰的游气，空中的尘埃，都是生物用气息吹拂的结果。天空苍茫湛蓝，那是它真正的颜色吗？天的高远难道就真的无穷无尽吗？鹏从高空向下看，也不过像这样罢了。

再说如果水积聚得不够深，那么它就没有力量托载大船。在庭堂前低洼的地方倒一杯水，放一根小草就可作船，而放置一个杯子就粘在地上了，这是由于水太浅而船太大了。如果风积聚得不够大，那么它负载巨大的翅膀就没有力量。所以鹏飞上九万里高空的时候，风就在它的下面，然后才乘着风向南飞；背负青天，并且没有什么能阻止它，然后计划着飞向南海。

蝉和斑鸠嘲笑大鹏说："我迅速飞起，触到榆树、檀树就停下来了，有时候飞不上去就落在地上罢了，何必要飞上九万里的高空再飞向南边呢！"去郊野的，只需准备三顿饭当天就回来了，肚子还是饱饱的；到百里以外地方去的，需要准备一夜的粮食；到千里以外的地方去的，需要准备三个月的粮食。这两只小虫鸟，又怎么会知道呢！

小智慧无法了解大智慧，寿命短的无法了解寿命长的。怎么知道它是这样的呢？只活一个早晨的菌类不知道昼夜的更替，只活一个夏季的小虫不知道四季的变化，这就是"小年"啊。楚国的南边有一个叫冥灵的灵龟，把五百年当作春天，五百年当作秋天；远古有一棵叫大椿的古树，把八百年当作春天，八百年当作秋天，这就是"大年"啊。彭祖而今凭借长寿闻名于世，众人和他相比，这不是很可悲的吗？

汤问棘的话是这样的。在北方不长草木的荒远之地，有一处深海，那就是天池。那里有一种鱼，它身宽有几千里，没有人知道它的长度，它的名字叫作鲲。有一种鸟，它的名字叫作鹏，脊背像泰山一样，翅膀像垂挂在天边的云；乘着狂风腾飞盘旋而上到九万里，穿越云气，背负青天，然后才向南飞去，将要到南海去。斥鷃讥笑它说："它将要飞到哪里去呢？我奋力跳起来往上飞，不过几丈就落下来了，在蓬蒿之间翱翔，这就是飞翔的极限了。而它打算飞到哪里呢？"这就是小和大的区别之处啊。

所以，那些才智可以胜任一个官职，品行合乎一乡人心愿的，德行符合君主的心意，能力使一个国家信任的人，他们自以为得意，也就像那小雀一样罢了。而宋荣子讥笑他们。宋荣子能够做到全社会的人都称赞他，他也不会因此更加勤勉，全社会的人都指责他，他也不会因此更加沮丧。他能认清内我和外物的区别，辨别荣誉和耻辱的界限，就这样而已；他在世上，没有急切地追求声誉。即便这样，还有未曾达到的境界。

列子乘风行走，样子很轻妙，十五天后返回；他对于寻求幸福的事，并没有急切追求。这样虽然免于行走，但还是有所依凭。

如果顺应万物自然的本性和规律，把握六气的变更，遨游在无穷无尽的境界之中，还有什么必须依凭的呢？所以说，道德修养最完善的人能达到忘我境界，修养达到出神入化的人无意于建立功业，道德智慧最高的人不追求功名。

原　文

　　尧让天下于许由①，曰："日月出矣，而爝火不息②；其于光也，不亦难乎？时雨降矣，而犹浸灌③；其于泽也，不亦劳乎？夫子立而天下治④，而我犹尸之⑤；吾自视缺然⑥，请致天下。"

●帝尧

许由曰:"子治天下,天下既已治也;而我犹代子,吾将为名乎? 名者,实之宾也⑦;吾将为宾乎? 鹪鹩巢于深林⑧,不过一枝;偃鼠饮河⑨,不过满腹。归休乎君,予无所用天下为! 庖人虽不治庖⑩,尸祝不越樽俎而代之矣⑪!"

肩吾问于连叔曰⑫:"吾闻言于接舆⑬,大而无当,往而不返。吾惊怖其言⑭。犹河汉而无极也;大有径庭⑮,不近人情焉。"

连叔曰:"其言谓何哉?"

曰:"'藐姑射之山⑯,有神人居焉。肌肤若冰雪,绰约若处子⑰,不食五谷,吸风饮露,乘云气,御飞龙,而游乎四海之外;其神凝⑱,使物不疵疠而年谷熟⑲。'吾以是狂而不信也。"

连叔曰:"然。瞽者无以与乎文章之观⑳,聋者无以与乎钟鼓之声。岂唯形骸有聋盲哉? 夫知亦有之! 是其言也,犹时女也㉑。之人也,之德也,将旁礴万物以为一,世蕲乎乱㉒,孰弊弊焉以天下为事㉓! 之人也,物莫之伤:大浸稽天而不溺㉔,大旱金石流,土山焦而不热。是其尘垢秕糠将犹陶铸尧㉕、舜者也,孰肯以物为事㉖?"

注释

①尧:相传为古代的帝王。许由:传说是尧时期的隐士。②爝火:火把,火炬。③浸:润泽,浸润。灌:浇灌。④夫子:这里指许由。治:太平。⑤尸:本指庙中的神像,后引申比喻人居其位而无所事事,这里指掌管,主持。⑥缺然:缺乏能力自愧的样子。

⑦**宾**：从属、派生之物。⑧**鷦鷯**：一种小鸟，善于筑巢。⑨**偃鼠**：即鼹鼠，善于钻洞，好饮河水。⑩**庖人**：厨师。庖，烹饪一类的事。⑪**尸祝**：古代祠庙中掌管祭祀的司仪。尸，代表死者或神灵；祝，主持祭祀礼的司仪。**樽**：酒器。**俎**：盛肉的器具。⑫**肩吾、连叔**：都是庄子虚构出来的人物。⑬**接舆**：楚国的狂士，隐居不仕。⑭**惊怖**：惊怪，惊恐。⑮**大有径庭**：指差别非常大。径，门前的路。⑯**藐**：通"邈"，遥远渺茫。**姑射**：传说中的仙山名，是北海中神人居住之山。⑰**绰约**：轻盈柔美的姿态。**处子**：处女，这里指其不急不躁的静态特征。⑱**凝**：凝聚专一。⑲**疵疠**：指疾病，灾害。疵，小毛病；疠，恶疮。⑳**瞽**：盲人。**文章**：指纹理和色彩。㉑**时**：通"是"。**女**：你。㉒**蕲**：求，祈求。㉓**弊弊**：疲劳，疲惫。㉔**大浸**：洪水淹没。**稽**：至。㉕**尘垢秕糠**：这里指糟粕。**陶铸**：这里指造就。㉖**物**：外物，这里指世俗之事。

<u>译　文</u>

尧打算把天下让给许由，尧说："日月已经出来了，火把还没有熄灭；它和日月相比，不是很难堪吗？季雨及时降了，还在人工灌溉，这对于润泽土地，不是徒劳无益的吗？如果先生在位，天下就会太平，可是我还占着这个位子，我觉得自己能力不足，请允许我把天下交给您吧。"

许由说："您治理天下，天下已经太平了；可是我还替代你，难道我是为了名声吗？名声，是实派生的东西，难道我还会追求这派生的东西吗？鷦鷯在深林中筑巢，不过是占一棵树枝；鼹鼠喝河里的水，不过是喝饱肚子。您回去吧，我要天下有什么用呢！厨师即使不下厨，主持祭祀的人也不会越过职位去替代他的！"

肩吾向连叔求教："我从接舆那里听他说话，滔滔不绝没有边际，一说出去就收不回来了，我对他的言谈感到很惊讶，好像银河一般没有边际；跟一般人的言谈距离很远，和情理也不相符。"

连叔说："他说了些什么话呢？"

肩吾转述接舆的话说："'在遥远的姑射山上，有一个神人居住在那里。皮肤像冰雪一样洁白，轻盈柔美如处女一般，不吃五谷，吸清风饮露水，乘着云气，驾驭飞龙，在四海之外自由自在地闲游。他的神情十分专注，使万物不染疾病，年年五谷丰登。'我认为这是虚妄之言，不值得听信。"

连叔听后说："是这样啊！无法与盲人一同欣赏花纹和色彩，无法与聋子一起聆听钟鼓的乐声。难道只是形体上有聋有瞎吗？智慧上也有啊！这个话，说的就是你呀。那位神人，他的德行，把万物合为一体，人世纷纷扰扰，谁会忙碌劳累地把天下当作自己的事情啊！他那样的人，外物没有能伤害到他的，大水滔滔不能淹没他，大旱就是使金石熔化，使土山焦裂，他也不会感到燥热。他丢弃的尘埃瘪谷仍然能铸造出像尧舜这样圣明的君主，他怎么肯把世俗之物作为自己的事情呢！"

宋人资章甫而适诸越①，越人断发文身②，无所用之。

尧治天下之民，平海内之政，往见四子藐姑射之山③，汾水之阳④，窅然丧其天下焉⑤。

惠子谓庄子曰⑥："魏王贻我大瓠之种⑦，我树之成而实五石⑧。以盛水浆，其坚不能自举也。剖之以为瓢，则瓠落无所容⑨。非不呺然大也⑩，吾为其无用而掊之⑪。"

庄子

庄子曰："夫子固拙于用大矣。宋人有善为不龟手之药者⑫，世世以洴澼绖为事⑬。客闻之，请买其方百金。聚族而谋曰：'我世世为洴澼绖，不过数金，今一朝而鬻技百金⑭，请与之。'客得之，以说吴王⑮。越有难，吴王使之将，冬与越人水战，大败越人。裂地而封之⑯。能不龟手一也⑰，或以封，或不免于洴澼绖，则所用之异也。今子有五石之瓠，何不虑以为大樽⑱，而浮于江湖，而忧其瓠落无所容？则夫子犹有蓬

● 庄子

之心也夫！"

惠子谓庄子曰："吾有大树，人谓之樗⑲。其大本拥肿而不中绳墨⑳，其小枝卷曲而不中规矩㉑，立之涂㉒，匠人不顾。今子之言，大而无用，众所同去也。"

庄子曰:"子独不见狸狌乎㉓? 卑身而伏,以候敖者㉔;东西跳梁㉕,不辟高下;中于机辟㉖,死于罔罟㉗。今夫斄牛㉘,其大若垂天之云。此能为大矣,而不能执鼠㉙。今子有大树,患其无用,何不树之于无何有之乡㉚,广莫之野,彷徨乎无为其侧㉛,逍遥乎寝卧其下。不夭斤斧㉜,物无害者,无所可用,安所困苦哉!"

译文

宋国人贩卖礼帽到南方的越国,越人不蓄头发,身上刺满了花纹,用不到帽子。

尧治理天下万民,安定海内的政局,于是到姑射山上和汾水北面,拜访四位得道高人,怅然若失,忘掉了自己统治天下的名位。

惠子对庄子说:"魏惠王送给我一种大葫芦的种子,我把它们种起来,长大后,果实有五石的容量。用它去盛水,它的坚固程度却承受不了自己的容量。把它切开做成瓢,瓢很大而没有能容纳的地方。这个葫芦不是不大,而是我认为它没什么用处,就把它砸破了。"

庄子说："你实在是不善于使用大东西啊！宋国有个人，善于调制不让手冻皲裂的药，世世代代都以在水中漂洗丝絮为生。有个客人听说了这件事，希望用百金购买他调制这种药的药方。他聚合家族的人一起商量：'我们世世代代在河水里漂洗丝絮，只有很少的钱；现在只要卖掉就有百金，就把药方卖给他吧。'客人得到药方后，拿它来游说吴王。越国对吴国发难，吴王让他统率部队，冬天和越人在水上交战，大败越军，吴王划分出一块土地赏赐给他。能使手不冻皲裂的药方是一样的，有的人凭借它获得赏赐，有的人却还在以漂洗丝絮为生，这就是使用方法的不同。现在你有五石容量的大葫芦，为什么不考虑把它做成腰舟而在江湖上浮游，反而担忧它太大没有容纳的地方呢？可见你的心智还像卷曲的蓬草一样，没有开窍啊！"

惠子对庄子说："我有一棵大树，人们叫它为'樗'。它的树干木瘤结聚，不符合绳墨取直的要求，它的小枝弯弯曲曲，不符合圆规取材的需要，生长在道路旁边，木匠看都不看它。现在你的言谈，大而无用，大家都弃你而去了。"

庄子说："您难道没见过野猫和黄鼠狼吗？它们匍匐在地上，等待来往的小动物；东蹿西跳，不避高低；常常踏中捕兽的机关陷阱，死在网中。再看那牦牛，它庞大的身体就像是天边的云。它可做大事，但不会捕捉老鼠。现在您有这样一棵大树，却担心它没有用处，为什么不把它栽种在什么都没有的地方，或者广大辽阔的旷野，随意悠闲地在树旁自由徘徊，逍遥自在地在树下躺着。不因遭到刀斧砍伐而夭折，没有东西去伤害它，虽然没什么用处，但又有什么困苦呢？"

齐物论①

　　本篇出自《庄子》的内篇，体现了庄子在本体论和认识论上的基本观点，也是庄子哲学思想的代表作。

　　文章的开始便生动地描写了大自然的不同声响，并且指出它们全都出于自身，所以要一视同仁；又以"三籁"发问，进一步阐述社会上的各种现象以及人的各种不同心态，并指明这些东西都是源于虚无；接着采用迂回的方式进行推理，探究产生是非的根源；而后进一步指出大道并未有过区分，言论也从未有过定论，人们所持有的是非和区分只是自己主观上的偏见，从而得出"天地与我并生，而万物与我为一"的论点；随后又借寓言阐述要作到忘我和无是非，以此来达到齐物和齐论；最后，文章借罔两之间以及庄周之梦，点明"无待""物化"之旨。

南郭子綦隐机而坐②,仰天而嘘③,苔焉似丧其耦④。颜成子游立侍乎前⑤,曰:"何居乎? 形固可使如槁木,而心固可使如死灰乎⑥? 今之隐机者,非昔之隐机者也?"

子綦曰:"偃,不亦善乎而问之也! 今者吾丧我⑦,汝知之乎? 女闻人籁而未闻地籁⑧,女闻地籁而不闻天籁夫⑨!"

子游曰:"敢问其方⑩。"

子綦曰:"夫大块噫气⑪,其名为风。是唯无作,作则万窍怒呺⑫。而独不闻之翏翏乎⑬? 山陵之畏佳⑭,大木百围之窍穴,似鼻,似口,似耳,似枅⑮,似圈,似臼⑯,似洼者,似污者⑰。激者、谲者⑱、叱者、吸者、叫者谯者⑲、宎者⑳,咬者㉑,前者唱于而随者唱喁㉒,泠风则小和㉓,飘风则大和㉔,厉风济则众窍为虚㉕。而独不见之调调之刁刁乎㉖?"

子游曰:"地籁则众窍是已,人籁则比竹是已㉗,敢问天籁。"

子綦曰:"夫吹万不同㉘,而使其自已也㉙。咸其自取㉚,怒者其谁邪?"

大知闲闲,小知间间㉛。大言炎炎㉜,小言詹詹㉝。其寐也魂交㉞,其觉也形开㉟。与接为构,日以心斗。缦者㊱、窖者㊲、密者㊳。小恐惴惴㊴,大恐缦缦㊵。其发若机栝㊶,其司是非之谓也㊷;其留如诅盟㊸,其守胜之谓也;其杀如秋冬㊹,以言其日消也;其溺之所为之㊺,不可使复之也;其厌也如缄㊻,以言其老洫也㊼;近死之心,莫使复阳也㊽。喜怒哀乐,虑叹变慹㊾,姚佚启态㊿,乐出虚[51],蒸成菌[52]。日夜相代乎前,而莫知其所萌。已乎,已乎! 旦暮得此,

其所由以生乎！

注　释

①**齐物论**：分为物论、齐论、齐同物论。即人物论、万物论、齐同论、齐同万物论。②**南郭子綦**：人名，楚昭王的庶弟，居住在城南，故取号南郭。**隐机**：依凭着案几。机，通“几”，指炕几。③**嘘**：慢慢地吐气。④**荅**：离形去智的样子。**耦**：躯体，身体。⑤**颜成子游**：人名，南郭子綦的门人。姓颜成，名偃，字子游。⑥**而心固可使如死灰乎**：成语“心如死灰”的出处。死灰，指内心无生气。⑦**丧我**：摒弃小我。⑧**女**：通“汝”，你。**人籁**：人吹箫管所发出的声音。**地籁**：大地的箫声，这里指风吹众窍的声音。⑨**天籁**：自然的箫声，这里指天地间万物因其各自的自然而然状态而自鸣。⑩**方**：指其中的道理。⑪**大块噫气**：大地吐气。块，大地；噫气，呼吸。⑫**呺**：通“号”，呼啸，吼叫。⑬**翏翏**：拟声词，风的声音。⑭**陵**：通“林”，这里指山林被风吹得摇来动去。**畏佳**：通“巍崔”，形容山势高峻参差的样子。⑮**枅**：柱子上的横木，这里指横木上的方孔。⑯**臼**：舂捣器具。⑰**污**：有积水的小坑，这里指池塘。⑱**謞**：箭射出的声音。⑲**譹**：哭声。⑳**宎**：形容声音深沉。㉑**咬**：细语声，鸟鸣声。㉒**于、喁**：都是风吹树动，前后相随之声。前者指风，随者指窍孔。㉓**泠风**：小风，和风。㉔**飘风**：大风，暴风。㉕**厉风济**：猛烈的风停止。厉风，烈风；济，停止。㉖**调调**：树枝摇动的样子。**刁刁**：或作“刀刀”，形容风吹树动的样子。㉗**比竹**：以众竹管并列而成的乐器。㉘**夫吹万不同**：大道之吹，万物声音各不相同。吹，指天籁之声；万不同，指音声万变。㉙**自已**：自行停止。㉚**咸**：全是。㉛**大知**：绝顶聪明的人。知，通“智”。**闲闲**：广博的样子。**小知**：才智浅陋的人。**间间**：琐细的样子。㉜**炎炎**：盛气凌人的样子。㉝**詹詹**：喋喋不休的样子。㉞**魂交**：精神交错，这里指睡眠多梦。㉟**形开**：形体疲乏。㊱**缦**：通“慢”，迟缓，散漫。㊲**窖**：设下陷阱。㊳**密**：心思缜密、深沉。㊴**惴惴**：忧惧不安的样子。㊵**缦缦**：惊慌失神的样子。㊶**栝**：箭末扣弦处。㊷**司**：通“伺”，伺机。㊸**诅盟**：誓言，誓约。㊹**杀**：肃杀。㊺**溺**：沉溺。㊻**厌**：压抑，闭塞。**缄**：密封，引申为束缚。㊼**洫**：原指田间的水道、沟渠，这里指衰老、颓败。㊽**复阳**：恢复生机。㊾**慹**：恐惧、忧虑。㊿**姚**：轻浮、躁动。**佚**：通“逸”，奢华、放纵。**启**：放荡、张狂。**态**：造作，装模作样。(51)**乐出虚**：乐音发自虚空的箫管。(52)**蒸成菌**：湿热的天气能长出菌类。

译　文

南郭子綦靠着几案坐着，仰面向天，并且还缓缓地吐着气，那神情就像是身心完全放松而精神脱离了形体。颜成子游陪着他，站在他身旁，问道：“您这是怎么啦？

虽然人的形体能像干枯的树干，但精神和思维难道也能犹如死灰吗？您当下这么倚着几案坐着，与以往很不一样啊。"

子綦回答说："偃啊，你问得很好啊！如今的我忘却了自身的存在，你知道这点吗？你曾听到过人籁之音却没听过地籁之音，就算你听到过地籁之音也没听过天籁之音啊！"

子游说："那请赐教其中的真实道理。"

子綦回答说："在大地之间流动的气是风。这风不起便罢了，而一旦起来，整片大地上无数的窍孔都随之发出怒吼的声音。你难道没有听过那嗖嗖的风声吗？那风吹着山林中的悬崖峭壁，百围的树木，这树木上的窍孔有似鼻的，有似口的，有似耳的，有似横木上方孔的，有似围栏的，有似臼窝的，有似深池的，有似浅池的，从这些窍孔里发出的声音，有似湍急的流水之声，有似迅疾的箭镞之声，有似呵斥之声，有似细细的呼吸之声，有似叫喊的声音，有似号哭的声音，有似山谷里深沉的回荡之音，有似哀婉低回之音，那情境就像是前面在呜呜地领唱，后面在呼呼地应和。微风徐徐的时候，有很小的和声，长风呼呼的时候，则有很大的相和之音，烈风突然停歇，所有的窍孔也都悄然无声。你难道没看到那风吹过之处万物不同的摇晃之貌吗？"

子游说："地籁就是从诸多窍孔里发出的风声，而人籁是从不同的人制竹管里发出的声音。那我再冒昧地请教，什么是天籁之音呢？"

子綦回答说："天籁之音虽各有千秋，但都是出自它们自身，谁是能主使它们的呢？"

才智超群的人广博豁达，而有点儿小聪明的人则斤斤计较；与大道相契合的言论气势凌人，而困于智巧的言论则喋喋不休。他们即便是睡觉，也会心神交错，醒来后身体非常疲乏；跟外界纠缠不清，整日里都在钩心斗角。有的人漫不经心，有的人高深莫测，有的人辞慎语谨。他们遇到小的惊吓就惴惴不安，遇到大的惊恐便失魂落魄。他们说话，就像那发出的利箭一般，留心窥伺别人的是非来攻陷；他们平静时静默不言，默默持守着操守，并且等待获胜的机会。他们衰败时犹如秋冬的草木，一天天地消损；他们沉溺于所从事的各种事情，致使他们再也恢复不到原有的状态；他们心灵闭塞，就像是被绳索束缚一般，不断地衰老枯败。他们时而欣喜，时而愤怒，时而悲哀，时而欢乐，时而忧思，时而叹惋，时而反复，时而恐惧，时而轻浮躁动，时而放纵张狂，时而装模作样。这些就像是乐声从空虚的乐管中发出，又像是地气蒸发长出菌类一样。这种种情绪和心态日日夜夜在我们面前交替，却不知道它们是从哪里萌生的。算了吧，算了吧！一旦知道了这一切产生的道理，也就懂得了这种种情态形成的根源了吧!

原文

非彼无我①,非我无所取。是亦近矣,而不知其所为使。若有真宰②,而特不得其眹zhèn③。可行已信,而不见其形,有情而无形④。

百骸⑤、九窍⑥、六藏⑦,赅而存焉⑧,吾谁与为亲? 汝皆说之乎? 其有私焉⑨? 如是皆有为臣妾乎? 其臣妾不足以相治乎⑩? 其递相为君臣乎⑪? 其有真君存焉! 如求得其情与不得,无益损乎其真。

一受其成形,不亡以待尽。与物相刃相靡⑫,其行尽如驰而莫之能止⑬,不亦悲乎! 终身役役而不见其成功⑭,苶nié然疲役而不知其所归⑮,可不哀邪! 人谓之不死,奚益! 其形化,其心与之然,可不谓大哀乎? 人之生也,固若是芒乎⑯? 其我独芒,而人亦有不芒者乎?

夫随其成心而师之⑰,谁独且无师乎? 奚必知代而心自取者有之⑱? 愚者与有焉! 未成乎心而有是非⑲,是今日适越而昔至也⑳。是以无有为有。无有为有,虽有神禹且不能知㉑,吾独且奈何哉!

注释

①彼:指以上的种种情态。②真宰:身心的主宰者,真我。③眹:通"朕",迹象、征兆。④情:实。⑤百骸:百余骨节。骸,骨节。⑥九窍:指双眼、双耳、两鼻孔、口、前阴、后阴。⑦六藏:心、肺、肝、脾、肾,肾有二,故合称六藏。藏,通"脏"。⑧赅:完备。⑨私:偏私、偏爱。⑩相治:相互支配。⑪递:轮流。⑫相刃:交锋,互相竞斗。相靡:互相摩擦。靡,通"磨",摩擦。⑬驰:奔跑。⑭役役:劳碌奔忙的样子。⑮苶:疲惫倦怠的样子。⑯芒:茫然,糊涂。⑰成心:由禀受真宰形成的自我意识,即主观成见。师:取法、效法。⑱知代:了解事物发展的更替变化。⑲心:成熟的思想。⑳适:去,往。昔:昨天。㉑神禹:神明的大禹,能预知未来。

没有那些心理活动，就没有我本身。而没有我本身，就无法把那些心理活动呈现出来。这种认识就可以说是接近真理了，然而人们却并不知道这一切是由什么主使的。好像真有一个真宰存在，但是又寻不到关于它的一点儿迹象。我们能去实践也能去检验，虽然看不见它的形体，但它是真实存在，并且没有具体形态的。

　　一个完整的人有上百个骨节，会有眼、耳、口、鼻等九个孔窍，也有心、肺、肝、肾等六个脏器，但我与哪一部分的关系最为亲近呢？你对它们是一视同仁的吗？还是说对某一部分有所偏私？如果是这样的话，那每一部分的地位都类似于臣妾吗？而臣妾之间是不能相互支配的吗？它们之间是轮流着做真宰吗？还是说当真有真宰的存在？无论能否探究到它的真实情况，都对它本身没有什么增益或者损坏。

　　人一旦具备了形体，就忘不掉自身的存在而逐渐走向终结。他们不断地跟外界接触，相互对立或者相互顺应，没有人能阻止他们像快马奔跑似的追逐外物，真是很可悲啊！他们一辈子都在奔波劳碌，却寻不到生命的真谛，一辈子都感到困顿疲惫，却不知道自己的归宿在哪里，真是可悲啊！即使人们说这种人没有死亡，但又有什么益处呢！人的形体逐渐消损，心也就跟着一块儿衰竭，这能说不是最大的悲哀吗？人活一世，本就该像这样愚昧无知吗？还是说只有我自己这般愚昧无知，世人有不愚昧无知的吗？

　　如果每个人都把自己的主观认知作为判定是非的标准，那谁没有一套自己的标准呢？这样的标准何必一定要是通晓大道的智者才有呢？就算是愚昧无知的人也会有自己的标准。如果说在思想上形成偏见之前就有了是非，那就好比今天才动身去越国而昨天就已经到了。这种说法就是把没有当作有。如果没有就是有，那即便是神明的大禹也搞不明白其中的奥妙，而我又有什么办法呢？

　　夫言非吹也[1]，言者有言。其所言者特未定也。果有言邪？其未尝有言邪？其以为异于鷇音[2]，亦有辩乎[3]？其无辩乎？

　　道恶乎隐而有真伪[4]？言恶乎隐而有是非？道恶乎往而不存？言恶乎存而不可？道隐于小成[5]，言隐于荣华[6]。故有儒墨之是非，以是其所非而非其所是。欲是其所非而非其所是，则莫若以明[7]。

物无非彼，物无非是[8]。自彼则不见[9]，自知则知之。故曰：彼出于是，是亦因彼[10]。彼是方生之说也。虽然，方生方死，方死方生[11]；方可方不可，方不可方可[12]；因是因非，因非因是[13]。是以圣人不由而照之于天[14]，亦因是也[15]。是亦彼也，彼亦是也。彼亦一是非，此亦一是非，果且有彼是乎哉[16]？果且无彼是乎哉？彼是莫得其偶[17]，谓之道枢[18]。枢始得其环中[19]，以应无穷。是亦一无穷，非亦一无穷也。故曰：莫若以明。

以指喻指之非指，不若以非指喻指之非指也[20]；以马喻马之非马，不若以非马喻马之非马也。天地一指也，万物一马也[21]。

可乎可，不可乎不可。道行之而成[22]，物谓之而然。恶乎然？然于然。恶乎不然？不然于不然。物固有所然[23]，物固有所可。无物不然，无物不可。故为是举莛 tǐng 与楹[24]，厉与西施[25]，恢诡憰 jué 怪[26]，道通为一[27]。

其分也，成也；其成也，毁也。凡物无成与毁，复通为一。唯达者知通为一，为是不用而寓诸庸[28]。庸也者，用也；用也者，通也；通也者，得也。适得而几矣[29]。因是已。已而不知其然谓之道。劳神明为一而不知其同也[30]，谓之"朝三"。何谓"朝三"？狙公赋芧[31]，曰："朝三而暮四。"众狙皆怒。曰："然则朝四而暮三。"众狙皆悦。名实未亏而喜怒为用，亦因是也。是以圣人和之以是非而休乎天钧[32]，是之谓两行[33]。

古之人，其知有所至矣[34]。恶乎至？有以为未始有物者，至矣，尽矣，不可以加矣！其次以为有物矣，而未始有封也[35]。其次以为有封焉，而未始有是非也。是非之彰也[36]，道之所以亏也。道之所

以亏,爱之所以成。果且有成与亏乎哉?果且无成与亏乎哉?有成与亏,故昭氏之鼓琴也;无成与亏,故昭氏之不鼓琴也^{③⑦}。昭文之鼓琴也,师旷之枝策也^{③⑧},惠子之据梧也^{③⑨},三子之知几乎皆其盛者也^{④⓪},故载之末年^{④①}。唯其好之也以异于彼,其好之也欲以明之。彼非所明而明之,故以坚白之昧终^{④②}。而其子又以文之纶终^{④③},终身无成。若是而可谓成乎?虽我亦成也;若是而不可谓成乎?物与我无成也。是故滑疑之耀^{④④},圣人之所图也^{④⑤}。为是不用而寓诸庸,此之谓"以明"。

注 释

①**言非吹也**:风吹出于天然,言论出于成心成见。言,言论、言说。②**彀音**:初生小鸟的叫声,比喻不带成见的话语。彀,刚破壳而出的小鸟。③**辩**:通"辨",辨别、区别。④**隐**:遮蔽。⑤**小成**:片面的认识。⑥**荣华**:浮夸华美的辞藻。⑦**莫若以明**:不如用明澈的心境去观照。明,空明的心灵。⑧**物无非彼,物无非是**:世间万物,没有不是彼,也没有不是此的。⑨**彼**:指彼的方面。⑩**因**:依赖。⑪**方生方死,方死方生**:即万物随生随灭,随灭随生。⑫**可**:指正确的。⑬**因**:任由,任凭。⑭**照**:观照、反映。**天**:自然大道。⑮**是**:指自然之道。⑯**果且**:果真。⑰**偶**:指对立的。⑱**道枢**:道的枢要。⑲**环**:指门上下两横槛之洞,圆空如环。⑳**喻**:譬喻。㉑**天地一指也,万物一马也**:即天地万物同质共通。㉒**道**:道路。㉓**固**:本来。㉔**莛**:草茎,在此喻易事。**楹**:房柱,在此喻难事。㉕**厉**:通"疠",指丑陋女子。㉖**恢诡憰怪**:泛指诡异奇怪的事物。恢,宏大;诡,诡秘;憰,欺诈;怪,奇异。㉗**道通为一**:从"道"的角度看都共通为一。㉘**不用**:不偏执于成心己见。**寓**:寄。**庸**:循环变化。㉙**适得**:达到对事物的内在认识。㉚**神明**:心思,心智。㉛**狙公**:养猴的老翁。狙,猕猴。**赋芧**:分发橡栗。芧,山栗,又名橡子。㉜**天钧**:自然均衡的状态。㉝**两行**:任由对立双方自然演化,二者都可行。㉞**至**:极致,即最高的境界。㉟**未始**:未曾,不曾。**封**:界限,疆域。㊱**彰**:分明,彰明。㊲**昭氏**:昭文,善于弹琴。㊳**师旷**:名旷,字子野,著名乐师,精通音律。**枝策**:指师旷持策敲打节奏。枝,持而击。㊴**惠子**:惠施,战国名家学派代表人。**据梧**:指惠子依靠着梧桐树。㊵**盛**:最高境界。㊶**载之末年**:从事这项技术直到晚年。载,从事;末年,晚年。㊷**以坚白之昧终**:"坚白"是战国时代的著名论题,当时分两

派，公孙龙一派主张"离坚白"即分离万物之同；墨子一派主张"盈坚白"即万物之同不可分离。昧，自愚。㊸纶：琴瑟的弦，代指鼓琴。㊹滑疑：混乱人心。㊺图：图谋，引申为图谋摒弃。

译　文

　　说话不像是吹风，大家众说纷纭。他们所说的也不一定是定论。他们说的话是真有意义，还是没什么意义呢？他们都认为自己的话不同于刚出生的小鸟的鸣叫，但二者之间真有区别，还是没什么区别呢？

　　是什么把大道隐匿起来而有了真和假呢？是什么把言论隐匿起来而有了是与非呢？大道在什么地方不存在？言论又在什么地方存在却不被接受？大道是被小小的成就隐蔽了的，言论是被浮华的言辞掩盖了的。所以就有了儒墨两家的是非之争，他们都认可对方否定的东西而否定对方认可的东西。如果真的想认可对方否定的东西而否定对方认可的东西，那还不如用明镜之心去观察事物的本然。

　　世间的万物，没有不是彼的，也没有不是此的。从那一面就看不见这一面，而从这一面看就能知道了。所以说：事物的那一面是出自这一面的，事物的这一面也依赖着事物的那一面。彼与此是相互并存而又相互依赖的。即便如此，事物都是随生随灭的，也是随灭随生的；刚得到肯定就会有否定，刚被否定又出现肯定；依托对的同时也就出现了错，依托错的同时也就出现了对。因此，圣人不去辨明那些是是非非，而是观照事物的本然，也就是顺着事物自然的情态。此就是彼，彼也就是此。此存在着是与非，彼也同样存在着是与非。事物真的存在彼与此的区分吗？事物真的不存在彼与此的区分吗？只有彼与此都没有了对立面，才算是掌握了大道的枢要。而抓住了大道的枢要也就掌握了事物发展变化的核心，从而能顺应事物无穷的变化。是的变化过程是无穷的，非的变化过程也是无穷的。所以说：不如用明镜之心观察认识事物的本然。

　　用构成事物的要素去说明要素不是事物所指的东西，不如用非事物的要素去说明事物的要素并非事物所指的东西；用一匹白马去说明白马不是马，不如用不是白马的东西去说明白马不是马。其实，天地不过就是一指，万物就是一马。

　　对就是对的，不对就是不对的。道路是人走出来的，事物的名称也是人叫出来的。怎样才算是对的呢？对就是对的。怎样才算是不对的呢？不对的就是不对的。事物本来就有能被认可的，也有不能被认可的。没有什么事物不是这样的，也没有什么事物是不能被认可的。所以就好比小草和房屋的柱子，丑陋的女子和美丽的西施，还有那诡诈怪异的事物，从大道的角度来看，它们都是一个道理。

万物有分解，就会有形成；有形成，也就会有毁灭。其实一切事物本没有形成与毁灭的区别，而是都归于唯一。但是只有通达的人才了解事物相通而一的道理，所以他从不固守自己的观点，而是把自己的观点寄托在事物的自然规律上。平常的事理就是无用之用；有用就是通达；通达的人才能做到自得。达到这个境界也就接近于大道了。顺应自然而不知其所以然，就叫作大道。劳心费神地去追求一致，却不了解万物本身就是相通的，这就是人们所说的"朝三"。那什么是"朝三"呢？有一个养猴的老人给猴子们分橡子，对它们说："早上给你们三升，晚上给四升。"猴子们听了都很愤怒。养猴的老人就改口说："那就早上给四升，晚上给三升。"猴子们听了之后都很高兴。其实名和实都没什么亏损，但猴子喜与怒却有了变化，这只不过是顺应猴子的心理罢了。所以古代圣人把是非统一起来，而生活在自然均衡的境界里，这就是物与我各得其所的两行。

古时候的人，他们的才智达到了最高的境地。但什么样的境地是最高的境地呢？那时有人认为，宇宙初始之时是不存在什么具体事物的，而这样的认识是最高的，不能再增加了。次一等的认为宇宙之始是存在事物的，但万事万物之间没有区别。再次的认为万事万物虽有这样那样的区别，但没有是非。是非清楚了，大道也就亏损了。而大道出现了亏损，人们的偏私观念也就形成了。果真有成与亏？抑或当真没有成与亏？有了成与亏，就犹如昭文弹琴奏乐。没有成和亏，就像昭文不再弹琴奏乐一样。昭文弹琴，师旷持杖听音，惠施靠着梧桐树沉吟思辨，这三位先生的才智可说是达到了登峰造极的地步，所以他们都从事其事业以至于晚年。正因为他们的爱好与别人有所不同，所以就想把自己的爱好表达出来。然而别人并不是非要了解这些东西，所以惠施迷昧于坚白之辩。而昭文的儿子继承父亲的事业，终生没有什么成就。如果像这样就能称作是成功的话，那即使我一生无所成就也能说是成功了；如果像这样却不能称作是成功的话，那天下万物和我就都是没什么成就的。因此，那各种迷乱人心的炫耀，都是被圣人摒弃的。所以圣人抛弃那些是非争论，而用事物的本然来观照事物，这就是"以明"。

原　文

今且有言于此，不知其与是类乎[①]？其与是不类乎？类与不类，相与为类，则与彼无以异矣。虽然[②]，请尝言之：有始也者[③]，有未始有始也者[④]，有未始有夫未始有始也者；有有也者，有无也者，有未始有无也者，有未始有夫未始有无也者。俄而有无矣[⑤]，而未知有无之果孰有孰无也。今我则已有谓矣，而未知吾所谓之其果有谓乎？其果无谓乎？

天下莫大于秋豪之末[6]，而大山为小[7]；莫寿乎殇子[8]，而彭祖为夭[9]。天地与我并生，而万物与我为一[10]。既已为一矣，且得有言乎？既已谓之一矣，且得无言乎？一与言为二，二与一为三。自此以往，巧历不能得[11]，而况其凡乎！故自无适有以至于三，而况自有适有乎！无适焉[12]，因是已。

庄子

●彭祖

夫道未始有封，言未始有常[13]，为是而有畛也[14]。请言其畛：有左有右，有伦有义，有分有辩，有竞有争，此之谓八德[15]。六合之外[16]，圣人存而不论[17]；六合之内，圣人论而不议；春秋经世先王之志[18]，圣人议而不辩[19]。故分也者，有不分也；辩也者，有不辩也。曰：何也？圣人怀之，众人辩之以相示也。故曰：辩也者，有不见也。

夫大道不称[20]，大辩不言，大仁不仁，大廉不嗛[21]，大勇不忮[22]。道昭而不道[23]，言辩而不及，仁常而不成，廉清而不信[24]，勇忮而不成。五者圆而几向方矣！故知止其所不知，至矣。孰知不言之辩，不道之道？若有能知，此之谓天府[25]。注焉而不满，酌焉而不竭[26]，而不知其所由来，此之谓葆光[27]。

①**类**：指"莫若以明"的言论。②**虽然**：即便如此，表示转折论述。③**始**：天地万物之始。④**有未始有始也者**：还有未开始的开始。⑤**俄而有**：突然，表示时间之快与偶然。⑥**秋豪**：秋天鸟兽新生的毫毛。豪，通"毫"，毫毛。⑦**大山**：即泰山。⑧**殇子**：夭折的婴儿。⑨**彭祖**：传说中长寿的人。**夭**：夭折短命。⑩**天地与我并生，而万物与我为一**：这是一个互文句，指的是天地万物与我为一，共生共存。⑪**巧历**：善于计算的人，这里指善于计数的人。⑫**无适焉**：不必再往下推算了。无，通"毋"。适，推算。⑬**常**：恒常，定数。⑭**畛**：田间小路，引申为界限。⑮**八德**：指百家争鸣中各派争论不休的八种情况。⑯**六合**：指天、地、东、西、南、北。⑰**存**：暂时放到一边。⑱**经**：治理。**先王之志**：先王政绩的记载。⑲**辩**：通"辨"，辨别是非。⑳**大道不称**：大道不可称谓。㉑**大廉不嗛**：大廉无须谦逊。嗛，通"谦"，谦让、谦逊。㉒**大勇不忮**：大勇是从不伤害他人的。忮，伤害。㉓**昭**：明，光显。㉔**清**：为追求美名而清廉。㉕**天府**：自然的府藏，指涵收万物的心胸。㉖**酌**：取，汲取。㉗**葆光**：藏光不露。葆，含藏。

现在我说几句话，不知这些话跟他人的言论是相同的呢，还是不同的呢？其实既然相同与不同都是一种言谈议论，那也就没有什么区别了。虽然如此，我还是想说得更清楚一些：宇宙有它的开始，同样也有它未曾有的开始，还应当有它未曾有的未曾有的开始。事物有有，但也有无，还有一个未曾有过的无，更有一个未曾有过的未曾有的无。突然间有了有和无，但却不知道这个有和无到底哪个是有哪个是无。现在我说了这些话，但不知道我说的话当真是我说过的，还是根本没有说过？

天下没有比秋毫之末更大的，而泰山可以说是很小的了；天下人没有比夭折的孩子更长寿的，而传说中活了几百岁的彭祖就是寿命短的了。天地与我共生，万物与我一体。既然已经和万物融为一体，还有什么可说的吗？既然已经融为一体了，难道就没什么可说的吗？客观存在的一加上我说的话就成了二，二再加上一就成了三，由此下去，就是最精于计算的人也算不清楚，何况是凡夫俗子呢！所以从无到有以至推到三，何况是从有到有呢？所以不必再推演下去了，还是顺应事物发展的规律吧。

大道是浑一而没有分界的，言论也从来没有定准，正是因为人们自以为自己的观点是对的，所以才有了那种种界线。说到那些界线：有左有右，有伦序有等级，有分解有论辩，有竞比有争斗，这就是所谓的八类。天地以外的事，圣人是存而不论的；天地之内的事，圣人虽然保留看法，却不加以评论。对于历史上关于善于治理国家的前代君王们的记载，圣人虽然加以评说却不去争辩。所以有分别，就有不分别；有争辩，就有不辩驳。有人说：这是什么意思呢？圣人把一切都囊括于心，而一般人则争辩不休、竞相夸耀。所以说：凡是争辩，都有自己看不见的一面。

大道是无法阐明的，最了不起的辩说是不用言辞的，最仁爱的人是没有偏爱的，最廉洁方正的人是不表示谦逊的，最勇敢的人是不会有害人之心的。一旦把大道阐明了，那就不是大道了，争辩清楚了，就会有所不及，仁爱如果成了一种标准，就不能周到而圆通，廉洁到极其清白的地步，也就不太可信了，把到处害人当成是勇敢，也就不能成为真正勇敢的人。这五种情况本来是追求圆通的，如今却几乎成方棱而行不通了。所以懂得停在自己的未知领域，就是最高的境界。谁能真正了解不用言语的辩论、不用阐明的大道呢？假如有谁能够知道这一点，就能称得上是天然的府库了。无论灌注多少东西，它都不会溢出来，无论取出多少东西，也不会枯竭，但又不知道它来自何处，这就叫作永葆的光明。

原文

故昔者尧问于舜曰[①]："我欲伐宗、脍、胥敖[②]，南面而不释然[③]。其故何也？"

舜曰："夫三子者[④]，犹存乎蓬艾之间[⑤]。若不释然何哉[⑥]！昔者十日并出[⑦]，万物皆照，而况德之进乎日者乎[⑧]！"

啮缺问乎王倪曰[⑨]："子知物之所同是乎？"

曰："吾恶乎知之！"

"子知子之所不知邪？"

曰："吾恶乎知之！"

"然则物无知邪？"

曰："吾恶乎知之！虽然，尝试言之：庸诅（jù）知吾所谓知之非不知邪[⑩]？庸诅知吾所谓不知之非知邪？且吾尝试问乎女：民湿寝则腰疾偏死[⑪]，鳅然乎哉？木处则惴栗恂惧[⑫]，猿（yuán）猴然乎哉[⑬]？三者孰知正处？民食刍豢（chú huàn）[⑭]，麋鹿食荐[⑮]，蝍蛆（jí qū）甘带[⑯]，鸱鸦（chī yā）耆鼠[⑰]，四者孰知正味[⑱]？猿猵狙以为雌（piàn）[⑲]，麋与鹿交，鳅与鱼游。毛嫱丽姬（qiáng）[⑳]，

人之所美也；鱼见之深入，鸟见之高飞，麋鹿见之决骤㉑，四者孰知天下之正色哉㉒？自我观之，仁义之端，是非之涂㉓，樊然淆乱㉔，吾恶能知其辩！"

啮缺曰："子不知利害，则至人固不知利害乎？"

王倪曰："至人神矣！大泽焚而不能热㉕，河汉冱而不能寒㉖，疾雷破山、飘风振海而不能惊。若然者，乘云气，骑日月，而游乎四海之外，死生无变于己，而况利害之端乎！"

注　释

①**故**：从前。②**宗、脍、胥敖**：指三个小国，是庄子虚构的。③**南面**：君位，古时帝王坐向为面南背北。**释然**：怡悦的样子。④**三子**：指三个小国的国君。⑤**蓬**：蓬蒿。**艾**：艾草。⑥**若**：你，第二人称代词，指尧。⑦**十日并出**：神话传说。十个太阳一齐升起。⑧**进乎**：超过、胜过。⑨**啮缺、王倪**：均为庄子笔下虚构之名。⑩**庸讵知**：怎么，何以。⑪**偏死**：半身瘫痪。⑫**惴栗恂惧**：恐惧害怕的样子。⑬**猨猴**：猿猴。猨，通"猿"。⑭**刍**：用草喂养的牛羊。**豢**：用谷子喂养的家禽。⑮**荐**：好草，美草。⑯**蝍蛆**：蜈蚣。⑰**鸱鸦**：猫头鹰。**耆**：通"嗜"，喜欢，喜好。⑱**正味**：口味的标准。⑲**猵狙**：猕猴，与猿形似。⑳**毛嫱丽姬**：古代两位美人。㉑**决骤**：急速奔跑。决，通"快"。骤，疾走。㉒**正色**：美色的标准。㉓**涂**：通"途"，途径。㉔**樊然淆乱**：纷乱错杂。㉕**大泽**：大湖泽。泽，聚水的洼地。㉖**冱**：冻，冰冻。

译　文

从前尧问舜说："我想讨伐宗脍、胥、敖这三个小国，但每当上朝理事的时候，总感觉心里不安，这是为什么呢？"

舜回答说："那三个小国的国君，就好像是生存于蓬蒿艾草之中。你怎么还会心里不安呢！从前十个太阳一块儿升起，阳光普照万物，何况你的道德之光已经远远超过了太阳的光芒啊！"

啮缺问王倪说："你知道万物共同的标准是什么吗？"

王倪说："我哪里知道这些啊！"

啮缺又问道："你知道你不知道哪些东西吗？"

王倪又回答说："我哪里知道这些啊！"

啮缺接着又问道："那万物都没办法认识了吗？"

王倪回答说："我哪里知道这些啊！虽然如此，我还是试着来说一说：你怎么知道我口中所说的知道就不是不知道呢？而且你又怎么知道我口中所说的不知道就不是知道？那我来问问你：我们都知道如果人长时间睡在潮湿的地方，腰部就会患病，甚至导致半身偏瘫，但住在水里的泥鳅也会这样吗？人们住在高高的树木上，就会感到恐惧不安，但住在树上的猿猴也会这样吗？这三者究竟谁才真正了解居住的标准？人吃肉，麋鹿吃草，蜈蚣爱吃小蛇，猫头鹰和乌鸦则最爱吃老鼠，这四类动物究竟谁才真正知道天下的美味？猿猴和猵狙配偶，麋喜欢与鹿交配，泥鳅喜欢与鱼交尾。毛嫱和丽姬，是人们赞誉的美人，可鱼儿见了她们都藏到水底，鸟儿见了她们就飞向高空，麋鹿见了她们就飞快地跑走。这四者究竟谁才真正知道天下的美色？我认为仁与义的端倪，是与非的道路，都是纷乱错杂的，我哪里能知道它们之间的区别呢？"

啮缺说："你不知道利害，难道道德修养高尚的至人也不知道利害吗？"

王倪回答说："至人实在是太神妙了！即便是大泽焚烧了，他也感不到热，河汉都封冻了，他也感不到冷，雷霆劈山破岩、狂风掀起海浪，他也不会感到震惊。像这样的至人，驾驭云气，骑着日月，在四海之外遨游，生死的变化都不会影响到他，何况利害这样的小事呢！"

原　文

　　瞿鹊子问乎长梧子曰[1]："吾闻诸夫子[2]：圣人不从事于务[3]，不就利[4]，不违害[5]，不喜求[6]，不缘道[7]，无谓有谓，有谓无谓，而游乎尘垢之外。夫子以为孟浪之言[8]，而我以为妙道之行也。吾子以为奚若？"

　　长梧子曰："是黄帝之所听荧也[9]，而丘也何足以知之！且女亦大早计，见卵而求时夜[10]，见弹而求鸮（xiāo）炙[11]。予尝为女妄言之，女以妄听之。奚旁日月[12]，挟宇宙，为其吻合[13]，置其滑涽（hūn）[14]，以隶相尊[15]？众人役役，圣人愚芚（chūn）[16]，参万岁而一成纯[17]。万物尽然，而以是相蕴[18]。予恶乎知说生之非惑邪[19]！予恶乎知恶死之非弱丧而不知归者邪[20]！

参赞两仪
创与百制德满摩生泽派万世

●黄帝

"丽之姬㉑，艾封人之子也。晋国之始得之也，涕泣沾襟。及其至于王所㉒，与王同筐床㉓，食刍豢，而后悔其泣也。予恶乎知夫死者不悔其始之蕲生乎㉔？梦饮酒者，旦而哭泣㉕；梦哭泣者，旦而田猎。方其梦也，不知其梦也。梦之中又占其梦焉，觉而后知其梦也。且有大觉而后知此其大梦也，而愚者自以为觉，窃窃然知之㉖。君乎！牧乎㉗！固哉！丘也与女皆梦也，予谓女梦亦梦也。是其言也，其名为吊诡㉘。万世之后而一遇大圣知其解者，是旦暮遇之也。

"既使我与若辩矣，若胜我，我不若胜，若果是也？我果非也邪？我胜若，若不吾胜，我果是也？而果非也邪？其或是也㉙？其或非也邪？其俱是也？其俱非也邪？我与若不能相知也。则人固受其黮暗㉚，吾谁使正之㉛？使同乎若者正之，既与若同矣，恶能正之？使同乎我者正之，既同乎我矣，恶能正之？使异乎我与若者正之，既异乎我与若矣，恶能正之？使同乎我与若者正之，既同乎我与若矣，恶能正之？然则我与若与人俱不能相知也，而待彼也邪？"

"何谓和之以天倪？"

曰："是不是，然不然。是若果是也，则是之异乎不是也，亦无辩；然若果然也，则然之异乎不然也，亦无辩。化声之相待㉜，若其不相待。和之以天倪^㉝，因之以曼衍^㉞，所以穷年也^㉟。忘年忘义，振于无竟^㊱，故寓诸无竟。"

注释

①**瞿鹊子、长梧子**：庄子虚构的人名。②**夫子**：指孔子。③**务**：事务，指俗事。④**就利**：追求利益。⑤**违害**：躲避灾害。⑥**喜求**：喜好妄求。⑦**缘道**：拘泥于俗道。⑧**孟浪**：荒诞而不切实际。⑨**听荧**：听了感到疑惑不明。⑩**时夜**：守夜，意喻司职守夜的公鸡。⑪**鸮**：斑鸠鸟。⑫**奚**：通"曷"，何不，表示强调语气。**旁**：通"傍"，依傍。⑬**为**：与。⑭**滑湣**：纷繁淆乱。⑮**以隶相尊**：以贱奴卑隶为尊贵。指无尊卑贵贱之分。⑯**芚**：通"沌"，浑然无知的样子。⑰**参**：糅合，糅杂。⑱**相蕴**：积淀沉蕴。⑲**说**：通"悦"。⑳**弱丧**：自幼流失异乡。弱，少年，古人将刚成年称为"弱冠"。丧，亡失，离开家乡。㉑**丽之姬**：即前文所述的"丽姬"，晋献公的夫人。㉒**王**：指晋献公。㉓**筐床**：方床，安适的床。㉔**蕲**：通"祈"，追求。㉕**旦**：早上，这里指酒醒后。㉖**窃窃然**：明察的样子。㉗**牧**：养马人，指卑贱之人。㉘**吊诡**：怪异，奇怪。㉙**或是**：有一个人对。㉚**瞡暗**：暗昧不明的样子。㉛**正**：评判，裁别。㉜**化声**：是非之辩。㉝**天倪**：自然的分际。㉞**因之以曼衍**：因顺万物的自然演化。因，因顺、任由。曼衍，自在变化。㉟**穷年**：尽享天年。㊱**振于无竟**：畅游无穷之境。竟，通"境"，境界。

译文

瞿鹊子向长梧子问道："我听孔夫子说过：圣人从不做世间的俗事，不谋求利益，不躲避灾害，不喜欢贪求，也不拘泥于成规，无所谓是有所谓，有所谓也是无所谓，因而心神遨游于尘世之外。孔夫子认为这些都是不着边际的言论，而我却认为这合乎精妙之道。先生您觉得呢？"

长梧子回答说："这些话即便是黄帝听了，也会迷惑不解的，那孔丘又怎会懂得呢！而且你也求之过急了，就好比刚得到鸡蛋，你就想得到打鸣的公鸡，刚得到弹丸，你就想得到烤熟的斑鸠肉。我姑且给你说一说，你也就姑且听一听。圣人依凭着日月，怀藏着宇宙，与日月、宇宙合为一体，不在乎世间纷争，不区分卑贱与尊贵。常人总是忙忙碌碌的，而圣人则是混混沌沌的，糅合古今是非而浑成一体，并且保持着纯洁自然的状态。万物都是如此，而且互相蕴积在精纯的状态之中。我怎么知道贪生就是不糊涂？而且又怎么知道恶死就不是像年幼流落他乡，不知道回家？

"丽姬是一位戍守艾地官员的女儿，当初在晋国讨伐骊戎的时候被俘获了，她当时声泪俱下，哭得特别惨。但等她到了晋国，每天跟晋侯一起睡一张床，每天都吃着

山珍海味，才后悔当初不该那么做。所以，我又怎么知道那些死去的人后不后悔当初的贪生？梦见自己饮酒寻乐的人，醒来后可能会泣不成声；而梦见自己泣不成声的人，醒来后可能又在打猎取乐。当一个人在做梦的时候，其实并不知道自己在做梦。在睡梦中还卜问自己梦的吉凶情况，醒来后才知道那只是在做梦。只有有清醒认知的人才知道人生其实也是一场大梦，而那愚昧无知的人则自以为是清醒的那一方，好像自己能知世间的一切。认为国君尊贵而牧人卑贱的观点实在是浅陋啊！孔丘和你都是在做梦，其实我说你们在做梦，而我也在梦里。这些言论，在今世或许被看成是奇谈怪论。但如若万世之后能遇上一位大圣人，悟出了这里面的道理，也可能只是偶然遇上的。

"倘使我和你辩论，你胜了我，我败给了你，那么，你当真是对的？我真的就不对？我胜了你，你败给了我，我当真是对的？你当真就不对？我们两个人中有一个是对的？有一个是不对的？我们两个人都是对的？或者都是不对的？我和你都无从知晓啊，而别人也都有各自的偏见，我们又能让谁做出判断？让观点跟你相同的人来评判吗？那既然观点跟你相同，又怎能做出公正的评判？让观点跟我相同的人来评判吗？那既然观点跟我相同，又怎能做出公正的评判？让观点不同于你我的人来评判吗？那既然观点和你我都不相同，又怎能做出公正的评判？让观点跟你我都相同的人来评判吗？那既然观点跟你我都相同，又怎能做出公正的评判？既然我和你以及其他人都不能评判谁是谁非，那还等待谁呢？"

"调和自然之道的含义是什么？"

长梧子说："对的就是不对的，正确的就是不正确的。如果对的真的就是对的，那对的就和不对的是不一样的，那就没必要去争辩什么；正确的如果当真是正确的，那正确的就不同于不正确的，也就没必要去争辩什么。那些辩论的言辞是相互对立的，就像没有对立一样。如果用自然之道来调和它，用无尽的变化来顺应它，就能享尽天年。忘掉生死以及是非，畅游在无穷无尽的境界，由此也就能把自己寄托在这无穷的境域之中。"

原　文

罔两问景曰①："曩^{nǎng}子行②，今子止；曩子坐，今子起。何其无特操与③？"

景曰："吾有待而然者邪？吾所待又有待而然者邪？吾待蛇蚹^{fù}蜩翼邪④？恶识所以然？恶识所以不然？"

昔者庄周梦为胡蝶，栩栩然胡蝶也⑤。自喻适志与⑥！不知周也⑦。俄然觉⑧，则蘧蘧然周也⑨。不知周之梦为胡蝶与？胡蝶之梦为周与？周与胡蝶则必有分矣。此之谓物化⑩。

● 庄周梦蝶

注释

①罔两：影子的淡影。景：通"影"，影子。②曩：先前，从前。③特操：独特的操守，即自己的独立性。④蛇蚹蜩翼：蛇依凭鳞片，蝉依凭薄翼。蛇蚹，蛇腹下的鳞片；蜩翼，蝉的翅膀。⑤栩栩然：自如自在的样子。⑥喻：即"愉"，愉快。适志：得意，快意。⑦不知周：忘却了自己是庄周。⑧俄然：忽然，突然。⑨蘧蘧：惶恐僵直的样子。⑩物化：事物的变化。

译文

影子的淡影问影子说："刚才你还在行走，现在又停下了；刚才你还是坐着的，如今又站起来了。你怎么这样没有独立的操守呢？"

影子回答说："我是有所依赖才这样的吗？我所依赖的又有所依赖才这样的吗？我所依赖的是像蛇的蚹鳞和鸣蝉的翅膀之类的吗？我怎么知道为什么会这样？又怎么知道为什么不会这样呢？"

当初庄周梦见自己变成了一只翩翩起舞的蝴蝶，他感到非常惬意！忘记自己的身份是庄周了。忽然，梦醒了，他才知道自己是庄周，而不是一只蝴蝶。是庄周在梦中梦见自己变成了一只蝴蝶，还是那只蝴蝶在梦中梦见自己变成了庄周？但庄周和蝴蝶一定是不同的，而这指的就是事物的变化。

养生主

《养生主》出自《庄子》内篇，是一篇讲述养生之道的文章。

庄子认为，养生之道重在顺应自然，循乎天理，不为外物所滞。

庄子

文章分为三节。第一节指出养生最重要的是要做到"缘督以为经"，即秉承事物中虚之道，顺应自然的变化。第二节以寓言厨工分解牛体比喻人之养生，说明无论是处世还是生活都要依乎天理，而且要取其中虚有间，做到游刃有余，从而掌握事物的内在规律。第三节用老聃安时处顺的寓言，进一步说明听凭天命、顺应自然的生活态度。

原 文

吾生也有涯①，而知也无涯②。以有涯随无涯③，殆已④！已而为知者⑤，殆而已矣！为善无近名⑥，为恶无近刑，缘督以为经⑦，可以保身，可以全生⑧，可以养亲⑨，可以尽年⑩。

注 释

①涯：水的边际，引申为有限。②知：知识。③随：追随，追求。④殆：危险。⑤已：此，这里指上句所说的用有限生命求索无穷知识的情况。⑥近：接近，这里指追求、贪图。⑦缘：沿，顺着。督：中，正道。⑧生：通"性"。⑨养亲：一说"侍奉双亲，不给父母留下忧患"；一说"培养精神，修身养性"。这里取前者之意。⑩尽年：终享年寿，不使夭折。

● 遣使求仙

译 文

人的生命是有限的，但知识却是无穷的。如果用有限的生命去追求无穷无尽的知识，就会陷入危险之境！既然这样，还不断地追求知识，那可真就危险了！做了好事而不追求名声，做了坏事也要能使自己不受刑罚之苦。遵循自然之道，并以此为常法，就能保全身体，就能维护天性，就能奉养双亲，也能安享天年。

庖丁为文惠君解牛①，手之所触，肩之所倚，足之所履②，膝之所踦③，砉然向然④，奏刀騞然⑤，莫不中音⑥，合于《桑林》之舞⑦，乃中《经首》之会⑧。

文惠君曰："嘻⑨，善哉！技盖至此乎⑩？"

庖丁释刀对曰⑪："臣之所好者道也⑫，进乎技矣⑬。始臣之解牛之时，所见无非全牛者。三年之后，未尝见全牛也。方今之时，臣以神遇而不以目视，官知止而神欲行。依乎天理⑭，批大郤⑮，导大窾⑯，因其固然⑰。技经肯綮之未尝⑱，而况大軱乎⑲！良庖岁更刀，割也；族庖月更刀⑳，折也㉑；今臣之刀十九年矣，所解数千牛矣，而刀刃若新发于硎㉒。彼节者有间而刀刃者无厚㉓，以无厚入有间，恢恢乎其于游刃必有余地矣㉔。是以十九年而刀刃若新发于硎。虽然，每至于族㉕，吾见其难为，怵然为戒㉖，视为止，行为迟，动刀甚微，謋然已解㉗，如土委地㉘。提刀而立，为之四顾，为之踌躇满志㉙，善刀而藏之㉚。"

文惠君曰："善哉！吾闻庖丁之言，得养生焉㉛。"

庄子

①庖丁：庖子，庖人，即厨师。为：替，给。文惠君：战国时魏国国君，旧说指梁惠王。解：剖开、分开。②履：踏、踩。③倚：抵住。④砉：象声词，形容肉骨分离的声音。⑤騞：象声词，以刀快速解剖牛的声音。⑥中音：合乎音乐的节奏。⑦桑林：传说中的殷汤乐名，这里指解牛动作如桑林舞的动作一样悠然自得。⑧经首：传说中帝尧时代的乐曲名。会：音节，节奏。⑨嘻：惊叹声。⑩盖：即"盍"，为什么。⑪释：放下，放。⑫好：喜好。道：这里指事物的规律。⑬进：这里指超过、胜过。乎：同"于"。⑭天理：自然法则，这里指牛体天然的组织结构。⑮批：用手掌打。郤：通"隙"，这里指牛体筋骨间的空隙。⑯导：引导，引刀深入。窾：空隙，指牛体骨节较大的空隙。⑰因：依，顺着。固然：本然，原本。⑱技："枝"字之误，指支脉。经：指经络。肯：

骨头上附着的肉。**綮**：筋骨结合的地方。⑲**軱**：大骨。⑳**族庖**：一般的厨师。族，众，多数。㉑**折**：断，劈砍，这里指用刀砍断骨头。㉒**发**：出，磨出。**硎**：磨刀石。㉓**间**：缝，间隙。㉔**恢恢**：宽广，宽绰。㉕**族**：指骨节、筋腱聚结的地方。㉖**怵然**：小心警惕。㉗**謋**：象声词，筋骨解散的声音。㉘**委**：堆积，丢。㉙**踌躇**：从容自得的样子。㉚**善**：擦，拭。㉛**养生**：意思是养生之道。

译文

　　庖丁给文惠君宰牛，随着他的手触、肩扛、脚踩、膝抵等各种动作，牛就发出砉砉的骨肉分离的声音，还有进刀解牛时唰唰的声音，都合乎音乐的节奏，并且与《桑林》舞曲以及《经首》乐曲的韵律相和谐。

　　文惠君惊叹地说："啊，真是太神妙了！宰牛的技术怎么会高超到这个地步呢？"

　　庖丁放下刀，回答说："我所爱好的是大道，已经超出了技术的层面。在我刚从事宰牛的时候，我见到的都是完整的牛。三年之后，就看不到整头的牛了。到了现在，我只需要用心神去感受，而不必用眼睛看，感觉器官停下来了，但心神还在运行。我按照牛的自然生理结构，把刀劈进它筋骨间的大缝隙，再在骨节空隙的地方引刀而入，因循着牛体的原本结构用刀。如此一来，即使是经络相连、筋骨集聚的地方都不会碰到，更何况那大骨头呢！好的厨师一年会换一把刀，因为他们是用刀割筋肉；一般的厨师一个月就会换一把刀，因为他们是用刀砍骨头；而我的刀至今为止已经用了十九年，宰过的牛也有几千头了，但刀刃还像刚在磨刀石上磨过一样锋利。牛的骨节间会有缝隙，但刀刃却薄得像没有厚度一样，用这样的刀刃切入有间隙的骨节，刀刃活动的范围肯定会宽绰有余。所以这把刀用了十九年还像刚磨过一样锋利。即便如此，每当我碰到筋骨交错聚集之地的时候，我还是觉得难以下手，依然小心警惕，保持目光专注，并且放慢动作。动刀的动作虽然轻微，但整头牛却哗啦一下立刻被解体了，就像堆积在地上的泥土一样。这个时候我就提刀站起，环顾四周，感到心满意足，然后再把刀擦干净收起来。"

　　文惠君说："妙啊！我听了庖丁的这番话，悟得了养生之道。"

原文

　　公文轩见右师而惊曰①："是何人也？恶乎介也？天与？其人与？"曰："天也，非人也。天之生是使独也，人之貌有与也②。以是知其天也，非人也。"

●老子

泽雉十步一啄，百步一饮，不蕲畜乎樊中③。神虽王④，不善也。

老聃死⑤，秦失吊之⑥，三号而出⑦。

弟子曰："非夫子之友邪？"

曰："然。"

"然则吊焉若此可乎？"

曰："然。始也吾以为其人也⑧，而今非也。向吾入而吊焉⑨，有老者哭之，如哭其子；少者哭之，如哭其母。彼其所以会之⑩，必有不蕲言而言，不蕲哭而哭者。是遁天倍情⑪，忘其所受⑫，古者谓之遁天之刑⑬。适来⑭，夫子时也；适去，夫子顺也。安时而处顺，哀乐不能入也，古者谓是帝之县解⑮。"

指穷于为薪⑯，火传也，不知其尽也。

注 释

①**公文轩**：为宋国人，复姓公文，名轩。**右师**：官职名，这里指做过此官的人有一只脚。②**与**：赋予、赐予。③**蕲**：祈求。**畜**：养。④**王**：盛，这个意义后代写作"旺"，旺盛，饱满。⑤**老聃**：即老子，姓李，名耳，字聃，春秋时思想家，道家创始人，陈国苦县人。⑥**秦失**：亦写作"秦佚"，老聃的朋友，也可能是庄子虚构的人物。⑦**号**：这里指大声地哭。⑧**其人**：指与秦失对话的哭泣者。⑨**向**：刚才。⑩**彼其**：指哭泣者。**会**：聚，聚集。⑪**遁**：逃避，违反。**倍**：通"背"，背弃，违背。⑫**忘其所受**：大意是忘掉了受命于天的道理。⑬**刑**：过失。⑭**适**：偶然，有时。⑮**县**：同"悬"。"帝之县解"犹言"自然解脱"。⑯**指、薪**：指脂薪，又称烛薪，用以取光照物。

译 文

公文轩见到一个当过右师的人大吃一惊，说："这是什么人？怎么只有一只脚？是天生只有一只脚，还是被人砍去了一只？"右师说："这是天生的，不是人为的。出生开始我就只有一只脚，人的外貌完全是上天赋予的。所以才知道这是天性使然，而

庄子

〇三二

不是人为损害。"

沼泽边上的野鸡，走十多步才能吃到一口食物，走几百步才能喝到一口水，但它并不愿意被养在笼子里。被圈养在笼子里，虽然精力会很旺盛，但并不自在。

老聃死了，他的朋友秦失前去吊唁，大哭几声之后就离开了。

老聃的弟子就问他说："您和我们老师是不是朋友?"

秦失说："是的。"

弟子们又问说："那像您这样吊唁朋友，说得过去吗?"

秦失说："这样就可以了。我先前以为他是一般人，现在看来并不是这样。刚才我去灵房吊唁，看见有老年人在哭他，就好像父母在哭自己的孩子;有年轻人在哭他，就好像子女在哭自己的父母。他们之所以会聚在这里吊唁，一定有不想吊唁却不得不吊唁，不想哭泣却不得不痛哭的。这是违反自然之道，背弃真情的，他们都忘掉了人的生命是受命于天的，古时候的人把这种过失叫作违反自然。你们的老师偶然来到世上，应时而生;偶然离开人世，顺应自然。安于天理，并且顺从自然变化，哀伤欢乐都无法进入心中，古时候的人把这称作是自然解脱，就好比解除了倒悬之苦。"

烛薪终会燃尽，而火种却能不断地传续下去，永无穷尽的时候啊!

人间世

《人间世》出自《庄子》内篇，主要内容是讲人的处世之道。

　　春秋战国时期是一个由奴隶制向封建制转化的时期，作为新兴势力的地主阶级大多野心勃勃，并且残忍残暴，导致战争频繁，社会动荡不安。庄子认为处在这样的人世间，首先是要保全自身，做到虚己待物，以无用为大用。文章通过颜回与孔子、孔子与诸梁、颜阖与蘧伯玉的对话以及匠石见栎树等寓言，从不同角度，生动而具体地阐明了"心斋"的处世方法以及"无用之用"的处世态度。

原　文

颜回见仲尼①**，请行。**

曰:"奚之?"

曰:"将之卫②**。"**

曰:"奚为焉?"

内

篇

〇三三

● 颜回

曰："回闻卫君，其年壮，其行独③。轻用其国而不见其过。轻用民死，死者以国量乎泽若蕉④，民其无如矣⑤！回尝闻之夫子曰：'治国去之⑥，乱国就之⑦。医门多疾。'愿以所闻思其则⑧，庶几其国有瘳乎⑨！"

仲尼曰："譆，若殆往而刑耳⑩！夫道不欲杂，杂则多，多则扰，扰则忧，忧而不救。古之至人，先存诸己而后存诸人。所存于己者未定，何暇至于暴人之所行⑪！且若亦知夫德之所荡而知之所为出乎哉⑫？德荡乎名，知出乎争。名也者，相轧也⑬；知也者，争之器也。二者凶器，非所以尽行也。

"且德厚信矼⑭，未达人气；名闻不争，未达人心。而强以仁义绳墨之言术暴人之前者⑮，是以人恶有其美也⑯，命之曰菑人⑰。菑人者，人必反菑之。若殆为人菑夫。且苟为悦贤而恶不肖⑱，恶用而求有以异？若唯无诏⑲，王公必将乘人而斗其捷⑳。而目将荧之㉑，而色将平之㉒，口将营之㉓，容将形之㉔，心且成之㉕。是以火救火，以水救水，名之曰益多。顺始无穷，若殆以不信厚言，必死于暴人之前矣！

"且昔者桀杀关龙逢㉖，纣杀王子比干㉗，是皆修其身以下伛拊人之民㉘，以下拂其上者也㉙，故其君因其修以挤

● 关龙逢

庄子

之㉚。是好名者也。

　　"昔者尧攻丛枝、胥、敖㉛，禹攻有扈㉜。国为虚厉㉝，身为刑戮。其用兵不止，其求实无已，是皆求名实者也，而独不闻之乎？名实者，圣人之所不能胜也，而况若乎！虽然，若必有以也㉞，尝以语我来㉟。"

注释

①**颜回**：孔子弟子，姓颜名回，字子渊，春秋时鲁国人。**仲尼**：孔子，仲尼为字。②**卫**：古国名，是春秋时诸侯国之一，在今河南省东北部地区。③**独**：独断专行。④**蕉**：草芥，这里指像蕉草一样枯萎。⑤**如**：归往。"无如"意思是无路可走。⑥**去**：离，离开。⑦**就**：前往，奔赴。⑧**则**：准则，法。⑨**庶几**：或许，可以。**瘳**：病愈，这里指恢复元气。⑩**殆**：大概，差不多。**刑**：遭受刑罚。⑪**暴人**：凶恶残酷的人，这里指卫国国君。⑫**荡**：过分，败坏，这里指失真。⑬**轧**：倾轧。⑭**矼**：实、笃厚。⑮**術**：通"述"，通述，叙述。一说"術"字是"衒"字之误，卖弄的意思。⑯**有**：炫耀。一说"有"字为"育"字之误，讲作"卖"。⑰**命**：名，称。**菑**："灾"字的异体，"灾"字今简化为"灾"，害。⑱**不肖**：不像，这里指不学好。⑲**诏**：告，进谏，这里指向卫君进言。⑳**王公**：指卫君。**乘**：凭借。**捷**：巧辩。㉑**荧**：眩，眩惑。㉒**色**：气色，脸色。**平**：这里指消除了不满。㉓**营**：营救，这里指自救。㉔**形**：表现。㉕**成之**：以之为成，有妥协的意思。㉖**桀**：中国夏朝末代君主，相传是暴君。**关龙逢**：夏桀的贤臣，因直言进谏被夏桀杀害。㉗**纣**：中国商代最后的君主，相传是暴君。**比干**：商纣王的庶叔，也因进谏被纣王杀害。㉘**伛拊**：怜爱抚育。㉙**拂**：违反，违逆。㉚**修**：好，美好，这里专指有很好的道德修养。㉛**丛枝、胥、敖**：指帝尧时代的三个小国的国名。㉜**有扈**：大禹时代的一个部落名。㉝**虚**：通"墟"，废墟。**厉**：厉鬼，古时候人说人死而无后代会变成厉鬼。㉞**有以**：有自己的想法。㉟**以语我来**：即"以之语我来"，把原因告诉我。

译文

颜回去拜访老师孔子，并且向他辞行。

孔子说："你要到哪里去？"

颜回回答说："去卫国。"

孔子又问："你去卫国干什么？"

颜回说："我听说卫国的国君，他年轻气盛，独断专横。轻率地处理国家大事，还意识不到自己的过失。穷兵黩武，轻率地役使百姓给他效命，导致死去的人像枯萎的草芥一样多，百姓已经穷途末路了。我曾听老师说过：'对于治理得好的国家，要离开它，而对于治理得不好的国家，则要到那里去，就好比医生门前挤满了病人一样。'我想依据先生的教导制定治理卫国的方略，卫国或许能逐渐恢复元气！"

孔子说："唉！你去卫国，恐怕会遭到刑罚啊！推行大道时不宜杂乱，杂乱了就会生出很多事情，事情一多就会乱套，乱套了就会引起忧患，而一旦忧患多了也就无法保全自身了。古代道德高尚的至人，总是先求得自己立住脚跟，然后才去扶助他人。如今你自己都没立住脚跟，哪还有空闲到暴君那儿去纠正他的行为啊！而且你知道道德沦丧和智慧显露的原因吗？道德的沦丧在于追求名声，而智慧的显露则在于为了争辩是非。为了名声，人们便互相倾轧；有了智慧，人们在互相争斗中也就有了武器。所以这二者都是凶器，不能把它推广于世。

"再说，一个人即使德行纯厚，并且诚实守信，也不一定能和对方声气相通；声名在外，即使他不争名声，也不一定能得到广泛的理解。如果把仁义规范之类的言论强说给暴君，就好比用别人的过错来显耀自己的美德，这是在害人。而害人的人一定也会被别人祸害，你恐怕会被别人伤害呀。况且，假如卫君当真喜好贤能而痛恨不肖之徒，那哪里还用得着你去表现得与众不同呢？如果你执意要去卫国，也不要向卫君进言，否则卫君一定会趁机与你辩论争斗。这样的话，你就会觉得头晕眼花，但表面上还要装作平和，之后你说话就只顾得自救，态度也会更加恭顺，心里也就姑且认同卫君了。这就像是用火去救火，用水去救水，可以说是错上加错。一旦你开始依顺他，以后就会没完没了，如果他没有信任你，你就忠厚进谏，那你一定会死在这位暴君手里。

"从前夏桀杀了直言进谏的关龙逄，商纣王杀了比干，他们都很注重道德的修养，都以臣子的身份去抚爱百姓，但也以臣子的身份违逆了国君的意愿，所以国君就因为他们高尚的德行把他们排斥掉了。这就是追求名声的结果。

"当年帝尧讨伐丛枝、胥、敖，夏禹讨伐有扈，这几个小国都变成了废墟，人成了厉鬼，国君自己也被杀害了，原因就是这几个小国不停地用兵，贪求实利，这些都是求名好利的结果，你难道就没有听说过吗？名声和实利，连圣人也不能克服，何况是你呢？虽然如此，你必定有自己的想法，说出来听听。"

原　文

颜回曰："端而虚①，勉而一②，则可乎？"

曰："恶！恶可③！夫以阳为充孔扬④,采色不定⑤,常人之所不违,因案人之所感⑥,以求容与其心⑦,名之曰日渐之德不成⑧,而况大德乎！将执而不化⑨,外合而内不訾⑩,其庸讵可乎⑪！"

"然则我内直而外曲⑫,成而上比⑬。内直者,与天为徒⑭。与天为徒者,知天子之与己,皆天之所子⑮,而独以己言蕲乎而人善之⑯,蕲乎而人不善之邪？若然者,人谓之童子⑰,是之谓与天为徒。外曲者,与人之为徒也⑱。擎跽曲拳⑲,人臣之礼也。人皆为之,吾敢不为邪？为人之所为者,人亦无疵焉⑳,是之谓与人为徒。成而上比者,与古为徒。其言虽教,谪之实也㉑,古之有也,非吾有也。若然者,虽直而不病,是之谓与古为徒。若是则可乎？"

仲尼曰："恶！恶可！大多政法而不谍㉒。虽固㉓,亦无罪。虽然,止是耳矣㉔,夫胡可以及化㉕！犹师心者也㉖。"

颜回曰："吾无以进矣㉗,敢问其方。"

仲尼曰："斋㉘,吾将语若。有心而为之,其易邪？易之者,暤天不宜㉙。"

颜回曰："回之家贫,唯不饮酒不茹荤者数月矣㉚。如此则可以为斋乎？"

曰："是祭祀之斋,非心斋也。"

回曰："敢问心斋。"

仲尼曰："若一志㉛,无听之以耳而听之以心；无听之以心而听之以气。听止于耳㉜,心止于符。气也者,虚而待物者也。唯道集虚。虚者,心斋也。"

颜回曰："回之未始得使㉝,实自回也；得使之也,未始有回也,

内篇

〇三七

可谓虚乎？"

夫子曰："尽矣！吾语若：若能入游其樊而无感其名，入则鸣，不入则止。无门无毒^㉟，一宅而寓于不得已则几矣^㊱。绝迹易，无行地难。为人使易以伪，为天使难以伪。闻以有翼飞者矣，未闻以无翼飞者也；闻以有知知者矣，未闻以无知知者也。瞻彼阕者^㊲，虚室生白^㊳，吉祥止止^㊴。夫且不止，是之谓坐驰^㊵。夫徇耳目内通而外于心知^㊶，鬼神将来舍，而况人乎！是万物之化也，禹、舜之所纽也^㊷，伏戏、几蘧之所行终^㊸，而况散焉者乎^㊹！"

注释

①**端**：端庄，这里指态度严肃。②**勉**：努力，勤恳。**一**：这里指忠贞不贰。③**恶可**：怎么可以？恶，表示否定的语词。④**阳**：阳盛，指气质刚猛。**孔**：甚。**扬**：张扬，表现在外表上。⑤**采色**：指面部表情。⑥**案**：压抑。⑦**容与**：放任。⑧**渐**：浸泽，指逐渐受到感染。⑨**执**：固执，这里指自以为是。⑩**訾**：诋毁，这里指批评。⑪**其**：指示代词，这样。**庸讵**：怎么，何以。⑫**直**：正直。**曲**：曲就，这里指委曲求全。⑬**成**：成就，这里指成就君臣。**上**：上世，指古代。⑭**天**：自然。⑮**所子**：所生所养的子女。⑯**蕲**：祈求。⑰**童子**：未成年的人，比喻天真。⑱**与人之为徒**：以世人为师，这里指使举动随和于世人。⑲**擎**：执，这里指手里拿着朝笏。**跽**：长跪。**曲拳**：鞠躬。⑳**疵**：毛病，这里指诽谤。㉑**谪**："谪"的异体字，谴责，批评。㉒**大**：太。**政**：通"正"，纠正。**谍**：当，稳当。㉓**固**：固陋，执着一端而不通达。㉔**止是**：只不过如此。㉕**胡**：何，怎么。㉖**师心**：以内心的定见为师。㉗**无以进**：这里指无法提出更好的方法。㉘**斋**：祭祀前或举行典礼前清心洁身。这里指清心。㉙**暣**：通"昊"，广大，明亮。㉚**茹**：吃。**荤**：指葱蒜韭之类辛臭的菜。㉛**一志**：凝寂虚忘，摒除杂念，心思高度专一。㉜**止**：只，不动。㉝**使**：采用。㉞**樊**：篱笆，引申为卫君统治的范围。㉟**毒**：通"壔"，保卫门栏的土台，这里指索求门径的标记。㊱**几**：近，差不多。㊲**瞻**：望，观望。**阕**：空，空虚。㊳**白**：纯白，指什么也不存在的空虚的心理状态。㊴**止止**：止于所止，这里指止于宁静的心境。㊵**坐驰**：形坐而心却驰骋于他处。㊶**徇**：使。㊷**纽**：关键。㊸**伏戏、几蘧**：都是传说中的远古帝王。㊹**散焉者**：指疏散无为的人，即一般人。

颜回说："我保持态度端庄，并且内心虚静，勤奋努力，还善始善终，这样做可以吗？"

孔子说："不！不可！卫君他暴烈傲气，又喜怒无常，一般人都不敢违背他的意思，他还打压别人对他劝告的意愿，以此来满足自己的欲望。他这种人，即便是每日用小德来感化，他都不会有所改变，更何况用大德直接批评呢？他一定会顽固不化，表面上虽然表示赞同，但心里根本不会接受，你的想法又有什么用呢？"

颜回说："如果这样的话，那我就内心公平正直，而在表面上俯首谦逊，内心的主见与古代贤人作比较。内心公平正直，就是以自然为师。以自然为师，就能知道天子和自己都是自然养育的子女。那我又何必宣扬自己的主张希望别人赞同接受或不予赞同接受呢？像这样，人们就认为我有童子之心，这就叫以自然为师。表面上俯首谦逊，就是以人为师。手拿朝笏，长跪鞠躬，这是臣子该有的礼节，大家都这样做，我能不这样做吗？做大家都做的事，人们就不会责怪我了，这就叫以人为师。心有主见而自比古代贤人，就是以古为师。他们的言论虽然很有内涵，但其实都在指责人君的过错。这种做法以前就有，并不是我先开始的。像这样，我的话虽然公平正直，却不会受到祸害，这就叫以古为师。这样做可以吗？"

孔子说："不！不可！这样做的话，就纠正太多了，不够得当。虽然浅陋，但也没有什么罪责。即便这样，也是不过如此而已，又哪里能感化他呢！你还是太自以为是了。"

颜回说："我实在是没有更好的方法了，请问您有什么方法可以告诉我吗？"

孔子说："斋戒清心，我现在告诉你！如果存着积极用世的心思去做事，你觉得容易吗？如果你认为很容易，那就不合乎自然的道理了。"

颜回说："我家境贫穷，不怎么喝酒，并且已经好几个月不吃荤了。这样做就可以说是斋戒了吧？"

孔子说："你这是祭祀时的斋戒，并不是心斋。"

颜回说："那请问什么是心斋呢？"

孔子回答说："要做到心斋，你需要去除杂念，保持高度的专一，不用耳朵去听，而是用心去领悟；不用心领悟，而用虚无之气感受。耳朵只能聆听外物的声音，心灵只能感应外物，只有虚无之气才能容纳万物。只有大道才能把虚无之气集中起来。这种虚无之气，就叫作心斋。"

颜回说："我先前没有受过关于心斋的教诲，所以感觉有一个实实在在的颜回存在；如今我受到了心斋的教诲，我就感觉从没有一个实实在在的颜回存在，这叫作虚无吗？"

孔子说："你既然这么说，那你对心斋已经理解了。我告诉你：如果你能够进到卫国之地遨游，并且不受名利的诱惑，卫君能采纳你的观点，你就说；不采纳的话，你就不说。安心于一，全无杂念，把自己放在无可奈何的境地，就差不多符合心斋的要求了。人不走路容易，走了路还不在地上留下行迹就更难了。在欲望的驱使下，很容易就能做到伪装，顺其自然而行就很难作假。听过有翅膀才能飞，没听过没有翅膀也能飞的；听过有智慧才能认识事物，没听过没有智慧也能认识事物的。看看那空旷的地方，心境就会空明，什么也都不复存在，一切吉祥之事都会降临。如果心境不能平静，这就叫形坐神驰。假使耳目感官向内通达，还能排除心智，那鬼神都会来依附，何况人呢！这样万物都能感化，这是禹和舜处世的关键，也是伏羲和几蘧终生遵循的准则，何况普通人呢！"

原文

叶公子高将使于齐①，问于仲尼曰："王使诸梁也甚重②。齐之待使者，盖将甚敬而不急，匹夫犹未可动，而况诸侯乎！吾甚栗之③。子常语诸梁也曰：'凡事若小若大，寡不道以欢成④。事若不成，则必有人道之患⑤；事若成，则必有阴阳之患⑥。若成若不成而后无患者，唯有德者能之。'吾食也执粗而不臧⑦，爨无欲清之人⑧。今吾朝受命而夕饮冰，我其内热与！吾未至乎事之情而既有阴阳之患矣！事若不成，必有人道之患，是两也。为人臣者不足以任之，子其有以语我来！"

仲尼曰："天下有大戒二⑨：其一命也，其一义也。子之爱亲，命也，不可解于心；臣之事君，义也，无适而非君也⑩，无所逃于天地之间。是之谓大戒。是以夫事其亲者，不择地而安之，孝之至也；夫事其君者，不择事而安之，忠之盛也⑪；自事其心者⑫，哀乐不易施乎前⑬，知其不可奈何而安之若命，德之至也。为人臣子者，固有所不得已。行事之情而忘其身，何暇至于悦生而恶死！夫子其行可矣！

● 文帝亲尝汤药

"丘请复以所闻：凡交近则必相靡以信^⑭，远则必忠之以言。言必或传之。夫传两喜两怒之言^⑮，天下之难者也。夫两喜必多溢美之言^⑯，两怒必多溢恶之言。凡溢之类妄，妄则其信之也莫^⑰，莫则传言者殃。故法言曰^⑱：'传其常情，无传其溢言，则几乎全。'

"且以巧斗力者，始乎阳^⑲，常卒乎阴^⑳，泰至则多奇巧^㉑；以礼饮酒者，始乎治，常卒乎乱，泰至则多奇乐。凡事亦然，始乎谅，常卒乎鄙^㉒；其作始也简，其将毕也必巨。言者，风波也；行者，实丧也^㉓。夫风波易以动，实丧易以危。故忿设无由^㉔，巧言偏辞^㉕。兽死不择音，气息茀然^㉖，于是并生心厉^㉗。剋核大至^㉘，则必有不肖之心应之而不知其然也^㉙。苟为不知其然也，孰知其所终！故法言曰：'无迁令，无劝成，过度益也^㉚。''迁令'、'劝成'殆事^㉛。美成在久，恶成不及改，可不慎与！且夫乘物以游心^㉜，托不得已以养中^㉝，至矣。何作为报也^㉞！莫若为致命^㉟，此其难者？"

注释

①叶公子高：楚庄王玄孙尹成子，姓沈，名诸梁，字子高，为楚国大夫。②使：派遣。③栗：惧，恐惧。④道：由，通过。⑤人道之患：刑罚之患，这里指国君的惩罚。⑥阴：忧惧。阳：喜悦。⑦执粗：食用的是粗茶淡饭。臧：好。⑧爨：灶，烹饪食物。⑨戒

内篇

○四一

法，法则。⑩**适**：往、到。⑪**盛**：最，极点。⑫**自事其心**：这里指注重调养自己的心性。
⑬**施**：移动，影响。⑭**靡**：通"摩"，顺从。⑮**两喜两怒之言**：两国国君或喜或怒的言辞。
⑯**溢**：满，过度。⑰**妄**：虚假。**莫**：淡漠。⑱**法言**：古代格言。⑲**阳**：公开，外露。⑳**阴**：
暗地里，私下。㉑**泰至**：太过，达到极点。**奇巧**：指玩弄阴谋诡计。㉒**鄙**：恶，鄙恶。
㉓**实丧**：得失。㉔**设**：设置，这里指发作，产生。㉕**巧**：虚浮不实。㉖**莆然**：指气息急促。
莆，通"勃"。㉗**心厉**：指害人的恶念。厉，狠虐，虐害。㉘**剋核**：即"刻核"，苛责。
㉙**不肖**：不善。㉚**益**：添加，增益。㉛**殆**：危险。㉜**乘物**：顺应客观事物。㉝**中**：中气，
这里指心性神智。㉞**作**：作意。㉟**莫若**：莫如。

译　文

　　叶公子高将要出使去齐国，临行前向孔子请教说："楚王派我出使齐国的责任很
重大。并且齐国在接待外来使节的时候，往往面上表现得恭敬，但实际上很怠慢。寻
常百姓你都不容易说服他，更何况是诸侯呢！我很恐惧。您常常对我说：'无论大事
小事，很少有不合乎大道却获得圆满结果的。事情如果办不成，那我一定会受到国君
的惩罚；而事情如果办成了，那又一定会忧喜交集，导致阴阳失调，生出病害。所以，
无论事情办成办不成都不遭受祸患的，只有道德高尚的人才能做到。'现在我每天吃
的都是粗茶淡饭，做饭的人不必跑出去散热。今天早上我才接到了国君的命令，晚上
就要喝冰水降温，这是因为我心里焦躁吗？我还没开始做这件事，就遭受了忧喜交加
所导致的祸患；如果事情真的没有办成，肯定会受到国君的惩罚。成与不成的结果我
都承担不起，先生能教给我一些方法吗？"

　　孔子回答说："天下有两条不能违背的法则：一个是天命，另一个是道义。儿女
孝顺双亲，这是命，孝敬父母不能有任何懈怠；臣子侍奉国君，这是道义，世间不存
在没有国君统治的地方，这是无法逃避的事实。这就是足以为戒的法则。因此孝顺双
亲的人，无论在什么样的境遇下都会让父母感到安逸，这是孝心的极致；而侍奉国君
的人，无论国君让办什么事，都会让国君对结果满意，这是忠心的极致。注重内在修
养的人，悲欢都影响不到他，知道世事艰难，也能安于处境，顺应自然，这是道德修
养的极致。身为臣子，本来就会有不得已的地方，遇到事情就努力去做，并且忘掉自
身，哪里还会贪生怕死呢！你这样去做就可以了！"

　　"我再把我所听到的告诉你：凡是与邻近国家交往的时候，一定要用诚信，而在
与远方国家交往的时候，就要用言辞来表示相互间的诚信，言辞一定要让使臣转达。
传达两国国君的喜怒是天底下最困难的事情。双方都喜欢的，一定是加了许多过分的
夸赞，双方都厌恶的，也一定是加了许多过分的憎恨。凡是过度添加的言语都和虚伪

的类似，而虚伪的言辞，也就值得怀疑，如果国君产生了怀疑，那传达言辞的使者就要遭殃了。所以古代的格言就说：'要传达平实的言论，不要传达过分添加的话，就差不多可以保全自身了。'

"况且依凭智巧来相互较量的人，开始的时候会明来明去，后来就会暗出计谋，到最后则阴谋不断；而依照礼节喝酒的人，开始的时候会规规矩矩，后来就迷醉混乱，太过分时则放纵淫乐。任何事情大概都是这样，开始的时候会相互信任，后来就相互欺诈；开始的时候单纯细微，后来就变得非常复杂。言语就像风吹的波浪；有所作为就一定会有得失。被风吹动的波浪容易变化，而有了得失，也就容易产生危机。所以恼怒的发作并没有别的理由，只是因为言辞虚伪，并且还非常片面。野兽临死的时候，不管什么声音都能叫得出来，气息也会变得非常急促，还会产生伤人害命的念头。如果苛责得过分了，别人也一定会生出不好的念头，而他自己或许也不知道为什么会这样。如果做了些他自己都不知道怎么回事的事，那谁还能知道会出现什么样的结果呢？所以古代的格言就说：'不要变动已经下达下去了的命令，也不要勉强别人去做不愿做的事，并且如果说话过度，那一定是多余的。'改变命令或者强人所难，都是很危险的事，办成一件好事往往需要很长的时间，但坏事一旦做出来，就无法再更改，所以处世能不小心谨慎吗？顺应自然，并且遨游在虚无的境界，把一切都寄于不得已，这就是最好的办法。何必要在意回报？不如平实地传达国君的指示，这样做还有什么困难啊？"

原 文

颜阖将傅卫灵公大子①，而问于蘧伯玉曰②："有人于此，其德天杀③。与之为无方则危吾国④，与之为有方则危吾身。其知适足以知人之过，而不知其所以过。若然者，吾奈之何？"

蘧伯玉曰："善哉问乎！戒之，慎之，正女身也哉！形莫若就⑤，心莫若和⑥。虽然，之二者有患。就不欲入⑦，和不欲出⑧。形就而入，且为颠为灭⑨，为崩为蹶⑩；心和而出，且为声为名，为妖为孽。彼且为婴儿，亦与之为婴儿；彼且为无町畦⑪，亦与之为无町畦；彼且为无崖⑫，亦与之为无崖；达之，入于无疵。

"汝不知夫螳螂乎？怒其臂以当车辙⑬，不知其不胜任也，是其才之美者也⑭。戒之，慎之，积伐而美者以犯之⑮，几矣⑯！汝不知夫养虎者乎？不敢以生物与之，为其杀之之怒也⑰；不敢以全物与之，为其决之之怒也。时其饥饱，达其怒心⑱。虎之与人异类，而媚养己者⑲，顺也；故其杀者，逆也⑳。

● 虎

"夫爱马者，以筐盛矢㉑，以蜄盛溺㉒。适有蚊虻仆缘㉓，而拊之不时㉔，则缺衔毁首碎胸㉕。意有所至而爱有所亡㉖，可不慎邪！"

注释

①颜阖：鲁国的贤人，姓颜名阖。②蘧伯玉：卫国的贤大夫，名瑗，字伯玉。③天杀：禀性凶残嗜杀。④与之：朝夕与共。方：法度。⑤形：外表，这里指态度表情。就：从。⑥和：顺，这里指顺其本性。⑦入：关系深。⑧出：越出，过于显露。⑨颠：仆倒，坠落。⑩崩：败坏。蹶：失败，挫折。⑪町畦：田间的界路，喻指界线，约束。⑫崖：山边或岸崖，比喻人有棱角。⑬怒：奋起，奋发。⑭是：认为是正确的。⑮积：长时间的，多次。伐：夸耀。⑯几：危险。⑰为其杀之之怒也：唯恐它扑杀活物时而引发杀害生物的怒气。⑱达：通晓、引导。⑲媚：喜爱，媚顺。⑳逆：反，逆犯。㉑矢：粪便。㉒蜄：大蛤，这里指蛤壳。㉓蚊虻：即牛虻。仆缘：附着，指牛虻叮在马身上。㉔拊：拍，拍击。㉕缺衔：指咬断勒口。衔，马勒口。㉖意：主观意图。亡：失。

译文

颜阖将要去做卫灵公太子的师傅，临行前向卫国的贤大夫蘧伯玉请教说："现在有这么一个人，他生来就残暴无度，如果放纵地跟他朝夕相处，一定会危害到我们的国家；如果不放纵，就会危害到我自身。以他的智慧，可以了解到别人的过错，却不知道自己出错的缘由。遇到像这样的情况，我该怎么办呢？"

蘧伯玉说："你问得好啊！你要做到警戒，做到谨慎，首先要端正自身！态度上要顺从依附，以此来表示亲近，心里要藏有和顺的思想。即使这样，也还是存在隐患。

态度上亲附他，但不要太过亲密；心里存着和顺的思想，也不要表现得太过明显。如果态度上亲附到关系过密，就会招致颠败毁灭；如果内心和顺的思想表现得太明显，就会被认为是为了追求名声，也会招致祸患。如果他像孩子一样，你也跟他一样做个天真的孩子；如果他对人和物没有界线，那你也就跟他一样没有界线。如果他跟你无拘无束地相处，那你也跟他无拘无束地相处。并且要对他不着痕迹地加以引导，慢慢地达到让他不犯错误的目的。

"你不知道那螳螂吗？它奋起臂膀去阻挡车轮，并不知道自己力量不足，但还自以为很有力量。要做到警诫呀，做到谨慎！如果经常显耀自己的才智，触犯到了他，那就危险了！你不知道那养虎的人吗？他不敢拿着活着的动物去喂它，因为怕它扑杀的时候会激起它嗜杀的天性；他也不敢用整只的动物去喂它，因为怕它撕碎动物的时候会诱发它嗜杀的天性。饲养的人要知道它什么时候饥什么时候饱，了解老虎的禀性。虽然老虎与人不是同类，可它却向饲养人摇尾乞怜，这是因为饲养老虎的人顺着老虎的禀性去喂养，而那些被吃掉的人，都是因为触犯了老虎的禀性。

"那些喜欢马的人，拿精致的筐子去装马粪，用贵重的蛤壳去盛马尿。但遇到一只牛虻附在马身上，爱马之人趁着马不注意随手拍击，马儿受惊就会咬断勒口、毁坏辔头、弄断胸络。本来出于喜欢马的目的，最后却失去了它，适得其反，能不慎重些吗！"

原　文

匠石之齐，至于曲辕，见栎社树[1]。其大蔽数千牛，絜之百围[2]，其高临山十仞而后有枝，其可以为舟者旁十数[3]。观者如市，匠伯不顾，遂行不辍[4]。

弟子厌观之[5]，走及匠石[6]，曰："自吾执斧斤以随夫子，未尝见材如此其美也。先生不肯视，行不辍，何邪？"

曰："已矣，勿言之矣！散木也[7]，以为舟则沈，以为棺椁则速腐[8]，以为器则速毁，以为门户则液樠[9]，以为柱则蠹[10]，是不材之木也。无所可用，故能若是之寿[11]。"

匠石归，栎社见梦曰："女将恶乎比予哉？若将比予于文木邪[12]？夫柤梨橘柚[13]，果蓏之属[14]，实熟则剥，剥则辱。大枝折，小枝泄[15]。

此以其能苦其生者也。故不终其天年而中道夭，自掊击于世俗者^{pǒu}也^⑯。物莫不若是。且予求无所可用久矣！几死，乃今得之，为予大用^⑰。使予也而有用，且得有此大也邪？且也若与予也皆物也，奈何哉其相物也？而几死之散人^⑱，又恶知散木！"

匠石觉而诊其梦^⑲。弟子曰："趣取无用^⑳，则为社何邪？"

曰："密！若无言！彼亦直寄焉^㉑，以为不知己者诟厉也^㉒。不为社者，且几有翦乎^㉓！且也彼其所保与众异，而以义喻之，不亦远乎！"^{jiǎn}

注释

①栎：树名，有白栎等。社：土神庙。②絜：用绳子计量圆筒形物体的周围。围：周长一尺。③旁：通"方"，意为"且"。④辍：中止，停止。⑤厌：饱，满足。⑥走：跑。及：赶上。⑦散木：不成材的树木。⑧以为：即"以之为"，把它做成。沈：同"沉"。椁：指棺外的套棺。⑨液：浸渍。樗：树名。⑩蠹：蛀木虫。⑪若是：像这样的。⑫文木：指可用之木。文，纹理，后写作"纹"。⑬柤：楂，水果树的一种。⑭蓏：瓜类植物的果实。⑮泄：通"抴"，"抴"亦写作"拽"，用力拉。⑯掊：打，击。⑰为予大用：隐含有"积无用而为大用"的哲理。正因为被人们视为无用之材，所以才保全了自身。⑱散人：不成才的人。⑲诊：通"畛"，告诉。⑳趣：意趣，旨趣。㉑直：仅、只。㉒诟厉：辱骂。㉓翦：斩伐。

译文

一个名叫石的匠人到齐国去，到了曲辕这个地方，看见神社旁边的一棵栎树，这棵栎树非常大，可以遮蔽数千头牛，用绳子绕着量一量，它的周围足足有十丈粗。这棵树就像山一般高，离地面八十尺的地方才开始有分权，它的枝干可以造十几艘船。观赏的人多得就像赶集似的，但匠人连看也不看，不住脚地往前走。

他弟子站在树旁看了很久，看够后才跑着赶上了他，并且对他说："从我拿起斧头跟随先生以来，从没见过这么美好的树。可先生却看也不看一眼，不住脚地往前走，这是什么原因呢？"

匠人说："算啦，不要再说它了！这是棵没什么用处的树，用它造的船会沉没，用它做的棺椁会很快腐烂，用它做的器皿会很快坏掉，用它做的屋门会合不拢，用它做的屋柱会有蛀虫。这是棵不成材的树，没有什么用处，所以它才有这么长的寿命。"

匠人回到家，在梦中梦见社树对他说："你准备拿什么跟我相比呢？你打算让有普通纹理的树木跟我相比吗？那楂、梨、橘、柚都是果树一类的，一旦果实成熟了，就会被摘掉，而摘掉了果子，枝干也就会受到摧残，大的会被折断，而小的会被拉下来。这都是因为它们能结果，才导致自己一生劳苦不堪。所以无法终享天年，中途就夭亡了，这是它们自身招来的打击啊。万事万物没有不这样的。而且我很早就开始寻求使自己没有用处的方法了，几乎要被砍死了，才保住了性命，没有用处也就成了我最大的用处。假如我真的有用处，哪里还能延年益寿？况且，你我属于物的这一类，为什么要这样看待事物呢？你不过是快死的没有什么用处的人，又哪里会了解没有什么用处的树呢！"

匠人醒后就把他做的梦告诉了弟子，弟子说："既然栎树致力于追求无用，那它又为什么做被世人信奉的社树呢？"

匠人说："停，别再说了！它只是找了神庙这个寄托罢了，所以才会遭到不了解的人的辱骂。如果它不做社树，那还不遭到砍伐吗？况且，它用来保身的办法与众不同，如果按常理来分析它，不就差太远了吗！"

原文

南伯子綦游乎商之丘①，见大木焉，有异：结驷千乘，隐将芘其所藾②。子綦曰："此何木也哉！此必有异材夫！"仰而视其细枝，则拳曲而不可以为栋梁；俯而视其大根，则轴解而不可以为棺椁③；咶其叶④，则口烂而为伤；嗅之，则使人狂酲⑤，三日而不已⑥。子綦曰："此果不材之木也，以至于此其大也。嗟乎，神人以此不材。"

宋有荆氏者⑦，宜楸柏桑。其拱把而上者⑧，求狙猴之杙者斩之⑨；三围四围，求高名之丽者斩之⑩；七围八围，贵人富商之家求樿傍者斩之⑪。故未终其天年而中道之夭于斧斤，此材之患也。故解之以牛之白颡者⑫，与豚之亢鼻者，与人有痔病者，不可以适河⑬。此皆巫祝以知之矣⑭，所以为不祥也。此乃神人之所以为大

祥也。

注 释

①**南伯子綦**：人名，为南郭之长，故称之为伯。**商之丘**：即商丘，在今河南省境内。②**芘**：通"庇"，荫蔽。**藾**：荫庇。③**轴**：指木的中心。**解**：一说散，一说裂开。④**咶**：通"舓"，舔。⑤**醒**：醉酒。⑥**已**：止，停止。⑦**荆氏**：地名，在宋国境内。⑧**拱**：两手合围。**把**：一手所握，表示粗细的量词。⑨**杙**：小木桩，用来系牲畜的。⑩**丽**：屋栋，即屋之中梁。⑪**樿傍**：棺材的一侧，用整块木材制成。⑫**解**：求福解罪。**颡**：额。⑬**适河**：沉入河中以祭神。⑭**巫祝**：巫师。

● 宋人伐木

译 文

南伯子綦在商丘游乐，看到一棵奇特的大树，它的树荫能让上千辆车马在下面休息。子綦问道："这是什么树啊？这树一定有与众不同的材质啊！"抬头看大树的树枝，它弯弯曲曲，不能用作栋梁；再看它的主干，表皮开裂，不能用来做棺材；舔一舔它的叶子，口舌就会溃烂发炎；闻一闻它的气味，就像是喝多了酒，三天三夜都无法清醒。子綦说："这是没什么用处的树啊，所以才长得这么大。唉，神人也是像这样啊！"

宋国的荆氏周围，非常适合楸树、柏树以及桑树的生长。当树干长到一两把粗的时候，就会被养猴的人砍去，做了拴猴子的木桩；当树干长到三四围粗的时候，就会被地位显赫的人砍去，做了建屋的大梁；当树干长到七八围粗的时候，就会被富家商贾砍去，做了整副的棺材。所以它们都不能终享天年，中途就被刀斧砍伐了。这就是有用的材质带来的祸患。因此，过去巫师祈祷神灵消除灾害，不用白色额头的牛，不用高鼻折额的猪，也不用患有痔漏疾病的人沉入河中去做祭品。这些情况巫师都是了解的，认为这些都是不吉祥的，不过这正是神人认为的最大的吉祥。

原 文

支离疏者①，颐隐于脐②，肩高于顶，会撮指天③，五管在上④，两髀为胁⑤（bì xié）。挫针治繲⑥，足以糊口；鼓筴播精⑦（rǎng），足以食十人。上征武士⑧，则支离攘臂而游于其间⑨；上有大役，则支离以有常疾不受功⑩；上与病者粟，则受三钟与十束薪⑪。夫支离其形者，犹足

以养其身,终其天年,又况支离其德者乎!

注释

①**支离疏**:庄子虚构的人名。②**颐**:下巴。**脐**:腹脐。③**会撮**:发髻,古时候发髻在头顶当中。④**五管**:五脏的穴位。⑤**髀**:大腿。**胁**:腋下肋骨所在的部位。⑥**挫针**:缝衣服。⑦**鼓**:簸动。**笑**:小簸箕。**播**:扬。**精**:精米。⑧**上**:指国君。⑨**攘臂**:指捋袖伸臂。**攘**,捋。⑩**常疾**:无法治愈的残疾。**功**:通"工",这里指劳役之事。⑪**钟**:古代重量单位,合六斛四斗。

译文

有个叫支离疏的人,面颊低垂到肚脐的下面,双肩高过头顶,后脑下的发髻朝天,五脏的穴位也都向上,两条大腿和胸胁长到了一起。他给别人缝洗衣服,够自己糊口度日;扬箕簸米,可以养活十口人。国君征兵的时候,他可以大摇大摆地在征兵人面前走来走去;如果国君有大的差役,他也因为残疾而不用去服役;并且当国君向残疾人发放粮食的时候,他还能领到三钟粮食和十捆柴。所以像支离疏那样形体不健全的人,还能养活自己,享受天年,更何况那道德有缺陷的人呢!

原文

孔子适楚①,楚狂接舆游其门曰②:"凤兮凤兮③,何如德之衰也④。来世不可待,往世不可追也。天下有道,圣人成焉;天下无道,圣人生焉。方今之时,仅免刑焉!福轻乎羽,莫之知载;祸重乎地,莫之知避。已乎,已乎。临人以德。殆乎,殆乎,画地而趋⑤。迷阳迷阳⑥,无伤吾行。吾行郤曲⑦,无伤吾足。"

山木自寇也⑧,膏火自煎也。桂可食⑨,故伐之;漆可用,故割之。人皆知有用之用,而莫知无用之用也。

● 楚狂接舆

注释

①**适**:往。②**楚狂接舆**:楚

国的隐士，姓陆名通，接舆为字。③凤：凤鸟，比喻孔子。④何如：如何，怎么。⑤画地：这里指人为的规范让人们去遵循。⑥迷阳：荆棘。⑦郤曲：屈曲，形容道路曲折。⑧寇：侵犯，掠夺，这里指砍伐。⑨桂：树名，极芳香，其皮可作香料。

【译文】

孔子去到楚国，楚国的隐士接舆在经过孔子门前时说："凤啊，凤啊！你的德行怎么变得这么衰败了呢！来世不可期待，往世无法追回。如果天下治理好了，圣人就能成就一番大事业；如果天下混乱，圣人也就只得努力保全性命。在当下这个年代，也就只求能不遭受刑罚了。幸福轻似羽毛，而且没有人知道如何获取；祸患重如大地，也没有人知道怎么躲避。罢了，罢了！不要再宣扬德行教化了。危险啊，危险啊！不要人为地划出一条道路让人去走啊。荆棘啊荆棘，不要阻碍我的行走。曲折的道路啊，不要伤害我的双脚。"

山上的树木都是因为自身材质的问题，招来了砍伐之祸，膏脂也是因为能点燃烛火照明而遭受煎熬。桂皮因为可以食用，才遭到砍伐；树漆也因为有用，才遭受刀割。所以人们都知道有用的用处在哪儿，却不知道无用其实有更大的用处。

德充符

《德充符》出自《庄子》内篇，本篇宗旨在于阐明德重于形的道理。

文章先后借王骀、申徒嘉、叔山无趾等形体残缺但具有高尚道德的人来说明人的形体完整与否不是主要的，只要内在的道德充实高尚，也是具有吸引力的；又以大瘿引出关于益生的辩论，进而自发议论，点明德有所长而形有所忘的宗旨，表现了一种体悟到人生本原和宇宙万物实质的境界。

【原文】

鲁有兀者王骀^{tái}①，从之游者与仲尼相若。常季问于仲尼曰②："王骀，兀者也，从之游者与夫子中分鲁③。立不教，坐不议。虚而往，实而归。固有不言之教，无形而心成者邪④？是何人也？"

仲尼曰："夫子，圣人也，丘也直后而未往耳！丘将以为师，而况不若丘者乎！奚假鲁国⑤，丘将引天下而与从之。"

常季曰："彼兀者也，而王先生⑥，其与庸亦远矣⑦。若然者，其

庄子

〇五〇

用心也，独若之何？"

仲尼曰："死生亦大矣，而不得与之变；虽天地覆坠，亦将不与之遗⑧；审乎无假而不与物迁⑨，命物之化而守其宗也⑩。"

常季曰："何谓也？"

●孔子

仲尼曰："自其异者视之，肝胆楚越也；自其同者视之，万物皆一也⑪。夫若然者，且不知耳目之所宜⑫，而游心乎德之和⑬。物视其所一而不见其所丧⑭，视丧其足犹遗土也。"

常季曰："彼为己，以其知得其心，以其心得其常心。物何为最之哉⑮？"

仲尼曰："人莫鉴于流水而鉴于止水⑯。唯止能止众止。受命于地，唯松柏独也正，在冬夏青青；受命于天，唯尧、舜独也正，在万物之首。幸能正生⑰，以正众生。夫保始之征⑱，不惧之实，勇士一人，雄入于九军。将求名而能自要者而犹若是⑲，而况官天地，府万物⑳，直寓六骸㉑，象耳目㉒，一知之所知而心未尝死者乎！彼且择日而登假㉓，人则从是也。彼且何肎以物为事乎㉔！"

注释

①兀：通"跀"，指断脚。王骀：是虚构的人物。②常季：人名，鲁国的贤人。③中分鲁：指在鲁国不分伯仲。④心成：心智成熟。⑤假：只。⑥王：突出，高出。⑦庸：这里指平常的人。⑧遗：失。⑨假：依凭。⑩命：这里指听任。⑪一：指同一的状态。⑫宜：适合，适宜。⑬游心：心灵自由地遨游。⑭所丧：失去并且引起差异的一面。⑮物：外物，也包括人。⑯鉴：照，映照。⑰正生：即正己，自我改正自己的心性。⑱始：

最初的形态。⑲要：要求，求取。⑳府：包容。㉑六骸：指头、身以及四肢，这里指整个身躯。㉒象：迹象。㉓假：通"格"，升、至。㉔肎："肯"的本字。

鲁国有个叫王骀的人，他被人砍去了一只脚，但跟着他学习的人却和孔子的一样多。常季就问孔子说："王骀是个被砍去了一只脚的人，但在鲁国，跟着他学习的人却和跟着先生的一样多。他站着的时候，不教给人家道理，坐着的时候，不议论大事；他的弟子们都空怀而来，却心满而归。难道说有不用言语就能进行教诲的？虽然形体残缺，但内心也能达到成熟的境界，这是一个什么样的人啊？"

孔子回答说："王骀先生是一位圣人，我的学识和道德都比不上他，只不过还没来得及向他请教罢了。再说我都把他当成了自己的老师，更何况那些学识和道德都不如我的人呢！何止鲁国啊，我会带领着天下人都跟着他学习。"

常季说："他虽然是个被砍去一只脚的人，但学识和道德竟然超越了先生，那与平常人相比，差距就更大了。像他这样的人，是如何运用心智的呢？"

仲尼回答说："人生当中最大的事就是死和生了，可死和生都影响不到他；即使天掉下来，地坠下去，他也不会因此而遭到祸患。他懂得不依凭外物的变化而变化的道理，所以就听任事物变化，并且坚守着自己的根本。"

常季又问道："这该如何解释呢？"

孔子说："从事物不同角度去看，位于一体之中的肝和胆也像楚国和越国那样距离很远；而从事物同一的角度去看，万事万物又都是一样的。像这样的人，甚至不关心耳朵最适宜哪种声音，不关心眼睛最适宜哪种色彩，只是让自己自由地遨游在忘形忘情的境界之中。对于外物，他只看到了它同一的方面，却没看到它因失去而引起差异的一面，所以他看到他失去一只脚，就像是看到一块儿泥土掉了一样。"

常季说："他注重自己的心性修养，运用智慧来理解他的心灵，再用心灵去把握'常心'。那为什么那么多学生还追随他？"

孔子回答说："人在流动的水中无法看到自己的身影，只有从静止的水面才能看到，所以也只有自己静止下来，别的事物也才能静下来。树木受命于大地而生，但只有松柏四季常青；每个人同是受命于天而生，但只有虞舜的品行最端正。正因为他们自己的品行端正，所以才能端正他人的品行。保持开始时的纯正心性，具有毫不畏惧的胆识；勇士哪怕是一个人，也敢冲入敌人的千军万马之中。想要追逐名利的人尚且能够如此，何况是主宰天地，包藏万物，以人体为寄托，以耳目为虚象，把人们的认识视为同一，而心中不曾有死的念头的人呢！像这样的人，他将要选个日子升到那最

庄子

〇五二

高的境界，人们都追随着他。他哪里还会在意大家的追随啊！"

申徒嘉①，兀者也，而与郑子产同师于伯昏无人②。子产谓申徒嘉曰："我先出则子止③，子先出则我止。"其明日，又与合堂同席而坐④。子产谓申徒嘉曰："我先出则子止，子先出则我止。今我将出，子可以止乎，其未邪？且子见执政而不违⑤，子齐执政乎⑥？"

申徒嘉曰："先生之门固有执政焉如此哉⑦？子而说子之执政而后人者也⑧？闻之曰：'鉴明则尘垢不止，止则不明也。久与贤人处则无过。'今子之所取大者⑨，先生也，而犹出言若是，不亦过乎！"

●子产

子产曰："子既若是矣，犹与尧争善。计子之德⑩，不足以自反邪？"

申徒嘉曰："自状其过以不当亡者众⑪；不状其过以不当存者寡。知不可奈何而安之若命，唯有德者能之。游于羿之彀（gòu）中⑫，中央者，中地也；然而不中者，命也。人以其全足笑吾不全足者多矣，我怫（fú）然而怒⑬，而适先生之所⑭，则废然而反⑮。不知先生之洗我以善邪⑯？吾与夫子游十九年矣，而未尝知吾兀者也。今子与我游于形骸之内⑰，而子索我于形骸之外⑱，不亦过乎！"

子产蹴（cù）然改容更貌曰⑲："子无乃称⑳！"

①**申徒嘉**：姓申徒，名嘉，郑国贤人。②**郑子产**：郑国大夫。**伯昏无人**：虚构的

人物。③**止**：留。④**合堂**：在同一个屋里。⑤**违**：回避。⑥**齐**：并齐。⑦**固**：岂。⑧**说**：通"悦"，喜悦。⑨**取大**：借重。⑩**计**：估量。⑪**状**：这里指为自己申辩。⑫**羿**：古代神话中善于射箭的人。**彀中**：指弓箭射程的范围。⑬**怫然**：形容发怒时的面部表情。⑭**适**：到，往。⑮**废**：舍弃。**反**：通"返"，指恢复到原有的神态。⑯**洗**：洗刷，洗涤，即教育。⑰**形骸之内**：这里指人内在的道德品行。⑱**形骸之外**：这里指人外在的形体。⑲**蹴然**：形容不安的样子。⑳**称**：述说。

庄子

（**译　文**）

　　申徒嘉是个被砍去一只脚的人，与郑国的子产共同拜伯昏无人为师。子产对申徒嘉说："如果我先出去了，那你就留下来；如果你先出去了，我就留下来。"到了第二天，子产和申徒嘉又在同一个屋子里席地而坐。子产又对申徒嘉说："如果我先出去了，那你就留下来；如果你先出去了，我就留下来。现在我要出去了，你是留下来，还是不留下来？你见了我这执政大臣也不知道回避，是把自己看得跟执政大臣一样有尊贵的身份吗？"

　　申徒嘉说："在伯昏无人先生的门下，哪有像你这样的执政大臣来拜师的？你自持着执政大臣的身份，不把别人放在眼里。听说：'如果镜子明亮的话，尘埃就不会落在上面；如果尘埃落到了上面，镜子也就不再明亮了。跟贤人常来往，就不会有过失。'你如今来先生这里求学修善，竟然说出这样的话来，这不是很错误吗！"

　　子产说："既然你已经是这样了，还要和尧那样的人争比善心。估量一下自己的德行，还不足以让你反省自身吗？"

　　申徒嘉说："犯法的话，就会计较得失，为自己的过错进行申辩，认为自己不该受断足之刑的人很多；不申辩自己的过错，认为自己该受断足之刑的人很少。了解了事物的无可奈何，并且安之若命，只有道德修养深厚的人才能做到。走在后羿张弓射箭的范围内，中央是最容易被射中的地方，结果却又没被射中，这就是命运。过去，很多人因为自己有双脚就来讥笑我，而我常常会很生气，但当我来到先生这里，我的怒气都消失了，并且恢复到了正常神态。这不是先生用善道来教育我吗？我已经随着先生学习十九年了，先生从不把我当成是一个断了脚的人。如今你跟我一起洗练心性，而你却用外在的形体来要求我，这不是完全又错了吗！"

　　子产顿感惭愧，改变脸色说："你不要再说下去了！"

（**原　文**）

　　鲁有兀者叔山无趾①**，踵见仲尼**②**。仲尼曰："子不谨，前既犯**

患若是矣。虽今来，何及矣③！"

无趾曰："吾唯不知务而轻用吾身④，吾是以亡足。今吾来也，犹有尊足者存⑤，吾是以务全之也。夫天无不覆，地无不载，吾以夫子为天地，安知夫子之犹若是也！"

孔子曰："丘则陋矣！夫子胡不入乎？请讲以所闻。"无趾出。孔子曰："弟子勉之！夫无趾，兀者也，犹务学以复补前行之恶，而况全德之人乎⑥！"

无趾语老聃曰⑦："孔丘之于至人，其未邪？彼何宾宾以学子为⑧？彼且蕲以诪诡幻怪之名闻⑨，不知至人之以是为己桎梏邪⑩？"

老聃曰："胡不直使彼以死生为一条⑪，以可不可为一贯者，解其桎梏，其可乎？"

无趾曰："天刑之⑫，安可解！"

内篇

[注 释]

①**叔山无趾**：人名，姓叔山，名无趾，是庄子虚构的人物。②**踵**：脚后跟。③**及**：到。④**务**：事务，时务。⑤**尊足者**：即"尊于足者"，比足更贵重的东西。⑥**全德**：指德行完备的人。⑦**老聃**：即老子，姓李，是道家学派的创始人。⑧**宾宾**：频频。⑨**蕲**：祈求。**诪诡**：奇特，奇异。⑩**桎梏**：镣铐，是古代的一种刑具，在脚上的叫桎，在手上的叫梏。⑪**一条**：相连相通。⑫**刑**：惩罚。

[译 文]

鲁国有个叫叔山无趾的人，断了脚后他就用脚后跟走路，去拜见孔子。孔子对他说："你太不小心了，早先犯了错才导致你成了现在这个样子。即使你到我这里来了，也来不及了啊！"

叔山无趾说："我过去不明白事理，做事轻率，所以才被砍断了脚。如今我来到你这里，因为我知道还有比脚更珍贵的道德品行，所以我来谋求保全它的方法。天无所不覆，地无所不载，我把先生看作是天地，没想到先生你竟然是这样的人！"

孔子说："我实在是太浅陋了，先生何不进来把你所知道的道理说一说。"

叔山无趾走了以后，孔子说："弟子们要努力啊，叔山无趾作为一个被砍断脚的人都能努力学习，尽量补救之前做过的错事，更何况形体道德健全的人呢！"

叔山无趾问老子说："孔子是否达到了至人的境界呢？他为什么常常向你学习？他想把他奇异虚幻的名声传扬出去，难道不懂得至人把名声看成束缚吗？"

老子说："怎么不直接让他把生和死看成一样的，把可与不可看作是相同的，从而解除他的桎梏，这样做可行吗？"

叔山无趾说："这是自然给他的惩罚，怎么可以解脱！"

原文

鲁哀公问于仲尼曰："卫有恶人焉①，曰哀骀它②。丈夫与之处者，思而不能去也；妇人见之，请于父母曰'与为人妻，宁为夫子妾'者，十数而未止也。未尝有闻其唱者也，常和人而已矣。无君人之位以济乎人之死③，无聚禄以望人之腹④，又以恶骇天下⑤，和而不唱，知不出乎四域⑥，且而雌雄合乎前⑦，是必有异乎人者也。寡人召而观之，果以恶骇天下。与寡人处，不至以月数，而寡人有意乎其为人也；不至乎期年⑧，而寡人信之。国无宰⑨，寡人传国焉。闷然而后应⑩，氾而若辞⑪。寡人丑乎，卒授之国。无几何也，去寡人而行。寡人恤焉若有亡也⑫，若无与乐是国也。是何人者也？"

仲尼曰："丘也尝使于楚矣，适见豚子食于其死母者⑬。少焉眴若⑭，皆弃之而走。不见己焉尔，不得类焉尔。所爱其母者，非爱其形也，爱使其形者也。战而死者，其人之葬也不以翣资⑮；刖者之屦⑯，

● 鲁哀公问道

无为爱之⑰。皆无其本矣。为天子之诸御：不爪翦⑱,不穿耳；取妻者止于外,不得复使。形全犹足以为尔,而况全德之人乎！今哀骀它未言而信,无功而亲,使人授己国,唯恐其不受也,是必才全而德不形者也。"

哀公曰："何谓才全？"

仲尼曰："死生、存亡、穷达、贫富、贤与不肖、毁誉、饥渴、寒暑,是事之变、命之行也。日夜相代乎前,而知不能规乎其始者也⑲。故不足以滑和⑳,不可入于灵府㉑。使之和豫㉒,通而不失于兑㉓。使日夜无郤㉔,而与物为春,是接而生时于心者也。是之谓才全。"

"何谓德不形？"

曰："平者,水停之盛也。其可以为法也,内保之而外不荡也。德者,成和之脩也。德不形者,物不能离也。"

哀公异日以告闵子曰："始也吾以南面而君天下,执民之纪而忧其死,吾自以为至通矣。今吾闻至人之言,恐吾无其实,轻用吾身而亡其国。吾与孔丘非君臣也,德友而已矣。"

注释

①恶人：指相貌丑陋的人。②哀骀它：虚构的人物。③君：统治。④望：满。⑤骇：惊扰。⑥四域：四方。⑦雌雄：指男女。⑧期年：一周年。⑨宰：掌管政务的官员。⑩闷然：形容淡漠不觉的样子。⑪氾：通"泛",形容心不在焉的样子。⑫恤：忧,忧虑。⑬豚：通"豚",小猪。⑭恂若：惊慌的样子。⑮翣：古代棺木上装饰的物品。资：供给。⑯刖：指古代断脚的酷刑。屦：鞋,鞋子。⑰为：原因。⑱翦："剪"的异体字。⑲规：观察。⑳滑：通"汨",乱。㉑灵府：指内在心灵。㉒豫：安适,安逸。㉓兑：喜悦。㉔郤：通"隙",间隙。

译文

鲁哀公向孔子问道："卫国有个名叫哀骀它的人,容貌很丑。男的跟他相处,常常思慕他,不舍得离去；女的见到他,便向父母提出请求,说'与其做别人的妻子,还不如做哀骀它的妾'，这样的人已经有十几个了，而且还在不断增多。从没听说哀骀它提倡过什么，只是常常附和别人。他没有权势地位，不能在他人危难的时候伸出援助之手，也没有大量的财物，不能让他人吃饱肚子。他面貌丑陋得让天下人都害怕，又总是附和他人的提议，知识见闻又局限于所生活的环境，但和他接触过的人，无论男女，都乐于和他亲近。这样的人一定有与众不同的地方。我把他召来看了看，果然丑陋得足以惊骇天下人。相处不到一个月，我便对他的为人有了倾慕之心；相处不到一年，我就对他非常信任。国家正缺掌管政务的官员，我就想把国家大事委托给了他。但他的反应很冷漠，看着心不在焉，好像要推辞掉。我虽然深感愧疚，但最终还是把国事交给了他。不久之后，他就离开了我，为此我感到很郁闷，好像没有谁可以和我一起分享快乐似的。这是一个什么样的人呢？"

孔子说："我曾经出使楚国的时候，看见一群小猪正在吸它们死去母亲的乳汁，但不一会儿又都惊慌地逃跑了。这是因为它们不知道自己的母亲已经死了，也不能像活着的时候那样照顾它们。由此可见，它们是爱自己母亲的，不是爱它的形体，而是爱那个支配形体的精神。在沙场上战死的人，埋葬的时候，棺木上不用装饰的物品；没有脚的人也就没有理由去珍爱鞋子，这都是因为这些东西失去了自己的根本。给天子做侍女的，不剪指甲，也不穿耳眼；娶了妻的人，要到宫外任职，不再到宫中为天子办事。形体健全的人都做到了，更何况是拥有高尚德行的呢？如今，哀骀它不说话就能取信于人，没有功绩能让人愿意亲近他，能让人愿意把国家大事委托给他，还怕他不接受，那他一定是才智完美，并且不表露德行的人。"

鲁哀公问道："什么是才智完美？"

孔子说："死生、存亡、穷达、贫富、好坏、诋毁赞誉、饥渴、寒暑，这些事物的变化都是自然规律运行的结果；日夜更替出现，但以人的智慧，弄不清它们的来龙去脉。因此这些变化都不足以扰乱和顺的心性，也不会侵扰心灵。使心灵保持通畅平和，使自己日夜都随着万物一起处在春天般的和乐里，这样就会接触外物，并且产生顺应四时的感应。这就是才智完美。"

鲁哀公又问道："那什么是不表露德行？"

孔子回答说："均平是水静止时的最佳状态。它可以作为取法的准则，内心保持均平状态，外表就会不受外物的侵扰。所谓德，就是外物顺和的最高修养。不表露德行就是外物乐于亲近他。"

有一天，鲁哀公把这些话告诉了闵子，并说："原本我认为做了国君，统治着天下，掌握着治理臣民的纲纪，并且心忧百姓，就是最高明的了，如今我听了至人的言论，很害怕自己没有真实的德行，轻率地费心劳神，最终使国家走向危亡。我跟孔子不是君臣关系，而是因为德行才结交的朋友啊！"

原 文

闉跂支离无脈说卫灵公①，灵公说之②，而视全人，其脰肩肩③。瓮瓷大瘿说齐桓公④，桓公说之，而视全人，其脰肩肩。故德有所长而形有所忘。人不忘其所忘而忘其所不忘，此谓诚忘⑤。

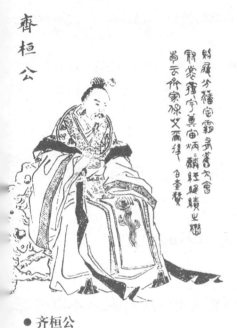

● 齐桓公

故圣人有所游，而知为孽⑥，约为胶⑦，德为接⑧，工为商。圣人不谋，恶用知？不斲⑨，恶用胶？无丧，恶有德？不货，恶用商？四者，天鬻也⑩。天鬻者，天食也。既受食于天，又恶用人！

有人之形，无人之情。有人之形，故群于人；无人之情，故是非不得于身。眇乎小哉，所以属于人也；謷乎大哉，独成其天！

注 释

①闉：屈曲。跂：多出的脚趾。脈：唇。②说：通"悦"。③脰：颈项。肩肩：形容细长的样子。④瓮瓷：指陶制的盛器。瘿：长在脖子上的大瘤子。⑤诚：真，真实。⑥孽：孽根，祸根。⑦约：结合，约束，指起结合或约束作用的礼义等。⑧接：取。⑨斲："斫"的异体字，指雕琢。⑩鬻：通"育"，养育。

译 文

有个跛脚、伛背又缺嘴的人去游说卫灵公，很得卫灵公的喜欢，再看那些形体健全的人，觉得他们的脖子太细了。有个脖子上长个像瓮瓷一样大的瘤子的人去游说齐桓公，很得齐桓公的喜欢，再看那些形体健全的人，也觉得他们的脖子太细了。所以，如果在德行方面有过人之处，就会让人忘记他们在形体上的缺陷。如果人忘不了应该忘掉的形体，却忘了不该忘掉的德行，那才是真正的忘记。

所以圣人悠然自得，以智慧为孽根，以盟约为束缚，并且把推广德行看作是求取外物的手段，把工巧看作是为了做生意。圣人从不谋虑，哪里需要智慧？也从不雕琢，哪里需要约束？没有了缺损，哪里需要德行？没有了买卖，哪里需要通商？这四种做法就是天然的养育。所谓天然的养育就是接受自然的供养。既然受到了自然的养育，哪里还需要人为啊！

有了人的形体，但没有人的性情。有了人的形体，所以要与人为群；没有人的性情，所以不会有是非惹上身。多么渺小呀，与人为群；多么高大呀，与天同体。

庄 子

原 文

　　惠子谓庄子曰："人故无情乎？"

　　庄子曰："然。"

　　惠子曰："人而无情，何以谓之人？"

　　庄子曰："道与之貌①，天与之形，恶得不谓之人？"

　　惠子曰："既谓之人，恶得无情？"

　　庄子曰："是非吾所谓情也。吾所谓无情者，言人之不以好恶内伤其身，常因自然而不益生也。"

　　惠子曰："不益生，何以有其身？"

　　庄子曰："道与之貌，天与之形，无以好恶内伤其身。今子外乎子之神，劳乎子之精，倚树而吟，据槁梧而瞑②。天选子之形，子以坚白鸣③。"

注 释

　　①道：这里指事物的本原。②瞑：睡觉。③坚白：指坚白论，是当时名家的重要辩题。

译 文

　　惠子对庄子说："难道人本来就没有感情吗？"

　　庄子说："是这样的。"

惠子说："如果人没有了感情，那怎么还能叫人呢？"

庄子说："大道赋予了人容貌，上天给了人形体，怎么就不能叫人？"

惠子说："既然叫了人，又怎么没有感情？"

庄子回答说："你说的感情不是我所说的感情啊。我所说的感情，是指人不因好恶去做伤害自己的事情，并且顺遂自然，不人为地给自己增加什么。"

惠子说："如果不增加什么，又如何保全自身呢？"

庄子回答说："大道赋予了人容貌，上天给了人形体，不要让外在的好恶从内部伤害自己。现在你表露心神损耗了精力，倚着树干吟咏，靠着枯萎了的梧桐树睡觉。上天给了你形体，你却拿坚白论的诡辩来争鸣不休。"

大宗师

　　《大宗师》出自《庄子》内篇，以道为宗为师，主张离形去智，忘生忘死，顺应自然。

　　文章以大赞"知"落笔，虚拟出一个理想中的不分天、人的真人；之后笔锋一转，又把"知"推倒；接着阐述体察道要做到无所作为，物我浑一的道理；在此基础上，又进一步说明了大道的可宗可师；然后稍微作下总结，结束全文。文章体现出一定的本体论思想，流露出对安宁的精神境界的追求，同时也带有对社会无奈的情绪。

原　文

　　知天之所为，知人之所为者，至矣！知天之所为者，天而生也；知人之所为者，以其知之所知以养其知之所不知[①]，终其天年而不中道夭者，是知之盛也。虽然，有患：夫知有所待而后当[②]，其所待者特未定也[③]。庸讵知吾所谓天之非人乎[④]？所谓人之非天乎？

　　且有真人而后有真知。何谓真人？古之真人，不逆寡，不雄成，不谟士[⑤]。若然者，过而弗悔，当而不自得也。若然者，登高不栗，入水不濡[⑥]，入火不热，是知之能登假于道者也若此[⑦]。

　　古之真人，其寝不梦，其觉无忧，其食不甘，其息深深。真人之息以踵⑧，众人之息以喉。屈服者，其嗌言若哇⑨。其耆欲深者，其天机浅。

古之真人，不知说生，不知恶死。其出不䜣⑩，其入不距。翛然而往⑪，翛然而来而已矣。不忘其所始，不求其所终。受而喜之，忘而复之。是之谓不以心捐道⑫，不以人助天，是之谓真人。若然者，其心志，其容寂，其颡頯。凄然似秋，暖然似春，喜怒通四时，与物有宜而莫知其极。故圣人之用兵也，亡国而不失人心。利泽施乎万世，不为爱人。故乐通物，非圣人也；有亲，非仁也；天时，非贤也；利害不通，非君子也；行名失己，非士也；亡身不真，非役人也。若狐不偕⑬、务光⑭、伯夷、叔齐⑮、箕子、胥余⑯、纪他、申徒狄⑰，是役人之役，适人之适，而不自适其适者也。

古之真人，其状义而不朋，若不足而不承；与乎其觚而不坚也⑱，张乎其虚而不华也⑲；邴邴乎其似喜乎⑳，崔崔乎其不得已也㉑，滀乎进我色也㉒，与乎止我德也，广乎其似世也，謷乎其未可制也㉓，连乎其似好闭也㉔，悗乎忘其言也㉕。以刑为体，以礼为翼，以知为时，以德为循。以刑为体者，绰乎其杀也；以礼为翼者，所以行于世也；以知为时者，不得已于事也；以德为循者，言其与有足者至于丘也，而人真以为勤行者也。故其好之也一，其弗好之也一。其一也一，其不一也一。其一与天为徒㉖，其不一与人为徒。天与人不相胜也，是之谓真人。

● 伯夷

①知：通"智"，智慧。②待：依凭的，这里指反映的对象。③特：但。④庸讵：何以。⑤谟：计谋，算计。⑥濡：沾湿。⑦假：通"格"，达到。⑧踵：脚后跟。⑨嗌：咽喉闭塞。哇：呕。⑩䜣：欢喜，高兴。⑪翛然：自由自在的样子。⑫捐：应是"损"的讹字，指损害。⑬狐不偕：姓狐，字不偕，因不肯接受尧给的帝位投河而死。⑭务光：夏时人喜欢弹琴，因不肯接受汤给的天下负石沉于庐水。⑮伯夷、叔齐：孤竹君的两个儿子，不满周武王伐纣，因不食周粟而饿死。⑯胥余：指伍子胥，吴王夫差的大臣，因忠谏而死。⑰申徒狄：和务光、纪他都是同时期的人。纪他听闻汤让天下给务光，唯恐牵连于己，于是投水自尽；申徒狄知道此事后，也投河自杀了。⑱觚：棱角。⑲张：广大，这里指宽宏大度。⑳䣎䣎：喜悦的样子。㉑崔：开始行动。㉒滀：指人的容颜温和而有光泽。㉓謷：高大的样子。㉔连：绵邈深远的样子。㉕悗：心不在焉的样子。㉖徒：指同类。

了解自然的作为，也了解人的作为，这是认识的最高境界。了解自然的作为，是知晓万物出于自然；了解人的作为，是用智慧掌握没有掌握的知识，进而使自己终享天年而不中途夭折，这是智慧的最高境界。即便这样，还是有一定的问题。知识一定要有反映的对象才能知道它是恰当的，但知识所反映的对象却是不确定的。你如何知道我所说的自然的作为不是人为的？又如何知道我所说的人为不是自然的？

有了真人才能有真知。那什么叫真人？古时候的真人，不违逆弱寡，不显耀成功，不谋虑世事。像这样的人，不会懊悔自己错过了时机，遇到了机遇也不自鸣得意。像这样的人，登到了高处不会感到害怕，下到了水里不会沾湿衣服，进到了火里也不会感到炎热，这是他的智慧达到了大道的境界。

古时候的真人，他睡觉的时候不会做梦，醒后也不会感到忧愁，不追求食物的甘美，深沉舒缓地呼吸。真人的呼吸直达脚跟，而一般人的呼吸是从喉咙开始的。理屈词穷的人，言语好像堵塞在咽喉里一般，说得吞吞吐吐。那些嗜好和欲望太深的人，他们天生的智慧一定是浅薄的。

古时候的真人，不因生存而喜悦，也不因死亡而害怕；出生到人世的时候不感到欣喜，入土死亡的时候也不抗拒；无拘束地走了，又自由自在地来了而已。不忘记自己从哪儿来的，也不探求自己的归宿在哪里，笑着面对世事变化，忘掉生死之变，这就是所说的不用心智来损害道，也不人为地去帮助自然，这种人就叫作真人。这样的人，他心里早就忘掉了一切，容颜也淡漠静寂，额头质朴宽大。表情冷肃的时候就像秋天一样，而温暖的时候又宛如春天，喜怒与四时更替相通，和外界事物合宜相称，但没有人了解他精神的真谛。所以圣人用兵打仗，灭掉了敌国，也不会失掉敌国的民心，恩泽广施于世，但不是为了爱人。乐于追求通晓外物的，就不是圣人；有偏爱的，就算不上是仁人；伺机行事的，就不是贤人；看不到利害合一的，就算不上是君子；办事求名却失掉自己本性的，就不是有识之士；丧失形体而又失去本性的，就不是能役使世人的人。像狐不偕、务光、伯夷、叔齐、箕子、胥余、纪他以及申徒狄，这些都是被役使的人，为了使别人得到安适，而自己却无法得到安适。

古时候的真人，顺遂自然，不偏不倚，好像不足却又无所承受；特立超群却不顽固，襟怀宽阔，不浮华骄躁；怡然自得好像很高兴的样子，但一举一动又像不得已而为之；容颜和润让人容易亲近，德行宽厚让人乐于归依；气度博大得如宽广的世界，高放自得，无所制约，流连深远的样子好像十分闲适；心不在焉的样子又好像忘掉了要说的话。把刑律作为主体，礼仪作为羽翼，凭借所掌握了的知识应对世事变化，依据道德来规范行为。把刑律当作主体的人，是因为肃杀宽广如天地；把礼义当作羽翼的人，是把礼义的教诲推广于世；凭借所掌握了的知识应对世事变化的人，是因为很多事情都是不得已的；依据道德来规范行为，就是像凡是有脚的人都能登上山丘一样，但人们却认为只有勤于行走的人才能做到。所以，人们喜好或不喜好，天人都是浑然为一的。那些认为它浑一的，天人就是浑一的；而那些认为不浑一的，天人还是浑一的。那些认为浑一的就和自然同类，而认为不浑一的就和人同类。认为自然与人不相互对立的人就叫真人。

原 文

死生，命也；其有夜旦之常，天也。人之有所不得与，皆物之情也。彼特以天为父，而身犹爱之，而况其卓乎！人特以有君为愈乎己[①]，而身犹死之，而况其真乎！

泉涸，鱼相与处于陆，相呴（hé）以（xǔ）

● 泉水

庄子

〇六四

湿②，相濡以沫，不如相忘于江湖。与其誉尧而非桀也，不如两忘而化其道。

夫大块载我以形③，劳我以生，佚我以老，息我以死。故善吾生者，乃所以善吾死也。夫藏舟于壑，藏山于泽，谓之固矣！然而夜半有力者负之而走，昧者不知也。藏小大有宜，犹有所遁④。若夫藏天下于天下而不得所遁，是恒物之大情也。特犯人之形而犹喜之。若人之形者，万化而未始有极也，其为乐可胜计邪？故圣人将游于物之所不得遁而皆存。善妖善老⑤，善始善终，人犹效之，又况万物之所系而一化之所待乎⑥！

夫道有情有信⑦，无为无形；可传而不可受，可得而不可见；自本自根，未有天地，自古以固存；神鬼神帝，生天生地；在太极之先而不为高，在六极之下而不为深，先天地生而不为久，长于上古而不为老。豨韦氏得之，以挈天地⑧；伏戏氏得之，以袭气母；维斗得之⑨，终古不忒⑩；日月得之，终古不息；堪坏得之，以袭昆仑；冯夷得之⑪，以游大川；肩吾得之⑫，以处大山；黄帝得之⑬，以登云天；颛顼得之，以处玄宫⑭；禺彊得之⑮，立乎北极；西王母得之，坐乎少广，莫知其始，

●河伯

莫知其终；彭祖得之，上及有虞，下及五伯⑯；傅说得之⑰，以相武丁，奄有天下，乘东维，骑箕尾而比于列星。

注释

①愈：超过。②呴：吐气，呼气。③大块：大地，这里指大自然。④遯："遁"的异体字，逃，逃脱。⑤妖：或作"夭"，小。⑥系：从属，联属。⑦情、信：真实，确实。⑧挈：提挈，整顿。⑨维斗：指北斗星。⑩忒：差错。⑪冯夷：河神，又称河伯。⑫肩吾：泰山神。⑬黄帝：即轩辕氏，中原各族的始祖。⑭颛顼：传说是黄帝的孙子，即帝高阳，又称玄帝。玄：黑，北方之色。⑮禺彊：指北海之神，又名禺京，人面鸟身。⑯五伯：昆吾为夏伯，大彭、豕韦为殷伯，齐桓、晋文为周伯，合称五伯。⑰傅说：殷商时期的贤士，辅佐高宗武丁。

译文

死和生都是命，就像黑夜和白天那样永恒地变化，是自然规律所导致的。有些事情，人是无法参与的，这是事物自身固有的情形。人们总把天当作生命之父，终身敬爱它，何况那特立高超的道呢？人们总以为国君一定比自己高贵，终身为他效劳，又何况那主宰万物的道呢？

泉水干涸后，鱼儿就困到了地上，以吐气的方式来取得一点儿湿气，用吐沫来相互润湿，这样的话，还不如相忘于江湖。与其称赞唐尧的圣明，而指责夏桀的暴虐，倒不如把二者都忘掉，遵循大道。

大地负载着我的形体，生存使我感到劳苦，衰老使我感到安闲，而后死亡使我安息。所以，如果把生存看作是好的，也应该把死亡看作是好的。把船藏在大山沟里，把渔具藏在深水里，可以说很可靠了！但半夜里有个大力士把它们都背跑了，在睡觉的人都不知道。把小的东西藏在大的东西里是合适的，但还是不能保证不会丢失。假如把天下藏在天下里，那就不会丢失了，这才是万物固有的常理。如果人们偶然获得了形体，就会十分欣喜，但人的形体在万千变化中从不曾有止境，那快乐还能计算吗？所以圣人生活在不会亡失的环境里，与大道共存共亡。老少都是好的，始终也都是好的，对于这一切都不放在心上的人，人们尚且加以效法，何况那万物本原的大道呢！

大道是真实存在的，但它又是无所作为、没有具体形状的；道可以心传，却不能口授，可以领悟，却无法看到；大道本身就是根本，还没有天地的时候大道就存在了；它引出鬼神和上帝，生出天和地；比太极之上还高，比六极之下还深，虽然先于天地存在，却不算久，长于上古，却不算老。狶韦氏得到它后，用它来整顿天地；伏羲氏得到它后，用它来调和元气；北斗星得到它后，永远不会出现差错；日月得到它后，永远不停息地运行；堪坏得到它后，用它来入主昆仑；冯夷得到它后，用它来游历大江大河；肩吾得到它后，用它来镇守泰山；黄帝得到它后，用它来登上云天；颛顼得到它后，用它来居在玄宫；禺疆得到它后，用它来立身于北极；西王母得到它后，用它来坐镇少广山，没有人知道它的始终；彭祖得到它后，从有虞时代一直活到了五伯时代；傅说得到它后，用它来辅佐武丁，统治了整个天下，乘着东维星，骑着箕宿和尾宿，永远和众星神并列。

原文

南伯子葵问乎女偊曰①："子之年长矣，而色若孺子②，何也？"

曰："吾闻道矣。"

南伯子葵曰："道可得学邪？"

曰："恶！恶可！子非其人也。夫卜梁倚有圣人之才而无圣人之道③，我有圣人之道而无圣人之才。吾欲以教之，庶几其果为圣人乎④？不然，以圣人之道告圣人之才，亦易矣。吾犹守而告之⑤，参日而后能外天下⑥；已外天下矣，吾又守之，七日而后能外物；已外物矣，吾又守之，九日而后能外生；已外生矣，而后能朝彻⑦；朝彻而后能见独⑧；见独而后能无古今；无古今而后能入于不死不生。杀生者不死⑨，生生者不生。其为物无不将也⑩，无不迎也，无不毁也，无不成也。其名为撄宁⑪。撄宁也者，撄而后成者也。"

南伯子葵曰："子独恶乎闻之？"

曰："闻诸副墨之子⑫，副墨之子闻诸洛诵之孙⑬，洛诵之孙闻之瞻明⑭，瞻明闻之聂许⑮，聂许闻之需役⑯，需役闻之于讴⑰，于讴闻之玄冥⑱，玄冥闻之参寥⑲，参寥闻之疑始。"

注释

①南伯子葵、女偊：都是庄子虚构的人物。②孺子：孩童。③卜梁倚：人名，姓卜，

名梁倚。④**庶几**：差不多，大概。⑤**守**：坚持，这里指善于自持而不懈怠。⑥**外**：遗忘。⑦**朝彻**：朝指早晨，彻指清明，这里指早晨太阳初升时的清新明彻。⑧**独**：指大道。⑨**杀**：灭除，灭绝。⑩**将**：送。⑪**撄**：干扰，扰乱。⑫**副墨之子**：即用墨写成的文字，喻指书册。⑬**洛诵**：传诵，诵读。⑭**瞻明**：见解洞彻。⑮**聂许**：耳朵所听到的。⑯**需役**：实践，践行。⑰**于讴**：吟咏，嗟叹。⑱**玄冥**：深远渺茫。⑲**参寥**：高旷空寂。

译 文

　　南伯子葵向女偊问道："你年龄已经很大了，可你的面容却像孩童一样，这是为什么呢？"

　　女偊回答说："我得道了。"

　　南伯子葵说："那大道可以学习吗？"

　　女偊回答说："不！不可以！你不是可以学习大道的人。卜梁倚虽然有圣人的才能，却没有圣人的大道，我虽然有圣人的大道，却没有圣人的才能，我用大道教导他，也许他真的能成为圣人。即使不能，把圣人的大道传给具有圣人才能的人，是很容易的。我还坚守并且告诉他，三天后便能把天下置之于外；把天下置之于外后，我又持守，七天后就能把万物置之于外；把万物置之于外后，我又持守，九天后便能置自身于外；把自身置之于外后，心境便能像早晨的太阳一般清新明澈；心境像早晨的太阳一般清新明彻后，就能感受那独特的大道了；感受到大道后，就能超越古今的界限；能够超越古今界限后，就能进入无所谓生死的境界。道能使万物死而自己不死，能令万物生而自身无所谓生。道之于万物，无所不送、无所不迎，无所不毁、无所不成。这就叫作撄宁。撄宁就是指在外物的干扰下仍能保持心境的宁静。"

　　南伯子葵又问道："那你如何得道的呢？"

　　女偊回答说："我是从副墨的儿子那儿得道的，副墨的儿子是从洛诵的孙子那儿得道的，洛诵的孙子是从瞻明那儿得道的，瞻明是从聂许那儿得道的，聂许是从需役那儿得道的，需役是从于讴那儿得道的，于讴是从玄冥那儿得道的，玄冥是从参寥那儿得道的，参寥是从疑始那儿得道的。"

原 文

　　子祀、子舆、子犁、子来四人相与语曰①："孰能以无为首，以生为脊，以死为尻kǎo②；孰知死生存亡之一体者，吾与之友矣！"四人相视而笑，莫逆于心③，遂相与为友。俄而子舆有病，子祀往问之。

庄子

曰："伟哉，夫造物者将以予为此拘拘也④。"曲偻发背⑤，上有五管⑥，颐隐于齐⑦，肩高于顶，句赘指天⑧，阴阳之气有沴⑨，其心闲而无事，跰𦟛而鉴于井⑩，曰："嗟乎！夫造物者又将以予为此拘拘也！"

子祀曰："女恶之乎？"

曰："亡⑪，予何恶！浸假而化予之左臂以为鸡⑫，予因以求时夜⑬；浸假而化予之右臂以为弹，予因以求鸮炙；浸假而化予之尻以为轮，以神为马，予因以乘之，岂更驾哉⑭！且夫得者，时也；失者，顺也。安时而处顺，哀乐不能入也，此古之所谓县解也⑮，而不能自解者，物有结之。且夫物不胜天久矣，吾又何恶焉！"

俄而子来有病，喘喘然将死⑯。其妻子环而泣之。子犁往问之，曰："叱⑰！避！无怛化⑱！"倚其户与之语曰："伟哉造化！又将奚以汝为？将奚以汝适？以汝为鼠肝乎？以汝为虫臂乎？"

子来曰："父母于子，东西南北，唯命之从。阴阳于人，不翅于父母⑲。彼近吾死而我不听，我则悍矣，彼何罪焉？夫大块载我以形，劳我以生，佚我以老，息我以死。故善吾生者，乃所以善吾死也。今大冶铸金⑳，金踊跃曰'我且必为镆铘㉑！'大冶必以为不祥之金。今一犯人之形而曰'人耳！人耳！'夫造化者必以为不祥之人。今一以天地为大炉，以造化为大冶，恶乎往而不可哉！"成然寐㉒，蘧然觉㉓。

注释

①子祀、子舆、子犁、子来：都是虚构的人物。②尻：指臀部。③莫逆于心：内心相契，心中没有抵触。④拘拘：形容蜷曲不能伸展的样子。⑤曲偻：弯腰驼背。发背：背骨向上外露。⑥五管：五脏的穴位。⑦颐：面颊。齐：肚脐。⑧句赘：因驼背而引起

内篇

〇六九

颈椎隆起，状如赘瘤。⑨沴：阴阳之气凌乱而引出祸害。⑩踌鲜：走路倾倒不稳的样子。⑪亡：通"无"，没有。⑫浸假：逐渐。⑬时夜：报晓。⑭驾：车乘。⑮县解：自然的解脱。县，通"悬"。⑯喘喘然：呼吸急促的样子。⑰叱：形容呵斥之声。⑱怛：惊扰，惊动。⑲不翅：即不啻，不仅。翅，这里应作"啻"。⑳大冶：指熔炼金属高超的工匠。㉑镆铘：也写作"莫邪"，吴人干将为吴王造剑，雌剑名"镆铘"，雄剑名"干将"。㉒成然：安闲的样子。㉓蘧然：惊喜自在的样子。

译　文

　　子祀、子舆、子犁以及子来四个人坐在一起互相谈论，说："谁能把无当头，把生当脊梁，把死当尾骨，谁能知道生死存亡本是一体的道理，我就与他结为朋友。"四个人相视而笑，心心相契，于是互相结为了朋友。

　　不久，子舆生病了，子祀去拜访他。子舆说："伟大啊，造物者！你把我变成了这蜷曲不伸的样子！"他弯了腰，驼了背，五脏穴口都朝了上，面颊藏到了肚脐的下面，双肩高过了头顶，弯曲的颈椎朝天隆起，阴阳二气凌乱。但他心胸宽广，就像是没有生病，蹒跚地走到井边，对着井水照了照自己的影子，说："哎呀，造物者，你把我变成了这蜷曲不伸的样子！"

　　子祀说："你讨厌现在的样子吗？"

　　子舆回答说："不是，我怎么会讨厌呢！如果造物者要让我的左臂变成公鸡，那我就用它报晓；如果造物者要让我的右臂变成弹弓，那我就用它打斑鸠烤了吃肉。如果造物者要让我的臀部变成车轮，要让我的精神变成马，那我就用来当坐骑，哪还用换成别的马车呢？况且，获得生命是因为适时，失去生命是因为顺应；安于时世，顺应自然变化，悲欢就不会进到心中了。这就是古时候说的解脱了倒悬之苦。而那些无法解脱的人，则是被外物束缚了。况且，人为之力不能超越自然之力已经很久了，我又怎能厌恶呢？"

　　不久，子来生病了，呼吸急促，就快死了。他的妻子儿女都围着哭泣。子犁去拜访他，说："去，快走开！不要惊扰了变化！"子犁倚着门对子来说："伟大啊！造物者又要让你变成什么呢，把你送往哪里呢？要让你变成老鼠的肝？变成虫蚁的臂膀吗？"

　　子来说："对于父母来说，无论子女走到东西南北哪个地方，都能听从父母吩咐。对于人来说，自然的变化就无异于父母；它要我接近死亡，如果我不听从，那就太违逆了，而它有什么罪过呢？大地负载着我的形体，生存使我感到劳苦，衰老使我感到安适，死亡使我感到安息。所以，如果生存是好的，那死亡也是好的。现在，如果有

庄子

〇七〇

一个冶炼工匠铸造金属器物，金属跳起来说'我一定要成为像镆铘那样的剑'，冶炼工匠一定认为这块金属是不吉祥的。现在，人承受了形体，便说'成人了，成人了'，那造物者一定认为这人也是不吉祥的。如今，如果把天地当作大熔炉，把造物者当作冶炼工匠，变成什么不可以呢？"于是，安闲地睡去，又自在地醒来了。

子桑户、孟子反、子琴张三人相与友①，曰："孰能相与于无相与，相为于无相为？孰能登天游雾，挠挑无极②，相忘以生，无所终穷？"三人相视而笑，莫逆于心。遂相与为友。

莫然有间，而子桑户死，未葬。孔子闻之，使子贡往侍事焉。或编曲，或鼓琴，相和而歌曰："嗟来桑户乎！嗟来桑户乎！而已反其真③，而我犹为人猗④！"子贡趋而进曰："敢问临尸而歌，礼乎？"

二人相视而笑曰："是恶知礼意！"

子贡反，以告孔子曰："彼何人者邪？修行无有，而外其形骸⑤，临尸而歌，颜色不变，无以命之。彼何人者邪？"

孔子曰："彼游方之外者也⑥，而丘游方之内者也。外内不相及，而丘使女往吊之，丘则陋矣！彼方且与造物者为人，而游乎天地之一气。彼以生为附赘县疣，以死为决疣溃痈⑦。夫若然者，又恶知死生先后之所在！假于异物，托于同体；忘其肝胆，遗其耳目；反覆终始，不知端倪；芒然彷徨乎尘垢之外，逍遥乎无为之业。彼又恶能愦愦然为世俗之礼⑧，以观众人之耳目哉！"

子贡曰："然则夫子何方之依？"

●子贡

孔子曰："丘，天之戮民也。虽然，吾与汝共之。"

子贡曰："敢问其方？"

孔子曰："鱼相造乎水，人相造乎道。相造乎水者，穿池而养给⑨；相造乎道者，无事而生定⑩。故曰：鱼相忘乎江湖，人相忘乎道术。"

子贡曰："敢问畸人⑪。"

曰："畸人者，畸于人而侔于天⑫，故曰：天之小人，人之君子；人之君子，天之小人也。"

【注 释】

①子桑户、孟子反、子琴张：都是虚构的人物。②挠挑：宛转。③而：通"尔"，你。④猗：表示感叹语气的助词。⑤外：置之度外，抛弃。⑥方：方域，指人类生活的社会。⑦疣、痈：指毒疮。⑧愦愦然：烦乱的样子。⑨给：足，够。⑩生定：即性情镇定安适。生，通"性"。⑪畸人：与众不同的人，这里指不合于世俗的人。⑫侔：齐同，等同。

【译 文】

子桑户、孟子反和子琴张三个人想结成朋友，说："谁能在相互交往的时候不陷入交往之中，相互帮助的时候不陷入帮助之中？谁能登天并在雾里畅游，升登到无极的太空，忘掉自身，永远没有终结和穷尽？"三个人相视而笑，心意相通，于是相互结为了朋友。

不多久，子桑户死了，还没下葬。孔子知道后，就派子贡去帮着料理丧事。到了之后，却看到孟子反和子琴张两个人，一个在编曲，一个在弹琴，相互唱和着说："呀，子桑户啊！呀，子桑户啊！你已经返归本真了啊，可我们还活着啊！"子贡快步向他们走去，说："我冒昧地问一下，对着死人唱歌，这合乎礼仪吗？"

二人相视而笑，说："你怎会知道礼的真正意义呢！"

回去后，子贡就把这件事告诉给了孔子，说："他们是什么人呢？不注重培养德行，不遵守礼仪规范，把自身的形体置之度外，对着死人唱歌，面不改色，没办法用言语来形容他们。他们究竟是怎样的人呢？"

孔子说："他们是逍遥于人世教化之外的人，而我却是生活在人世教化之中的人。人世之外和人世之内是不相干涉的，可我却让你去吊唁，实在是浅陋呀！他们正与造物者结为朋友，逍遥于天地之间。他们把生命看成像赘瘤一样多余，把死亡看成像毒痈化脓溃破一样。像这样的人，他们哪里会在意死生先后的区别呢！他们认为生命虽然寄托在各不相同的外物里，但最终都会寄托在同一整体里；忘掉肝胆，忘掉耳目，生命是反复循环着的，没有终结和开始；他们茫茫然在人世之外徘徊，在无所作为的环境中自由地生活，又怎会不厌烦地去遵守世俗的礼仪，由着众人观看呢！"

子贡说："那先生遵循的是什么呢？"

孔子回答说："我孔丘，是上天要惩罚的人。即使如此，我还是会跟你们一起去追求方外之道。"

子贡问道："那追求方外之道的方法是什么呢？"

孔子回答说："鱼追求水，人追求大道。进到水里的鱼，在水中得到给养；追求大道的人，无所作为就会心性安定了。所以说鱼能在江湖里忘掉一切，人能在大道中忘掉一切。"

子贡又说："那畸人是怎样的人呢。"

孔子回答说："所谓畸人，就是不随波逐流，又顺应自然的人。所以说，自然的小人，就是世间的君子；而世间的君子，就是自然的小人。"

原文

颜回问仲尼曰："孟孙才①，其母死，哭泣无涕②，中心不戚③，居丧不哀。无是三者，以善处丧盖鲁国④，固有无其实而得其名者乎？回壹怪之。"

仲尼曰："夫孟孙氏尽之矣，进于知矣，唯简之而不得，夫已有所简矣。孟孙氏不知所以生，不知所以死。不知就先⑤，不知就后。若化为物，以待其所不知之化已乎。且方将化，恶知不化哉？方将不化，恶知已化哉？吾特与汝，其梦未始觉者邪！且彼有骇形而无损心⑥，有旦宅而无情死。孟孙氏特觉⑦，人哭亦哭，是自其所以乃⑧。且也相与'吾之'耳矣，庸讵知吾所谓'吾之'乎？且汝梦为鸟而厉乎天⑨，梦为鱼而没于渊。不识今之言者，其觉者乎？其梦者乎？造适不及笑⑩，献笑不及排，安排而去化，乃入于寥天一。"

①**孟孙才**：人名，复姓孟孙，名才。②**涕**：泪水。③**戚**：悲痛，哀痛。④**盖**：覆。⑤**就**：趋从，这里指追求。⑥**骇形**：指人死后躯体有惊人的变化。⑦**特**：独，独自。⑧**乃**：如此。⑨**厉**：通"戾"，到达。⑩**造**：达到。

译 文

颜回问孔子说："孟孙才的母亲死了，但他哭泣的时候没有眼泪，心里不觉得悲伤，守丧的时候也不感到哀痛。虽然在这三个方面没有什么悲痛的表现，却由于善于处理丧事而闻名鲁国。难道真有无其实而获得虚名的情况吗？我觉得很奇怪。"

孔子说："孟孙才处理丧事的做法已经很尽善尽美了，大大超过了知晓丧葬礼仪的人。虽然丧事处理得有些简略，但世俗之人很难做到这地步，孟孙才已经从简处理了。孟孙才不了解人为什么生，也不了解人为什么死；不知道如何追求生，也不知道如何追求死；但他顺应自然的变化，并且等待着未知的变化。况且，将要发生变化了，怎会知道不变化呢？不会再发生变化了，又怎能知道已经发生了变化呢？你我才是在梦中没有清醒的人啊！那些死了的人，虽然形体发生了变化，却不影响他们的精神，就像是精神的寓所发生了改变，但不是死亡。那孟孙才是独自觉醒的人，人们哭泣的时候，他也跟着哭泣，这就是他这个样子的缘由。人们在交往的时候，都用形体来介绍自己，又哪里知道这个形体就一定是自己呢？再说，你在梦中变成了鸟，飞到了天上，在梦中变成了鱼，潜入了深渊。不知道今天说话的你我，是醒着的，还是在做梦呢？心情舒畅还来不及笑出声音，心里发出笑声还来不及安排，安于自然的推移变化，忘掉生死，就能进到寂寥的一体境界了。"

原 文

意而子见许由①，许由曰："尧何以资汝②？"

意而子曰："尧谓我：汝必躬服仁义而明言是非。"

许由曰："而奚来为轵③？夫尧既已黥汝以仁义④，而劓汝以是非矣⑤。汝将何以游夫遥荡姿睢转徙之涂乎⑥？"

意而子曰："虽然，吾愿游于其藩⑦。"

许由曰："不然。夫盲者无以与乎眉目颜色之好⑧，瞽者无以与乎青黄黼黻之观⑨。"

意而子曰："夫无庄之失其美，据梁之失其力，黄帝之亡其知，皆在炉捶之间耳。庸讵知夫造物者之不息我黥而补我劓，使我乘成以随先生邪？"

许由曰："噫！未可知也。我为汝言其大略：吾师乎！吾师乎！齑万物而不为义，泽及万世而不为仁，长于上古而不为老，覆载天地、刻雕众形而不为巧。此所游已！"

● 谏鼓谤木

内篇

 注 释

①意而子：虚构的人物。②资：给予，资助。③轵：通"只"，句末语气词。④黥：古代的酷刑之一，在受刑人的额上刺刻，而后涂上墨水。⑤劓：古代的刑罚之一，割掉人的鼻子。⑥恣睢：无拘无束的样子。⑦藩：篱笆，这里指受到约束的境域。⑧与：赞许，赞赏。⑨黼黻：古代礼服上绣的斧形花纹。

译 文

意而子去拜访许由。许由说："尧都教了你什么呢？"

意而子回答说："尧教导我说：'你一定要亲身实践仁义，然后明辨是非。'"

许由说："那你怎么还来我这儿呢？尧已经在你额头刻下了仁义的印记，又用是非割掉了你的鼻子，你该如何畅游在逍遥而又无拘无束的境界？"

意而子回答说："虽然如此，我还是希望能畅游在这种境域。"

许由说："不行的。盲人看不到姣好的面貌，失明的人看不到礼服上锦绣的花纹。"

意而子说："无庄忘掉了自己的美貌，据梁忘掉了自己的勇力，黄帝忘掉了自己的智慧，这都是因为他们经过了大道的冶炼和锻打。你怎么知道那造物者不会平息黥刑带给我的伤害，补全我因受劓刑而残缺的鼻子，使我能有完整的身躯，并跟随先生呢？"

许由说："唉！这是未知的啊。我给你说个大概吧。大道是我的宗师啊！我的宗师！它调和万物不是为了某种道义，推广恩泽不是为了仁义，长于上古却不算长寿，覆天载地、雕创万象也不是为了显示某种技巧。这就是大道的境界！"

　　颜回曰："回益矣。"

　　仲尼曰："何谓也？"

　　曰："回忘仁义矣。"

　　曰："可矣，犹未也。"

　　他日复见，曰："回益矣。"

　　曰："何谓也？"

　　曰："回忘礼乐矣。"

　　曰："可矣，犹未也。"

　　他日复见，曰："回益矣。"

　　曰："何谓也？"

　　曰："回坐忘矣。"

　　仲尼蹴然曰^①："何谓坐忘？"

　　颜回曰："堕肢体，黜聪明^②，离形去知，同于大通，此谓坐忘。"

　　仲尼曰："同则无好也，化则无常也，而果其贤乎！丘也请从而后也。"

　　①蹴然：惊惧不安的样子。②黜：退除，废除。

　　颜回去拜访孔子，说："我进步了。"

　　孔子问道："你说的进步是指什么？"

　　颜回回答说："我忘掉了仁义。"

孔子说："这很好啊，但还是不够。"

过了几天，颜回又去拜访孔子，说："我又进步了。"

孔子问道："你说的进步是指什么？"

颜回回答说："我忘掉了礼乐。"

孔子说："这很好啊，但还是不够。"

过了几天，颜回又去拜访孔子，说："我又进步了。"

孔子问道："你说的进步是指什么？"

颜回回答说："我做到了坐忘。"

孔子惊惧不安地问道："什么是坐忘啊？"

颜回答说："舍弃肢体，忘掉知识，离开身躯，并且抛弃智慧，与大道融为一体，这就是静坐而物我两忘的坐忘境界。"

孔子说："与万物同一就不会有偏好，顺应万物变化就不会固执于常理。你果真成了贤人啊！我希望能跟随着你学习。"

原 文

　　子舆与子桑友。而霖雨十日①，子舆曰："子桑殆病矣②！"裹饭而往食之。至子桑之门，则若歌若哭，鼓琴曰："父邪！母邪！天乎！人乎！"有不任其声而趋举其诗焉。

　　子舆入，曰："子之歌诗，何故若是？"

　　曰："吾思夫使我至此极者而弗得也。父母岂欲吾贫哉？天无私覆，地无私载，天地岂私贫我哉？求其为之者而不得也！然而至此极者，命也夫！"

注 释

①霖：大雨下了三日以上。②殆：大概。病：困乏疲惫。

译 文

　　子舆和子桑是好朋友。大雨下了很多天，子舆说："子桑恐怕要饿倒了。"于是就包着饭食去他的住处。到了门前，就听见子桑好像在唱歌，又像是哭泣，弹着琴唱着："父亲啊！母亲啊！天啊！人啊！"声音轻微而诗句急促。

　　子舆进屋后说："你刚才唱的诗词，为什么是这个调子？"

子桑回答说:"我在探寻是什么使我如此困乏,但没有找到。父母难道希望我贫困?上天覆盖着整个大地,大地负载着万物,都无所偏私,难道天地偏偏让我贫困?我在寻找到底是什么使我如此贫困,可我还没有找到。那我到了如此困乏的境地,大概是命运的安排吧!"

应帝王

《应帝王》是《庄子》内篇的最后一篇,主要内容是通过七则寓言,谈帝王治理天下的问题,表达了庄子无为而治的政治主张。庄子以道来认识万物,认为世间的一切都出于自然,人为的因素都是附加的。基于此,庄子主张治理天下也应如此,即不治为治,无为而治。

原文

啮缺问于王倪①,四问而四不知。啮缺因跃而大喜,行以告蒲衣子②。蒲衣子曰:"而乃今知之乎?有虞氏不及泰氏③。有虞氏其犹藏仁以要人,亦得人矣,而未始出于非人。泰氏其卧徐徐④,其觉于于⑤。一以己为马,一以己为牛。其知情信,其德甚真,而未始入于非人。"

注释

①啮缺、王倪:都是虚构的人物。②蒲衣子:相传是古代的贤人,舜拜他为师并传给他帝位,但他不肯接受。③有虞氏:指虞舜。泰氏:即伏羲氏。④徐徐:形容舒缓的样子。⑤于于:形容安闲的样子。

译文

啮缺四次向王倪请教问题,王倪都回答不上来。啮缺为此高兴到跳起来,并且把这件事说给了蒲衣子。蒲衣子说:"你现在知道了吗?虞舜比不上伏羲氏。虞舜他靠着仁义笼络人心,百姓都

● 伏羲之德

庄子

拥护他，但他始终无法摆脱人为的困境。而伏羲氏，舒缓安适地睡觉，睡醒后也悠然自得。任凭别人把自己当成马，把自己当成牛。他的才智是真实的，他的德行是可信的，而且从没有受到过外物的牵累。"

肩吾见狂接舆。狂接舆曰："日中始何以语女^①？"

肩吾曰："告我：君人者以己出经式仪度^②，人孰敢不听而化诸！"

狂接舆曰："是欺德也。其于治天下也，犹涉海凿河而使蚊负山也。夫圣人之治也，治外乎？正而后行，确乎能其事者而已矣。且鸟高飞以避矰弋之害^③，鼷鼠深穴乎神丘之下以避熏凿之患^④，而曾二虫之无知！"

①日中始：虚构的人物。②经式仪度：法度，法规。③矰弋：用来射鸟的短箭。④神丘：指神坛。

肩吾去拜访接舆。接舆说："日中始都跟你说了什么呢？"

肩吾回答说："他告诉我国君要按照自己的意愿推行法度，人们谁敢不听从并被感化呢？"

接舆说："这是在欺骗啊。如果用这种方法来治理天下，就好比要在海中开凿出一条河道，好比让蚊虫背起大山。圣人治理天下，难道只治理外在的虚象？他们首先端正自身，而后才去感化他人，并且听任他们各尽所能罢了。鸟儿尚且知道往高处飞，以此来躲避弓箭，老鼠尚且知道藏在神坛下面的洞里，以此来逃避熏烟和挖地，而你们竟然无知到不如这两种小动物！"

天根游于殷阳^①，至蓼水之上，适遭无名人而问焉，曰："请问为天下。"

无名人曰："去！汝鄙人也，何问之不豫也^②！予方将与造物者为人，厌则又乘夫莽眇之鸟③，以出六极之外，而游无何有之乡，以处圹埌之野④。汝又何帛以治天下感予之心为⑤？"

又复问，无名人曰："汝游心于淡，合气于漠，顺物自然而无容私焉，而天下治矣。"

译文

天根在殷山的南面闲游，到了蓼水，恰巧遇上了无名人，就问他说："该如何治理天下呢？"

无名人回答说："走开，你这个品行鄙陋之人，怎么一开口就让人那么不舒服！我正与造物者结交，厌烦了，便乘着缥缈之气，飞到六极之外，畅游在什么都没有的地方，在空旷的地方居住。你又怎能用治理天下的话来干扰我呢？"

天根再次请教。无名人回答说："你要保持本性，不求名利，居处在清净无为的境域，顺遂着事物的自然本性，并且不保留任何私意，天下就能得到治理了。"

原文

阳子居见老聃①，曰："有人于此，向疾强梁②，物彻疏明③，学道不勤④。如是者，可比明王乎？"

老聃曰："是於圣人也，胥易技系⑤，劳形怵心者也⑥。且也虎豹之文来田⑦，猨狙之便执斄之狗来藉⑧。如是者，可比明王乎？"

阳子居蹴然曰⑨："敢问明王之治。"

老聃曰："明王之治：功盖天下而似不自己，化贷万物而民弗恃⑩。有莫举名⑪，使物自喜；立乎不测，而游于无有者也。"

庄子

〇八〇

形容惊惧不安的样子。⑩化：化育。贷：施及。⑪举：称说。

译文

　　阳子居去拜访老聃说："现在有这么一个人，他聪明强干，能洞察事物，在学习上专心勤奋。这样的人可以和圣哲相比吗？"

　　老聃回答说："在圣人看来，这种人就像那有点儿小聪明的小吏，供职办事时被技能所系缚，形体劳累，并且还担惊受怕。况且，虎豹因为有美丽的皮毛才引来猎人的围捕，猕猴因为能敏捷地跳跃、狗因为能迅猛地捕猎才招来绳索的束缚。这类动物也可以和圣哲相比吗？"

　　阳子居听后脸色大变，惊惧地说："冒昧地问一下圣哲是如何治理天下的呢。"

　　老聃说："圣哲治理天下，功绩普盖天下，却又不把这些功劳看成是自己努力的结果，教化普及万物，但不使百姓依赖他。功德无法用言语称述赞美，他使万事万物都各居其所而自得其乐；自己立于神妙之地，处在什么也没有的境域。"

原文

　　郑有神巫曰季咸①，知人之死生、存亡、祸福、寿夭，期以岁月旬日，若神②。郑人见之，皆弃而走。列子见之而心醉③，归，以告壶子，曰："始吾以夫子之道为至矣，则又有至焉者矣。"

　　壶子曰："吾与汝既其文④，未既其实。而固得道与？众雌而无雄，而又奚卵焉！而以道与世亢⑤，必信，夫故使人得而相汝。尝试与来，以予示之。"

　　明日，列子与之见壶子。出而谓列子曰："嘻！子之先生死矣！弗活矣！不以旬数矣！吾见怪焉，见湿灰焉⑥。"

　　列子入，泣涕沾襟以告壶子。壶子曰：乡吾示之以地文⑦，萌乎不震不正⑧。是殆见吾杜德机也⑨。尝又与来。"

　　明日，又与之见壶子。出而谓列子曰："幸矣！子之先生遇我也，有瘳矣⑩！全然有生矣！吾见其杜权矣！"

　　列子入，以告壶子。壶子曰："乡吾示之天壤，名实不入，而机发于踵⑪。是殆见吾善者机也。尝又与来。

明日，又与之见壶子。出而谓列子曰："子之先生不齐⑫，吾无得而相焉。试齐，且复相之。"

列子入，以告壶子。壶子曰："吾乡示之以太冲莫胜⑬。是殆见吾衡气机也。鲵桓之审为渊⑭，止水之审为渊，流水之审为渊。渊有九名，此处三焉。尝又与来。"

明日，又与之见壶子。立未定，自失而走⑮。壶子曰："追之！"列子追之不及，反，以报壶子曰："已灭矣，已失矣，吾弗及已。"

壶子曰："乡吾示之以未始出吾宗。吾与之虚而委蛇⑯，不知其谁何，因以为弟靡⑰，因以为波流，故逃也。"

然后列子自以为未始学而归，三年不出。为其妻爨⑱，食豕如食人。于事无与亲。雕琢复朴，块然独以其形立⑲。纷而封哉，一以是终。

（注释）

①神巫：占卜的人，指其预卜非常灵验。②期：预言。③列子：指列御寇。④既：全。⑤亢：通"抗"，应对。⑥湿灰：即水湿之灰，指必死无疑。⑦乡：通"向"，先前。⑧萌：通"茫"，指昏昧无知。⑨杜：闭塞。⑩瘳：痊愈。⑪踵：脚跟，这里指人的根本。⑫齐：动静不定的样子。⑬太冲：即太虚。⑭鲵：鲸鱼，这里指大鱼。⑮失：通"佚"，自持。⑯委蛇：随顺应变。⑰弟靡：指随波逐流。⑱爨：烧火做饭。⑲块然：像土块一样木然，指无知无识。

（译文）

郑国有个名叫季咸的巫师，他占卜非常灵验，并且知道人的生死存亡和祸福寿夭，所预卜的年月旬日都很准确，就像神人一样。郑国人见到他都急忙跑开。列子见了他，就被折服了，回来后把这件事告诉了壶子，说："之前，我认为先生的道行是最高深的，但现在有更高深的道术了。"

壶子说："我所教的还都是外在的东西，没有实质性的东西，你以为这就得道了？

就好比只有雌性，而没有雄性，这样的话，又怎能生出卵来呢！你拿学到的皮毛与世人较量，想求得他们的信任，所以才被巫师看破。你去把他请来，让他给我看看。”

第二天，列子邀请季咸去拜访壶子。季咸出了门就对列子说："呀！你老师快死了！活不过十天了！我看到他怪异的面色，就像湿灰一样。”

列子哭得泪水打湿了衣襟，进屋后就把季咸的话说给了壶子。壶子说："刚才我让他看的是我寂然的心境，不动也不止。他大概是看到了闭塞的生机。再邀请他来看看。”

次日，列子又邀请季咸去拜访壶子。季咸出了门就对列子说："实在是幸运啊！你老师遇到了我，变好了！完全有生机了！我看到他闭塞的生机中有复活的迹象了！”

列子进屋后又把季咸的话说给了壶子。壶子说："刚才我让他看的是天地互相感应的状态，没有任何关于名誉和实利的杂念，生机是从脚后跟上显示的。所以，他大概是看到我有一线生机。再邀请他来看看。”

次日，列子又邀请季咸去拜访壶子。季咸出了门就对列子说："你老师的心迹变化无常，我没办法给他看相。等他心迹稳定了，我再来给他看相吧。”

列子进屋后把季咸的话说给了壶子。壶子说："刚才我让他看的是我阴阳均衡的状态。他大概是看到了我平和的生机。大鱼盘旋之处叫作渊，止水聚积之处叫作渊，流水聚集之处叫作渊。渊有九种，我只给他看了这里提到的三种。再邀请他来看看。”

次日，列子又邀请季咸去拜访壶子。季咸还没站定，就慌忙跑走了。壶子说："去追他！"列子把没有追上的情况说给了壶子："不见踪影了，让他跑掉了，我没追上他。”

壶子说："刚才我让他看的还不是我的根本。我对他随机应付，他不了解我的真实意图，我让自己变得柔顺，随波逐流，所以他就跑了。”

列子这才感觉自己什么也没有学到，回家后，三年都没有出门。他帮着妻子烧火做饭，喂猪就像是在侍奉人。对于外物，他没有偏私，扬弃华饰，回归质朴，无知无识地存活于世。在世间的纷扰中持守本真到生命的尽头。

原　文

无为名尸[1]，无为谋府[2]，无为事任，无为知主。体尽无穷，而游无朕[3]。尽其所受乎天而无见得，亦虚而已！至人之用心若镜，不将不迎，应而不藏，故能胜物而不伤。

注　释

①尸：指寄托的对象。②谋府：指出谋议论的地方。③无朕：无迹。

不做名声的载体，不做谋略的府库，不承担世事，不做智慧的主宰。潜心体悟大道的无穷，自得地遨游。禀受着自然本性，不自夸不显耀，不过是心境清虚罢了。至人的心思犹如明镜，对外物的态度是来者不迎、去者不送，不加以隐藏地反映事物，所以能胜过外物，并且不因此而有所损伤。

原 文

　　南海之帝为儵，北海之帝为忽，中央之帝为浑沌①。儵与忽时相与遇于浑沌之地，浑沌待之甚善。儵与忽谋报浑沌之德，曰："人皆有七窍以视听食息②。此独无有，尝试凿之。"日凿一窍，七日而浑沌死。

注 释

　　①儵、忽、浑沌：都是虚构的名字。②七窍：指七个孔穴，即两只眼睛、两只耳朵、两个鼻孔和一口。

译 文

　　南海之王叫儵，北海之王叫忽，中央之王叫浑沌。儵与忽常常聚到浑沌这儿玩，浑沌每次都很热情地招待他们，于是，儵和忽就商量着如何报答浑沌，就说："大家都用七窍来看、听、吃饭和呼吸。独独浑沌没有七窍，我们试着给他凿这七窍吧。"他们一天凿一窍，到了第七天，浑沌就死了。

庄 子

○八四

外　篇

骈　拇

　　《骈拇》出自《庄子》外篇，"骈拇"即并合的脚趾，跟枝指和赘瘤一样，都是人体上多余的东西，……人体上多余的东西，文章借它们来比喻聪明、仁义、辩术以及礼乐等，说明这些东西都不是出于自然，是多余的，有害的，人们应该加以摒弃……随后又对君子小人的差别加以论证，从正反两个方面来肯定无为的自然，否定有为的仁义。最后指出一切有为都不如不为，从而阐明了回复自然、无为而治的社会观。

原文

　　骈拇枝指①，出乎性哉②，而侈于德③；附赘县疣出乎形哉④，而侈于性；多方乎仁义而用之者，列于五藏哉⑤，而非道德之正也⑥。是故骈于足者，连无用之肉也；枝于手者，树无用之指也；多方骈枝于五藏之情者⑦，淫僻于仁义之行⑧，而多方于聪明之用也。

　　是故骈于明者⑨，乱五色⑩，淫文章⑪，青黄黼黻之煌煌非乎⑫？而离朱是已⑬！多于聪者，乱五声⑭，淫六律⑮，金石丝竹黄钟大吕之声非乎⑯？而师旷是已⑰！枝于仁者，擢德塞性以收名声⑱，使天下簧鼓以奉不及

● 曾参

之法非乎⑲？而曾、史是已⑳！骈于辩者，累瓦结绳窜句㉑，游心于坚白同异之间㉒，而敝跬誉无用之言非乎㉓？而杨、墨是已！故此皆多骈旁枝之道，非天下之至正也。

注 释

①**骈拇**：即脚的大拇趾跟二拇趾连在一起。骈，并列，合在一起。拇，脚的大拇趾。**枝指**：旁生的歧指，即手大拇指旁多长出一指。②**性**：这里指天生而成。③**侈**：多，多余。**德**：通"得"。④**赘**：赘瘤。**疣**：通"瘤"。⑤**藏**：后写作"臟"，而简化为"脏"。⑥**正**：中正，自然。⑦**多方骈枝**：一说"骈枝"为衍文，也有人认为"多方"为衍文，联系文意，鉴于下句"多方"再次出现，删去本句的"多方"。这里指矫治人的天性。⑧**僻**：不正。⑨**骈**：多余。**明**：视觉，视力。⑩**五色**：指青、黄、赤、白、黑五种颜色。⑪**文章**：错综而华美的色彩，青与赤相交为文，赤与白相交为章。⑫**黼黻**：指古代礼服上绣制的花纹。⑬**离朱**：相传是黄帝时期的人，视力超群。⑭**五声**：即五音，指古代音乐中宫、商、角、徵、羽五个音阶。⑮**六律**：乐律的一个分类，乐律共有阴阳两类，每类各有六种，阳类叫六律，阴类叫六吕。六律指黄钟、太簇、姑洗、蕤宾、夷则以及无射。⑯**金石丝竹**：各种乐器无不用金、石、丝、竹为原料，这里泛指器乐。⑰**师旷**：人名，春秋晋平公时期的乐师。⑱**擢**：拔。⑲**簧鼓**：管乐和打击乐，这里指各种乐器发出的声音。⑳**曾、史**：指孔子学生曾参和卫灵公的大臣史鰌，春秋时代的贤人。㉑**累瓦结绳**：比喻攒堆无用的词语。㉒**游心**：驰骋心思，游荡心思。㉓**敝**：用力而疲惫不堪。**跬誉**：指一时的声誉。跬，半步。

译 文

脚趾并生和歧指旁出，这是生来就有的啊，但却比常人多出一些东西；附着在人体上的赘瘤，是源于人的形体啊，但却比人的本体多出一些东西；用多种方法去推行仁义，比列于身体的五脏，但却不是道德的中正之道。所以，脚上双趾并生的，只是连在一起的没什么用的肉；手上六指旁出的，只是多出了一根没什么用的手指；用尽各种方法把仁义比列于人的五脏，迷乱而又过度地推行仁义，实则是耗费聪明。

所以，拥有灵敏视觉的人，沉迷于五色，陶醉于文彩，难道不正因此而炫目于华丽服饰？那离朱就是这样的。拥有灵敏听觉的人，迷乱于五音，沉湎于六律，难道不正因此而搅浑了五音六律的各种音调？那师旷就是这样的。倡导仁义的人，矫擢道德，闭塞真性，求取名声，难道不正因此而使天下人争相遵循那不可企及的礼法？那曾参

和史鲻就是这样的。善于言辞的人，经常堆砌辞藻，穿凿文句，并把心思放在坚白论的是非中，难道不正因此而疲惫地罗列无数废话去求取一时的声誉？那杨朱和墨翟就是这样的。所以说，这些都是没什么用的旁门之道，并不是天下的至理和正道。

原文

彼正正者①，不失其性命之情。故合者不为骈，而枝者不为跂；长者不为有余，短者不为不足。是故凫胫虽短②，续之则忧；鹤胫虽长，断之则悲。故性长非所断，性短非所续，无所去忧也。意仁义其非人情乎！彼仁人何其多忧也。

且夫骈于拇者，决之则泣③；枝于手者，龁之则啼④。二者或有余于数，或不足于数，其于忧一也。今世之仁人，蒿目而忧世之患⑤；不仁之人，决性命之情而饕贵富⑥。故意仁义其非人情乎！自三代以下者，天下何其嚣嚣也⑦。

且夫待钩绳规矩而正者⑧，是削其性者也；待绳约胶漆而固者，是侵其德者也；屈折礼乐⑨，呴俞仁义⑩，以慰天下之心者，此失其常然也⑪。天下有常然。常然者，曲者不以钩，直者不以绳，圆者不以规，方者不以矩，附离不以胶漆，约束不以纆索⑫。故天下诱然皆生⑬，而不知其所以生；同焉皆得，而不知其所以得。故古今不二，不可亏也。则仁义又奚连连如胶漆纆索而游乎道德之间为哉！使天下惑也！

注释

①正正：当是"至正"之误。②凫：野鸭。胫：小腿。③决：分开。④龁：咬，咬断。⑤蒿目：放眼远望，这里含有忧愁之意。⑥决：断，溃乱。饕：贪。⑦嚣嚣：喧嚣，喧哗。⑧待：需要。正：指画的标准。⑨屈折礼乐：这里指用礼乐来改变和矫正人的言行。⑩呴俞：抚爱，抚育。⑪常然：常态，这里指本然。⑫纆索：绳索。⑬诱然：自得的样子。

外篇

那天下的至理正道，就是不违逆事物、顺应自然的本性。所以说合在一块的脚趾，不算是并生的，旁出枝生的手指，不算是多余的；长的不算是有余的，短的也不算是不足的。因此，野鸭的小腿虽然很短，但如果续长一截就会有忧患；鹤的小腿虽然很长，但如果砍掉一段就会有痛苦。事物原本就很长而不去截短，事物原本就很短而不去续长，这样万物也就没必要去排除忧患了。唉！仁义大概不是人天生就有的真情吧！那些倡导仁义的人很是忧心呢。

况且对于脚趾并生的人来说，如果把两个脚趾切开，他就会哭泣；对于手指旁出的人来说，如果把歧指咬断，他也会啼哭。这两种情况，一种是比正常手指数多，一种是比正常脚趾数少，但它们招致的忧患却是一样的。如今世上的仁人，忧虑人间的祸患；那些不仁的人，摒弃人的本真而贪求富贵。唉！仁义大概不是人天生就有的真情吧！要不然自夏、商、周三代以来，天下怎么这么喧嚣竞逐呢。

况且用曲尺、墨线、圆规以及角尺来矫正事物的形态，这是损伤事物的本性；用绳索胶漆来粘连事物，这是伤害事物的天然禀赋；用礼乐对百姓生硬地加以约束和教化，以此来抚慰民心，这就失去了人的常态。万事万物都各有自己固有的常态。所谓常态，就是弯曲的不靠曲尺，笔直的不靠墨线，正圆的不靠圆规，端方的不靠角尺，分离的东西连在一起不靠胶漆，单个的事物捆在一起不靠绳索。于是，万事万物都自然而然地生长，但不知道自己为什么生长，同样都有所得，但不知道自己为什么有所得。所以古今道理都一样，不能出现亏缺啊。那仁义又因为什么而无休无止地像胶漆绳索一样夹在天道和本性之间！这就使天下人感到迷惑了！

夫小惑易方①，大惑易性。何以知其然邪？自虞氏招仁义以挠天下也②，天下莫不奔命于仁义。是非以仁义易其性与？故尝试论之：自三代以下者，天下莫不以物易其性矣！小人则以身殉利；士则以身殉名；大夫则以身殉家；圣人则以身殉天下。故此数子者，事业不同，名声异号，其于伤性以身为殉，一也。臧与谷③，二人相与牧羊而俱亡其羊。问臧奚事④，则挟箧读书⑤；问谷奚事，则博塞以游⑥。二人者，事业不同，其于亡羊均也。伯夷死名于首阳之下⑦，盗跖死利于东陵之上⑧。二人者，所死不同，其于残生伤性均也，奚必伯夷之是而盗跖之非乎⑨？天下尽殉也：彼其所殉仁义也，则俗谓之君子；其所殉货财也，则俗谓之小人。其殉一也，则有君子焉，有小人焉；若其残生损性，则盗跖亦伯夷已，又恶取君子小人于其间哉！

注释

译文

小迷惑会使人弄错方向，而大迷惑会使人丧失本性。怎么知道是这样的呢？自虞舜以仁义为号召，搅乱了天下，天下就没有谁不为仁义而争相奔走，这岂不是在用仁义改变人的自然本性吗？现在我们试着来谈谈这个问题：自夏、商、周三代以来，天下没有谁不因追逐外物而改变自己本性的。平民百姓为了私利而丢掉性命；士人为了名声而丢掉性命；大夫为了家族而丢掉性命；圣人则为了天下而丢掉性命。这些人，虽然从事的事业不同，也各有各的名声，但他们用生命作代价而损害自己的本性，这点是一样的。臧和谷是两个家奴，他们一起放羊，却都让羊跑了。问臧在做什么，他说是夹着书简在读书；问谷在做什么，他说是在玩投骰子的游戏。这两个人做的事不同，但他们都丢失了羊，这点是一样的。伯夷为了求其名声死在了首阳山下，盗跖为了私利死在了东陵山上，这两个人，死的原因虽然不同，但他们都是在残害本性，这点是一样的。为什么一定要赞誉伯夷而指责盗跖呢？天下人都在为某种目的而献出生命：为仁义而死的，世人称他为君子；为财货而死的，世人称他为小人。他们都是为了某一目的而死的，但有的叫君子，有的却叫小人。倘若从残害本性这点来看，盗跖也就是伯夷，又怎能在他们中间区分君子和小人呢！

原文

且夫属其性乎仁义者①，虽通如曾、史，非吾所谓臧也②；属其性于五味^③，虽通如俞儿^④，非吾所谓臧也；属其性乎五声，虽通如师旷，非吾所谓聪也；属其性乎五色，虽通如离朱，非吾所谓明也^⑤。吾所谓臧者，非仁义之谓也，臧于其德而已矣；吾所谓臧者，非所谓仁义之谓也，任其性命之情而已矣；吾所谓聪者，非谓其闻彼也，自闻而已矣；吾所谓明者，非谓其见彼也，自见而已矣。夫不自见而见彼，不自得而得彼者，是得人之得而不自得其得者也，适人之适而不自适其适者也。夫适人之适而不自适其适，虽盗跖与伯夷，是同为淫僻也。余愧乎道德^⑥，是以上不敢为仁义之操，而下不敢为淫僻之行也。

（译　文）

　　况且，把自己的本性缀系于仁义，即使像曾参和史鳝那样精通，也不是我口中的完美；把自己的本性缀系于五味，即使像俞儿那样高明，也不是我口中的完善；把自己的本性缀系于五声，即使像师旷那样通达，也不是我口中的听觉聪敏；把自己的本性缀系于五色，即使像离朱那样明察，也不是我口中的视觉灵敏。我口中的完美，绝不是仁义之类的东西，而是要善于自得罢了；我口中的完善，不是所谓的仁义，而是放任天性、保持本真罢了；我口中的聪敏，不是能听到别的什么，而是指能倾听自己罢了；我口中的视觉灵敏，不是能看见别的什么，而是指能看清自己罢了。能看清别人而看不清自己的人，不能安于自得而向其他人索求，这就是使别人取得了所得而自己却无所得的人，也就是贪图达到别人所达到的境界而没有达到自己所应达到境界的人。贪图达到别人应达到的境界而没有达到自己应达到的境界，无论是盗跖还是伯夷，都失去了本真。我有愧于自然本体和道德，所以，于上我不能奉行仁义，于下我不愿从事邪恶。

马 蹄

《马蹄》出自《庄子》外篇，主要表达了庄子清净无为的政治主张。

文章以马为喻，借"伯乐善治马""陶匠善治埴木"指出有为政治对社会自然本性的残害，借"圣人之过也"指出仁义礼乐之类的人为规范对人自然本性的残害，进而提出回归上古时代淳朴纯厚状态的主张。庄子的这种思想虽然具有反对礼教束缚的进步观点，但也带有一定的消极色彩。

原　文

马，蹄可以践霜雪，毛可以御风寒。龁^{hé}草饮水^①，翘^{qiáo}足而陆^②，此马之真性也。虽有义台路寝^③，无所用之。及至伯乐^④，曰："我善治马。"烧之，剔之，刻之，雒^{luò}之^⑤。连之以羁絷^⑥，编之以皂栈^⑦，马之死者十二三矣！饥之渴之，驰之骤之，整之齐之，前有橛饰之患^⑧，而后有鞭策之威^⑨，而马之死者已过半矣！陶者曰："我善治埴^{zhí}^⑩。"圆者中规，方者中矩。匠人曰："我善治木。"曲者中钩，直者应绳。夫埴木之性，岂欲中规矩钩绳哉！然且世世称之曰："伯乐善治马，而陶匠善治埴木。"此亦治天下者之过也。

●马

注　释

①龁：咬嚼，咬啃。②翘：扬起，举起。陆：当为"蹗（lù）"，跳跃。③路：正。寝：居室。④伯乐：姓孙，名阳，字伯乐，善识马。⑤雒：即"烙"，指用红烙铁留下标识。⑥羁：马络头。絷：牵绊马脚的绳索。⑦栈：放在马脚下的地板，用以避湿，俗称马床。⑧橛：马口中衔的横木，即今的马口铁。⑨鞭策：打马的工具，即马鞭。⑩埴：黏土。

马蹄能踏霜雪，马毛能抵御风寒，饿了去吃草，渴了去喝水，欢快时就扬蹄奋力跳跃，这是马的天性。即使有高台正殿，对马来说，也没什么用处。等到世上出现了伯乐，说："我善于驯马。"于是用铁器烫毛，用剪刀修剪马鬃，削马蹄，打烙记，再套上络头和绊绳，按次序把它们系在马槽里，这样一折腾，马就死掉十分之二三了。饿了不给吃草，渴了不给喝水，还让它们快速奔驰，让它们步伐整齐，行动划一，前面有马口横木和马络装饰品之类的限制，后面有皮鞭和竹条的威胁，这样一折腾，马就死一半了。制陶工匠说："我最善于整治黏土。"用黏土制成的陶器，圆的合乎圆规，方的应于角尺。木匠说："我最善于整治木材。"用木材制成的木器，弯曲的合乎钩弧的要求，直的也跟墨线相应。黏土和木材的本性，难道是去迎合圆规、角尺、钩弧和墨线的？但人们还世世代代地称赞他们说："伯乐善于驯马，陶匠善于整治黏土，木匠善于整治木料。"这也是治理天下的人的过失啊。

吾意善治天下者不然。彼民有常性[①]，织而衣，耕而食，是谓同德。一而不党[②]，命曰天放。故至德之世，其行填填[③]，其视颠颠[④]。当是时也，山无蹊隧[⑤]，泽无舟梁[⑥]；万物群生，连属其乡[⑦]；禽兽成群，草木遂长。是故禽兽可系羁而游，鸟鹊之巢可攀援而窥。

夫至德之世，同与禽兽居，族与万物并[⑧]。恶乎知君子小人哉[⑨]！同乎无知，其德不离；同乎无欲，是谓素朴[⑩]。素朴而民性得矣。

及至圣人，蹩躠（bié xiè）为仁[⑪]，踶跂（dì qí）为义[⑫]，而天下始疑矣。澶漫（dàn）为乐[⑬]，摘僻为礼[⑭]，而天下始分矣。故纯朴不

●琢玉图

残,孰为牺尊^⑮！白玉不毁,孰为珪璋^⑯！道德不废,安取仁义！性情不离,安用礼乐！五色不乱,孰为文采！五声不乱,孰应六律！夫残朴以为器,工匠之罪也；毁道德以为仁义,圣人之过也。

注　释

①**常性**：固有不变的本能和天性。②**党**：偏私。③**填填**：稳重。④**颠颠**：专一。⑤**蹊**：小路。**隧**：山中开凿的通道,这里指道路。⑥**泽**：聚水的低地。**梁**：桥。⑦**连属**：混同,混合。⑧**族**：聚结。**并**：齐,并列。⑨**君子小人**：这里指统治者和被统治者。⑩**素朴**：这里喻指本色。素,白色的生绢,指未加染色修饰的。⑪**蹩躠**：艰难、勉强的样子。⑫**踶跂**：吃力、费力的样子。⑬**澶漫**：大水弥漫,这里指放纵。⑭**摘僻**：烦琐。⑮**牺尊**：木制的酒器。⑯**珪璋**：一种玉器名,上尖下方的为珪,半珪形的为璋。

译　文

　　在我看来,善于治理天下的人就不是这样的。百姓有自己固有的本能和天性,他们织布而后穿衣,耕作而后吃饭,这是人类共有的本能。人与万物浑然一体,没有丝毫偏私,这就叫作任其自然。所以,上古时代是人天性保存最好的时代,人们的行动总是很自然,目光也很专一,没什么企求。那个年代,山间没有路和隧道,水上没有船和桥梁；万物生活在一起,人的居所相互通连；山禽野兽成群结队,草木也自由地生长。因此,可以牵着山禽野兽去游玩,可以去探望鸟鹊的巢窠。

　　在那人的天性保存最好的时代,人跟山禽野兽住在一起,跟万物聚在一块,哪有君子、小人的区分啊！人人都无知,自然天性就不会丧失；人人都没有私欲,人能保持纯朴的品性。保持纯朴的品性,人的自然天性就会保存下来。

　　等到世上出现了圣人,他们竭力去推行仁义,于是,天下开始出现了种种猜疑。过度追求乐章,制定繁杂的礼仪法度,于是,天下开始出现了种种分离。所以如果好好的原木没被分割,谁能把它雕成精致的酒器！如果白玉没被损坏,谁能把它雕成精美的玉器！如果人的自然本性不被废弃,哪还用得着仁义！如果人固有的天性不被背离,哪还用得着礼乐！如果五色不被混淆,谁又能调出华丽的纹彩！如果五声不被错乱,哪还有六律！破坏原木做成各种器具,这是木匠的过失,毁弃人的自然本性而推行所谓的仁义,这就是圣人的过失。

原　文

　　夫马陆居则食草饮水,喜则交颈相靡^①（mó）,怒则分背相踶^②（dì）。马知已此矣！夫加之以衡扼③，齐之以月题④，而马知介倪⑤、阒扼⑥、鸷曼⑦、诡衔⑧、窃辔⑨。故马之知而态至盗者⑩，伯乐之罪也。

夫赫胥氏之时⑪，民居不知所为，行不知所之，含哺而熙，鼓腹而游。民能以此矣！及至圣人，屈折礼乐以匡天下之形，县跂仁义以慰天下之心⑫，而民乃始踶跂好知，争归于利，不可止也。此亦圣人之过也。

胠箧

《胠箧》出自《庄子》外篇，主要内容是表达无为而治的政治理想，并在《马蹄》篇的基础上，更深刻地抨击所谓圣人的仁义，倡导回到原始社会中去。

文章从讨论防盗手段而最终被盗贼所用入手，指出治理天下的策略，都是统治阶级统治人们的工具，进而着力批判仁义和礼法；随后进一步提出摒弃各种社会文化的观点；最后借至德之世与三代以下的对比，表达对原始社会状态的向往之情，带有一定的消极色彩。

原文

将为胠箧（qū qiè）探囊发匮（guì）之盗而为守备①，则必摄缄縢（jiān）②，固扃鐍（jiōng jué）③，此世俗之所谓知也。然而巨盗至，则负匮揭箧担囊而趋④，唯恐缄縢扃鐍之不固也。然则乡之所谓知者⑤，不乃为大盗积者也？

故尝试论之：世俗之所谓知者，有不为大盗积者乎？所谓圣者，有不为大盗守者乎？何以知其然邪？昔者齐国邻邑相望，鸡狗之音相闻，罔罟之所布⑥，耒耨（lěi nòu）之所刺⑦，方二千余里。阖四竟之内⑧，所以立宗庙社稷，治邑屋州闾乡曲者⑨，曷尝不法圣人哉？然而田成子一旦杀齐君而盗其国⑩，所盗者岂独其国邪？并与其圣知之法而盗之，故田成子有乎盗贼之名，而身处尧舜之安。小国不敢非⑪，大国不敢诛⑫，十二世有齐国⑬，则是不乃窃齐国并与其圣知之法以守其盗贼之身乎？

尝试论之：世俗之所谓至知者，有不为大盗积者乎？所谓至圣者，有不为大盗守者乎？何以知其然邪？昔者龙逢斩⑭，比干剖⑮，苌弘胣（chǐ）⑯，子胥靡⑰。故四子之贤而身不免乎戮。故跖之徒问于跖曰："盗亦有道乎？"跖曰："何适而无有道邪？夫妄意室中之藏，圣也；入先，勇也；出后，义也；知可否，知也；分均，仁也。五者不备而能成大盗者，天下未之有也。"由是观之，善人不得圣人之道不立，跖不得圣人之道不行。天下之善不少而不善人多，则圣人之利天下也少而害天下也多。故曰：唇竭而齿寒，鲁酒薄而邯郸围，圣人生而大盗起。掊击圣人，纵舍盗贼，而天下始治矣。

①胠：从旁打开。箧：箱子。匮：柜子，今写作"柜"。②摄：收敛，收紧。缄、縢：均为绳子。③扃：门闩。鐍：锁环。④揭：扛。⑤乡：通"向"，先前，以前。⑥罔：网，今写作"网"。罟：各种网的总名。⑦耒：犁。耨：锄，锄头。⑧阖：全。竟：通"境"。⑨邑、屋、州、闾、乡、曲：古代大小不同的行政区划的名称。⑩田成子：即田常，春秋时齐国的大夫，本为陈国人，故又称陈恒，其先祖田完从陈国来到齐国，改为田氏。⑪非：非议，责难。⑫诛：讨伐，征伐。⑬十二世有齐国：疑是"世世有齐国"之误，指田成子之后，世世有齐国。⑭龙逢：夏桀时的贤人，被夏桀杀害。⑮比干：商纣王庶出的叔叔，忠谏纣王，被纣王剖心杀害。⑯苌弘：周灵王时的贤臣，被周人杀害。脆：指古代的车裂之刑。⑰子胥：即伍员，因力谏被吴王夫差杀害。靡：通"糜"，腐烂。

为了防备撬箱子、掏口袋以及开柜子的盗贼，就会收紧绳结，加固门闩和锁环，这是所谓聪明的做法。可当大盗来的时候，就背着柜子、扛起箱子或者挑着口袋逃跑，担心自己做的防护措施不够牢固。既然这样，那先前做的防护，不就是为大盗做准备了吗？

所以，我对这种情况的看法是：世上所谓的聪明之人，有不替大盗积累财宝的吗？有不替大盗守护财物的吗？怎么知道是这样的呢？从前，齐国邻近的村邑遥遥相望，鸡狗之声互相听闻，能撒渔网的地方，能耕种的土地，有两千多里。国境之内，所有宗庙社稷的建立，所有邑、屋、州、闾、乡、里各级行政机构的设置，何尝不是在效法古代的圣人？然而，田成子一下子杀掉了齐国国君，窃夺了整个齐国，他窃夺的难道仅仅只是一个齐国吗？连同那里的各种圣明法度也一块儿劫去了。所以，虽然田成子有盗贼之名，却仍有像尧舜那样安稳的地位，小国不敢指责他，大国不敢征讨他，世世代代统治着齐国，这不就是窃取了齐国并连同那里的圣明法度，从而来护卫他的盗贼之身吗？

所以，我对这种情况的看法是：世上所谓的聪明人，有不替大盗积累财宝的吗？有不替大盗守护财物的吗？怎么知道是这样的呢？从前，龙逢被害，比干被剖心，苌弘被掏肚，子胥被抛尸入江。即使像这样的贤士，也无法免除杀戮。因而，盗跖的徒众问盗跖说："做强盗的也有遵循的道义法则吗？"盗跖回答说："什么地方没有道义法则呢？盗贼能凭空推测出屋里财物的，就是圣明的；率先带头进屋的，就是勇敢的；最后退出屋子的，就是义气的；知道能否采取行动的，就是智慧的；事后分配公平的，就是仁义的。没有这五样，却成为大盗的人，是不存在的。"从这点来看，善人不懂得圣人之道便不能立业，盗跖不懂得圣人之道便不能行窃；然而，世上的善人少，不善的人多，因此，圣人给天下带来好处就少，给天下带来祸害就多。所以说：嘴唇没了，牙就会外露受寒，鲁侯进献的酒味道淡薄而使赵国都城遭到围困，圣人出现了，大盗便会涌起。只有打倒圣人，放走盗贼，天下才能太平无事。

原文

　　夫川竭而谷虚，丘夷而渊实。圣人已死，则大盗不起，天下平而无故矣！圣人不死，大盗不止。虽重圣人而治天下，则是重利盗跖也。为之斗斛以量之①，则并与斗斛而窃之；为之权衡以称之②，则并与权衡而窃之；为之符玺以信之③，则并与符玺而窃之；为之仁义以矫之，则并与仁义而窃之。何以知其然邪？彼窃钩者诛，窃国者为诸侯，诸侯之门而仁义存焉，则是非窃仁义圣知邪？故逐于大盗，揭诸侯，窃仁义并斗斛权衡符玺之利者，虽有轩冕之赏弗能劝④，斧钺之威弗能禁⑤。此重利盗跖而使不可禁者，是乃圣人之过也。

　　故曰："鱼不可脱于渊，国之利器不可以示人。"彼圣人者，天下之利器也，非所以明天下也。故绝圣弃知，大盗乃止；擿玉毁珠⑥，小盗不起；焚符破玺，而民

●吹律造乐

朴鄙；掊斗折衡⑦，而民不争；殚残天下之圣法，而民始可与论议。擢乱六律⑧，铄绝竽瑟⑨，塞瞽旷之耳⑩，而天下始人含其聪矣；灭文章⑪，散五采，胶离朱之目，而天下始人含其明矣；毁绝钩绳而弃规矩，攦工倕之指⑫，而天下始人有其巧矣。故曰：大巧若拙。削曾、史之行，钳杨、墨之口，攘弃仁义⑬，而天下之德始玄同矣⑭。彼人含其明，则天下不铄矣；人含其聪，则天下不累矣；人含其知，则天下不惑矣；人含其德，则天下不僻矣。彼曾、史、杨、墨、师旷、工倕、离朱，皆外立其德而以燿乱天下者也⑮，法之所无用也。

注释

①斗斛：古代的量器，十斗为一斛。②权：秤锤。衡：秤杆。③符玺：古代用作凭证的信物。④轩：古代供大夫以上的人所乘坐的车子。冕：古代大夫或诸侯所戴的礼帽。⑤钺：古代兵器，指大斧。⑥擿：掷，扔。⑦掊：破，碎。⑧擢：疑借为"搅"字。⑨铄：销毁。竽瑟：两种古乐器名，这里泛指乐器。⑩瞽旷：即师旷，春秋晋平公时期的乐师，因其眼瞎，故又叫他瞽旷。⑪文章：纹彩，即华美的花纹或色彩。⑫攦：折断。工倕：传说中尧时期的能工巧匠。⑬攘：排除。⑭玄：本指黑，这里指道。⑮燿：炫耀，张扬。

译文

溪水枯竭后，河谷便会干涸，山丘夷平后，深潭才能填平。圣人死了，大盗也就不会兴起了，天下就平安无事了。圣人不死，大盗也就不会停止。如果社会仰仗圣人治理天下，那也会让盗贼获得更大的好处。用斗斛计量物品的多少，盗贼就连斗斛也一并盗走了；用秤来计量物品的轻重，盗贼就连秤也一并盗走了；用官府印玺来取信于人，盗贼就连官府印玺也一并盗走了；用仁义来教化人，盗贼就连仁义也一并盗走了。怎么知道是这样的呢？那些窃取腰带环钩的人受到了杀戮，而窃夺国家的人却成为了诸侯，仁义为他们所用，这不就是窃夺了仁义吗？所以，那些追随大盗，高居诸侯之位，窃夺仁义、斗斛、秤具以及符玺的人，即使有丰厚的赏赐，也无法劝勉他们从善；即使有杀戮的威严，也无法禁止他们作恶。这些都对盗贼有利，并且还无法禁止，这都是圣人的过失啊。

所以说："鱼儿不能脱离深潭，治国的利器不能明示。"那些所谓的圣人，就是治理天下的利器，而那些圣人的道理是不可以明示天下的。所以，只有圣人摒弃智慧，大盗才能休止；只有抛弃玉器、毁坏珠宝，小偷小摸才会消失；只有焚烧符记、打碎玺印，百姓才会朴实敦厚；只有砸破斗斛、折断秤杆，百姓才不会有争斗；只有毁掉天下的圣人之法，百姓才能谈论是非曲直。只有搅乱六律、毁坏各种乐器，并且堵塞像师旷一类人的耳朵，天下人才能保全他们原本的听觉；只有消除纹饰、消散五彩，并且粘住像离朱一类人的眼睛，天下人才能保全他们原本的视觉；只有损毁钩弧和墨线、摒弃圆规和角尺，并且折断像工倕一类人的手指，天下人才能保有他们原本的智识。所以说：最大的智识就像是一种笨拙的状态。灭除曾参、史鳅的忠孝，封住杨朱、墨翟善辩的嘴巴，抛弃仁义，天下人的德行才能混同而齐一。如果达到了这种境界，人人都能保有原本的视觉，就不会迷乱于文彩了；人人都能保有原本的听觉，就不会沉醉于乐声了；人人都能保有原本的智识，就不会困惑了；人人都能保有原本的禀性，就不会邪恶了。那曾参、史鳅、杨朱、墨翟、师旷、工倕和离朱，都向外炫耀自己的德行，以此来迷乱天下人，而治理国家是用不到这些的。

原文

子独不知至德之世乎？昔者容成氏、大庭氏、伯皇氏、中央氏、栗陆氏、骊畜氏、轩辕氏、赫胥氏、尊卢氏、祝融氏、伏羲氏、神农氏[①]，当是时也，民结绳而用之[②]。甘其食，美其服，乐其俗，安其居，邻国相望，鸡狗之音相闻，民至老死而不相往来。若此之时，则至治已。今遂至使民延颈举踵[③]，曰"某所有贤者"，赢粮而趣之[④]，则内弃其亲而外去其主之事，足迹接乎诸侯之境，车轨结乎千里之外[⑤]，则是上好知之过也！

神农

蔡石權輿農商宗祖
天礼全生飢寒脱苦

● 神农

上诚好知而无道，则天下大乱矣！何以知其然邪？夫弓弩毕弋机变之知多⑥，则鸟乱于上矣；钩饵罔罟罾笱之知多⑦，则鱼乱于水矣；削格罗落罝罘之知多⑧，则兽乱于泽矣；知诈渐毒、颉滑坚白⑨、解垢同异之变多，则俗惑于辩矣。故天下每每大乱⑩，罪在于好知。

故天下皆知求其所不知而莫知求其所已知者，皆知非其所不善而莫知非其所已善者，是以大乱。故上悖日月之明⑪，下烁山川之精⑫，中堕四时之施⑬，惴耎之虫⑭，肖翘之物⑮，莫不失其性。甚矣，夫好知之乱天下也！自三代以下者是已！舍夫种种之民⑯，而悦夫役役之佞⑰；释夫恬淡无为⑱，而悦夫啍啍之意⑲，啍啍已乱天下矣！

庄子

译 文

你难道不知道远古的盛德时代吗？像容成氏、大庭氏、伯皇氏、中央氏、栗陆氏、骊畜氏、轩辕氏、赫胥氏、尊卢氏、祝融氏、伏羲氏以及神农氏，在那个时代，人们用结绳的方法记事，把粗疏的饭菜看作是美味佳肴，把朴素的衣衫看作是华丽的衣服，把淳朴的风俗看作是欢快之风，把简陋的房子看作是安居之所，邻近的国家能相互观望，鸡狗之声能相互听到，百姓直至老死也互不往来。像这样的时代，可以说是真正的太平之世了。可如今百姓却伸着脖子、踮起脚跟说"某个地方出现了圣人"，于是带着干粮快速地去归附他，抛弃了双亲，离弃了主业，足迹遍布各处，车印交错到千里之外，这都是统治者追求智慧的过失啊。

统治者一心追求智慧，不遵从大道，天下定要大乱了啊！怎么知道是这样的呢？如果弓弩、鸟网、弋箭以及机关之类的智谋多了，飞鸟就会被扰乱；如果钓饵、渔网以及鱼笼之类的智谋多了，鱼儿就会在水里乱游；如果木栅、兽栏以及兽网之类的智谋多了，野兽就会在草丛里乱窜；如果欺诈狡猾、言词诡曲、坚白之辩以及同异之谈变多了，世俗之人就会迷乱于诡辩。所以天下昏昏大乱，过错就在于追求智慧。

天下人都知道去追求自己不知道的东西，却不知道探索自己已经知道的东西；天下人都知道指责自己认为不好的东西，却不知道否定自己已经认同的东西，所以天下就大乱了。因此，于上遮蔽了日月的光辉，于下解消了山川的精神，于中毁坏了四时的更替，就连蠕动的小虫、微小的蛾蝶，都丧失了原有的本性。追求智慧而扰乱天下，真是到极点了啊！自夏、商、周三代以来都是这样啊！抛弃淳朴淳厚的百姓，喜好奔走钻营的小人；废弃淡泊无为的风尚，喜好喋喋不休的说教，喋喋不休的说教已经扰乱了天下啊！

在 宥

《在宥》出自《庄子》外篇，主要内容是表达无为而治的政治主张。

文章以"闻在宥天下，不闻治天下也"总领全文，批判有为的政治主张，进而借老聃与崔瞿的谈话，说明仁义扰乱人心，损害人的自然本性；随后，通过广成子与黄帝的谈话，阐明治天下者首先要先治身，指出治身无为，治天下才可无为；又借鸿蒙与云将的谈话，进一步阐释无为和养心的关系，指出无为就在于养心，论述阐明养心与忘物的关系；最后，以治理天下时遇到的十种情况来结束文章，指出君主对此要无为的主张。

原 文

闻在宥天下[①]，不闻治天下也。在之也者，恐天下之淫其性也；宥之也者，恐天下之迁其德也。天下不淫其性，不迁其德，有治天下者哉？昔尧之治天下也，使天下欣欣焉人乐其性，是不恬也[②]；桀之治天下也，使天下瘁瘁焉人苦其性[③]，是不愉也。夫不恬不愉，

一〇一

非德也；非德也而可长久者，天下无之。

人大喜邪，毗于阳^④；大怒邪，毗于阴。阴阳并毗，四时不至，寒暑之和不成，其反伤人之形乎！使人喜怒失位，居处无常，思虑不自得，中道不成章^⑤。于是乎天下始乔诘卓鸷^⑥，而后有盗跖、曾、史之行。故举天下以赏其善者不足，举天下以罚其恶者不给。故天下之大不足以赏罚。自三代以下者，匈匈焉终以赏罚为事^⑦，彼何暇安

● 任贤图治

其性命之情哉！

而且说明邪^⑧，是淫于色也；说聪邪，是淫于声也；说仁邪，是乱于德也；说义邪，是悖于理也^⑨；说礼邪，是相于技也^⑩；说乐邪，是相于淫也；说圣邪，是相与艺也^⑪；说知邪，是相于疵也^⑫。天下将安其性命之情，之八者，存可也，亡可也。天下将不安其性命之情，之八者，乃始脔卷狯囊而乱天下也^⑬。而天下乃始尊之惜之。甚矣，天下之惑也！岂直过也而去之邪^⑭，乃齐戒以言之^⑮，跪坐以进之，鼓歌以儛之^⑯。吾若是何哉！

故君子不得已而临莅天下^⑰，莫若无为。无为也，而后安其性命之情。故贵以身于为天下，则可以托天下；爱以身于为天下，则可以寄天下^⑱。故君子苟能无解其五藏^⑲，无擢其聪明^⑳，尸居而龙

庄子

见[21]，渊默而雷声，神动而天随，从容无为而万物炊累焉。吾又何暇治天下哉！

注释

①在：自在。宥：宽容。②恬：静，心灵平静。③瘁瘁：劳累忧愁的样子。④毗：伤，损伤。⑤章：章法，法规。⑥乔诘：意不平。卓鸷：行不平。这里指世上出现的各种不平之事。⑦匈匈：喧嚣吵闹。⑧说：通"悦"，喜悦。⑨悖：违背，违逆。⑩相：助，助长。⑪艺：才能，这里指六艺，即礼、乐、书、射、御、数。⑫疵：毛病，这里指辨别是非。⑬脔卷：蜷曲而不舒展，这里指受束缚。抢囊：扰攘纷乱的样子。⑭过：过失，这里作动词，把……看成是过失。⑮齐：通"斋"。⑯儛：通"舞"。⑰莅：到，临。⑱寄：托付，交托。⑲五藏：即五脏，这里指五性。⑳擢：拔，提升，这里指炫耀。㉑尸：止。

译文

　　只听过任天下顺其自然发展的，没听过要对天下加以治理的。任天下自在地发展，是因为担心损害了人的自然本性；任天下自得地发展，是因为担心改变了人的自然常态。百姓不损害自己的自然本性，不改变自己的自然常态，天下哪里还用得着治理呢？从前唐尧治理天下的时候，使百姓都感到身心愉悦，快乐损害了自然本性，这就不安宁了；当初夏桀治理天下的时候，使百姓都辛苦劳累，愁苦损害了自然本性，这就不舒畅了。不安宁与不舒畅，都不是人的自然常态。不合乎自然常态却想长久地统治天下是不存在的。

　　人欢愉过度，就会损伤阳气；愤怒过度，就会损伤阴气。如果阴阳受损失调，四时就会不顺，也不会出现寒暑，这大概会反过来伤害自身啊！如果使人喜怒无常，居无定所，无法独立思考问题，办事都半途而废。于是天下就开始出现欺诈、暴戾等各种不公平的做法，而后就会产生盗跖、曾参、史鳅等人的举动。所以，即使动员天下所有人来奖励善行也是不够的，动员天下所有人来惩戒恶行也是不足的，因此，天下虽大，但仍不足以赏善惩恶。自夏、商、周三代以来，统治者纷纷乱乱地用赏善惩恶来治理天下，又哪还有心思去安定人的自然本性呢！

　　而且，如果你喜好目光明亮，就会沉溺于五彩；喜好耳朵聪敏，就会沉溺于声乐；喜好仁爱，就会迷乱人的自然常态；喜好道义，就会违逆事物的常理；喜好礼仪，就会助长烦琐的技巧；喜好音乐，就会助长淫乐；喜好圣人，就会助长技艺；喜好智慧，就会助长是非之间的争辩。如果想安定人的自然本性，可以保留这八种做法，也可以丢弃；如果不想安定人的自然本性，这八种做法就成了扰乱天下的因素，使天下不得安宁。可天下人却尊崇它、爱惜它，天下人被迷惑到这般地步啊！人们哪会认为这八种做法是错误的呀！反而视如珍宝。虔诚地斋戒它，恭敬地传颂它，欢快地供奉它，对此我又有什么办法呢！

所以，君子不得已而居于天子之位，不如就无为而治。无为才能使天下人保有自然本性和常情。正因如此，如果一个人看重自身甚于看重治理天下，就可以把天下交托给他；如果一个人爱惜自身甚于爱惜治理天下之事，就可以把天下交托给他。也正因如此，君子如果能不敞露个人欲望，不炫耀自己的才华和智慧，身体寂然不动，但精神活跃，静默深沉，动如神灵，顺应自然，从容无为，万物都能像炊烟那样自由自在，我又何必花时间去治理天下呢！

庄子

原文

崔瞿问于老聃曰①："不治天下，安藏人心②？"

老聃曰："女慎，无撄人心③。人心排下而进上④，上下囚杀⑤，淖约柔乎刚彊⑥，廉刿雕琢⑦，其热焦火⑧，其寒凝冰，其疾俯仰之间而再抚四海之外⑨。其居也，渊而静；其动也，县而天。偾骄而不可系者⑩，其唯人心乎！昔者黄帝始以仁义撄人之心，尧、舜于是乎股无胈⑪，胫无毛⑫，以养天下之形。愁其五藏以为仁义，矜其血气以规法度⑬。然犹有不胜也。尧于是放谨兜于崇山⑭，投三苗于三峗⑮，流共工于幽都⑯，此不胜天下也。夫施及三王而天下大骇矣⑰。下有桀、跖，上有曾、史，而儒墨毕起。于是乎喜怒相疑，愚知相欺，善否相非，诞信相讥，而天下衰矣；大德不同，而性命烂漫矣⑱；天下好知，而百姓求竭矣。于是乎斤锯制焉，绳墨杀焉⑲，椎凿决焉⑳。天下脊脊大乱㉑，罪在撄人心。故贤者伏处大山嵁岩之下㉒，而万乘之君忧慄乎庙堂之上。今世殊死者相枕也㉓，桁杨者相推也㉔，刑戮者相望也，而儒墨乃始离跂攘臂乎桎梏之间㉕。意，甚矣哉！其无愧而不知耻也甚矣！吾未知圣知之不为桁杨椄槢也㉖，仁义之不为桎梏凿枘也，焉知曾、史之不为桀、跖

_{hǎo}嚆矢也^㉗！故曰：绝圣弃知而天下大治。"

译 文

崔瞿子向老聃请教，问道："不治理天下的话，人心怎能向善？"

老聃回答说："你必须保持谨慎，不要去扰乱人心。人心如果受到压抑，就会消沉颓丧，受到鼓舞，就会振奋向上，不论是消沉颓丧还是振奋向上，都会受到伤害，长此以往，柔弱必能柔化刚强，棱角必被消磨，热起来它就像焦火，冷下去又犹如寒冰，心境变化迅速，转眼间就巡游于四海之外，静处时，它深幽平静，活动时，它腾跃而上。骄矜狂妄而又无法拘系的，恐怕就数人心了吧！当初，黄帝用仁义来教化人心，尧和舜四处奔波到腿上无肉、胫上秃毛的程度，以此来养育天下百姓，并满心忧愁地推行仁义，耗费心血地建立法度。然而，他们还是没有治理好天下。于是尧就把讙兜放逐到了南方的崇山，把三苗放逐到了西北的三嶮，把共工放逐到了北方的幽都，还是没有治理好天下。延续到夏、商、周三代，天下就大乱了，下有夏桀、盗跖之流，上有曾参、史鳅之辈，而儒、墨两家又相继兴起。如此一来，喜悦的愤怒的都相互猜忌，愚昧的聪慧的都相互欺诈，善的恶的都相互指责，虚妄的真实的都相互讥讽，所以，天下就逐渐衰落了；人的道德观念和生活态度各不相同，人的自然本性也就散乱了；天下都追求智慧，百姓便纷争不断。于是，统治者用刑罚来制裁他们，用法度来约束他们，用刑具来惩处他们。天下大乱，过错就在于扰乱了人心。因此，贤人便隐居在高山深谷之下，而帝王和诸侯忧心于朝堂之上。当今之世，处死的尸体一个压着一个，戴着脚镣手铐的犯人一个挨着一个，受到刑罚的人更是数不胜数，然而，儒墨两家竟在奋力争论，在犯人之间大摇大摆地穿梭。唉，真是太过分了！他们不知廉耻竟到了如此地步！我不确定所谓的圣智是不是那脚镣手铐上的插木，也不明白所谓的仁义是不是那枷锁上的孔穴，又怎能知道曾参和史鳅之流是不是夏桀和盗跖之辈的先声呢！所以说：断绝圣人，丢弃智慧，天下就太平无事了。"

原 文

黄帝立为天子十九年，令行天下，闻广成子在于空同之山①，故往见之，曰："我闻吾子达于至道，敢问至道之精。吾欲取天地之精，以佐五谷②，以养民人。吾又欲官阴阳③，以遂群生，为之奈何？"

广成子曰："而所欲问者，物之质也；而所欲官者，物之残也。自而治天下，云气不待族而雨④，草木不待黄而落，日月之光益以荒矣，而佞人之心翦翦者⑤，又奚足以语至道！"

黄帝退，捐天下⑥，筑特室，席白茅⑦，闲居三月，复往邀之。

广成子南首而卧，黄帝顺下风膝行而进，再拜稽首而问曰⑧："闻吾子达于至道，敢问：治身奈何而可以长久？"

广成子蹶然而起⑨，曰："善哉问乎！来，吾语女至道：至道之精，窈窈冥冥⑩；至道之极，昏昏默默⑪。无视无听，抱神以静，形将自正。必静必清，无劳女形，无摇女精，乃可以长生。目无所见，耳无所闻，心无所知，女神将守形，形乃长生。慎女内，闭女外，多知为败。我为女遂于大明之上矣，至彼至阳之原也；为女入于窈冥之门矣，至彼至阴之原也。天地有官，阴阳有藏，慎守女身，物将自壮。我守其一以处其和。故我修身千二百岁矣，吾形未常衰。"

黄帝再拜稽首，曰："广成子之谓天矣！"

广成子曰："来！余语女：彼其物无穷，而人皆以为有终；彼其物无测，而人皆以为有极。得吾道者，上为皇而下为王；失吾道

庄子

一〇六

者，上见光而下为土。今夫百昌皆生于土而反于土。故余将去女，入无穷之门，以游无极之野。吾与日月参光，吾与天地为常。当我缗乎^⑫，远我昏乎！人其尽死，而我独存乎！"

注释

①**广成子**：即老子，实为虚构的人物。**空同**：即崆峒，神话中的山名。②**佐**：辅助，帮助。③**官**：动词，主宰。④**族**：聚集。⑤**佞人**：谄谀奉承的小人。**翦翦**：心地狭隘的样子。⑥**捐**：弃，弃置。⑦**白茅**：白色的茅草，以示洁净。⑧**稽首**：叩头到地。⑨**蹶然**：急遽的样子。⑩**窈窈冥冥**：幽远昏暗的样子。⑪**昏昏默默**：昏黑沉寂的样子。⑫**缗**：无心之谓。

译文

黄帝做了十九年的天子，政令通行天下，听说广成子隐居在崆峒山上，特意去拜访他，说："我听说先生您已懂得了至道，冒昧地请教至道的精华。我想知晓至道的精华，以此来滋养五谷，养育百姓。我又希望能主宰阴阳，从而使万物遂心地生长，怎样才能做到这些呢？"

广成子回答说："你问的，是道的根本；你想主宰的，却是道的残余部分。从你治理天下，云气还没聚集就下起了雨，草木还没枯黄就凋零了，太阳和月亮也渐渐地失去了光辉。你这种谄谀奉承的小人，心地狭隘，又哪懂得如何谈论大道！"

黄帝听后便退了出去，弃置朝政，建了一间安静的居室，铺着洁白的茅草，独居了三个月，再次去请教至道。

广成子头向南躺着，黄帝就顺着下方，跪着向前，叩头着地后问道："听说先生您已懂得了至道，冒昧地请教怎样修养自身才能活得长久？"

广成子急忙站起来，说："问得好啊！来，我告诉你至道：至道的精华，它幽深辽远；至道的极致，它晦暗沉寂。什么也不看，什么也不听，凝神静默，形体自然就顺应道了。保持安宁和清净，不要使身体疲劳，不要使精神动荡，这样做就能长生了。眼睛什么也不看，耳朵什么也不听，内心什么也不想，如此一来，你的精神就能守护你的形体，形体也就长生了。摒除一切内在的思虑，停止一切外在的感官，心智太多定然难以得道。我帮你抵达那最光明的境地，直达阳气的根本。我帮你进入那幽深辽远的大门，直达阴气的根本。天地各有主宰，阴阳各有府藏，小心守护形体，万物自会健壮地成长。我持守着浑一的大道，处于阴阳调和之境，修身至今已经有一千二百年了，但我的形体从没有衰竭的迹象。"

黄帝再次叩头着地，说："先生真可谓是与自然混而为一了！"

　　广成子又说："来，我告诉你：宇宙万物是没有穷尽的，但人们都认为会有尽头；宇宙万物是无法探测的，但人们都认为会有极限。得道之人，在上可成为皇帝，在下可成为王侯；没有得道之人，在上只能看到光亮的日和月，在下只能变成泥土。现在万物昌盛，皆生于土，也会归于尘土，所以我将会离开，进到那无穷无尽的大门，从而遨游于无边无际的境域。我将与日月同光，与天地共存。迎我而来的，我没有觉察，背我而去的，我也不会在意！人都是要死的，而我可以独存！"

原　文

　　云将东游，过扶摇之枝而适遭鸿蒙①。鸿蒙方将拊脾雀跃而游②。云将见之，倘然止③，贽然立④，曰："叟何人邪？叟何为此？"

　　鸿蒙拊脾雀跃不辍⑤，对云将曰："游！"

　　云将曰："朕愿有问也。"

　　鸿蒙仰而视云将曰："吁！"

　　云将曰："天气不和，地气郁结，六气不调，四时不节。今我愿合六气之精以育群生，为之奈何？"

　　鸿蒙拊脾雀跃掉头曰："吾弗知！吾弗知！"

　　云将不得问。又三年，东游，过有宋之野，而适遭鸿蒙。云将不喜，行趋而进曰："天忘朕邪？天忘朕邪？"再拜稽首，愿闻于鸿蒙。

　　鸿蒙曰："浮游不知所求，猖狂不知所往，游者鞅掌⑥，以观无妄⑦。朕又何知！"

　　云将曰："朕也自以为猖狂，而民随予所往；朕也不得已于民，今则民之放也⑧！愿闻一言。"

　　鸿蒙曰："乱天之经，逆物之情，玄天弗成，解兽之群而鸟皆夜鸣，灾及草木，祸及止虫⑨。意！治人之过也。"

云将曰:"然则吾奈何?"

鸿蒙曰:"意!毒哉!仙仙乎归矣^⑩!"

云将曰:"吾遇天难,愿闻一言。"

鸿蒙曰:"噫!心养!汝徒处无为,而物自化。堕尔形体^⑪,吐^{huī}尔聪明^⑫,伦与物忘,大同乎^{xíng}涬溟^⑬。解心释神,莫然无魂^⑭。万物云云,各复其根,各复其根而不知。浑浑沌沌,终身不离。若彼知之,乃是离之。无问其名,无窥其情,物固自生。"

云将曰:"天降朕以德^⑮,示朕以默。躬身求之,乃今也得。"再拜稽首,起辞而行。

外
篇

注 释

①扶摇:东方神话中的神木。鸿蒙:自然的元气。②拊:拍打。脾:通"髀",股部。③倘然:惊疑的样子。④贽然:不动的样子。⑤辍:止,停止。⑥鞅掌:忙碌纷攘。⑦无妄:即真实。妄,虚,假。⑧放:仿,仿效。⑨止虫:即昆虫。⑩仙仙:指轻飘的样子。⑪堕:通"隳",毁,废。⑫吐:应是"咄"的讹字,指废弃。⑬涬溟:混茫的自然元气。⑭莫然:即漠然,无感无知的样子。⑮降:下达。

译 文

云将去东方闲游,经过神木扶摇的时候,恰巧遇到了鸿蒙。鸿蒙正拍着大腿跳着玩儿。云将见此,疑惑地停了下来,一动不动地站着,说:"老先生您是什么人呀?为什么要这样做呢?"

鸿蒙拍着大腿不停地跳着,对云将说:"我在游玩啊!"

云将说:"我想向您请教一些问题。"

鸿蒙抬头看了看云将,说:"唉!"

云将说:"天之气不平和,地之气不通顺,六气不平衡,四时变化不合时令。如今我想协调六气来养育众生,我该怎么办呢?"

鸿蒙拍着大腿转过头,说:"我不知道!我不知道!"

云将没有得到答案。三年后,云将又去东方闲游,经过宋国原野的时候,恰巧又遇到了鸿蒙。云将很高兴,连忙到近前说:"老先生您忘了我吗?老先生没忘了我吧?"叩头着地一再地行礼,希望得到鸿蒙的教导。

一〇九

鸿蒙说："我自在地闲游，无所追求，漫无目的地活动，不知道要去到哪里，随意游玩，观察万物本性，除此之外，我能知道些什么啊！"

云将说："我自以为能随心地活动，但人们都跟着我走；我不得已对人们有所亲近，如今却被人们效仿。希望您能教导一下我。"

鸿蒙说："扰乱了天地常规，违背了事物常情，自然变化便不会顺应而成，离散群居的兽群，禽鸟就会哀怨地夜鸣，灾害波及草木，昆虫也会跟着遭殃。唉！这都是治理天下的过失啊。"

云将问道："那我该怎么做呢？"

鸿蒙回答说："唉！你受到的毒害太深了！你还是轻飘飘地回去吧！"

云将说："我遇到您很难得，很希望能得到您的教导。"

鸿蒙说："唉！那就修身养性吧！你只要处于无为之境，万物自然会合乎造化。忘掉形体，摒弃智慧，把伦理和万物也一同忘掉。混合自然之气，摒除思虑，释放精神，忘心忘识。万物纷乱繁多，都会归于自己的本性，各自回归了本性，却不知道这回事，淳朴无知，才不会违背大道。如果你有所感知，那就是背离了大道。不要问它们的名字，也不要探究它们的实情，万物本来就是自然生长的。"

云将说："您把对待外物和自我的方法教给了我，还告诉我要养心无为，我一直在探求这些，现在才有所领悟。"叩头着地再次行了大礼，就起身告别离开了。

原文

世俗之人，皆喜人之同乎己而恶人之异于己也。同于己而欲之，异于己而不欲者，以出乎众为心也。夫以出乎众为心者，曷常出乎众哉①？因众以宁所闻②，不如众技众矣③。而欲为人之国者，此揽乎三王之利而不见其患者也④。此以人之国侥幸也。几何侥幸而不丧人之国乎？其存人之国也，无万分之一；而丧人之国也，一不成而万有余丧矣！悲夫，有土者之不知也⑤！

夫有土者，有大物也⑥。有大物者，不可以物⑦。物而不物，故能物物。明乎物物者之非物也，岂独治天下百姓而已哉！出入六合，游乎九州⑧，独往独来，是谓独有。独有之人，是谓至贵。

大人之教，若形之于影，声之于响。有问而应之，尽其所怀，

为天下配^⑨。处乎无响。行乎无方。挈汝适复之挠挠^⑩，以游无端；出入无旁^⑪，与日无始。颂论形躯，合乎大同，大同而无己。无己，恶乎得有有。睹有者，昔之君子；睹无者，天地之友。

注释

①曷常：即何尝。②因：顺。③众技：即众人的智慧。④揽：即"览"，看到。⑤有土者：有国土的人，指国君或诸侯。⑥大物：指四海、天下。⑦物：表被动，被……役使。⑧九州：泛指天下。⑨配：对，这里指应答。⑩挈：提，携。⑪旁：通"傍"，依。

译文

世俗之人，都喜欢别人跟自己一样，不喜欢别人跟自己不一样。如果别人跟自己相同，就喜欢，别人跟自己不同，就不喜欢，这种人总想出人头地。这些一心想出人头地的人，又哪会真的不同于常人呢？顺应大众的意愿而得到安宁的人，个人的才智技艺总会比不上他人。希望能治理国家的人，一定是贪求夏、商、周三代帝王治国的益处，却没有看到当国君的害处。这是在借着国家权力贪求侥幸，但贪求侥幸，又有多少侥幸能避免失去国家呢？他们中能保住国家的，不到万分之一，那些丧失国家的，不但自己一事无成，而且还留下许多祸患。太可悲了呀，国家统治者却不了解啊！

国家统治者，有四海的土地。有了四海的土地，就不能受外物的役使，有了国家这一外物，并且不被其役使，才能主宰天下万物。通晓了主宰外物的不是物的道理，岂止只能治理百姓啊！这样的人能在天地四方之中自由地往来，在九州内闲游，自由自在地独来独往，这就叫独有。能独有的人，就是至人。

至人的教诲，就像形体与身影、声音与回响一样，有问才有答，让别人畅所欲言，自己做天下人的陪衬。处身在没有声响的境域，巡游在变化无常的地方，引领着人们在纷扰的世界中来来往往，遨游在没有穷尽的境界，进出都无所依傍，与日共生，周而复始，无穷无尽。面容与形体合乎大同，既然是大同，便能忘我。既然做到了忘我，又哪里用得着"有"呢！看到了"有"的，是往昔的君子；看到了"无"的，才是天地之友。

原文

贱而不可不任者^①，物也；卑而不可不因者^②，民也；匿而不可不为者，事也；粗而不可不陈者，法也^③；远而不可不居者，义也；亲而不可不广者，仁也；节而不可不积者^④，礼也；中而不可不高者⑤，德也；一而不可不易者，道也；神而不可不为者，天也。故圣人观于天而不助，成于德而不累，出于道而不谋，会于仁而不恃⑥，薄于义而不积⑦，应于礼而不讳⑧，接于事而不辞，齐于法而不乱，恃于民而不轻，因于物而不去。物者莫足为也，而不可不为。不明于天者，不纯于德；不通于道者，无自而可。不明于道者，悲夫！

何谓道？有天道，有人道。无为而尊者，天道也；有为而累者，人道也。主者，天道也；臣者，人道也。天道之与人道也，相去远矣，不可不察也。

注释

①任：听任。②因：依，依随。③法：效法，这里指可以取法的言论。④节：礼仪。⑤中：顺。一说是获得。⑥会：符合，合乎。⑦薄：近，迫。⑧讳：通"违"，避。

译文

虽然低贱，却不能不听任的，是万物；虽然卑微，却不能不依顺的，是百姓；虽然有害，却不能不去做的，是事情；虽然粗陋，却不能不陈述的，是可以效仿的言论；虽然距离很远，却不能不恪守的，是道义；虽然亲近狭隘，却不能不推广的，是仁爱；虽然礼节烦琐，却不能不积累的，是礼仪；虽然随顺本性，却不能不尊崇的，是德行；虽然本于一气，却不能不变化的，是大道；虽然神秘莫测，却不能不依顺的，是自然。所以圣人虽然观察到了自然的神妙之处，却不去帮助，虽然成就了完美的德行，却不受它的拘束，虽然行动出于大道，却没有事先思虑，虽然合乎仁的要求，却依附它，虽然接近了道义，却不去积累，虽然合乎礼仪，却不回避，虽然事物烦琐，却不推辞，遵循法度规范，不妄为乱动，依赖百姓，不轻视他们，顺随事物的变化规律，不轻易摒弃。万物不能强为，但又不能不为。不明白自然的变化规律，也就不具备纯粹的德行；一个不懂道的人，一切都行不通。不懂道的人，实在是可悲啊！

那什么是道呢？道有天道，有人道。无所事事，却能处于崇高之位的，就是天道；有所作为，却受到劳苦的，就是人道。帝王是天道，臣子是人道。天道和人道差别很大，这点不能不细察啊！

庄子

天　地

　　《天地》出自《庄子》外篇。文章以"天地"起笔，论述自己的政治和哲学思想，进而以无为为统摄全篇；随后，通过批判夏禹、周武王等帝王以人力治理天下，论证有为的损害以及无为的益处，进一步阐释无为的做法就是要达到忘己的境界，要回到原始社会的状态；最后，称赞盛德时代的无为而治，悲叹世人的愚昧和迷乱，表达对有为政治的不满。

原　文

　　天地虽大，其化均也；万物虽多，其治一也[1]；人卒虽众，其主君也。君原于德而成于天[2]，故曰，玄古之君天下[3]，无为也，天德而已矣。以道观言而天下之君正；以道观分而君臣之义明；以道观能而天下之官治；以道泛观而万物之应备。故通于天下者，德也；行于万物者，道也；上治人者，事也；能有所艺者，技也。技兼于事[4]，事兼于义，义兼于德，德兼于道，道兼于天。故曰：古之畜天下者[5]，无欲而天下足，无为而万物化，渊静而百姓定。《记》曰："通于一而万事毕，无心得而鬼神服。"

注　释

　　[1]治：条理，这里指万物顺应自然生长。[2]天：指自然之道。[3]玄古：远古时代。君：用作动词，统治。[4]兼：并同，这里指统管。[5]畜：养，这里指统治。

译　文

　　天地虽大，但它们的运动变化是相同的；万物虽杂，但它们顺应的规律是同一的；人民虽多，但他们的统治者都是国君。国君治理天下，要依顺事物的根本，顺随自然，因而说，远古帝王统管天下的方法是无为，即任其自然、顺其本性。从道的角度来看称谓，那么天下的国君就是理所应当的治理者；从道的角度来看职分，那君臣各自应担的道义就都是明确的；从道的角度来看才能，那天下的官吏就都是尽心尽力的；从道的角度来观察事物，那万物就都是自得自足的。所以，通达于天地的，是顺应本性的德；通达于万物的，是任其自然的道；善于治理天下的，就是使百姓能各尽其能、各司其职；能力和才艺能充分表现，就成了一门艺术。技巧归于事务，事务归于义理，义理归于顺应本性的德，德归于任其自然的道，任其自然的道归于事物的自然规律。所以说，古时候养育天下人的统治者，他无欲无求，而使天下富足；他无所作为，而使万物共生；他深沉静默，而使人心安定。《记》上说："通晓大道，万事万物自然便会完满，无所欲求，鬼神自会敬佩帖服。"

原 文

夫子曰①："夫道，覆载万物者也，洋洋乎大哉②！君子不可以不刳心焉③。无为为之之谓天，无为言之之谓德，爱人利物之谓仁，不同同之之谓大④，行不崖异之谓宽⑤，有万不同之谓富⑥。故执德之谓纪⑦，德成之谓立⑧，循于道之谓备⑨，不以物挫志之谓完。君子明于此十者，则韬乎其事心之大也⑩，沛乎其为万物逝也⑪。若然者，藏金于山，藏珠于渊；不利货财，不近贵富⑫；不乐寿，不哀夭；不荣通⑬，不丑穷⑭；不拘一世之利以为己私分⑮，不以王天下为己处显⑯，显则明。万物一府，死生同状。"

夫子曰："夫道，渊乎其居也，漻乎其清也⑰。金石不得无以鸣。故金石有声，不考不鸣⑱。万物孰能定之！夫王德之人，素逝而耻通于事⑲，立之本原而知通于神⑳，故其德广。其心之出，有物采之㉑。故形非道不生，生非德不明。存形穷生，立德明道，非王德者邪！荡荡乎㉒！忽然出㉓，勃然动㉔，而万物从之乎！此谓王德之人。视乎冥冥㉕，听乎无声。冥冥之中，独见晓焉；无声之中，独闻和焉。故深之又深而能物焉，神之又神而能精焉。故其与万物接也，至无而供其求，时骋而要其宿，大小、长短、修远。"

注 释

①夫子：即庄子，一说指老子。②洋洋：广大的样子。③刳：剖开并挖空。④不同同之：使各有不同的万物保持同一的本性。⑤崖：岸，突兀。⑥有万不同：指心里

庄子

包含着万种差别。⑦**德**：德行，这里指人的天然禀赋。⑧**立**：建功，建树。⑨**循**：顺，随顺。⑩**韬**：包容，包含。⑪**沛**：水势湍急的样子。**逝**：归向。⑫**近**：接近，这里指追求。⑬**荣通**：以通达顺利为荣耀。⑭**丑**：把……看作是羞耻的。⑮**拘**：通"钩"，取。⑯**王**：称王，统治天下。⑰**漻**：水清的样子。⑱**考**：敲，叩。⑲**素**：质朴，真。**逝**：往。⑳**本原**：指万物的根本。㉑**采**：求，这里指外物的影响。㉒**荡荡**：宽平浩渺的样子。㉓**忽然**：不知不觉的样子。㉔**勃然**：不知不觉的样子。**出、动**：都是指有所反应。㉕**冥冥**：幽暗的样子。

译文

先生说："道能承载万物，多么广阔无边啊！君子不能不摒除一切有为的杂念。用无为的态度处世，这就是因循自然；用无为的态度表达，这就是顺应本性；爱民利物，这就是仁爱；融合事物的不同，这就是天；行为不诡异，这就是宽；心中能包含万种差别，这就是富。持守自然禀赋，这就是纲纪；成就了德行，就是在建功立业；因循大道，就是在修养完善；不受外物影响而挫伤志气，就是德行完美。如果君子能明白这十个方面，也就有了包藏万物的伟大心志，就会成为万物的归宿。像这样的话，就是在大山下埋黄金，在深渊处藏珍珠；也不会贪图财物，追求富贵；不以长寿为乐，不以夭折为悲；不以通达为荣，不以穷困为耻；不以谋利为自己职分，不以主宰天下来彰显自己的显赫地位，彰显便是炫耀。万物终会归于同一，死与生并没有差别。"

先生说："道静默得犹如那幽寂的深海，清洁得犹如那明澈的流水。金石器物如果没有外力，就不会鸣响，所以金石之类的器物即使有出声的本能，但不叩击的话就不会响。万物都是这样的，谁又能明确地认识其性质啊！具备盛德的人，他能保持素朴的本性，还把了解琐碎的事务看作是耻辱，他立足于万物原有的本性，智慧能通达神明，因而，他的德行是广大的。他的心思即使有所外露，也是因为有外物的影响，他对此做出的反应。所以说，形体如果不依凭道就不会产生，生命离弃了德，就不会通达。这样，保全形体，尽享生命，建树德行，彰明大道，这不就是具备盛德的人吗？多么浩渺啊！他的心性无意而出，又无意而动，万物都归附于他！这就是具备盛德的人。大道，看上去是那么幽暗深邃，听起来又是那么寂然静默。但幽暗深邃之中却能见到明晓，寂然静默之中却能听到和谐之音。幽深而又幽深之处能窥视万物，神妙而又神妙之处能体察精神。因此，道与万物相接，虽虚无，却能供足万物需求，变化无常，却能使万物有所归宿，可大可小，可长可短，可久可远。"

原　文

黄帝游乎赤水之北,登乎昆仑之丘而南望。还归①,遗其玄珠。使知索之而不得②,使离朱索之而不得③,使喫诟索之而不得也④。乃使象罔⑤,象罔得之。黄帝曰:"异哉,象罔乃可以得之乎?"

注　释

①还:通"旋",随即。②知:虚构的人名,寓指才智。③离朱:人名,即离娄,善于明察。④喫诟:虚构的人名,寓指善于听声辨言。⑤象罔:虚构的人名,寓指无智、无形、无音。

译　文

黄帝在赤水之北闲游,登上昆仑山巅向南远望。回去的时候,丢落了玄珠。派知去找,没找到;派离朱去找,没找到;派喫诟去找,也没找到。最后让象罔去找,他却找到了。黄帝说:"奇怪啊,象罔为什么能找到呢?"

原　文

尧之师曰许由①,许由之师曰啮缺,啮缺之师曰王倪,王倪之师曰被衣②。

尧问于许由曰:"啮缺可以配天乎?吾藉王倪以要之③。"

许由曰:"殆哉,圾乎天下④!啮缺之为人也,聪明睿知,给数以敏⑤,其性过人,而又乃以人受天。彼审乎禁过,而不知过之所由生。与之配天乎?彼且乘人而无天。方且本身而异形,方且尊知而火驰⑥,方且为绪使⑦,方且为物絯⑧,方且四顾而物应,方且应众宜,方且与物化而未始有恒。夫何足以配天乎!虽然,有族有祖⑨,可以为众父而不可以为众父父⑩。治,乱之率也,北面之祸也,南面之贼也。"

注　释

①许由:远古时代的隐士。②啮缺、王倪和被衣:都是虚构的人名。③要:通"邀",

请。④圾：通"岋"，危险。⑤数：频繁。⑥火驰：像大火蔓延似的快速，这里指匆忙地为求知和驭物而奔波。⑦绪：端，这里指细碎的小事。⑧绗：拘束。⑨祖：初始之人。⑩众父父：即众父之父，这里指一方的统治者。

尧的老师是许由，许由的老师是啮缺，啮缺的老师是王倪，王倪的老师是被衣。

尧问许由说："啮缺能做天子吗？我想请王倪做天子。"

许由说："那天下恐怕要危险了！啮缺这个人，聪明睿智，办事敏捷，天赋过人，还懂得人为地调和自然。他懂得如何禁止过失，却不知道过失的缘由。想请他做天子？他定会人为地摒弃自然禀赋，把自身看成是万物归附的中心，改变万物的本性，尊崇才智技巧，为求知奔逐，被细碎的小事所役使，被外物所束缚，会目不暇接地跟外物接触，千方百计地追求处处合宜，随物变化而没有准则。这样的人怎能当天子啊！虽然如此，但有族人聚集，就会有先祖，他能成为一方百姓的统治者，却不能成为一国的君王。人为地治理天下，必将使天下大乱，而人为治理天下的人，是臣子的祸患，是君主的祸根。"

尧观乎华①，华封人曰②："嘻，圣人！请祝圣人，使圣人寿。"

尧曰："辞。"

"使圣人富。"

尧曰："辞。"

"使圣人多男子③。"

尧曰："辞。"

封人曰："寿，富，多男子，人之所欲也。女独不欲，何邪？"

尧曰："多男子则多惧，富则多事，寿则多辱。是三者，非所以养德也，故辞。"

封人曰："始也我以女为圣人邪，今然君子也。天生万民，必受之职。多男子而授之职，则何惧之有？富而使人分之，则何事

外篇

之有？夫圣人，鹑居而鷇食④，鸟行而无彰⑤。天下有道，则与物皆昌；天下无道，则修德就闲；千岁厌世，去而上仙，乘彼白云，至于帝乡⑥。三患莫至，身常无殃，则何辱之有？"

封人去之。尧随之曰："请问。"

封人曰："退已！"

● 帝尧大治

注释

①华：地名，即华州，位于今陕西省的东部地区。②封：守护疆界的官吏。③男子：男孩。④鹑：鹌鹑，一种没有常住居巢的小鸟。鷇：等待母鸟喂养的幼鸟。⑤彰：踪迹，行迹。⑥帝乡：上帝居住的地方，这里指幽深辽远的境界。

译文

尧巡察华地，守疆的官吏对尧说："啊，圣人啊！请让我为您祝福吧，祝您长寿。"

尧说："不必了。"

"祝您富有。"

尧说："不必了。"

"祝您多男孩儿。"

尧说："不必了。"

守疆的官吏说："寿诞、富有和多男孩儿，这都是人们想要的。您独独不想得到，这是为什么呢？"

尧回答说："多个男孩儿就多了一份忧惧，多了财物就多出一些麻烦，年寿太长也会多受一些困苦。这三方面都对道德修养没有用处，所以我谢绝了你的祝福。"

守疆的官吏说："最初，我是把您看作圣人的，如今看来却只是个君子。上天让万民降生于世，定会授予他们一定的职务。男孩儿多，那授予的职务也多，哪有那么多忧惧呢？富有的话，就把财物分给别人，哪有那么多事？圣人就像鹌鹑一样，居无定所，像等待喂养的幼鸟一样不去觅食，像鸟儿那样飞行，没有任何踪迹。天下太平就跟万物一起昌盛；天下大乱，就修身养性。百年长寿，就离开人世，升天为仙，

庄子

着那白云去往那上帝住的地方。三种祸患都不会出现在我身上，身体也没有疾病，哪有什么屈辱呢？"

守疆的官吏离开了尧，尧跟着他，说："请问……"

守疆的官吏说："您回去吧！"

尧治天下，伯成子高立为诸侯①。尧授舜，舜授禹，伯成子高辞为诸侯而耕。禹往见之，则耕在野。禹趋就下风②，立而问焉，曰："昔尧治天下，吾子立为诸侯。尧授舜，舜授予，而吾子辞为诸侯而耕。敢问其故何也？"

子高曰："昔尧治天下，不赏而民劝③，不罚而民畏。今子赏罚而民且不仁，德自此衰，刑自此立，后世之乱自此始矣！夫子阖行邪④？无落吾事⑤！"俋俋乎耕而不顾⑥。

①伯成子高：虚构的人名，传说中的隐士。②下风：下风向，这里指处于下位。③劝：劝勉。④阖：通"盍"，怎么不。⑤落：废，耽搁。⑥俋俋：用力耕种的样子。

唐尧统治天下的时候，伯成子高被立为诸侯。尧让位给了舜，舜又让位给了禹，伯成子高便辞掉了诸侯，去从事劳作。夏禹拜访他的时候，他正在田里耕作。夏禹快步上前，居其下方，毕恭毕敬地站着，对伯成子高说："当年尧统治天下的时候，您被立为了诸侯。尧让位给了舜，舜又让位给了我，可先生却辞掉了诸侯，来这里从事劳作。这是为什么呢？"

伯成子高回答说："尧统治天下的时候，不需要赏赐，百姓就勤勉于生产，不需要惩戒，百姓就心生敬畏。现在你推行了赏罚之法，但百姓还是不善良，德行自此衰败，刑罚自此形成，后世的祸乱，也从这里开始了！你怎么还不走开？不要耽误我劳作！"于是低头专心耕作，不再理会夏禹。

泰初有无①，无有无名。一之所起，有一而未形。物得以生谓之德；未形者有分，且然无间谓之命；留动而生物，物成生理谓之形；形体保神，各有仪则谓之性；性修反德，德至同于初。同乃虚，虚乃大。合喙鸣②。喙鸣合，与天地为合。其合缗缗③，若愚若昏，是谓玄德，同乎大顺。

译 文

宇宙初始的时候，只存在"无"，也没有称呼。这种混一的状态就是宇宙的太初，不过混一的时候，还没有形体。万物从混一中生出，这叫作德；虽然没有形体，但阴阳二气已有了不同，二气紧密结合，这叫作天命；二气流动变化，就产生了万物，万物产生了生理的机体，这叫作形体；形体持守着精神，各有法度，这叫作本性。本性修养后就会归向德，德的极致就和太初相同了。同于太初，就能达到虚无之境，达到虚无之境，就能包藏广大。达到虚无境界的人说话就跟鸟叫一样无心自言，合乎自然。达到这样的一致就会无踪无迹，好像蒙昧无知又好像昏暗无边，这正是神妙的天德，与大道毫无抵逆。

原 文

夫子问于老聃曰①："有人治道若相放②，可不可，然不然。辩者有言曰：'离坚白，若县寓③。'若是则可谓圣人乎？"

老聃曰："是胥易技系，劳形怵心者也④。执留之狗成思⑤，猿狙之便自山林来。丘，予告若，而所不能闻与而所不能言：凡有首有趾、无心无耳者众；有形者与无形无状而皆存者尽无。其动止也，其死生也，其废起也，此又非其所以也。有治在人。忘乎物，忘乎天，其名为忘己。忘己之人，是之谓入于天。"

孔子向老聃请教说："有人钻研大道，却与大道背离，把不可以看成是可以，把错误的看成是正确的。有善辩之人说：'坚白论就像日月高悬于天空那样醒目。'这样的人能看成是圣人吗？"

老聃说："这不过是有点智慧的小吏，在任职的时候被技艺束缚，从而使身体受累受怕罢了。狗因为能捕猎而受到拴系，进而使自己愁苦；猿猴因为行动敏捷而被人捉去。孔丘，我给你说些你没听过也没说过的道理：但凡人有了具体的躯体，有了头有了脚，但无心无闻的很多，有了躯体却又跟没有具体形态的道并存的人是不存在的。他们或动或停，或死或生，或废或兴，都出于自然，但又无法探寻其所以然。可为的只是人事。忘掉外物，忘掉自然，这就能称作是忘掉了自己。忘掉自己的人，就是与自然融合为一了。

原 文

将闾葂见季彻曰^①：鲁君谓葂也曰：'请受教。'辞不获命，既已告矣，未知中否。请尝荐之。吾谓鲁君曰：'必服恭俭^②，拔出公忠之属而无阿私^③，民孰敢不辑^④！'"

季彻局局然笑曰^⑤："若夫子之言，于帝王之德，犹螳蜋之怒臂以当车轶^⑥，则必不胜任矣！且若是，则其自为处危，其观台多物，将往投迹者众。"

将闾葂觎觎然惊曰^⑦；"葂也汇若于夫子之所言矣^⑧！虽然，愿先生之言其风也^⑨。"

季彻曰："大圣之治天下也，摇荡民心，使之成教易俗，举灭其贼心而皆进其独志。若性之自为，而民不知其所由然。若然者，岂兄尧、舜之教民溟涬然弟之哉^⑩？欲同乎德而心居矣！"

注 释

①将闾葂、季彻：都是虚构的人名。②服：亲身实行。③阿：偏私。④辑：和顺。⑤局局然：弯身大笑的样子。⑥轶：通"辙"，车轮的印迹。⑦觎觎然：惊恐的样子。⑧汇：

茫，迷惑。⑨风：读为"凡"，大概，大略。⑩兄：用作动词，指看重。溟涬：冥冥混沌的样子。

译文

将闾葂拜访季彻说："鲁国国君对我说：'请给我教诲。'我一再推托，可鲁君不答应，我回答了他的问题，不知道正确不正确，请让我试着给你说说。我对鲁君说：'你必须亲自做到恭敬，保持节约，选拔正义、忠心的臣子掌管政务，处事没有偏私，如此一来，百姓哪还敢不和睦！'"

季彻听后俯身大笑说："你这番话，对于君主来说，就像螳螂奋起臂膀去阻挡车轮，他肯定无法胜任的。况且，像这样的话，也定会给鲁君带来危险。高耸的楼台，万物都会归往，投奔那里的人也会很多。"

将闾葂惊恐地说："我对您的话感到迷惑。虽然如此，还是希望您能说个大概。"

季彻说："圣人在治理天下的时候，会让百姓自由发展，让他们自行教化，改变鄙陋的风俗，摒除害人之心，从而实现各自的心愿。顺着自然本性去做事，但他们却不知道为什么会这样。如果像这样了，还用得着像尧舜那样教化百姓居其下而追随他们吗？圣人治理天下只希望百姓能有共同的德行，并且心神安定！"

原文

子贡南游于楚，反于晋，过汉阴①，见一丈人方将为圃畦②，凿隧而入井，抱瓮而出灌，搰搰然用力甚多而见功寡③。子贡曰：有械于此，一日浸百畦，用力甚寡而见功多，夫子不欲乎？"

为圃者卬而视之曰④："奈何？"

曰："凿木为机，后重前轻，挈水若抽。数如泆汤⑤，其名为槔⑥。"

为圃者忿然作色而笑曰："吾闻之吾师，有机械者必有机事，有机事者必有机心。机心存于胸中则纯白不备。纯白不备则神生不定，神生不定者，道之所不载也。吾非不知，羞而不为也。"

子贡瞒然惭⑦，俯而不对。

有间，为圃者曰："子奚为者邪？"

曰："孔丘之徒也。"

为圃者曰:"子非夫博学以拟圣,於于以盖众,独弦哀歌以卖名声于天下者乎? 汝方将忘汝神气,堕汝形骸⑧,而庶几乎! 而身之不能治,而何暇治天下乎! 子往矣,无乏吾事⑨。"

子贡卑陬失色⑩,顼顼然不自得⑪,行三十里而后愈。

其弟子曰:"向之人何为者邪⑫? 夫子何故见之变容失色,终日不自反邪?"

曰:"始吾以为天下一人耳,不知复有夫人也。吾闻之夫子:事求可,功求成。用力少,见功多者,圣人之道。今徒不然。执道者德全,德全者形全,形全者神全。神全者,圣人之道也。托生与民并行而不知其所之,汒乎淳备哉⑬! 功利机巧必忘夫人之心。若夫人者,非其志不之,非其心不为。虽以天下誉之,得其所谓,謷然不顾⑭;以天下非之,失其所谓,傥然不受⑮。天下之非誉无益损焉,是谓全德之人哉! 我之谓风波之民。"

反于鲁,以告孔子。孔子曰:"彼假修浑沌氏之术者也⑯。识其一,不知其二;治其内,不治其外。夫明白入素,无为复朴,体性抱神,以游世俗之间者,汝将固惊邪⑰? 且浑沌氏之术,予与汝何足以识之哉!"

注释

①汉阴:汉水的南岸。山南水北叫阳,山北水南叫阴。②丈人:古时候对老人的通称。畦:菜畦。③㨊㨊然:用力的样子。④卬:通"仰",抬头。⑤数:频繁,这里指迅速。泆:通"溢",这里指沸腾而溢出。⑥槔:即桔槔,一种原始的井上提水工具,又叫作吊杆。⑦瞒然:羞愧的样子。⑧堕:通"隳",毁。⑨乏:妨碍,耽误。⑩卑陬:惭愧的样子。⑪顼顼然:自失而不能自持的样子。⑫向:先前。⑬汒:通"茫",深远莫测的样子。⑭謷:通"傲",孤傲。⑮傥然:无心的样子。⑯假:借助。⑰固:何。

外篇

一二三

　　子贡去楚国闲游，回去的时候，经过汉水的南岸，看见一个老人在菜园里翻整菜畦，他挖了一条直通水井的地道，抱着水瓮浇灌，吃力地走来走去，用力很多，但效果不是很好。子贡见了说："有一种每天能浇灌上百个菜畦的机械，用力少，效果好，老先生不想试试吗？"

　　老人抬起头，看了看子贡，说："那是怎样的机械呢？"

　　子贡说："那是一种用木料制成的机械，后重前轻，提水就像是抽水般轻便，快得犹如热水溢出，它名叫桔槔。"

　　老人变了脸色，讥笑着说："我老师说过这样的话：有了机械之类的东西，就定会发生机巧之类的事情，有了机巧之类的事情，就定会产生机变之心。而有了机变之心，纯洁的心灵就不存在了；如果没有纯洁的心灵，那心神就无法专注安宁；心神不能专注安宁的人，也就无法通晓大道。我不是不知道你说的这个机械，只是觉得羞惭，不愿意用它。"

　　子贡满面羞愧，无言以对。

　　隔了一会儿，老人问道："你是做什么的啊？"

　　子贡回答说："我是孔子的学生。"

　　老人说："你不就是那位拿博学之识效法圣人，自夸自傲欺压众人，自弹自和地歌唱而追求名誉的人吗？如果你能摒弃傲气，废弃形体，大概还有希望接近大道，不然，你自身都还无法好好调养，哪还有时间去治理天下呢？你走吧，别在这耽误我劳作了！"

　　子贡大感惭愧，神色也变了，若有所失，无法自持，走了三十里才恢复常态。

　　子贡的弟子问道："先前碰到的那个人是做什么的呀？先生为何见了他面容大变，一天都恢复不了呢？"

　　子贡说："最初，我以为天下的圣人只有孔夫子，不知道还有其他人。孔夫子说过，办事要合情合理，功业要有所成就。用力要少，功效要多，这才是圣人之道。如今才知道不是这样的。通晓大道的人才有完备的德行，德行完备的人才有完整的形体，有完整形体的人心神才能专注安定，心神专注安定才是圣人之道。像他们这样的人，托形于世，跟百姓一样地生活，却不知道自己会到哪里，对一切茫然无知，这德行多么淳厚完备啊！他们从不会在意功利机巧。像这样的人，不合乎自己心志的不会去追求不合乎自己心思的不会去做。即使天下人都赞扬他，并因赞扬他有所得，他也不会孤高自傲；即使天下人都指责他，并因指责他有所失，他也不会理睬。天下人的指责和赞扬，对于他们既无增益，也无损失，这就是德行完备的人啊！我只是受世俗影响而心神波动的人。"

　　子贡到了鲁国就把路上遇到的这件事告诉了孔子。孔子说："他是践行浑沌氏之道的人，他只了解大道本真为一的道理，并不懂得需要顺时而变；他善于自我调养心神，却不善于治理天下。他思想纯白，清虚无为，回归原始的朴素，体悟本性，持守精神，自由自在地生活在世俗之中，你定会感到惊异啊！况且浑沌氏的道术，你我又如何知晓呢？"

　　谆芒将东之大壑^①，适遇苑风于东海之滨^②。

　　苑风曰："子将奚之？"

　　曰："将之大壑。"

　　曰："奚为焉？"

　　曰："夫大壑之为物也，注焉而不满，酌焉而不竭^③。吾将游焉！"

　　苑风曰："夫子无意于横目之民乎^④？愿闻圣治。"

　　谆芒曰："圣治乎？官施而不失其宜，拔举而不失其能，毕见其情事而行其所为，行言自为而天下化。手挠顾指^⑤，四方之民莫不俱至，此之谓圣治。"

　　"愿闻德人。"

　　曰："德人者，居无思，行无虑，不藏是非美恶。四海之内共利之之谓悦，共给之之谓安。怊乎若婴儿之失其母也^⑥，傥乎若行而失其道也^⑦。财用有余而不知其所自来，饮食取足而不知其所从，此谓德人之容。"

　　"愿闻神人。"

　　曰："上神乘光，与形灭亡，此谓照旷。致命尽情，天地乐而万

外

篇

一
二
五

事销亡，万物复情，此之谓混冥。"

注 释

①谆芒：虚构的寓言人物，寓指迟钝、迷茫。**大壑**：大海。②苑风：小风，这里指虚构的一个人名。③舀：舀。④横目：人的代称。⑤挠：动，这里指使眼色。⑥怊乎：哀伤。⑦傥：怅然若失的样子。

译 文

谆芒向东到大海去，在东海之滨恰巧遇到了苑风。

苑风问道："你要去哪儿啊？"

谆芒说："我要去大海。"

苑风又问："去那干什么呢？"

谆芒说："大海它无论江河注入多少水，都不会满溢，无休无止地舀取，也不会干涸。所以，我要到大海里闲游。"

苑风说："那先生无心管理百姓吗？我想听听有关圣人之治的主张。"

谆芒说："圣人之治吗？任用官吏，施布命令，都要合宜得体；举贤选拔的时候，不遗漏任何一个有才之人，看清事情真相后再去做自己该做的事，言谈举止遵循自然，挥手示意，四方百姓没有不来归附的，这就是圣人之治。"

苑风说："还想听听有关德人的情况。"

谆芒说："德人他居处的时候不思虑，行走的时候不谋划，心里没有是非美丑的区分。四海之内，都从他那得到益处就是喜悦，从他那里得到满足便是安定。悲伤的时候，就像失去母亲的婴孩，怅然的时候，又像走路迷失了方向。财物有余，却不知道从哪儿来的，食物充足，却不知道从哪儿支出的。这就是德人的情况。"

苑风说："还想听听关于神人的情况。"

谆芒说："神人乘着天光，看不到他的形迹，这就是普照万物。穷天命，尽性情，与天地同乐，和万物一样消亡，万物回归自然，这就是与自然融为一体。"

原 文

门无鬼与赤张满稽观于武王之师①。赤张满稽曰："不及有虞氏乎！故离此患也②。"

门无鬼曰："天下均治而有虞氏治之邪③？其乱而后治之与？"

赤张满稽曰："天下均治之为愿，而何计以有虞氏为！有虞氏之药疡也^④，秃而施髢^⑤，病而求医。孝子操药以修慈父，其色燋然^⑥，圣人羞之。至德之世，不尚贤，不使能，上如标枝^⑦，民如野鹿。端正而不知以为义，相爱而不知以为仁，实而不知以为忠，当而不知以为信，蠢动而相使不以为赐。是故行而无迹，事而无传。

注 释

①门无鬼：人名，姓门，名无鬼，虚构的人物。赤张满稽：人名，姓赤张，名满稽，虚构的人物。②离：遭到。③均：都。④药：用作动词，医治。疡：疮。⑤髢：假发。⑥燋：通"憔"，憔悴。⑦标枝：高树之枝。

译 文

门无鬼和赤张满稽在观看武王的部队。赤张满稽说："周武王还是比不上有虞氏啊！所以才遭到了这种祸患。"

门无鬼说："天下太平后有虞氏才去治理呢，还是天下大乱后才去治理？"

赤张满稽说："百姓都希望天下太平，又何必考虑有虞氏呢！这就像有虞氏给生了头疮的敷药，成了秃子才戴假发，病了才去医治。孝子熬药医治父亲的疾病，尽管面容非常憔悴，但圣人还是把这种情况看成是羞耻的。最理想的社会，不推崇贤才，不任用贤能，君主犹如树梢上的枝条，居于高位，百姓则像野鹿，放任自得。品行端正却不把它当作道义，相互爱护却不把它当作仁爱，敦厚朴实却不把它当作忠诚，办事得当却不把它当作信义；像虫子一样自由活动，相互指导，却不把它看作是恩赐。所以行动之后，没有留下形迹，事成之后，也不会流传下来。"

原 文

孝子不谀其亲，忠臣不谄其君，臣、子之盛也。亲之所言而然，所行而善，则世俗谓之不肖子^①；君之所言而然，所行而善，则世俗谓之不肖臣。而未知此其必然邪？世俗之所谓然而然之，所谓善而善之，则不谓道谀之人也^②！然则俗故严于亲而尊于君邪？谓己道人，则勃然作色；谓己谀人，则怫然作色^③。而终身道人也，终身谀人也，合譬饰辞聚众也，是终始本末不相坐④。垂衣裳，设采色，动容貌，以媚一世，而不自谓道谀；与夫人之为徒，通是非，而不自谓众人，愚之至也。知其愚者，非大愚也；知其惑者，非大惑也。大惑者，终身不解；大愚者，终身不灵。三人行而一人惑，所适者，犹可致也，惑者少也；二人惑则劳而不至，惑者胜也。而今也以天下惑，予虽有祈向，不可得也。不亦悲乎！

大声不入于里耳⑤，折杨、皇荂⑥，则嗑然而笑。是故高言不止于众人之心，至言不出，俗言胜也。以二缶钟惑⑦，而所适不得矣。而今也以天下惑，予虽有祈向，其庸可得邪！知其不可得也而强之，又一惑也！故莫若释之而不推。不推，谁其比忧！厉之人⑧，夜半生其子，遽取火而视之⑨，汲汲然唯恐其似己也⑩。

注释

①**不肖**：不贤。②**道谀**：阿谀奉承。③**怫**：通"勃"，愤怒的样子。④**不相坐**：犹言不一致。⑤**大声**：指《咸池》《六英》一类的高雅音乐。⑥**折杨、皇荂**：民间乐曲。⑦**缶钟**：古时候的乐器。⑧**厉之人**：丑陋的人。⑨**遽**：速。⑩**汲汲然**：急匆匆的样子。

译文

孝子不逢迎父母，忠臣不阿谀奉承君主，这是臣、子尽忠尽孝的极限了。凡是父母说的话都赞同，凡是父母做的事都赞扬，这就是世俗所说的不贤之子；凡是君主说的都附和，凡是君主做的事都称赞，这就是世俗所说的不贤之臣。但世俗的看法就一定是对的吗？如果世俗认为正确的，就把它看成是正确的，世俗认为好的，就把它看成是好的，就不把这些看成是谄谀了！这样的话，那世俗看法岂不是比父母更崇敬、比君主更尊贵了吗？如果有人说你是谗谄之人，你定会勃然大怒；如果有人说你是阿谀奉承的人，你也定会愤恨于心。可事实上你一辈子都在谗谄，一辈子都在阿谀奉承，又善于利用华丽言辞博取众人的欢心，这样的话，从始至终都不一致。君主穿上华丽的衣裳，配上绚丽的纹彩，装模作样，献媚取悦世人，却没有意识到自己在阿谀奉承，跟世俗之人同流合污，互通是非，却又不把自己看成是俗人，这真是愚蠢到了极点。

当然，知道自己愚昧的，并不是最愚昧之人；知道自己迷乱的，并不是最迷乱的人。最迷乱的人，一辈子也不会觉醒；最愚昧的人，一辈子也不会开窍。三人一起行走，其中有一个人迷乱的话，还能到达所要到的地方，因为迷乱的人占少数；三人中有两个人迷乱的话，就无法抵达，因为迷乱的人占多数。如今，天下百姓都迷乱不解，我即使有所祈求向往，也无能为力。这不是很可悲吗！

高雅的音乐，世俗之人无法欣赏，折杨、皇荂之类的民间乐曲，世俗之人听了就会很开心。所以世俗人的心里不会有高雅之辞，而至理名言也不会出世，因为流俗的言论占了上风。三人中有两个迷乱的人弄错了方向，要去的地方就无法抵达。现在，天下百姓都迷乱不解，我即使有所祈求向往，又怎么会达成呢！明明知道不可能达成，却仍要强求，这又是一大迷乱啊！所以不如放弃不予寻究。不去寻究了，谁还会忧虑呢？丑妇半夜生下了孩子，立刻拿火来看，担心生下的孩子会像自己这样丑陋。

原文

百年之木，破为牺尊①，青黄而文之，其断在沟中。比牺尊于沟中之断，则美恶有间矣②，其于失性一也。跖与曾、史，行义有间矣，然其失性均也。且夫失性有五：一曰五色乱目，使目不明；二曰五声乱耳，使耳不聪；三曰五臭薰鼻③，困㤭中颡④；四曰五味浊口，使口厉爽⑤；五曰趣舍滑心⑥，使性飞扬⑦。此五者，皆生之害也。而杨、墨乃始离跂自以为得⑧，非吾所谓得也。夫得者困，可以为得乎？则鸠鸮之在于笼也，亦可以为得矣。且夫趣舍声色以柴其内，皮弁鹬冠搢笏绅修以约其外⑨。内支盈于柴栅，外重缪缴⑩，睆睆然在缪缴之中而自以为得⑪，则是罪人交臂历指而虎豹在于囊槛⑫，亦可以为得矣。

注释

①牺尊：指一种木制酒器。尊，通"樽"。②间：差别，区别。③五臭：即薰、香、腥、腐、膻五种气味。④困㤭：逆，冲逆。⑤厉爽：一种使人无法辨别味道的病。⑥趣：通"取"，谋取。⑦飞扬：轻躁浮动的样子。⑧杨、墨：即杨朱和墨翟。⑨皮弁：古代贵族的一种帽子。鹬冠：用鹬鸟的羽毛来进行装饰的一种帽子。搢：插。笏：朝笏，大

臣进谏时所用的板子。⑩纆：绳子。缴：丝绳。⑪睆睆：瞪眼睛的样子。⑫历指：即"栌指"，古代的一种刑罚。

译文

　　百年大树，剖开后雕刻成精美的祭器，再用青黄二色画出美丽的花纹，余下的枝干，则丢弃到山沟里。雕刻成的精美祭器比起被丢弃在山沟里的其他木料，就有了美和丑的差别，但就失去原有本性这点来说，它们是一样的。盗跖与曾参、史鰌在因循道义上有一定的差别，但就失掉人原有的本性来说，他们也是一样的。大凡丧失本性的有这五种情况：一是五色干扰了视觉，使得眼睛看不清晰；二是五音干扰了听觉，使得耳朵听不清楚；三是五味干扰了嗅觉，堵塞鼻腔甚至额头；四是五味干扰了味觉，使得口舌受到严重损害；五是是非取舍干扰了心神，使得心性轻浮躁动。这五种情况，都会损害本性。但杨朱、墨翟竟奋力追逐，自以为得了道，却不是我所说的道。得道后却被其所困，这能说是有所得吗？那被关在笼里的鸠鸟，也能说是得道了。况且，这好恶就像是柴草堆满了内心，用种种饰品修饰外形，内心却被柴草堵塞，外形被绳索束缚，在绳索的束缚中求生，却自以为得了道，那被绑着手或遭受压指刑罚的犯人，以及牢笼中的虎豹，都能说是得道了。

天　道

　　《天道》出自《庄子》外篇，主要思想与《天地》篇相近。文章开头便借对自然规律的论证来阐明无为而治的政治主张，进而总领全篇；随后，以古今治理天下的对比，批判人为，赞扬无为，进而提出无为而治要效法天地自然，摒弃仁义。文中一些内容与《庄子》内篇中心思想相背离，被认为是庄子后学之作。

原　文

　　天道运而无所积①，故万物成；帝道运而无所积②，故天下归；圣道运而无所积③，故海内服。明于天，通于圣，六通四辟于帝王之德者④，其自为也，昧然无不静者矣！圣人之静也，非曰静也善，故静也。万物无足以铙（náo）心者⑤，故静也。水静则明烛须眉⑥，平中准⑦，大匠取法焉。水静犹明，而况精神！圣人之心静乎！天地之鉴也，万物之镜也。夫虚静恬淡寂漠无为者，天地之平而道德之至

也。故帝王圣人休焉。休则虚，虚则实，实者伦矣⑧。虚则静，静则动，动则得矣。静则无为，无为也，则任事者责矣。无为则俞俞⑨。俞俞者，忧患不能处，年寿长矣。夫虚静恬淡寂漠无为者，万物之本也。明此以南乡⑩，尧之为君也；明此以北面，舜之为臣也。以此处上，帝王天子之德也；以此处下，玄圣素王之道也。以此退居而闲游，江海山林之士服；以此进为而抚世，则功大名显而天下一也。静而圣，动而王，无为也而尊，朴素而天下莫能与之争美。

夫明白于天地之德者，此之谓大本大宗，与天和者也。所以均调天下，与人和者也。与人和者，谓之人乐；与天和者，谓之天乐。

译 文

自然规律运转不息，所以万物得以生长；帝王治理国家的规律也没有止息，所以天下百姓都去归附；圣人之道通达自然，所以四海之内人人都被折服。因此，掌握了自然之道，便能通晓圣人之道，对于明达帝王之德的人来说，他任物自为，不露痕迹，也不干扰静默的心境。说圣人的内心静寂，不是说静寂好才静寂，而是万物都不足以干扰他的内心，所以心神才虚空静寂。静止的水面能把人的须眉照得很清楚，所以静止的水面合乎水平的标准，高超的工匠以此为准则。水静止了还如此清澈，又何况人的精神啊！圣人静寂之心，可看作是天地的明鉴、万物的镜子。虚空、恬静、寂寞无为是天地的准则，是道德修养的最高峰，所以，帝王和圣人都留在了这个境界上。既然留在了这个境界上，心境自会虚空，心境虚空了，就合乎自然本真了。心境虚空才能保持平静，保持平静才能有所活动，有所活动就会有所得。保持平静便能无为，无为使任事之人各司其职。无为也就悠然自得，悠然自得便不会包藏忧患，寿命也就长了。虚空、恬静、寂寞无为是万物的根本。懂得了这个道理就能南面称王了，就像唐尧一样；懂得了这个道理就能北面称臣了，就像虞舜一样。依凭这个而居于尊上之位，便是君主治世的盛德；依凭这个而居于百姓之位，便是通晓了玄圣素王之道。依凭这个而退居于江海，山林中的隐士也会被折服；依凭这个而统管一方百姓，就能建功立业，名扬四海，使天下大治。总之，静默时能成为圣哲，行动时能成为君主，无为时能获得尊贵之位，保持纯厚朴素的本性，天下就没有能与他相媲美的了。

通晓天地以无为为本的规律，就掌握了万物的本原，能与自然和谐，均衡万物随顺民情，也能与众人和谐，与人和谐的，叫作人世之乐；与自然和谐的，叫作自然之乐。

庄子

原 文

庄子曰："吾师乎，吾师乎！虀万物而不为戾①；泽及万世而不为仁；长于上古而不为寿；覆载天地、刻雕众形而不为巧。此之谓天乐。故曰：'知天乐者，其生也天行②，其死也物化。静而与阴同德③，动而与阳同波。'故知天乐者，无天怨，无人非，无物累，无鬼责。故曰：'其动也天，其静也地，一心定而王天下；其鬼不祟，其魂不疲，一心定而万物服。'言以虚静推于天地，通于万物，此之谓天乐。天乐者，圣人之心以畜天下也。"

注 释

①虀：捣碎。②天行：随天而行。③德：规律，根本。

译 文

庄子说："宗师啊，我的宗师！即使粉碎毁坏万物，也不看作是自然的暴戾；即使恩泽波及万世，也不看作是他的仁爱；即使生命比远古还长，也不看作是他的寿诞；即使能覆天载地、创造众物，也不看作是他的技巧。这叫作自然之乐。所以说：'懂得自然之乐的人，他活着时能随顺自然变化，离开时也会混同于万物而变化。平静时，他与阴气同静寂，运动时，与阳气同起伏。'因此通晓自然之乐的人，不会受到天的愤怨，不会受到人的非议，不会受到外物的牵累，也不会受到鬼神的指责。所以说：'运动时，他合乎自然的运转，静止时，就像大地一样静寂，内心专一安定而统治天下，形体上不会有病魔，精神上不会感到疲劳，内心专一安定，万物没有不归顺的。'

也就是说，他把虚空静寂推广到天地，贯通于万物，就成了自然之乐。所谓自然之乐，就是以圣人之心养育天下百姓。"

原文

　　夫帝王之德，以天地为宗①，以道德为主，以无为为常。无为也，则用天下而有余；有为也，则为天下用而不足②。故古之人贵夫无为也。上无为也，下亦无为也，是下与上同德，下与上同德则不臣；下有为也，上亦有为也，是上与下同道，上与下同道则不主。上必无为而用天下，下必有为为天下用。此不易之道也。故古之王天下者，知虽落天地③，不自虑也；辩虽雕万物④，不自说也；能虽穷海内，不自为也。天不产而万物化，地不长而万物育，帝王无为而天下功。故曰：莫神于天，莫富于地，莫大于帝王。故曰：帝王之德配天地。此乘天地，驰万物，而用人群之道也。

　　本在于上⑤，末在于下⑥；要在于主⑦，详在于臣⑧。三军五兵之运⑨，德之末也；赏罚利害，五刑之辟⑩，教之末也；礼法度数，形名比详，治之末也；钟鼓之音，羽旄之容⑪，乐之末也；哭泣衰_{cuī}经_{dié}⑫，隆杀之服⑬，哀之末也。此五末者，须精神之运，心术之动，然后从之者也。

　　末学者，古人有之，而非所以先也。君先而臣从，父先而子

● 爱民兴国

从,兄先而弟从,长先而少从,男先而女从,夫先而妇从。夫尊卑先后,天地之行也,故圣人取象焉⑭。天尊地卑,神明之位也;春夏先,秋冬后,四时之序也。万物化作,萌区有状⑮,盛衰之杀,变化之流也。夫天地至神矣,而有尊卑先后之序,而况人道乎!宗庙尚亲,朝廷尚尊,乡党尚齿⑯,行事尚贤,大道之序也。语道而非其序者,非其道也。语道而非其道者,安取道!

是故古之明大道者,先明天而道德次之,道德已明而仁义次之,仁义已明而分守次之,分守已明而形名次之,形名已明而因任次之⑰,因任已明而原省次之⑱,原省已明而是非次之,是非已明而赏罚次之。赏罚已明而愚知处宜,贵贱履位,仁贤不肖袭情。必分其能,必由其名。以此事上,以此畜下,以此治物,以此修身,知谋不用,必归其天,此之谓太平,治之至也。

故书曰:"有形有名。"形名者,古人有之,而非所以先也。古之语大道者,五变而形名可举,九变而赏罚可言也。骤而语形名,不知其本也;骤而语赏罚,不知其始也。倒道而言,迕道而说者,人之所治也,安能治人!骤而语形名赏罚,此有知治之具,非知治之道。可用于天下,不足以用天下。此之谓辩士,一曲之人也。礼法数度,形名比详,古人有之。此下之所以事上,非上之所以畜下也。

注 释

①宗:本,即自然之根本。②不足:为君主效劳时感到力不从心。③落:通"络",笼络,这里指覆盖。④雕:粉饰。⑤本:指无为。⑥末:指有为。⑦要:即纲要。⑧详:繁杂,这里指繁杂的事务。⑨三军:军队的统称。五兵:指弓、殳、矛、戈、戟五种兵器。⑩五刑之辟:即五刑之法。⑪羽旄:执雉羽与旄牛尾表演的舞蹈,泛指礼仪场合表演

一三四

的乐舞。⑫衰经：古时的丧服。⑬隆：加级。杀：减级。⑭取象：效法。⑮区：通"句"，指万物萌生时的不同状态。⑯齿：指年龄。⑰因：依据。⑱原省：省察，考察。

帝王之业，以天地为根本，以道德为关键，以无为为常规。如果帝王无为而治，即便役使百姓，百姓还有闲暇时间；如果臣子有为而治，即便为天下竭尽所能，还是不够。因此，古人都推崇帝王无为而治。如果帝王无为，臣子也无为，那臣子跟帝王的治理之道就一致了，臣子跟帝王治理之道一致，那臣子就不像臣子了；如果臣子有为，帝王也有为，那帝王跟臣子的态度就一致了，帝王跟臣子的态度一致，那帝王就不像帝王了。帝王无为才能治理天下，臣子有为才能为天下效劳，这是不可改变的道理。所以，古代治理天下的人，即使智慧能覆盖天地，也不会亲自思虑；即使口才能周遍万物，也不会亲自言语；即使才能超越众人，也不会亲自做事。上天并没有要产生什么，万物却自然地产生；大地没有要长出什么，万物却自然地繁衍生长；如果帝王能做到无为，天下自然就会得到治理。因而，没有谁比天更玄妙，没有谁比地更富饶，没有谁比帝王更伟大。所以说，帝王之德要跟天地相和，这也是他驾驭天地、役使万物以及用人之道。

本在上，末在下；于帝王，只掌握治理天下的纲要，于臣下，要操劳繁杂的事务。运用军队和兵器，是道德衰落的表现；施行奖赏惩处，推行各种刑法，是教化衰落的表现；推行礼仪法规，审定事物之名，是治理衰落的表现；大兴钟鼓之乐，讲究装饰仪容，是声乐衰落的表现；亲人去世，便痛哭流涕，穿丧衣，服丧期，是哀悼衰落的表现。这五种衰落之举，要到精神心智能自然活动的时候，才能去做。

古时候就有追求末节的了，但没有把它看成是根本。国君为主，臣下为附属；父亲为主，子女为附属；兄长为主，弟弟为附属；年长为主，年少为附属；男子为主，妇女为附属；丈夫为主，妻子为附属。尊卑主次是天地自然运行的规律，所以圣人取之效法。天尊地卑是神明安排的位次。春夏在先，秋冬在后，这是四时的自然次序。万物变化不息，萌生之时就有种种差异；兴盛与衰败的区别是事物变化的运行。天地是最神妙的，尚且存在尊卑先后的次序，何况人世呢！在宗庙推崇血缘，在朝廷推崇地位，在乡里推崇长者，办事的时候推崇贤德，这是大道秩序。谈论大道却指责大道秩序，这就否定了大道；谈论大道却指责感悟大道的人，怎能通晓大道啊！

因此，古时通晓大道的人，阐明自然规律后，才阐明道德；道德阐明后，才阐明仁义；仁义阐明后，才阐明地位；职守阐明后，才阐明万物的形体和称呼；形体和称呼阐明后，才阐明因才任职；因才任职阐明后，才阐明省察；省察阐明后，才阐明是非；是非阐明后，才阐明赏罚。赏罚明了了，就能使愚昧与聪慧的人各得其所，尊贵和卑微的人各安其位，仁德贤能和不肖之人各循本性。用人的时候一定要区分他们不同的才能，遵从不同的职分。用这种方法来为帝王效劳，治理百姓，统管万物，修身养性，不用智谋，归于自然，这就是天下太平，也是统治天下的最高境界了。

因此古书上说："有形体，有称谓。"古时候就有人区分事物的形体和名称了，但没有把形名的观念放在首位。古代谈论大道的人，要经过五个阶段的变化，才能称述其形体和称谓，要经过九个阶段的变化，才能谈论赏罚的问题。如果唐突地谈论形体和名称，是不可能了解大道根本的；如果唐突地谈论赏罚的问题，是不可能明了大道起源的。颠倒顺序讨论大道的人，定会成为被统治的对象，怎么能统治别人呢！唐突地谈论形名与赏罚的人，即使掌握了治理天下的工具，也不会通晓治理天下的规律，只能用于治世，不足以驭世。这种侃侃而谈的人，是只有一技之长的浅陋之人。古时候就有人讲究礼仪法规、审定事物形体名称了，这是臣下为帝王效劳的做法，而不是帝王养护臣民的方法。

原文

昔者舜问于尧曰："天王之用心何如？"

尧曰："吾不敖无告①，不废穷民，苦死者②，嘉孺子而哀妇人③。此吾所以用心已。"

舜曰："美则美矣，而未大也。"

尧曰："然则何如？"

舜曰："天德而出宁，日月照而四时行，若昼夜之有经，云行而雨施矣！"

尧曰："胶胶扰扰乎④！子，天之合也；我，人之合也。"

夫天地者，古之所大也，而黄帝、尧、舜之所共美也。故古之王天下者，奚为哉？天地而已矣！

注释

①敖：通"傲"，傲慢。②苦：动词，怜悯。③嘉：善，爱怜。④胶胶扰扰：指扰乱的样子。

一三六

过去舜向尧请教说："对于大道，天子是怎样的心思呢？"

尧说："我不欺辱傲视百姓，也不抛弃穷苦的人，担忧死者，爱抚幼子，怜悯妇人。这是我用心的表现。"

舜说："你这样算是不错了，但还不够伟大。"

尧说："那该怎么做？"

舜回答说："要保持安宁，就像日月照耀、四时运行以及昼夜交替一样有规律，像云彩随风飞动、雨水润泽万物一样自然。"

尧说："很麻烦啊！你的德行能与自然吻合；而我只与人事吻合。"

自古以来天地就是最伟大的，黄帝、尧以及舜都很称赞它。所以，古时治理天下的人，都做了什么呢？只是效仿天地罢了！

孔子西藏书于周室。子路谋曰①："由闻周之征藏史有老聃者，免而归居，夫子欲藏书，则试往因焉②。"

孔子曰："善。"

往见老聃，而老聃不许，于是繙结十二经以说③。老聃中其说④，曰："大谩⑤，愿闻其要。"

孔子曰："要在仁义。"

老聃曰："请问，仁义，人之性邪？"

孔子曰："然。君子不仁则不成，不义则不生。仁义，真人之性也，又将奚为矣？"

老聃曰："请问，何谓仁义？"

孔子曰："中心物恺，兼爱无私，此仁义之情也。"

老聃曰："意，几乎后言⑥！夫兼爱，不亦迂乎！无私焉，乃私也。夫子若欲使天下无失其牧乎⑦？则天地固有常矣，日月固有明矣,星辰固有列矣,禽兽固有群矣,树木固有立矣。夫子亦放德而行⑧,循道而趋,已至矣！又何偈偈乎揭仁义⑨,若击鼓而求亡子焉！意,夫子乱人之性也。"

注释

①**子路**：孔子的弟子,姓仲,名由,字子路。②**因**：凭借,依据。③**缗**：反复。**十二经**：有三种说法。一是指诗、书、礼、易、春秋,再加上六纬；二是指易的上下加上易传的十种；三是指春秋十二公经。④**中**：即"终",中断。⑤**大**：通"太"。**谩**：通"漫",冗长,烦琐。⑥**几**：近,接近。⑦**牧**：养,养育。⑧**放**：通"仿",仿效。⑨**偈偈**：用力的样子。

译文

孔子打算把书藏到西边的周王室去。子路出主意说："我听说周室管理图书的史官是老聃,已经回乡隐居了,如果先生想藏书,不妨去他家问问。"

孔子说："好。"

孔子去拜访老聃,老聃不答应孔子的要求,于是孔子翻取十二经书反复申说。老聃打断孔子的解说,说："你说得太冗杂了,我想听简要的。"

孔子说："简单来说就是仁义。"

老聃说："那请问,仁义是人的本性吗？"

孔子说："是啊。君子如果不仁,就没有声望,如果不义,就无法立足。仁义确实是人的本性,离开了仁义又能做什么呢？"

老聃说："那我再请问,什么是仁义？"

孔子说："忠诚而与外物同乐,兼爱而无偏私,这是仁义的中心。"

老聃说："噫！你这些话都是华美虚伪的言论！兼爱天下不是很迂腐吗？对人没有私心,才是真正的有私。你是想使天下人不丧失养身的资本吗？天地有它自己的规律,日月原本就有光亮,星辰原本就有次序,禽兽原本就有帮群,树木原本就立在地上。你因循自然规律行事,顺遂大道进取,是最好的了！又何必如此匆忙地推行仁义,这就像敲着鼓去搜寻逃亡的人！噫,你这是在扰乱人的本性啊。"

原文

士成绮见老子而问曰①："吾闻夫子圣人也,吾固不辞远道而来愿见,百舍重趼而不敢息。今吾观子非圣人也,鼠壤有余蔬而

弃妹②,不仁也！生熟不尽于前,而积敛无崖。"

老子漠然不应。

士成绮明日复见,曰:"昔者吾有刺于子,今吾心正郤矣③,何故也?"

老子曰:"夫巧知神圣之人,吾自以为脱焉。昔者子呼我牛也而谓之牛,呼我马也而谓之马。苟有其实,人与之名而弗受,再受其殃。吾服也恒服,吾非以服有服。"

士成绮雁行避影④,履行遂进而问:"修身若何?"

老子曰:"而容崖然,而目冲然,而颡頯然,而口阚然,而状义然,似系马而止也,动而持,发也机,察而审,知巧而睹于泰⑦,凡以为不信。边竟有人焉,其名为窃。"

注 释

①**士成绮**:虚构的人名。②**弃妹**:放弃对愚昧之人的教化。妹,即"昧"。③**郤**:通"隙",间隙。④**雁行避影**:指侧着身子行走。⑤**颡**:额。**頯**:额角突出。⑥**阚**:张大嘴的样子。⑦**泰**:骄傲妄为。

译 文

士成绮见了老子便问道:"听说先生是位圣人,我便不惜路途遥远来到这里,一心希望能拜见你,走了很多天,脚上长了重重的老茧也不敢停下来休息。如今我看先生不像是圣人。老鼠凿穴中有很多残剩的食物,而你却放弃教化愚昧之人,这不合乎仁的规范;你粟帛饮食都享受不尽,却还无限度地积攒财物。"

老子就像没听见一样,没说话。

第二天,士成绮再次拜见老子,说:"昨日我讥讽了你,现在,我有了省悟,这是为什么呢?"

老子说:"说起圣人,我自以为早就脱离了那种人的行列。过去你叫我牛,我说自己是牛;叫我马,我说自己是马。如果有个形体,人们给他的称谓,他不想接受,那就会再遭受一次祸患。我随外物自然地变化,并不是因要随顺而随顺。"

士成绮像雁一样，侧着身子行走，跟在老子后面，说："那什么是修身之道呢？"

老子回答说："你面容高傲，目光突视，前额突兀，口张舌利，身形高大，就像被拴系的奔马，身虽不动，心却奔跃。一旦有所行动就如射出的箭一样迅速，你明察又细致，自以为很有智慧，有骄恣之态，凡此各种都不是人的本性。如果边远闭塞之地有这种人，他们就被称作窃贼。"

原文

夫子曰："夫道，于大不终，于小不遗，故万物备。广广乎其无不容也，渊渊乎其不可测也。形德仁义，神之末也，非至人孰能定之！夫至人有世^①，不亦大乎，而不足以为之累；天下奋棅而不与之偕^②；审乎无假而不与利迁^③；极物之真^④，能守其本。故外天地，遗万物，而神未尝有所困也。通乎道，合乎德，退仁义，宾礼乐^⑤，至人之心有所定矣！"

注释

①有世：有天下，指治理天下。②棅：通"柄"，权柄，权威。③假：通"瑕"，瑕疵。④极：深究。⑤宾：通"摈"，摈弃。

译文

先生说："道，从大的层面来说，它是无穷无尽的，从小的层面来说，它是没有漏缺的，因此完备于万物之中。真是广大啊，它无所不包，真是深奥啊，它神秘莫测。推广刑罚，教化仁义，是精神衰落的表现，不是至人谁又能审定它！至人一旦治理天下，那天下不是很伟大吗？可天下却不会成为他的负担。天下人都争权夺势，但他不会跟他们一样，他审慎地不依据外物，因而不被私利诱惑，穷究事物之源，保持事物之本，所以忘记天地，摒弃万物，使精神不受干扰。通达于道，合乎德行，摒弃仁义，摈弃礼乐，至人之心就安定了。"

原文

世之所贵道者，书也。书不过语，语有贵也。语之所贵者，意也，意有所随。意之所随者，不可以言传也，而世因贵言传书。世虽贵之，我犹不足贵也，为其贵非其贵也。故视而可见者，形与色也；听而可闻者，名与声也。悲夫！世人以形色名声为足以得彼之情。夫形色名声，果不足以得彼之情，则知者不言，言者不知，而世岂识之哉！

桓公读书于堂上。轮扁斫轮于堂下[①]，释椎凿而上，问桓公曰："敢问，公之所读者，何言邪？"

公曰："圣人之言也。"

曰："圣人在乎？"

公曰："已死矣。"

曰："然则君之所读者，古人之糟魄已夫[②]！"

桓公曰："寡人读书，轮人安得议乎！有说则可，无说则死！"

轮扁曰："臣也以臣之事观之。斫轮，徐则甘而不固[③]，疾则苦而不入[④]，不徐不疾，得之于手而应于心，口不能言，有数存乎其间[⑤]。臣不能以喻臣之子[⑥]，臣之子亦不能受之于臣，是以行年七十而老斫轮。古之人与其不可传也死矣，然则君之所读者，古人之糟魄已夫！"

注释

①轮扁：姓轮名扁，善于制作车轮。斫：砍。②糟魄：即"糟粕"。③甘：滑，缓。④苦：涩，滞。⑤数：这里指技艺。⑥喻：使知晓，使了解。

译文

世人重视的是书。书是用言语编写的，言语也确有可贵之处。它的可贵之处在于思想，它的思想也有出处。但它的出处是无法用言语表达的，世人却因为重视言语，将书流传下来。世人虽然重视它，但依我看来，它还不值得重视，因为它所重视的，并不是真正值得重视的。因此，用眼睛能看见形色，用耳朵能听到声音。可悲啊！世人以为依据形色、名声就能够获得事物的本性。实际上，形色、名声实在不足以得到事物的本性。所以，通晓的不说，而说的不知道，世人怎能明白这个道理啊！

齐桓公在厅堂上读书，轮扁在下面制造车轮。他放下工具，走到厅堂，问齐桓公说："冒昧地问一下，您读的书都说了什么呢？"

齐桓公回答说："圣人的言论。"

轮扁说："那圣人还活着吗？"

齐桓公回答说："已经去世了。"

轮扁说："那这样的话，您读的书都是圣人的糟粕啊！"

齐桓公说："寡人读书，你这个制造车轮的人怎能妄加评论呢！如果能说出道理，就原谅你，说不出来，就处死。"

轮扁说："我因为我的工作而体察到这个道理。在制造车轮的时候，如果动作慢了，车轮就会松缓而不牢固，如果动作快了，车轮就会涩滞而带不进去。不慢不快，手上才能通畅，即使言语上无法表达，却有技巧在里面。我无法使我儿子明白其中的技巧，我儿子也不能从我这里继承这个技艺。所以，我七十岁了，还在制造车轮。古人连着那不可言说的道理一起死去了，您读的书只是古人的糟粕啊！"

天 运

《天运》出自《庄子》外篇，主要内容仍然是表达无为而治的政治主张。

文章开头借一系列关于自然现象的提问来说明这些现象都是自然运动的结果，为无为的思想提供一定的理论依据；随后，又以"至仁无亲""至乐无声"和三皇五帝时代的发展状况阐明有为的祸害，批判有为的治理天下，进而倡导无为而治，顺应自然之道。

原 文

"天其运乎？地其处乎①？日月其争于所乎？孰主张是②？孰维纲是？孰居无事推而行是？意者其有机缄而不得已邪？意者其运转而不能自止邪？云者为雨乎？雨者为云乎？孰隆施是③？孰居无事淫乐而劝是？风起北方，一西一东，有上彷徨，孰嘘吸是？孰居无事而披拂是④？敢问何故？"

巫咸<ruby>袑<rt>shào</rt></ruby>曰⑤："来，吾语女。天有六极五常⑥，帝王顺之则治，逆之则凶。九洛之事⑦，治成德备，监照下土，天下戴之，此谓上皇。"

注 释

①处：静，止。②主：主宰。张：施张。③隆：兴，指兴云。施：布置，指降雨。④披拂：扇动。⑤巫咸袑：殷商时代的巫师，做过中宗相。⑥六极：指东、南、西、北、上、下六方的极限。五常：即五行，金、木、水、火、土。⑦九洛：即九州。

译 文

　　"天体是自然运动的吗？大地是无心静止的吗？日月交替出现是争夺居所的吗？是谁在主宰统领着这些现象？是谁在维系运营这些现象？是谁闲来无事推动这些现象的运动？是有种主宰的力量而出于不得已？还是它们自己运动得停不下来呢？乌云是雨水蒸发而形成的？还是雨水由于乌云降落而形成的呢？是谁在主导着兴云布雨？是谁闲来无事为了寻求欢乐而造成了这种现象呢？风从北方开始吹动，一会儿向西，一会儿向东，在空中来来回回，是谁呼吸间形成了这种现象？还是谁闲来无事扇动才造成了这样的现象呢？这些都是因为什么呢？"

　　巫咸袑说："来，我告诉你。自然本身存在六极和五行，如果君主顺应它，就能治理好天下，违逆它，就会招来祸患。顺遂九州聚落的治理之法，天下便会太平，德行便会完备，光辉照耀人世，天下人都拥护他，这就是至高无上的君主。"

原 文

　　商大宰荡问仁于庄子①。庄子曰："虎狼，仁也。"

　　曰："何谓也？"

　　庄子曰："父子相亲，何为不仁！"

　　曰："请问至仁。"

　　庄子曰："至仁无亲。"

　　大宰曰："荡闻之，无亲则不爱，不爱则不孝。谓至仁不孝，可乎？"

　　庄子曰："不然。夫至仁尚矣，孝固不足以言之。此非过孝之言也，不及孝之言也。夫南行者至于<ruby>郢<rt>yǐng</rt></ruby>②，北面而不见冥山③，是何

外
篇

一
四
三

也？则去之远也。故曰：以敬孝易，以爱孝难；以爱孝易，以忘亲难；忘亲易，使亲忘我难；使亲忘我易，兼忘天下难；兼忘天下易，使天下兼忘我难。夫德遗尧、舜而不为也，利泽施于万世，天下莫知也，岂直大息而言仁孝乎哉④！夫孝悌仁义，忠信贞廉，此皆自勉以役其德者也，不足多也⑤。故曰：至贵，国爵并焉；至富，国财并焉；至愿，名誉并焉。是以道不渝。"

注释

①商：即宋国，周灭殷商后，把其子孙分封在宋地，所以称宋为商。**大宰**：商周时期的官职名。②郢：古地名，楚国的首都，在今湖北江陵地区。③冥山：北海山名。④直：但。**大息**：指叹息。大，音同"太"。⑤多：称赞，推崇。

译文

宋国的太宰荡向庄子请教关于仁爱的问题。庄子说："虎狼也是有仁爱之心的。"

太宰荡说："这话怎么说？"

庄子说："虎狼之间，父子也会相互亲爱，怎能不算仁！"

荡又问道："那最高境界的仁是怎样的呢？"

庄子说："最高境界的仁是没有亲情的。"

荡说："我听说，如果没有亲情，就不会有爱，如果没有爱，就不会有孝，如此说来，最高境界的仁即是不孝，这种说法可以吗？"

庄子说："当然是不对的。最高境界的仁确实值得崇尚，孝本来就无法阐释它。这不是要指责行孝，而是根本涉及不到行孝。一个人向南行走，到了楚国的郢都，面朝北方，就看不到北海的冥山了，这是为什么？是因为离冥山越来越远了啊。所以说，以恭顺的态度行孝容易，但以爱的本心行孝就很难；以爱的本心行孝容易，但以虚空的态度对待父母就很难；以虚空之态对待父母容易，但使父母也以虚空之态对待自己就很难；使父母以虚空之态对待自己容易，但能一并以虚空之态对待天下人就很难；一并以虚空之态对待天下人容易，但使天下人能一并忘记自我就很难。尧、舜这样兼忘天下的帝王，他们把利益和恩泽施予万世，但天下人却不知道，难道还要自叹自夸大谈仁孝！孝悌、仁义、忠信、贞廉都是勉励自身、约束本性的，根本不值得称道。因此说，最珍贵的是一国的爵位都能舍弃；最富有的是一国的财物都能舍弃；最有理想的是名声和荣誉都能舍弃。因而，大道是永恒不变的。"

北门成问于黄帝曰①："帝张咸池之乐于洞庭之野②，吾始闻之惧，复闻之怠，卒闻之而惑，荡荡默默③，乃不自得。"

帝曰："汝殆其然哉④！吾奏之以人⑤，征之以天，行之以礼义，建之以大清⑥。四时迭起⑦，万物循生。一盛一衰，文武伦经⑧。一清一浊⑨，阴阳调和，流光其声。蛰虫始作⑩，吾惊之以雷霆。其卒无尾，其始无首。一死一生，一偾一起⑪，所常无穷，而一不可待。汝故惧也。

"吾又奏之以阴阳之和，烛之以日月之明。其声能短能长，能柔能刚，变化齐一，不主故常。在谷满谷，在阬满阬⑫。涂郤守神⑬，以物为量。其声挥绰⑭，其名高明。是故鬼神守其幽，日月星辰行其纪⑮。吾止之于有穷，流之于无止。子欲虑之而不能知也，望之而不能见也，逐之而不能及也。傥然立于四虚之道⑯，倚于槁梧而吟⑰：'目知穷乎所欲见，力屈乎所欲逐⑱，吾既不及，已夫！'形充空虚，乃至委蛇⑲。汝委蛇，故怠。

"吾又奏之以无怠之声⑳，调之以自然之命。故若混逐丛生，林乐而无形，布挥而不曳，幽昏而无声。动于无方，居于窈冥，或谓之死，或谓之生；或谓之实，或谓之荣㉑。行流散徙，不主常声。世疑之，稽于圣人㉒。圣也者，达于情而遂于命也㉓。天机不张而五官皆备㉔。此之谓天乐，无言而心说。故有焱氏为之颂曰：'听之不闻其声，视之不见其形，充满天地，苞裹六极㉕。'汝欲听之而无接焉，而故惑也。

"乐也者，始于惧，惧故祟；吾又次之以怠，怠故遁；卒之于惑，惑故愚；愚故道，道可载而与之俱也。"

注　释

①**北门成**：姓北门名成，是黄帝的臣子。②**张**：布施，布置。**咸池**：古代乐曲名，相传为黄帝所作。③**荡荡**：晃动，这里指神情恍惚的样子。**默默**：无知无识的样子。④**殆**：大概。⑤**以**：依凭，依据。**人**：指人的本性。⑥**大清**：即太清，指天道。⑦**迭起**：指四时的更替。⑧**文**：指文舞，比喻太平。**武**：指武舞，比喻肃杀。⑨**清**：即天。**浊**：即地。⑩**蛰虫**：在泥土中过冬的虫子。⑪**偾**：倒。⑫**阬**：通"坑"。⑬**涂**：堵塞。**郤**：通"隙"，孔穴，孔隙。⑭**挥绰**：流传广远。⑮**纪**：轨迹，这里指规律。⑯**傥然**：无心的样子。⑰**槁梧**：干枯的梧桐树。⑱**屈**：尽，竭。⑲**委蛇**：悠然自得。⑳**无怠**：即物我皆忘的境界。㉑**荣**：花，开花。㉒**稽**：考证，这里指请教。㉓**遂**：顺，随顺。㉔**天机**：自然的神理。㉕**苞裹**：即指包括，囊括。苞，通"包"。

译　文

北门成问黄帝说："你在广阔的原野上演奏《咸池》乐曲，刚开始听的时候，我感到惊怕，再听下去就慢慢松缓下来，听到最后又觉得迷惑不解，精神恍惚，无知无识，忘了自我。"

黄帝说："大概会有这样的感觉！我根据人的本性演奏乐曲，顺遂自然规律，用礼义加以推行，又用天道来应和。四季交替出现，万物都因循着这一规律生长。时而盛时而衰，时而强时而弱，依次更迭。时而清时而浊，阴阳互相调和，声光交互流动。冬眠的虫子开始活动，我仿照那雷声惊动它们。乐声终结却不知道哪是结尾，乐声开始却不知道哪是开头。时而消失时而兴起，时而偃息时而高亢，无穷无尽地变化，不可有所期待。所以你才会感到惊惧不安。

"我又借阴阳的调和来演奏，用日月之光照耀乐曲。因而，乐声可短可长，可柔可刚，虽然依循着一定的规律变化，但并不固守常规。乐声流传到山谷，山谷就会充满乐声，流传到坑凹，坑凹就会充满乐声；控制私欲，持守精神，一切以外物为尺度。乐声悠扬辽远，节奏明快。所以连鬼神也都能持守住幽暗，日月星辰也能按照自身的规律运行。我有时把乐声停留在一定境域里，但乐声的寓意却在无穷无尽的天地中流返。你想了解却无法明了，想看却看不见，想追却赶不上。只能茫然地站在无穷无尽的衢道上，靠着几案吟咏：'心智受困于一心想要了解的事物，力量竭尽于一心想要追求的东西，我早就赶不上了啊！'形体充盈，而内心好像什么都不存在，才能够顺应变化。你顺应变化，所以惊惧不安的情绪逐渐消失了。

"我又奏起那忘我皆忘的乐声，依据自然规律协调节奏。因而，乐声如风吹动而自然成声，没有形迹，乐声的传播和振扬都没有外力的牵引，幽幽暗暗又好像没有了声响。乐声在神秘莫测的地方开始，在深幽昏暗的境界停止，有时感觉它消失了，有时又感觉它兴起了；有时感觉它是实实在在的，有时又感觉它是虚无的。它时而流动，时而飘散，时而远徙，不固守一调。人们总觉得很迷惑而去向圣人请教。所谓圣，就是明晓事理，因循自然。自然的神理没有动，但五官却齐备，这就是安于自然的乐声，就像没有说话，但心里却很高兴。所以有焱氏称颂它说：'用耳朵听不到声音，用眼睛看不到踪迹，却充满了大地，包括了宇宙。'你想听，却听不连贯，所以你最后感到迷惑不解。

"这样的音乐，刚听时感到惊惶害怕，害怕便以为是祸患；我接着又演奏了让人情绪舒缓的乐曲，因而惊惶的情绪慢慢消失了；最终又觉得迷惑不解，精神恍惚，无知无识；无知无识才能接近大道，达到了这种境界，就能与大道融合为一了。"

原 文

孔子西游于卫。颜渊问师金曰①："以夫子之行为奚如？"

师金曰："惜乎！而夫子其穷哉②！"

颜渊曰："何也？"

师金曰："夫刍狗之未陈也③，盛以箧衍④，巾以文绣，尸祝斋戒以将之⑤。及其已陈也，行者践其首脊，苏者取而爨之而已⑥。将复取而盛以箧衍，巾以文绣，游居寝卧其下，彼不得梦，必且数眯焉⑦。今而夫子亦取先王已陈刍狗，聚弟子

● 颜渊问仁

游居寝卧其下。故伐树于宋，削迹于卫，穷于商周，是非其梦邪？围于陈蔡之间，七日不火食，死生相与邻，是非其眯邪？夫水行莫如用舟，而陆行莫如用车。以舟之可行于水也，而求推之于陆，则没世不行寻常。古今非水陆与？周鲁非舟车与？今蕲行周于鲁[8]，是犹推舟于陆也！劳而无功，身必有殃。彼未知夫无方之传，应物而不穷者也。且子独不见夫桔槔者乎[9]？引之则俯，舍之则仰。彼，人之所引，非引人者也。故俯仰而不得罪于人。故夫三皇五帝之礼义法度，不矜于同而矜于治。故譬三皇五帝之礼义法度，其犹柤梨橘柚邪！其味相反而皆可于口。故礼义法度者，应时而变者也。今取猨狙而衣以周公之服，彼必龁啮挽裂[10]，尽去而后慊[11]。观古今之异，犹猨狙之异乎周公也。故西施病心而矉其里[12]，其里之丑人见之而美之，归亦捧心而矉其里。其里之富人见之，坚闭门而不出；贫人见之，挈妻子而去走。彼知矉美而不知矉之所以美。惜乎，而夫子其穷哉！"

注释

①师金：名金，鲁国的太师。②夫子：孔子。③刍狗：古代以茅草扎成的狗，用于祭祀。④箧：竹箱。衍：箱子一类的盛器。⑤尸祝：古时主持祭祀的人。⑥苏：打柴草。爨：烧火煮饭。⑦眯：梦魇。⑧蕲：求，祈求。⑨桔槔：古时用于打水的工具。⑩龁：咬。啮：咬。⑪慊：满意，惬意。⑫矉：通"颦"，皱着眉头。

译文

孔子向西游历到卫国。颜渊问师金说："你觉得夫子此次卫国之行如何？"

师金说："可惜呀，你老师会遭受困厄！"

颜渊说："这是因为什么缘故呢？"

师金说："在茅草扎成的狗还没用于祭祀的时候，会用竹箱装着它，用幅巾盖着它，主持祭祀的人护送着它。祭祀之后，行人踩着它，拾草的人拿回去烧火煮饭。如果再将它拿来用竹箱装着，用幅巾盖着，出游居处于主人的身边，即使不做噩梦，也会梦魇。如今你老师也是取先王已用于祭祀的狗，聚集诸多弟子游历住在他身边。所以，他在宋国受到伐树的惊吓，在卫国被禁止居住，在宋、周之地游历遭受困厄，这不是噩梦吗？在陈蔡两国之地遇到围困，整整七天没能生火做食，死生如此接近，这不是梦魇吗？在水上行走，没有比船更合适的了，在陆地上行走，没有比车更合适的了。船能在水中划行，但在陆地上，只能推着它走，一辈子也走不了多远。古今的差异，不就像水陆的差别吗？周鲁的差异，不就像船车的差别吗？如今在鲁推广周的治理方法，就像在陆地上推着船行走，白白耗费力气，却没什么功效，自身也会遭受祸害。他不知道自然变化是没有约束的，只能不断地与外物接触。况且，难道你没看见那吊杆打水的情况吗？拉起一端，它就接近水面，放下一端，它就高高仰起。那吊杆的俯仰，是由于人的牵引，并不是它牵引了人，因而，或俯或仰都不会得罪人。所以说，三皇五帝时的礼义规范，不在于相同，而在于大治，才被人称颂。用三皇五帝时代的礼义规范来打比方，就如同柤、梨、橘、柚四种果子，虽然味道酸甜不一，但都很美味。所以，礼义规范都是根据时代而有所变化的。当下，如果捉到一只猿猴，给它穿上周公的衣服，它定会咬破，撕光身上所有的衣服才会觉得满意。古今的差异，就像猿猴与周公的不同啊。从前，西施因为心口疼，经常皱着眉走路。邻里的一个丑女人看到了觉得这样很美，回去后，在邻里间行走的时候，也捂着胸口皱着眉。邻里的富人见了，便闭门不出；穷人见了，就带着妻儿远远地逃跑了。这个丑女人只知道皱着眉很美，却不知道这样的缘由。可惜呀，你老师会遭到厄运！"

原 文

孔子行年五十有一而不闻道，乃南之沛见老聃①。

老聃曰："子来乎？吾闻子，北方之贤者也！子亦得道乎？"

孔子曰："未得也。"

老子曰："子恶乎求之哉？"

曰："吾求之于度数，五年而未得也。"

老子曰："子又恶乎求之哉？"

曰："吾求之于阴阳，十有二年而未得。"

老子曰："然。使道而可献②，则人莫不献之于其君；使道而可进，则人莫不进之于其亲；使道而可以告人，则人莫不告其兄弟；

使道而可以与人，则人莫不与其子孙。然而不可者，无佗也，中无主而不止^③，外无正而不行。由中出者，不受于外，圣人不出；由外入者，无主于中，圣人不隐。名，公器也，不可多取。仁义，先王之蘧庐也^④，止可以一宿而不可久处，觏而多责^⑤。

"古之至人，假道于仁，托宿于义，以游逍遥之虚^⑥，食于苟简之田，立于不贷之圃^⑦。逍遥，无为也；苟简，易养也；不贷，无出也。古者谓是采真之游^⑧。

"以富为是者，不能让禄；以显为是者，不能让名；亲权者，不能与人柄。操之则栗，舍之则悲，而一无所鉴，以窥其所不休者，是天之戮民也。怨、恩、取、与、谏、教、生、杀八者，正之器也，唯循大变无所湮者为能用之^⑨。故曰：正者，正也。其心以为不然者，天门弗开矣^⑩。"

注 释

①沛：地名，据记载老子是陈国苦县人，苦县与沛相近。②使：假使，假如。③中：指内心。主：主持，主见。④蘧庐：茅舍，即今天的旅馆。⑤觏：见，遇见。⑥虚：通"墟"，这里指地方。⑦贷：借。⑧采真：不被行迹役使。⑨湮：滞，停。⑩天门：心，这里指与天道融为一体之心。

译 文

孔子到了五十一岁还没通晓大道，因而往南到沛地拜访老聃。

老聃说："你到了？我听说你是北方的圣贤，你大概已经通晓大道了吧？"

孔子回答说："还没有。"

老子说："那你是如何探求的？"

孔子回答说："我在教化、法度方面探求，花了五年的时间还没得到。"

老子说："那你又是如何探求这些的呢？"

孔子说："我借助阴阳变化，花了十二年还是没有得到。"

老子说："是这样。假若大道可以呈献，那没有谁不会把大道献给君主；假若大

庄子

道可以馈送，那没有谁不会把大道送给自己的双亲；假若大道可以告知给他人，那没有谁不会把大道告知给他的兄弟；假若大道可以给予人，那没有谁不会把大道给他的子孙。但不能这么做的原因，没有别的，就是因为内心无法自持，无法使大道停留，外界又没有与之相对应的，因而大道无法推行。从个人内心发出的东西，假若不能被外界接受，圣人也不会去传授；从外界进入个人内心的东西，假若内心无所领悟，不能持守，圣人也不会放在心上。名声，是人人都可享有的，但不宜过多猎取。仁义，是前代君主用过的，不宜多用，就像旅舍一样，可以住上一宿，但不宜久居，多次交往，必然会生出许多非难。

"古时的至人只是向仁借路，暂住于义，来往于无拘无束的地域，生活于无奢无华的境域，立身于从不施助的园圃。无拘无束，就是无为；无奢无华，就易于生活；从不施助，就不会使自己有所支出。古代把这种情况叫作不被行迹役使的遨游。

"贪图财物的人，不会让人得到利益；追求显贵的人，不会让人拥有名声；贪恋权势的人，不会让人拥有权威。掌握了这些东西，就会害怕丧失，整日战栗不安，失去了这些东西，又会痛苦不堪，心中没有一点儿鉴识，眼睛只盯着自己追求的东西，这样的人，只能说是遭受自然刑罚的人。嫉恨、恩惠、获得、施予、谏正、德化、生存以及杀害这八种做法都是端正百姓行为的工具，只有因循自然变化，无所滞留的人才能使用它。因此，所谓正，就是使人端正。如果心里不赞同，那通往自然之道的心门永远不会打开。"

外篇

原文

孔子见老聃而语仁义。老聃曰："夫播穅眯目，则天地四方易位矣；蚊虻噆肤①，则通昔不寐矣②。夫仁义憯然，乃愤吾心③，乱莫大焉。吾子使天下无失其朴，吾子亦放风而动④，总德而立矣！又奚杰杰然若负建鼓而求亡子者邪⑤？夫鹄不日浴而白，乌不日黔而黑⑥。黑白之朴，不足以为辩⑦；名誉之观，不足以为广。泉涸，鱼相与处于陆，相呴以湿，相濡以沫，不若相忘于江湖。"

孔子见老聃归，三日不谈。弟子问曰："夫子见老聃，亦将何规哉⑧？"

孔子曰："吾乃今于是乎见龙。龙，合而成体，散而成章，乘云

●龙

气而养乎阴阳。予口张而不能嗋[9]，予又何规老聃哉？"

子贡曰："然则人固有尸居而龙见[10]，雷声而渊默，发动如天地者乎？赐亦可得而观乎[11]？"遂以孔子声见老聃[12]。

老聃方将倨堂而应[13]，微曰："予年运而往矣，子将何以戒我乎？"子贡曰："夫三皇五帝之治天下不同[14]，其系声名一也。而先生独以为非圣人，如何哉？"

老聃曰："小子少进！子何以谓不同？"

对曰："尧授舜，舜授禹，禹用力而汤用兵，文王顺纣而不敢逆，武王逆纣而不肯顺，故曰不同。"

老聃曰："小子少进，余语汝三皇五帝之治天下：黄帝之治天下，使民心一，民有其亲死不哭而民不非也。尧之治天下，使民心亲，民有为其亲杀其服而民不非也。舜之治天，使民心竞，民孕妇十月生子，子生五月而能言，不至乎孩而始谁[15]，则人始有夭矣。禹之治天下，使民心变，人有心而兵有顺，杀盗非杀人，自为种而'天下'耳。是以天下大骇，儒墨皆起。其作始有伦，而今乎妇女，何言哉！余语汝：三皇五帝之治天下，名曰治之，而乱莫甚焉。三

庄子

皇之知，上悖日月之明，下睽山川之精⑯，中堕四时之施。其知憯于蛎虿之尾⑰，鲜规之兽，莫得安其性命之情者，而犹自以为圣人，不可耻乎？其无耻也！"

子贡蹴蹴然立不安⑱。

译文

孔子拜访老聃，与他谈论仁义。老聃说："飞扬的糠屑迷住了眼睛，就会颠倒方向，蚊虻之类的小虫叮了皮肤，就会整夜无法入睡。仁义带给人的祸患就更加悲惨了，以至于使人昏乱糊涂，没有比仁义更严重的祸患了。你要不想让天下人失掉纯厚质朴的本性，就该放任自然运动，顺应自然规律，又何必竭力推广仁义，就像打着鼓去追捕逃亡的人呢？白天鹅即使不天天洗澡，毛色依然是洁白的，黑乌鸦也不必用黑色浸染，毛色依然是乌黑的，乌鸦的黑和天鹅的白都出自自然，没有分辨优劣的必要；名声和荣誉之类的外物，更没必要宣扬。泉水枯竭了，鱼儿在陆地上相互依靠，大口出气，以此来换取一点儿水分，靠口水互相润湿，倒不如在江湖里彼此相忘。"

孔子拜访老聃回来后，整整三天都不说话。弟子问道："先生见了老聃，可对他进行了教诲？"

孔子说："我直到现在才在老聃那看见了真龙啊！龙，合在一起，便成为一个完整的形体，散开后，又成了绚丽的纹彩，乘着云气，在阴阳中修养。我张大嘴巴，久久无法合拢，又怎么教诲老聃呢！"

子贡说："那这样的话，难道有人的形体静默不动，神情像龙那样奔腾，像疾雷那样响亮，又像深渊那样沉静，犹如天地的运行吗？我能见见他吗？"于是子贡就借着孔子的名义去拜访老聃。

老聃正伸着腿在堂上坐着，轻声应答说："我已年迈，你想教导我什么呢？"

子贡说："远古三皇五帝治理天下的方法，虽然各有不同，但都有好的声誉，独独先生认为他们不是圣贤，这是为什么呢？"

老聃说："年轻人，你稍微靠前些！你为什么说他们各有不同呢？"

子贡回答说："尧把帝位让给了舜，舜把帝位让给了禹，大禹致力于治水，汤致力于征伐，文王顺随商纣，不敢有所违逆，武王违逆商纣而不顺随，所以说各有不同。"

老聃说："年轻人，你再稍微靠前些！我给你说说三皇五帝治理天下的情况。黄帝治理天下的时候，百姓心地纯厚质朴，即便死了双亲，不哭泣，人们也不会指责他。唐尧治理天下的时候，百姓恭敬双亲，如果为了敬爱双亲，依照差别而做到亲疏减等，人们也不会指责他。虞舜治理天下的时候，百姓相互竞争，孕妇怀胎十月生下孩子，生下五个月的时候就能开口学话，不到两岁就开始认人问事，所以，人的本性开始有了夭折的现象。夏禹治理天下的时候，百姓相互欺诈，人人都有欺诈之心，杀伐成了理所当然，杀了贼寇就不算杀人，人们各自组成派别，放纵恣肆，所以百姓大受惊扰。儒墨两家又纷纷兴起，刚开始的时候，他们还有伦理，但如今这个样子，还能说什么呢！我给你说：三皇五帝统治天下，名义上是治理，实际上是扰乱人的自然本性，没有比这更惨重的了。三皇的心智，就上来说，遮蔽了日月的光明，就下来说，违逆了山川的规律，就中来说，损害了四季的推移。他们的智慧比蛇蝎之尾还毒，即使是小小的兽类，也无法使本性获得安定，他们却还自认为是圣人。不可耻吗？这是无耻啊！"

子贡听了以后惊恐不定，站着不安。

原文

孔子谓老聃曰："丘治《诗》《书》《礼》《乐》《易》《春秋》六经，自以为久矣，孰知其故矣①，以奸者七十二君，论先王之道而明周、召之迹，一君无所钩用②。甚矣！夫人之难说也？道之难明邪？"

老子曰："幸矣，子之不遇

庄子

易繫辭詩歌德音
道隆德盛盅誠赤心

周公

● 周公旦

治世之君也！夫六经，先王之陈迹也，岂其所以迹哉！今子之所言，犹迹也。夫迹，履之所出，而迹岂履哉！夫白鶂之相视^③，眸子不运而风化^④；虫，雄鸣于上风，雌应于下风而风化。类自为雌雄，故风化。性不可易，命不可变，时不可止，道不可壅。苟得于道，无自而不可；失焉者，无自而可。"

孔子不出三月，复见，曰："丘得之矣。乌鹊孺，鱼傅沫，细要者化，有弟而兄啼。久矣，夫丘不与化为人！不与化为人，安能化人。"

老子曰："可。丘得之矣！"

译 文

孔子对老聃说："我钻研《诗》《书》《礼》《乐》《易》《春秋》这六部经书很久了，通晓各种规章法度，用违背先王治理制度的七十二个君主的例子，论说先王治理天下的方法，显示周公和召公的治绩，但没有一个君主采取我的主张。太难了！是人难以劝说？还是大道难以阐述呢？"

老子说："幸运啊，你没遇到治世的君主！这六经是先王留下来的陈迹，哪里是先王遗迹的本真啊！现在你的言论就犹如足迹。足迹是鞋子走出来的，但足迹不是鞋子啊！白鶂相对而视，眼睛一动不动地引诱，便能孕育生子；对于虫子来说，雄的在上面鸣叫，雌的在下面相应，便能交配生子；同一种类，雌雄两性相互吸引，所以不待交合就生子。本性无法改变，天命无法变更，时光不会滞留，大道也不可壅塞。如果真正得道了，无论哪里，都不会受阻；而丧失大道的人，无论哪里，都无法通达。"

孔子三个月闭门不出，再次拜访老聃说："我终于得道了。鸟是在巢里交尾化生的，鱼儿是借水中泡沫生育的，蜜蜂是自化而育的，生了弟弟，哥哥因失去父母疼爱就经常哭闹。很久以来，我没能随时随物而相应变化！没有随时随物而相应变化，又如何去教化他人呢？"

老子听后说："好啊，你得道了！"

刻 意

《刻意》出自《庄子》外篇，主要内容是阐释养神之道。

文章之始便论述了六种不同的修养方式，只有"淡然无极"才是庄子所肯定的自然之道、圣人之德；然后，谈论修养的方法，关键就是无为，进而保持人纯厚质朴的本性，达到真人的境界。

庄子

原文

刻意尚行①，离世异俗②，高论怨诽③，为亢而已矣。此山谷之士，非世之人，枯槁赴渊者之所好也④。语仁义忠信，恭俭推让，为修而已矣。此平世之士，教诲之人，游居学者之所好也。语大功，立大名，礼君臣，正上下，为治而已矣。此朝廷之士，尊主强国之人，致功并兼者之所好也。就薮泽⑤，处闲旷，钓鱼闲处，无为而已矣。此江海之士，避世之人，闲暇者之所好也。吹呴呼吸⑥，吐故纳新，熊经鸟申，为寿而已矣。此道引之士，养形之人，彭祖寿考者之所好也。若夫不刻意而高，无仁义而修，无功名而治，无江海而闲，不道引而寿，无不忘也，无不有也。淡然无极而众美从之。此天地之道，圣人之德也。

●太公垂钓

注释

①**刻意**：指磨炼心志。②**异**：即与众不同。③**怨诽**：埋怨讥讽时弊。④**枯槁**：干枯，枯萎。这里指钱包焦、介子推等为了仁义毁损身体者。⑤**薮泽**：沼泽野草之地。⑥**吹呴**

张口吐气。

　　在磨炼心志方面严格要求自己，在行为方面超凡脱俗，在言辞方面高谈阔论，怀才不遇时讥讽时弊，这只是表现的孤高罢了。这正是那些隐居者、愤世嫉俗者、洁身自好、愿以身殉志之类的人追求的东西。推广仁爱忠信、恭敬节约、辞让谦逊，这只是注重修身罢了。这正是那些治世人士、教诲之人、周游各国而后讲义讲理之类的人追求的东西。宣扬要建立大功，建树大名，用礼仪规范确定君臣秩序，这只能说致力于治理天下罢了。这正是那些朝廷之臣、推崇强国之士、沉迷于建功立业之类的人追求的东西。在野草湖泽之地行走，悠然自得地生活，以垂钓来消磨时光，这只是无为自在罢了。这正是那些闲游江湖、逃避世俗、无所事事之类的人追求的东西。张口呼吸的话，吐出浊气，吸入清新之气，像黑熊那样攀缘引挂，像鸟儿那样展翅高飞，这只是善于延长寿命罢了。这正是导通气血、善于养身、像彭祖那样长寿之类的人追求的东西。如果不必磨炼心志而德行高洁，不必宣扬仁义而修身养性，不必追逐功名而天下得到大治，不必隐居江湖而心境悠闲，不必舒经活血而长寿，忘却一切，但又什么都完备。虚旷淡然，一切美好事物都集聚在他身边。这才是自然之道，才是无上之德。

　　故曰，夫恬惔寂漠^①，虚无无为，此天地之平而道德之质也。

　　故曰，圣人休休焉则平易矣。平易则恬惔矣。平易恬惔，则忧患不能入，邪气不能袭，故其德全而神不亏。

　　故曰，圣人之生也天行，其死也物化。静而与阴同德，动而与阳同波。不为福先，不为祸始。感而后应，迫而后动，不得已而后起。去知与故，循天之理。故无天灾，无物累，无人非，无鬼责。其生若浮，其死若休。不思虑，不豫谋。光矣而不耀，信矣而不期。其寝不梦，其觉无忧，其神纯粹，其魂不罢^②。虚无恬淡，乃合天德。

　　故曰，悲乐者，德之邪也；喜怒者，道之过也；好恶者，德之失也。故心不忧乐，德之至也；一而不变，静之至也；无所于忤，虚

外篇

一五七

之至也；不与物交，惔之至也；无所于逆，粹之至也。

故曰，形劳而不休则弊，精用而不已则劳^③，劳则竭。水之性，不杂则清，莫动则平，郁闭而不流，亦不能清，天德之象也。

故曰，纯粹而不杂，静一而不变，惔而无为，动而以天行，此养神之道也。

注释

①惔：通"淡"，淡漠，淡泊。②罢：通"疲"，音义同。③劳：因使用过度而困乏。

译文

所以说，恬淡寂静、虚空无为是天地平衡的基准，也是道德的本质。

所以说，圣人总是停留在恬淡寂静、虚空无为的境界里，如此一来，也就没有祸患了。安稳而恬淡，忧患就不会进入内心，邪气也不会侵袭形体，因此，他们的本性完整，内心没有损害。

所以说，圣人因顺遂自然而生，死去时又与万物而同化。平静时，与阴气一样静寂，运动时，又与阳气一样活跃。不是幸福的导向，也不是祸害的起始。受到了外物影响，内心才有所反应，受到了外物的逼迫，才有所行动，在不得已的时候才会兴起。摒弃心智和外物，因循自然的规律。所以没有自然的祸害，没有外物的拖累，没有他人的指责，没有鬼神的非难。他们活着的时候就像在水上漂浮，离世的时候就像劳累后的休息。他们不思虑，也不计谋。光明但不刺眼，守信却不期求。他们睡觉的时候不做梦，醒来的时候也没有忧愁，心神纯净，灵魂从不觉得疲劳。虚空寂静才合乎自然本性。

所以说，悲欢是违背德行的邪妄，喜怒是违逆大道的过失，好恶是忘掉本性的过错。因而，无忧无乐是德行的最高境界；专注不变是清净的最高境界；不冲撞外物是虚无的最高境界；不接触外物是恬淡静寂的最高境界；不违背外物是精粹的最高境界。

所以说，形体劳苦却不休息，就会觉得非常疲乏，精力使用过度却不停止，就会觉得非常困乏，困乏就会精力枯竭。水的本性是不混杂外物就会清澈，不扰动就会宁静，如果堵塞不流通了，就不会纯清，这是自然本质的表现。

所以说，纯粹而不混杂，静寂专一，淡漠而无为，顺随自然运动，这正是养神的道理。

原 文

夫有干越之剑者^①，柙^{xiá}而藏之^②，不敢用也，宝之至也。精神四达并流，无所不极，上际于天，下蟠于地^③，化育万物，不可为象，其名为同帝。纯素之道，唯神是守。守而勿失，与神为一。一之精通，合于天伦^④。野语有之曰："众人重利，廉士重名，贤人尚志，圣人贵精。"故素也者，谓其无所与杂也；纯也者，谓其不亏其神也。能体纯素，谓之真人。

注 释

①**干越**：即吴国、越国，在春秋时代以铸剑著称。②**柙**：盛放物的匣子。③**蟠**：遍及，遍布。④**天伦**：天理，这里指自然之理。

译 文

今有吴越铸造的宝剑，把它秘密藏起来，不敢轻易使用，因为它是最宝贵的。精神贯通四方，没有达不到的地方，上临近天，下遍布整个大地，养育万物，却找不到它的形迹，它的功用就像天帝一般。纯厚质朴的大道，就是持守心神，持守心神就能不失掉本真，与精神融为一体，浑一就能使精神畅通无阻，也就与自然之理相和。俗语有这种说法："普通人注重私利，清廉之人注重名声，贤能之人推崇心志，圣哲之人崇尚素朴的精神。"因此，所谓素，就是没有混杂的东西，所谓纯，就是自然本性没有损害。如果能体悟了纯和素，就能称为真人了。

缮 性

《缮性》出自《庄子》外篇，主要内容仍然是谈论修身养性。

文章开头以对儒家仁义的批判来提出"以恬养知"的主张，定下全文的基调；然后，缅怀远古时代，指出随着社会的发展德行日益衰退，究其原因是仁义的推行，进而提出要"反性""乐全"，以至能返归本真。

原 文

缮性于俗学^①，以求复其初；滑欲于俗思^②，以求致其明：谓之

外篇

一五九

蔽蒙之民。

古之治道者，以恬养知。知生而无以知为也，谓之以知养恬。知与恬交相养，而和理出其性。夫德，和也；道，理也。德无不容，仁也；道无不理，义也；义明而物亲，忠也；中纯实而反乎情，乐也；信行容体而顺乎文③，礼也。礼乐徧行，则天下乱矣。彼正而蒙己德，德则不冒，冒则物必失其性也。

注释

①缮：修治，修补。**俗学**：这里指当时社会上流行的儒家、法家之学等。②滑：通"汩"，乱。③**信行**：以信为行。**文**：礼乐制度。

译文

依据世上流通的方法修治性情，依靠仁义礼乐的学说追求自然的本性；心神早被扰乱，还期望能通达，这就是愚昧之人。

古时钻研道术的人，以寂静调养心神；心神生成，却不靠智慧行事，这就是以心神调养寂静。心神和寂静相互调养，所以协和顺随之理就会显现出来。德，就是协和；道，就是顺遂。德无所不包，就合乎了仁；道无所不随，就合乎了义。义理得以阐明，因而，物类得以相亲，这就是忠；心中纯厚质朴，能返归本真，这就是乐；信实显著，合乎礼仪规范，这就是礼。如果偏执地推广礼乐，那天下定会大乱。各人都端正自己的德性，不相影响、强制，如果有所强制，那万物定会失掉自然本性。

原文

古之人，在混芒之中①，与一世而得淡漠焉②。当是时也，阴阳和静，鬼神不扰，四时得节，万物不伤，群生不夭，人虽有知，无所用之，此之谓至一③。当是时也，莫之为而常自然。

逮德下衰④，及燧人、伏羲始为天下⑤，是故顺而不一。德又下衰，及神农、黄帝始为天下，是故安而不顺。德又下衰，及唐、虞始为天下，兴治化之流，枭淳散朴，离道以善，险德以行，然后去性而从于心。心与心识知，而不足以定天下，然后附之以文，益之以博。

文灭质，博溺心，然后民始惑乱，无以反其性情而复其初。由是观之，世丧道矣，道丧世矣。世与道交相丧也，道之人何由兴乎世，世亦何由兴乎道哉！道无以兴乎世，世无以兴乎道，虽圣人不在山林之中，其德隐矣。隐故不自隐。

注 释

①混芒：混沌蒙昧。②淡漠：这里指恬淡无为。③至一：最纯粹的境界，即物我为一的状态。④逮：及，等。⑤燧人、伏羲：原始部落的首领。燧人氏，发明了钻木取火；伏羲氏，善于织网、驯兽。

译 文

古代的人，在混沌蒙昧的境况里生活，与外界融为一体，人们都恬淡无为。这个时候，阴阳谐和平静，鬼神也不来干扰，四时因循规律变化，万物都没有受到损害，诸多有生命的事物都能尽享年寿，人们即使有智慧，也没地方用它，这就是最纯粹的物我浑一的状态。这个时候，人们什么也不做，持守着天然。

到了燧人氏、伏羲氏治理天下的时候，道德衰微，天下大治，但已无法保持浑然为一的状态。到了神农氏和黄帝治理天下的时候，道德再度衰微，社会安定，但已无法顺遂百姓的心愿。到了唐尧、虞舜治理天下的时候，道德再度衰微，开始了规范和教化的风尚，纯厚质朴之风遭到毁坏，背离大道，少有德行，自此之后，人们摒弃了自然本性，顺遂各自的私心。人们都有智慧，天下就无法安定，然后又穿着华丽的文饰，增加了广博的俗学。文饰华丽破坏了质朴之风，广博的俗学蒙蔽了纯真的内心，随后人民就开始迷乱了，无法归附原始的本性。从这点来看，人世失掉了自然之道，自然之道也使人世丧失。人世和道交相失却，有道之人怎能立足于人世，人世又怎能振兴自然之道？道无法在世间流通，世间也无法让道得以流通，圣贤即便不生活在山林之中，他的德行也必然会被隐没。说到退隐，如果生不逢时，不隐居便已自隐。

原 文

古之所谓隐士者，非伏其身而弗见也，非闭其言而不出也，非藏其知而不发也，时命大谬也①。当时命而大行乎天下，则反一无迹；不当时命而大穷乎天下②，则深根宁极而待：此存身之道也。

古之存身者，不以辩饰知，不以知穷天下，不以知穷德，危然处其所而反其性③，已又何为哉！道固不小行，德固不小识。小识伤德，小行伤道。故曰：正己而已矣。

乐全之谓得志。古之所谓得志者，非轩冕之谓也④，谓其无以益其乐而已矣。今之所谓得志者，轩冕之谓也。轩冕在身，非性命也，物之傥来⑤，寄者也。寄之，其来不可圉⑥，其去不可止。故不为轩冕肆志，不为穷约趋俗，其乐彼与此同，故无忧而已矣！今寄去则不乐，由是观之，虽乐，未尝不荒也⑦。故曰：丧己于物，失性于俗者，谓之倒置之民。

【译 文】

古时所谓的隐士，不是不见世人，不是闭口不言，也不是遮掩才智，而是因为时代和命运相背离啊。当时代和命运都顺遂自然而通达天下的时候，圣人就会回归浑一之境，了无踪迹。当时代不顺、命运不济而天下困顿的时候，就固守根本、持守静寂等待，这是保全自己的途径。

古时候善于保全自己的人，不用辩说来显露智慧，不用智慧使天下人困顿，也不使德行受到干扰，独立生活在自己所在的境域，回归自然本性，又何必一定要做些什么呢！大道本就不是世俗之人能通达的，大德也不是世俗之人能鉴识的。世俗之见会损害大德，世俗之行也会损害大道。因此，端正自身就可以了。

保持本性就能说得志了。古时所说的得志，不是有高的地位，而是有出于自然的惬意，不必增添什么罢了。现在人们所说的得志，才是指有高的地位。安富尊荣在身，却不是出于自然，就像偶然间得到的外物，是临时寄存的东西。既然是寄存，来了不必阻止，离开了也不必劝阻。所以不要为了安富尊荣而恣肆放纵，不能因为贫穷潦倒而趋附庸俗，不管是身处安富尊荣，还是贫穷潦倒，其间的惬意相同，也就没了忧愁。如今寄存之物离开，便觉得无法惬意生活，从这点来看，就算真正有过惬意也是迷乱了自然本性的。所以说，因为外物而失去自身，因为庸俗而失去自然本性的人，是颠倒了本末的人。

秋 水

　　《秋水》出自《庄子》外篇，主要内容是阐释庄子的认识论，认为人要顺应自然，要认识到一切事物的相对性。

　　文章的主体部分是河神与北海若的七问七答，借此说明事物大小、精粗、贵贱的相对性，进而阐明无为而自化的思想，提出人要顺应自然行事，持守自然本性；然后，又写了六个寓言故事，各个故事相互独立，主要是表达人只有与自然融为一体才能获得真正的悠然逍遥。另外，文章多次谈论到事物的相对性、多样性，具有一定的朴素辩证法的倾向。

原　文

　　秋水时至，百川灌河。泾流之大，两涘渚崖之间^{si}①，不辩牛马。于是焉河伯欣然自喜②，以天下之美为尽在己。顺流而东行，至于北海，东面而视，不见水端。于是焉河伯始旋其面目，望洋向若而叹曰③："野语有之曰④：'闻道百，以为莫己若者⑤。'我之谓也。且夫我尝闻少仲尼之闻而轻伯夷之义者⑥，始吾弗信。今我睹子之难穷也，吾非至于子之门则殆矣，吾长见笑于大方之家⑦。"

　　北海若曰："井蛙不可以语于海者⑧，拘于虚也；夏虫不可以语于冰者，笃于时也⑨；曲士不可以语于道者⑩，束于教也。今尔出于崖涘，观于大海，乃知尔丑，尔将可与语大理矣。天下之水，莫大于海：万川归之，不知何时止而不盈；尾闾泄之⑪，不知何时已而不虚；春秋不变，水旱不知。此其过江河之流，不可为量数⑫。而吾未尝以此自多者，自以比形于天地⑬，而受气于阴阳，吾在于天地之间，犹小石小木之在大山也。方存乎见少，又奚以自多！计四海之在天地之间也，不似礨空之在大泽乎⑭？计中国之

外篇

一六三

在海内，不似稊米之在大仓乎⑮？号物之数谓之万⑯，人处一焉⑰；人卒九州⑱，谷食之所生，舟车之所通。此其比万物也，不似豪末之在于马体乎⑲？五帝之所连⑳，三王之所争㉑，仁人之所忧，任士之所劳㉒，尽此矣！伯夷辞之以为名，仲尼语之以为博。此其自多也，不似尔向之自多于水乎㉓？"

注释

①涘：水边，岸边。渚：水中的小洲。②河伯：即黄河之神，相传姓冯名夷。③望洋：即"望羊"，仰视的样子。若：北海海神之名。④野语：俗语。⑤莫己若：即莫若己，不如自己。⑥尝：曾经。少：贬低。仲尼：孔子的字。伯夷：殷商孤竹君之子，不满武王伐纣，不食周粟而死。⑦见：被。大方之家：极有修养的人。⑧语于海：谈及大海。⑨笃：限制。⑩曲士：乡曲孤陋寡闻之人，这里指乡曲狭隘之人。⑪尾闾：相传是泄海水的地方。⑫为量数：计量和计算。⑬比：寄托，托付。⑭礨空：石间的小孔。⑮稊米：细小的米粒之类的。⑯号：宣称。⑰人处一焉：人是其中之一。⑱人卒：众人，人众。⑲豪末：即毫毛之末。豪，通"毫"。⑳五帝：说法不一，一般认为是黄帝、颛顼、帝喾、尧、舜。㉑三王：即夏启、商汤、周武王。㉒任士：以天下为己任的人。㉓向：先前，从前。

译文

秋水按时汹涌而至，上百条大川汇入黄河，水流急剧泻下，两岸和水中沙洲之间水面宽广，连牛马都无法分辨。于是，河伯欣然自乐，认为天下所有美好的东西都汇聚到这里了。河伯顺着水流向东而去，到了北海边，往东边一望，看不到尽头。于是河伯改变先前的沾沾自喜，仰视着海神，感叹道："俗语有这样的说法：'听过了很多道理，便以为天下没有谁能比得上自己了。'这大概说的就是我啊。而且我曾听说有人认为孔丘懂得的知识太少，还轻视伯夷的高义，刚开始的时候我不敢相信；如今亲自看到了你的浩瀚广博，如果我没来到你的门前，那就危险了啊，我定会受到那些极有修养的人的耻笑。"

北海海神若说："你无法与井里的青蛙谈论大海，因为它们受到生活范围的限制；你无法与夏季的虫子谈论冰冻，因为它们受到生活时令的限制；你无法与乡曲之士谈论大道，因为他们受到教化的约束。现在你从河流出来，见了大海，知道了自己的浅陋，这样就可以与你谈论大道了。天下的水，没有比大海还大的，千万条河流汇入

庄子

无休无止，但大海却从不会溢出；海底的尾闾泄漏海水，无休无止，但海水水量却从不曾减少；无论春天还是秋天，海水都没有变化，无论水涝还是干旱，海水也都没有增减。这说明大海的水量远远超过了江河，无法计算估量。可我从不曾自大，因为我认为这是从天地那里秉承了形体，从阴阳那里接受了元气，在天地之间，我就像大山中的一小块石头、一小块木屑。我只觉得我很渺小，又怎会自负？想想看，于天地而言，四海不就像大泽中小小石块的孔隙吗？再想想看，于四海而言，中原大地不就像大粮仓库里那细碎的米粒吗？事物的称呼有千千万万，人类只是其中之一；人们居于九州，靠吃谷物生存，靠舟车来往。就个人对万物而言，不就像整匹马的毫毛之末吗？五帝所禅让的，三王所争夺的，仁人所焦虑的，贤才所操持的，都像这毫末般地不值一提啊！伯夷辞让而博取名声，孔丘谈论而显示博识。这大概就是自满，不就像你先前在河水上涨时的沾沾自喜吗？"

河伯曰："然则吾大天地而小豪末，可乎？"

北海若曰："否。夫物，量无穷①，时无止，分无常②，终始无故。是故大知观于远近，故小而不寡③，大而不多：知量无穷。证向今故④，故遥而不闷⑤，掇而不跂⑥：知时无止。察乎盈虚，故得而不喜，失而不忧：知分之无常也。明乎坦涂⑦，故生而不说，死而不祸：知终始之不可故也。计人之所知，不若其所不知；其生之时，不若未生之时；以其至小，求穷其至大之域，是故迷乱而不能自得也。由此观之，又何以知豪末之足以定至细之倪⑧，又何以知天地之足以穷至大之域！"

①量无穷：物有无穷大和无穷小。②分无常：得失无常。③寡：小。④向今：即今昔。⑤遥：远，这里指长寿。闷：郁闷。⑥掇：拾取，这里指相距很近。跂：求，追求。⑦坦涂：即平坦的大道。涂，通"途"。⑧倪：头绪，限度。

河伯说："既然如此，那我把天地看成是最大的，把毫毛之末看成是最小的，这样可以吗？"

北海海神若回答说："不可以。万物是无穷无尽的，时间是无止无息的，得失没有确定的常规，终始也没有固定的因由。所以有大智大慧的人观察万物，不依据远近评说，物量小，不认为是少，物量大，也不认为就是多：因为他明白物量是无穷无尽的。大智大慧之人通晓古今的各种情况，所以不因寿命久远而感到厌烦，不因生命短暂而强求寿诞：因为他知道时间是无止无息的。大智大慧之人洞悉万物的盈亏规律，因而即使有所得也不欢喜，有所失也不忧伤：因为他知道得失无常规。大智大慧之人明白生死之间没有阻隔，因而活着的时候不会欣喜，离世的时候也不认为这是祸患：因为他知道终始是变化的不能固定。算一算人知晓的知识，其实他不知道的更多；他存活的时间，其实他不在人世的更长；如果用极其有限的知识去探究无穷无尽的万物，就会使内心迷乱，最终什么也得不到！从这点来看，又怎能判定毫毛之末就是事物最小的限度呢？又怎能确定天地就是事物最大的界限呢？"

庄子

原文

河伯曰："世之议者皆曰：'至精无形，至大不可围①。'是信情乎②？"

北海若曰："夫自细视大者不尽，自大视细者不明。夫精，小之微也；垺③，大之殷也：故异便。此势之有也④。夫精粗者，期于有形者也⑤；无形者，数之所不能分也；不可围者，数之所不能穷也。可以言论者，物之粗也；可以意致者⑥，物之精也；言之所不能论，意之所不能察致者，不期精粗焉⑦。是故大人之行⑧：不出乎害人，不多仁恩；动不为利，不贱门隶⑨；货财弗争，不多辞让；事焉不借人，不多食乎力，不贱贪污；行殊乎俗，不多辟异⑩；为在从众⑪，不贱佞谄⑫；世之爵禄不足以为劝，戮耻不足以为辱；知是非之不可为分，细大之不可为倪。闻曰：'道人不闻，至德不得，大人无己。'约分之至也。"

注释

①围：环绕，围绕。②信情：实情。③垺：通"郛"，外城。④势：自然形势。⑤期：定，限定。⑥意致：运用思维能够达到的。⑦不期精粗：不限于精粗，这里指自然之道。

⑧**大人**：圣人，至人。⑨**贱**：轻视，鄙视。**隶**：奴隶，仆隶。⑩**多**：夸，夸赞。⑪**从众**：随俗，顺俗。⑫**佞谄**：阿谀奉承地献媚。

译 文

河伯说："世间人们总谈论说'最小的东西没有形体，最大的东西没有范围'这话可信吗？"

北海海神若回答说："从细微的角度看庞大的事物是不可能全面的，从巨大的角度看细小的东西也是不可能明晰的。所谓细微，就是小中之小；所谓庞大，就是大中之大；大小不同，其自然本性也各有不同之处。这是自然界固有的态势。所谓细微与庞大，仅仅限于有形体的事物，至于那些没形体的事物，是无法用计数分解的；至于无法限定范围的事物，更无法用数来穷尽。语言谈论的东西都是事物的外在现象；意识传达的东西才是事物精细的内在本质。语言无法谈论的，意识无法传达的，也就不能用精粗来限定范围了。所以，至人的行为，不会对人造成伤害，也不会给人恩泽；他的行为都不是为了逐利，也不会鄙视守门差役之类的人。无论有什么财物他都不去争抢，也不看重谦逊辞让；做事的时候，不借助他人的力量，但也不倡导自食其力，也不会看不起贪心污秽；他的行为虽然与世俗不同，但也不提倡怪僻乖异；他行为随世俗之人，不认为奉承献媚是卑贱的；他不受安贵尊荣的诱惑，不把刑戮侮辱看成是耻辱的；因为他明了是非界线是无法划分的，也明白大小是无法确定界限的。听说：'体悟大道的人不求闻名于世，至人不求有所得，清虚寂静的人能忘掉自己。'这是约束自己而达到了极高的境界啊。"

原 文

河伯曰："若物之外①，若物之内，恶至而倪贵贱②？恶至而倪小大？"

北海若曰："以道观之，物无贵贱；以物观之，自贵而相贱；以俗观之，贵贱不在己。以差观之，因其所大而大之，则万物莫不大；因其所小而小之，则万物莫不小。知天地之为稊米也，知豪末之为丘山也，则差数睹矣③。以功观之，因其所有而有之，则万物莫不有；因其所无而无之，则万物莫不无；知东西之相反而不可以相无④，则功分定矣⑤。以趣观之⑥，因其所然而然之⑦，则万物莫不

● 舜受禅让

庄子

然；因其所非而非之，则万物莫不非。知尧、桀之自然而相非⑧，则趣操睹矣⑨。昔者尧、舜让而帝，之、哙（kuài）让而绝⑩；汤、武争而王，白公争而灭⑪。由此观之，争让之礼，尧、桀之行，贵贱有时，未可以为常也。梁丽可以冲城⑫，而不可以窒穴⑬，言殊器也⑭；骐骥骅骝一日而驰千里⑮，捕鼠不如狸狌（lí shēng）⑯，言殊技也。鸱鸺（chī xiū）夜撮（cuō）蚤⑰，察豪末，昼出瞋（chēn）目而不见丘山⑱，言殊性也。故曰：盖师是而无非⑲，师治而无乱乎？是未明天地之理，万物之情者也。是犹师天而无地，师阴而无阳，其不可行明矣！然且语而不舍⑳，非愚则诬也㉑！帝王殊禅㉒，三代殊继。差其时，逆其俗者㉓，谓之篡夫㉔；当其时，顺其俗者，谓之义之徒㉕。默默乎河伯㉖，女恶知贵贱之门㉗，小大之家！"

注释

①若：指示代词，这个。②恶：怎么。③睹：明了。④东西：这里指相互对立而又相互依赖的方向。⑤功分：功能，功效。⑥趣：通"趋"，走向。⑦然：肯定之意。⑧相非：相互以对方为非。⑨趣操：倾向和操守。⑩之：名子之，是燕王哙时代的相。哙：燕王。⑪白公：名胜，楚平王的孙子，父亲是太子建，因作乱而死。⑫丽：屋梁，栋梁。⑬窒穴：堵塞巢穴。⑭器：器具，器物。⑮骐骥：指良马。骅骝：指骏马。⑯狸狌：野猫和黄鼠狼。⑰鸱鸺：指猫头鹰。撮：抓，取。⑱瞋目：瞪着眼睛。⑲盖：通"盍"，何不。⑳且：抑或，或者。㉑诬：欺骗，欺诈。㉒帝：五帝。王：三皇。㉓逆其俗：违逆世态人情。㉔篡夫：篡权夺位的人。㉕义之徒：合乎道义之人。㉖默默：静下来，安静。㉗恶知：怎知，如何知道。

　　河伯说：“那事物的外表以及内在，如何区分它们的贵贱？又如何来区别它们的大小？”

　　北海海神若回答说：“从自然本性的角度看，万物虽有不同，但没有贵贱之分。从万物自身的角度看，各以为贵，以他物为贱。从世俗的角度看，贵贱的差别与事物本身无关。如果按照事物自身的大而认为大，那事物就没有不大的；如果按照事物自身的小而认为小，那事物就没有不小的；要明白天地虽大，但比起更大的事物也如米粒一样小；要明白毫毛之末虽小，但比起更小的东西也如山丘一样大，所以万物的差别也就很清楚了。从事物功用的角度看，如果根据万物之有用而确认其有，则万物莫不有；如果依据万物之无用而确认其无，则万物莫不无；知道了东与西的方向相互对立却又不可脱离，那事物的功用和本性就能确定了。从人们对事物倾向的角度看，如果依据事物肯定的一面而加以肯定，那事物就没有不能肯定的；如果依据事物否定的一面而加以否定，那万物就没有不能否定的；知道了尧和桀都自以为正确又认为对方是错的，那人们的倾向和持守就能看明白了。当初，唐尧、虞舜因禅让而统治天下，宰相子之与燕王哙却因禅让而几乎使燕国灭亡；商汤、周武王因争抢天下而成为君主，白公胜夺取王位却招来杀身之祸。从这点来看，争夺与禅让的法度，尧与桀的做法，认可抑或鄙弃是因时而异的，不能把它们看成亘古不变的规律。栋梁之木可以用来撞击敌城，却不能拿来堵塞巢穴，这是说器物各有各的用处啊。骏马良驹一天能跑上千里，但捉老鼠却比不上野猫和黄鼠狼，这是说它们各有各的技能啊。猫头鹰夜里可以抓到小小的跳蚤，明察毫毛之末，可白天瞪着眼睛也看不到高大的山丘，这是说各有各的本性啊。所以说：何不只效法对的一面而摒弃错的一面、推崇大治而排挤祸乱呢？这是因为不通晓自然之道，就像是只看重天而鄙视地，只看重阴而鄙视阳，很明显这是不可行的。但还是喋喋不休，不是蒙昧就是欺骗了！远古帝王的禅让方式各不相同，夏、商、周三代的继承方式也各有不同。违逆世俗的人，被称为是篡逆之人；随顺世俗的人，被称为是合乎道义之士。静下来吧！河伯，你怎会明了万物间贵贱、大小的差别啊！”

　　河伯曰：“然则我何为乎？何不为乎？吾辞受趣舍^①，吾终奈何？”

　　北海若曰：“以道观之，何贵何贱，是谓反衍^②；无拘而志^③，与道大蹇^④。何少何多，是谓谢施^⑤；无一而行，与道参差^⑥。严乎若国之有君^⑦，其无私德；繇繇乎若祭之有社^⑧，其无私福；泛泛乎其若四方之无穷^⑨，其无所畛域^⑩。兼怀万物，其孰承翼^⑪？是谓无方。万物一齐，孰短孰长？道无终始，物有死生，不恃其成^⑫。一虚一满，不位乎其形^⑬。年不可举^⑭，时不可止。消息盈虚^⑮，终则有始。是所以语大义之方^⑯，论万物之理也。物之生也，若骤若驰^⑰。无动而不变，无时而不移。何为乎，何不为乎？夫固将自化。"

注释

①辞：辞让，谢绝。趣舍：即趋舍，进取或退止。②反衍：反复衍化。③而：你。④蹇：困苦，阻塞。⑤谢：代谢。施：延续。⑥参差：高低长短不一。⑦严：通"俨"，威严的样子。⑧繇繇：通"悠悠"，自由自得的样子。⑨泛泛：水涨满溢的样子。⑩畛域：界，界限。⑪翼：保护，庇护。⑫恃：依凭，依靠。⑬位：守。⑭年：年岁，岁月。⑮息：增长，生长。盈：充实，满。虚：虚无，虚空。⑯大义之方：指大道之理。⑰骤：马奔驰。驰：车马快跑。

译文

河伯说："既然这样，那我该做什么？又不该做什么？我该如何推辞接纳，如何进取舍弃，到底该怎么办？"

北海海神若回答说："从道的角度来观察，贵贱是循环往复的；不要束缚你的心志，违逆了大道之理。多少是更替续延的；如果偏执于事物的一个方面，就跟大道之理不一致了。要像一国君主那样威严，没有任何偏私的恩泽；要像被祭祀的土地神那样悠然，没有一点儿偏向的赐福；要像通达四方那样浩瀚，没有限制的界限；要包藏万物，谁独有所蒙受恩泽或是有所庇护？这就是不偏私事物的任何一个方面。世间万物本是浑一的，哪有优劣？大道之理是没有终始的，但万物却是有死生的，因而不能依凭一时的成就。万物忽而虚无，忽而充实，从不固守于某一形体。岁月无法挽留，时间不会止息，万物的消减增长、充实虚无，终结后便又有了新的开始。这样就能讨论大道的基准，评说万物的义理了。万物生息像马儿奔腾，像马车疾行，时时刻刻都在变化。该做什么，不该做什么？本来就是自然变化啊。"

原文

河伯曰："然则何贵于道邪？"

北海若曰："知道者必达于理，达于理者必明于权①，明于权者不以物害己。至德者，火弗能热②，水弗能溺，寒暑弗能害，禽兽弗能贼③。非谓其薄之也④，言察乎安危，宁于祸福，谨于去就⑤，莫之能害也。故曰：'天在内，人在外，德在乎天⑥。'知天人之行⑦，本乎天，位乎得，踯躅屈伸⑧，反要而语极⑨。"

注释

①权：权变，应变。②弗：不，无。③贼：用作动词，伤害。④薄：迫，迫近。⑤就：趋附，依附。⑥在乎：即顺乎，体现。⑦知：懂得，了解。⑧踯躅：徘徊不定的样子。⑨反：通"返"，归。

译文

河伯说："既然这样，那为什么还崇尚大道呢？"

北海海神若回答说："通晓大道的人定能通达事理，通达事理的人定会知晓应变，知晓应变的人定不因外物而损伤自己。至于至人，烈火烧不到他，洪水淹不到他，严寒酷暑干扰不到他，禽兽也伤不到他。不是他能免受损害，而是他能细察安危，安于贫富，谨慎地对待离弃和进取，所以没有东西能伤害到他。所以说：'天然隐含于内，人为表露于外，至德则顺随自然。'通达人的行为和自然规律，处于悠然自得的境域，进退不定，屈伸无常，也就能归附大道，探讨至极之理了。"

原文

曰："何谓天？何谓人？"

北海若曰："牛马四足，是谓天；落马首①，穿牛鼻，是谓人。故曰：'无以人灭天，无以故灭命②，无以得殉名③。谨守而勿失，是谓反其真。'"

注释

①落：通"络"，原指马笼头，这里用作动词，戴马笼头。②故：造作。③殉：追求，求取。

河伯说:"那什么是天然?什么是人为?"

北海海神若回答说:"牛马有四只脚,就是天然;把马笼头套在马头上,用牛鼻环贯穿牛鼻,就是人为。因此说:'不要用人为毁坏天然,不要用有意毁坏自然本性,不要为追求名声而牺牲掉自然本性。谨慎地持守自然本真,就是返归本性了。'"

原 文

夔怜蚿^①,蚿怜蛇,蛇怜风,风怜目,目怜心。

夔谓蚿曰:"吾以一足趻踔而行^②,予无如矣。今子之使万足,独奈何?"

蚿曰:"不然。子不见夫唾者乎?喷则大者如珠,小者如雾,杂而下者不可胜数也。今予动吾天机^③,而不知其所以然。"

蚿谓蛇曰:"吾以众足行,而不及子之无足,何也?"

蛇曰:"夫天机之所动,何可易邪?吾安用足哉!"

蛇谓风曰:"予动吾脊胁而行,则有似也^④。今子蓬蓬然起于北海^⑤,蓬蓬然入于南海,而似无有,何也?"

风曰:"然,予蓬蓬然起于北海而入于南海也,然而指我则胜我^⑥,鳅我亦胜我^⑦。虽然,夫折大木,蜚大屋者^⑧,唯我能也。"

故以众小不胜为大胜也。为大胜者,唯圣人能之。

注 释

①夔:古代传说中只有一只脚的异兽。怜:羡慕,爱慕。蚿:多只脚的虫子。②趻踔:跳着走。③天机:天生特有的机能。④有似:即"似有",就像有脚似的。⑤蓬蓬然:风动起来的声音。⑥指我:用手挡风。⑦鳅:同"蹴"踢,践踏。⑧蜚:通"飞",飞起,刮起。

译 文

夔艳慕蚿,但蚿艳慕蛇,蛇艳慕风,但风艳慕眼睛,眼睛又艳慕心灵。

夔对蚿说:"我靠一只脚跳着走,没有比我更简便的了。如今你用上万只脚走路,是怎样的呢？"

蚿说道："不对啊。你没见过那吐唾沫的人吗？大的唾沫像珠子那么大，小的像雾霭那么小，混杂着喷落的无法计数。我只是靠天生的机能走路，我也不知道为什么这样。"

蚿对蛇说："我有上万只脚反倒没有你这没脚的快，这是为什么？"

蛇回答说："我靠天生的机能走路，怎能更改？哪里用得着脚啊！"

蛇对风说："我靠我的脊梁和腰胁爬行，但还是像有脚走路一样。而今，你呼呼地从北海上飞起，又呼呼地向南海刮去，没有任何踪迹，这是为什么？"

风回答说："是的，我呼呼地从北海刮到南海。可人们用手挡我，我吹不断他们的手指，用脚踏我，我也吹不断他们的脚。即便如此，但只有我能折断大树，吹翻房屋。"

因而，这就是在细小的方面无法获胜，却能在大的方面获胜。而能获得大的胜利的，只有圣贤才可以做到。

原 文

孔子游于匡^①，宋人围之数匝^②（zā），而弦歌不惙^③（chuò）。子路入见，曰："何夫子之娱也？"

孔子曰："来，吾语女。我讳穷久矣^④，而不免，命也；求通久矣，而不得，时也。当尧、舜而天下无穷人^⑤，非知得也^⑥；当桀、纣而天下无通人，非知失也：时势适然^⑦。夫水行不避蛟龙者，渔父之勇也；陆行不避兕（sì）虎者^⑧，猎夫之勇也；白刃交于前，视死若生者，烈士之勇也；知穷之有

● 匡人解围

命,知通之有时,临大难而不惧者,圣人之勇也。由,处矣^⑨！吾命有所制矣！"

无几何,将甲者进^⑩,辞曰:"以为阳虎也^⑪,故围之；今非也,请辞而退。"

注 释

①匡:春秋时代卫国的地名。②匝:周。③憖:通"辍",停止。④讳:忌讳,避讳。⑤穷人:不得志之人。⑥知:通"智",心智,智慧。⑦时势适然:碰到时运。⑧兕:古代一种雌性的犀牛的名称。⑨处矣:安居,安排。⑩将:率领,带领。⑪阳虎:原是鲁国季孙氏的家臣,后篡取了政权,又带兵攻打匡地,匡地百姓十分憎恨他。

译 文

孔子游历到了匡地,当地百姓把他层层围了起来,但孔子还弹琴吟咏。子路进来看见孔子,说:"先生为何还如此欢愉呢？"

孔子说:"来,我跟你说。我避讳困顿很久了,但还是无法免除,这就是命运啊。我追逐通达也很久了,但还是没有达到,这就是时运啊。在尧、舜治理天下的时候,天下百姓没有不得志的,并不是他们才智过人；在桀、纣治理天下的时候,天下百姓没有得志的,也不是他们才智不行。这都是时运酿成的啊。在水里行动,不回避蛟龙,是渔夫勇敢的体现；在陆地行动,不回避犀牛和老虎,是猎人勇敢的体现；白刃交错,却视死如归,是壮烈之人勇敢的体现；明了困顿潦倒是上天注定,知晓顺利通达是时运酿成,即使面临大难,一点儿也不畏惧,是圣人勇敢的体现。子路啊,你还是安心对待吧！这是注定要受到限制啊！"

没多久,一个领着兵士的将领走了进来,抱歉地说:"百姓以为你是阳虎,所以就围住了你；如今知道你不是了,我特向你道歉,会立即撤离。"

原 文

公孙龙问于魏牟曰^①:"龙少学先王之道,长而明仁义之行；合同异^②,离坚白^③；然不然,可不可；困百家之知,穷众口之辩:吾自以为至达已。今吾闻庄子之言,汒然异之^④。不知论之不及与？知之弗若与？今吾无所开吾喙^⑤,敢问其方。"

公子牟隐机大息^⑥,仰天而笑曰:"子独不闻夫埳井之蛙乎^⑦？

谓东海之鳖曰：'吾乐与！出跳梁乎井干之上⑧，入休乎缺甃之崖⑨。赴水则接腋持颐⑩，蹶泥则没足灭跗⑪。还虷蟹与科斗⑫，莫吾能若也。且夫擅一壑之水⑬，而跨跱埳井之乐⑭，此亦至矣。夫子奚不时来入观乎？' 东海之鳖左足未入，而右膝已絷矣⑮。于是逡巡而却⑯，告之海曰：'夫千里之远，不足以举其大；千仞之高，不足以极其深。禹之时，十年九潦⑰，而水弗为加益；汤之时，八年七旱，而崖不为加损⑱。夫不为顷久推移⑲，不以多

●公孙龙

少进退者，此亦东海之大乐也。' 于是埳井之蛙闻之，适适然惊⑳，规规然自失也㉑。且夫知不知是非之竟，而犹欲观于庄子之言，是犹使蚊负山，商蚷驰河也㉒，必不胜任矣。且夫知不知论极妙之言，而自适一时之利者㉓，是非埳井之蛙与？且彼方跐黄泉而登大皇㉔，无南无北，奭然四解㉕，沦于不测㉖；无东无西，始于玄冥㉗，反于大通㉘。子乃规规然而求之以察㉙，索之以辩，是直用管窥天，用锥指地也，不亦小乎？子往矣！且子独不闻夫寿陵余子之学行于邯郸与㉚？未得国能，又失其故行矣，直匍匐而归耳。今子不去，将忘子之故，失子之业。"

公孙龙口呿而不合㉛，舌举而不下，乃逸而走。

注释

①公孙龙：姓公孙，名龙，战国时代名家学派的代表人物。②合同异：名家学派

的论题，即把事物的共同点绝对化，合异为同。③离坚白：名家学派的又一论题，《齐物论》篇也出现过。④汒然：即茫然。汒，通"茫"。⑤喙：嘴，鸟嘴。⑥隐机大息：倚着几案叹息。隐，倚，靠；机，通"几"。⑦埳井：浅井。埳，通"坎"。⑧跳梁：即跳踉，跳跃。⑨甃：砌砖的井壁。⑩颐：下巴。⑪蹶：踏，践踏。趺：脚背。⑫虷：一说蚊子的幼虫，一说井中赤虫。⑬擅：专，独占。壑：坑。⑭跱：通"峙"，踞立，高耸。⑮絷：绊。⑯逡巡：徘徊不决的样子。⑰潦：通"涝"，雨大而造成水流过多。⑱损：损失，减少。⑲顷：短暂，暂时。⑳适适然：惊惧的样子。㉑规规然：局促的样子。㉒商蚷：马蚿，一种生活在陆地上的虫子。㉓适：奉迎，逢迎。㉔跐：踩，踏。㉕爽然：释然的样子。㉖沦：入，没。㉗玄冥：深远玄妙之境。㉘大通：无不通达之境。㉙乃：竟，竟然。㉚寿陵：燕国的一个地名。邯郸：赵国的都城。㉛呿：张大口。

（译 文）

公孙龙问魏牟说："我从小学习古代的圣王之道，长大后明白了仁义的操行；能把事物的异同合而为一，把一个事物区分开来；能把不对的说成是对的，把不宜的看成是合宜的；能使百家的智慧之人迷惑不解，使众多善辩之人百口莫辩：我认为我是最通达的了。而今，我听了庄子的言论，感到很迷茫。是我的论辩比不上他，还是我的才智比不上他？如今我不知道该如何开口了，特向你请教其中的缘故。"

魏牟倚着几案叹息，又仰头大笑，说："你没听过井蛙的故事吗？井蛙对东海里的鳖说：'我太开心了！我在井口栏杆的边上玩耍，进到井中，就在井壁破损的砖块那儿休息。跳到水中，水漫到腋窝，托起了我的下巴，踏进泥里，泥水淹没我的脚背，回头看那赤虫、小蟹以及蝌蚪，都没有我快乐啊！而且，我独有一坑之水，盘踞在浅井里，这也是极其快乐的啊。你怎么不常常来井里看看呢？'东海之鳖的左脚还没跨进去，右膝就被绊住了。于是迟疑了一阵儿，就退却了，并且给井蛙说了说大海的情况，道：'即使是千里，也不足以形容它的大；即使是千仞，也不足以计量它的深。夏禹治理天下的时候，十年有九年都发生了涝灾，但海水没有因此增益；商汤治理天下的时候，八年有七年都发生大旱，但海水也没有因此减退。不因时间而有所变化，不因雨水而有所增减，这也是东海极大的快乐啊。'井蛙听了这番话，惊惧不安，不知所措。你的智慧还不足以通达是非，竟想去洞悉庄子的言论，这就像役使蚊虫去背大山，役使马蚿在河里奔走，无法胜任啊。而且，你的智慧还不足以明了深远的言论，竟去逢迎那些一时的成就，这不像井蛙吗？况且，庄子之道主张下临黄泉，上登苍天，无南北之分，四方贯通，深不可测；无东西之分，始于深远玄妙之境，归往深广通达之域。你竟浅薄地想寻求其中的奥妙，与他展开论辩，探究

真谛，这就像用竹管窥视天空，用锥子计量大地，不是太渺小了吗！你走吧！再说，你就没听过那寿陵的少年到邯郸学步的故事吗？没学到赵国的本事，也丢了自己原有的走法，最后只能爬着回去。而今，你不赶紧离开，定然也会忘记你原有的本领，也会丧失你原有的事业。"

公孙龙听了这番话，张着大口，却无法合拢，舌头高高翘起，却无法放下，于是匆匆逃走了。

原　文

庄子钓于濮水^①。楚王使大夫二人往先焉^②，曰："愿以境内累矣！"

庄子持竿不顾，曰："吾闻楚有神龟，死已三千岁矣，王巾笥而藏之庙堂之上^③。此龟者，宁其死为留骨而贵乎？宁其生而曳尾于涂中乎^④？"

二大夫曰："宁生而曳尾涂中。"

庄子曰："往矣！吾将曳尾于涂中。"

注　释

①濮水：水名，在今山东与河南的交界之处。②楚王：指楚威王，楚怀王的父亲。③笥：盛东西的竹箱。④涂：泥，泥泞。

译　文

庄子在濮水边上垂钓。楚威王派两位大臣先去传达其意，说："威王想把国家政事交托给你。"

庄子拿着钓竿，头也不回地说："我听说楚地有一只神龟，死了三千年了，威王用竹器装着它，用布巾盖着它，珍藏在庙堂里。那这只神龟，是宁愿死掉留下尸骸让人珍藏，还是宁愿在泥里无拘无束地活着？"

两位大臣说："宁可在泥里无拘无束地活着。"

庄子说："你们走吧！我打算在泥里无拘无束地活着。"

原　文

惠子相梁^①，庄子往见之。或谓惠子曰："庄子来，欲代之相。"于是惠子恐，搜于国中三日三夜。

庄子往见之,曰:"南方有鸟,其名为鹓雏^②,子知之乎? 夫鹓雏发于南海而飞于北海,非梧桐不止,非练实不食^③,非醴泉不饮^④。于是鸱得腐鼠^⑤,鹓雏过之,仰而视之曰:'吓!'今子欲以子之梁国而吓我邪?"

注释

①惠子:即惠施,庄子之友。**梁**:战国时魏国的他称。②鹓雏:古代传说中的一种鸾凤之类的鸟。③练实:竹实。④醴泉:甘美的泉水。⑤鸱:指猫头鹰。

译文

惠子在梁任相,庄子去看望他。有个人对惠子说:"庄子来梁,是想代替你。"于是惠子惊慌了,在城里找庄子找了三天三夜。

庄子去看望惠子,说:"南方有一种鸟,你了解它吗? 它从南海向北海飞去,旅途中,不是梧桐树,它不停下休息,不是竹实,它不食用,不是甘美的泉水,它不饮用。有只猫头鹰找到一只溃烂了的老鼠,正好这个鸟从它头上飞过,猫头鹰发出一声怒吼:'嚇!'而今你也想拿你的相梁国位来怒喝我吗?"

原文

庄子与惠子游于濠梁之上^①。庄子曰:"儵鱼出游从容^②,是鱼之乐也。"

惠子曰:"子非<u>鱼</u>,安知鱼之乐?"

庄子曰:"子非我,安知我不知鱼之乐?"

惠子曰:"我非子,固不知子矣;子固非<u>鱼</u>也,子之不知鱼之乐,全矣!"

庄子曰:"请循其本。子曰'汝<u>安</u>知鱼乐'云者,既已知吾知之而问我,我知之濠上也。"

注释

①濠:水名,在今安徽境内。**梁**:拦河堰。②儵鱼:鱼名,指白鱼。

庄子

庄子与惠子在濠梁之上闲游。庄子说："白鲦鱼游得很自在，这是鱼的快乐啊。"

惠子说："你不是鱼，怎么知道鱼的快乐是什么呢？"

庄子说："你不是我，又怎么知道我不知道鱼的快乐？"

惠子说："我不是你，当然不知道你；但你也不是鱼，不会知道鱼的快乐，这是一样的道理。"

庄子说："让我们按最初的话说吧。你先前说'你怎么知道鱼的快乐'，就是已经知道了我知道鱼的快乐才问我的，而我是在濠梁之上知道的。"

至 乐

《至乐》出自《庄子》外篇，主要内容是阐述庄子对待苦乐和生死的态度。

文章开头对一系列的俗世对苦乐的看法加以批判，以"至乐无乐，至誉无誉"统摄全篇。然后，借庄子妻死却鼓盆而歌的故事，说明生死乃是自然变化，又借髑髅之口，阐述人生在世的困苦。文章通过这两个寓言故事，说明只有顺应自然，保持自然本性，才能到达至乐的境界。

天下有至乐无有哉？有可以活身者无有哉？今奚为奚据？奚避奚处？奚就奚去？奚乐奚恶？

夫天下之所尊者，富贵寿善也①；所乐者，身安厚味美服好色音声也；所下者②，贫贱夭恶也；所苦者，身不得安逸，口不得厚味，形不得美服，目不得好色，耳不得音声。若不得者，则大忧以惧，其为形也亦愚哉③！夫富者，苦身疾作，多积财而不得尽用，其为形也亦外矣！夫贵者，夜以继日，思虑善否，其为形也亦疏矣！人之生也，与忧俱生。寿者惛惛④，久忧不死，何苦也！其为形也亦远矣！烈士为天下见善矣，未足以活身。吾未知善之诚善邪？

外篇

一七九

伍子胥

●伍子胥

诚不善邪？若以为善矣，不足活身；以为不善矣，足以活人。故曰："忠谏不听，蹲循勿争⑤"。故夫子胥争之⑥，以残其形；不争，名亦不成。诚有善无有哉？

今俗之所为与其所乐，吾又未知乐之果乐邪？果不乐邪？吾观夫俗之所乐，举群趣者⑦，硁硁然如将不得已⑧，而皆曰乐者，吾未之乐也，亦未之不乐也。果有乐无有哉？吾以无为诚乐矣，又俗之所大苦也。故曰："至乐无乐，至誉无誉。"

天下是非果未可定也。虽然，无为可以定是非。至乐活身，唯无为几存。请尝试言之：天无为以之清，地无为以之宁。故两无为相合，万物皆化。芒乎芴乎⑨，而无从出乎！芴乎芒乎，而无有象乎！万物职职⑩，皆从无为殖⑪。故曰："天地无为也而无不为也。"人也孰能得无为哉！

注释

①善：善名，好的名声。②下：用作动词，认为卑贱。③为形：保养形体。④惽：迷糊，糊涂。⑤蹲循：迟疑退让。⑥子胥：即伍子胥，吴王夫差的臣子，因进谏而被杀害。⑦趣：通"趋"，趋向，走向。⑧硁硁然：争相奔走的样子。⑨芒、芴：通"恍""惚"，蒙昧无为的样子。⑩职职：多，繁多。⑪殖：繁衍，繁殖。

译文

天下有没有最快乐的事？有没有存活形体的方法？而今如果有的话，该做些什么又依凭什么？躲避什么又居处什么？趋向什么又摒弃什么？喜好什么又讨厌什么？

世人崇尚富贵、尊荣、长寿和好的名声；喜好身体的安逸、美味的食物、华美的服饰、绚丽的色彩和优美的乐声；轻视贫困、卑贱、夭折和坏的名声；为身体不安适、食物不美味、身上的服饰不华美、色彩不绚丽和乐声不优美而烦恼。如果得不到这些东西，就会忧虑不堪，但这种做法实在是愚蠢啊！富人勤勉奔走，积累了许多财物，最终不可能全部享用，如此奔忙，也太不重视身体了！尊荣的人，日夜思索该如何保全地位荣华，如此思虑，也太忽视身体了！人生在世，忧愁也会一并产生。寿诞之人整天活得糊里糊涂，长期忧虑，却不死去，这是多么痛苦啊！这也太疏忽身体状况了！刚烈之士为了天下百姓而牺牲，没能保全自身。我不知道这种行为是好，还是不好？如果认为好，最终却没能保全自身；如果认为不好，却又使别人保全了自身。所以说："忠诚的进谏，如果不被听纳的话，就退居一旁，不要力争。"伍子胥因忠心进谏而招致杀身之祸，但如果不力争的话，他的美名也不会广泛流传。那到底是好还是不好呢？

如今，世俗之人所从事和欢喜的，我不知道是真的快乐？还是并不是真的快乐？我看那世俗之人所欢喜的，大家都竭力追求，争相奔走，真像是不撞南墙不回头。人人都说这样很快乐，但我并不认为这是快乐的，也不认为这不是快乐的。那世间到底有没有快乐呢？我认为无为是真正的快乐，但世俗之人却对此感到困苦。因而说："最大的快乐是没有快乐之感的，最大的荣誉是没有荣誉可言的。"

是非界线是不可确定的。即使如此，无为仍能明确是非。最大的快乐是保全自身，只有无为算是最接近这快乐了。我来谈谈这点：上天因无为而清澈通明，大地因无为而雄厚静寂，天地两个无为合为一体，万物就能变化生长了。迷惘恍惚间不知道从哪里产生！恍惚迷惘中没有一丝形迹！事物虽然繁多，但都从无为中繁衍产生。所以说："天地无为而又无所不为。"人哪里能做到无为呢！

原　文

庄子妻死，惠子吊之，庄子则方箕踞鼓盆而歌①。

惠子曰："与人居，长子、老、身死，不哭亦足矣，又鼓盆而歌，不亦甚乎！"

庄子曰："不然。是其始死也，我独何能无概然②！察其始而本无生，非徒无生也而本无形，非徒无形也而本无气。杂乎芒芴

外　篇

一八一

之间，变而有气，气变而有形，形变而有生。今又变而之死。是相
与为春秋冬夏四时行也。人且偃然寝于巨室^③，而我噭噭^{jiào}然随而
哭之^④，自以为不通乎命，故止也。"

注释

①箕踞：盘腿而坐，状如簸箕，因而得其名。②概：即"慨"，感慨。③偃然：安
息的样子。④噭噭然：哀泣的声音。

译文

　　庄子的妻子离世了，惠子去吊唁，看到庄子盘腿而坐，一边击缶一边吟唱。

　　惠子说："你跟妻子生活了一辈子，她为你生儿育女，如今人离世了，你不哭就
罢了，但击缶吟歌，太过分了吧！"

　　庄子说道："不是这样的。她刚离世的时候，我怎不感慨悲伤呢！但后来探究起始，
她原本就没有生命，不只没有生命，也不曾有过形体，不只不曾有过形体，还没有元
气。在迷惘恍惚中，自然运动变化，产生了元气，元气运动变化，有了形体，形体运
动变化，便有了生命，而今变化又回归死亡，就跟四时运行更替一样。她将安息在天
地之间，而我却在这里呜呜流泪，我觉得这不是通晓天命的做法，所以就不做了。"

原　文

　　支离叔与滑介叔观于冥伯之丘^①，昆仑之虚^②，黄帝之所休。
俄而柳生其左肘^③，其意蹶蹶然恶之。

　　支离叔曰："子恶之乎？"

　　滑介叔曰："亡，予何恶！生者，假借也^④。假之而生生者，尘
垢也。死生为昼夜。且吾与子观化而化及我，我又何恶焉！"

注释

①支离叔：寓言中虚构的人物，寓指忘形。滑介叔：寓言中虚构的人物，寓指忘智。
②虚：通"墟"，土墟，丘墟。③柳：通"瘤"，指瘤子。④假借：这里指生命是借形
体表露出来的。

译文

　　支离叔和滑介叔在冥伯山和昆仑的旷野里闲游，这曾是黄帝休息的地方。忽而

庄子

一八二

间，滑介叔的左肘上长了一个瘤子，他很诧异，好像厌恶这个东西。

支离叔说："你讨厌它吗？"

滑介叔说："没有，我为什么要讨厌它！生命不过是借着形体存在罢了；但凡假借他物而产生的东西，就像灰土一样不值一提。人的死生犹如白天黑夜的更替一样。再说，我跟你一起观察事物的运行变化，而今这变化到了我身上，又怎会厌恶呢！"

原文

庄子之楚，见空髑髅[①]，髐然有形[②]。撽以马捶[③]，因而问之，曰："夫子贪生失理而为此乎？将子有亡国之事，斧钺之诛而为此乎？将子有不善之行，愧遗父母妻子之丑而为此乎？将子有冻馁之患而为此乎？将子之春秋故及此乎？"

于是语卒，援髑髅[④]，枕而卧。

夜半，髑髅见梦曰[⑤]："向子之谈者似辩士，视子所言，皆生人之累也，死则无此矣。子欲闻死之说乎？"

庄子曰："然。"

髑髅曰："死，无君于上，无臣于下，亦无四时之事，从然以天地为春秋[⑥]，虽南面王乐，不能过也。"

庄子不信，曰："吾使司命复生子形，为子骨肉肌肤，反子父母、妻子、闾里、知识，子欲之乎？"

髑髅深矉蹙頞曰[⑦]："吾安能弃南面王乐而复为人间之劳乎！"

注释

①髑髅：即骷髅，死人的头颅。②髐：尸骸干枯的样子。③撽：敲击，敲打。捶：通"棰"，鞭，鞭子。④援：引。⑤见：通"现"，出现，显现。⑥从然：放纵安逸的样子。⑦矉：通"颦"，皱眉。蹙頞：忧愁困苦的样子。

译文

庄子去楚国的路上遇到一个骷髅，尸骸干枯，显露头颅之形。庄子用马鞭敲了敲，问道："你是因贪图生命，失了天理，成这样的？抑或你因遭遇亡国之事，受到砍杀，成这样的？抑或你因做了坏事，担心给父母妻儿留下不好的名声，羞愧而死，成这样的？抑或你因遭遇了寒冷饥饿，成这样的？抑或你因自然老死，成这样的？"

庄子说完，拿骷髅当枕头，就睡觉了。

到了半夜，骷髅给庄子托梦，说："你先前说话的样子像一个辩士。你说的那番话都是对于活人而言的，人死了就没有忧患了。你愿意听听死之后的情况吗？"

庄子说："好。"

骷髅说："人死了之后，在上没有君主的统治，在下没有官员的管辖；没有四时的劳苦，与天地同在，即便是南面为王，也无法超越这种悠然快乐。"

庄子不信，说："我让掌管生命的神复生你，让你的形体重新长出骨肉皮肤，回到你父母、妻儿和乡亲故交中去，你希望如此吗？"

骷髅皱起眉头，一脸忧虑，说："我怎能舍弃南面为王的快乐而再次遭受那世间的劳苦呢？"

原文

颜渊东之齐，孔子有忧色。子贡下席而问曰："小子敢问：回东之齐，夫子有忧色，何邪？"

孔子曰："善哉汝问。昔者管子有言，丘甚善之，曰：'褚小者不可以怀大[①]，绠(gěng)短者不可以汲深[②]。'夫若是者，以为命有所成而形有所适也[③]，夫不可损益。吾恐回与齐侯言尧、舜、黄帝之道，而重以燧人、神农之言。彼将内求于己而不得[④]，不得则惑，人惑则死。且女独不闻邪？昔者海鸟止于鲁郊，鲁侯御而觞之于庙[⑤]，奏九韶以为乐[⑥]，具太牢以为膳[⑦]。鸟乃眩视忧悲[⑧]，不敢食一脔(luán)[⑨]，不敢饮一杯，三日而死。此以己养养鸟也，非以鸟养养鸟也。夫以鸟养养鸟者，宜栖之深林，游之坛陆，浮之江湖，食之鳅鲦[⑩]，随行列而止，委蛇而处[⑪]。彼唯人言之恶闻，奚以夫诺诺(náo)为乎[⑫]！咸池九韶之乐，张之洞庭之野，鸟闻之而飞，兽闻之而走，鱼闻之而下入，人卒闻之，相与还而观之。鱼处水而生，人处水而死。彼必相与异，

庄子

其好恶故异也。故先圣不一其能，不同其事。名止于实，义设于适，是之谓条达而福持。"

①褚：装衣服的袋子。②绠：提水用的绳子。③适：适宜。④内求于己：自己思考。⑤御：迎。⑥九韶：舜时代的乐曲名，比较隆重的场合才会演奏。⑦太牢：指古代地位高贵的人祭祀时要供奉的牛猪羊三种牲畜。⑧眩：眼花。⑨脔：切成一小块一小块的肉。⑩鲦：白条鱼。⑪委蛇：通"逶迤"，悠然自得的样子。⑫谯谯：争论的声音，这里指喧闹之声。

● 管仲

译文

颜渊要去齐国，孔子对此很忧虑。子贡离开位席，趋步向前，说："学生冒昧问一下，颜渊去齐国，为什么先生露出忧苦之态呢？"

孔子说："你问得好啊。当年管仲曾说过这样的话，我认为他说得很对，他说：'小布袋容不下大东西，桶上的绳子短了，就无法提到深井的水。'如此说来，生命就应看成是秉承自然而成的形体，形体虽不尽相同，却各得其所，无法随意增减更改。我担心颜渊与齐侯谈论尧、舜以及黄帝治理国家的道理，再加上燧人氏和神农氏的言论。齐侯定会自己思索，但无法理解，不明了，就会觉得迷惑，一旦产生了困惑，就会给对方带来祸患。再说你没听说过吗？从前，有只海鸟落在了鲁国的城郊外，鲁国的君主命人把海鸟接到宗庙里，供奉着美酒，演奏着《九韶》之乐，以此来取悦它，以牛、猪、羊为食。但这只海鸟竟忧心忡忡，不敢吃一块肉，不敢喝一杯酒，三天后就死了。这是按照自己的方式喂养鸟，不是按照鸟的方式喂养它。按照鸟的方式喂养的话，就该把它放归深山老林，让它在水中沙洲上嬉戏，在江河湖泽中自由自在地捕食，随着鸟群的队列而停息或飞行，悠然自得地生活。它最不喜欢听见人的声音，为什么还把它放在嘈杂喧闹的环境里呢？在原野上演奏《咸池》《九韶》之类的乐曲，鸟儿听了会腾身飞走，野兽听了会仓皇逃窜，鱼儿听了会潜入水底，普通人听了，都围着观看张望。鱼在水里才能存活，但人到了水里就会被淹死，人和鱼的本性各有不同，因而他们的好恶也不相同。所以，前代的圣贤不要求人们具有整齐划一的才能，也不让他们做相同的事情。名合乎实，恰当的措施在于顺应自然，这就是通晓条理，持守福德。"

原文

　　列子行，食于道从，见百岁髑髅①，攓蓬而指之曰②："唯予与汝知而未尝死、未尝生也。若果养乎？予果欢乎？"

　　种有几③，得水则为𢇍，得水土之际则为蛙蠙之衣④，生于陵屯则为陵舄⑤，陵舄得郁栖则为乌足⑥，乌足之根为蛴螬⑦，其叶为胡蝶。胡蝶胥也化而为虫⑧，生于灶下，其状若脱，其名为鸲掇⑨。鸲掇千日为鸟，其名为乾余骨⑩。乾余骨之沫为斯弥⑪，斯弥为食醯⑫。颐辂生乎食醯⑬，黄𮜦生乎九猷⑭，瞀芮生乎腐蠸⑮，羊奚比乎不筍⑯，久竹生青宁⑰，青宁生程⑱，程生马，马生人，人又反入于机。万物皆出于机，皆入于机。

注释

　　①从：道旁。②攓：取，拔取。③种：物种。④蛙蠙：覆盖在水面上状如张开的丝绵，蛙蚌常隐于其下。⑤陵舄：车前草，俗称车辖辘菜，也是《诗经》当中提到的苤苢。⑥乌足：草名，相传为有剧毒的乌头。⑦蛴螬：俗称地蚕，金龟子的幼名。⑧胥：少，这里指快速。⑨鸲掇：虫名，乾余骨的幼体。⑩乾余骨：鸟名，具体为哪一种鸟未知。⑪斯弥：虫名，一说为米中的蠹虫。⑫食醯：虫名，一说为食醋中生长的虫子。⑬颐辂：一种朝生暮死的小虫名。⑭黄𮜦、九猷：虫名。⑮瞀芮：即蠓虫。⑯羊奚：草名。⑰久竹：老的竹子。青宁：一种竹根虫的名字。⑱程：赤虫名。

释文

　　列子外出游玩，在路旁吃东西，看到一个有一百多年的死人头颅，拔掉周围的蓬草，指着骷髅说："只有你我不知分辨生死。你忧愁吗？我又快乐吗？"

　　物类繁多，种子有微妙的地方，有了水的滋润，它就会不断地相继而生，处在陆地和水的交接之地，就生成了青苔，生在山陵之地，就成了车前草，把车前草放在粪土之中，又长成了乌足，乌足的根又生出土蚕，叶子成了蝴蝶。蝴蝶又很快化为虫，它生活在灶下，就像蜕皮了一样，成了鸲掇。鸲掇在一千天之后就化成了一种名叫作乾余骨的鸟。乾余骨的唾沫长出斯弥之类的虫子，斯弥又化成食醯。颐辂又从食醯中生成，黄轵从九猷中长出，蝤子则从萤火虫中化出，羊奚草从不长笋的竹中生出。老竹长出青宁虫，青宁虫长出赤虫，赤虫长出马，马又长出人，而人又归于造化之初的自然状态。万物都起始于自然，又全都返归于自然。

达 生

《达生》出自《庄子》外篇，主要内容是阐述养生之道。

　　文章开篇通过多个寓言故事来阐释"形全精复，与天为一"的养生之道，这是养神的关键，也是全篇的主旨。随后，进一步谈论持气、凝神、忘却生死、养形、养心、无为的养生方法；最后，抨击人为的养生机巧，再次阐明只有忘却外物、回归自然才能达到达生。

原 文

　　达生之情者①，不务生之所无以为②；达命之情者，不务知之所无奈何。养形必先之以物，物有余而形不养者有之矣。有生必先无离形，形不离而生亡者有之矣。生之来不能却③，其去不能止。悲夫！世之人以为养形足以存生，而养形果不足以存生，则世奚足为哉！虽不足为而不可不为者，其为不免矣！

　　夫欲免为形者，莫如弃世。弃世则无累，无累则正平④，正平则与彼更生⑤，更生则几矣！事奚足弃则生奚足遗？弃事则形不劳，遗生则精不亏。夫形全精复，与天为一。天地者，万物之父母也。合则成体，散则成始。形精不亏，是谓能移。精而又精，反以相天⑥。

注 释

　　①**达生**：指养生以畅达生命。②**务**：努力做事，努力从事。③**却**：推辞，拒绝。④**正平**：原指平而直，这里指心性平和。⑤**彼**：那，这里指造化。**更生**：即新生。⑥**相**：助，辅。

　　了解生命真义的人，不会追逐对生命没有益处的东西；了解命运真义的人，不会追逐命运中无能为力的事。有各种物品颐养形体，但物资充足有余，形体却没有得到很好的保养，这种情况也是有的；如果要保全生命，那就不能让生命脱离形体，但形体没死，生命却死了的，这种情况也是有的。无法拒绝生命开始，也无法阻挡生命终结。可悲啊！世人都认为颐养形体就足以保全生命。然而，如果颐养形体不足以保全生命，那这些事又何必去做呢！虽然做了没有价值，但又不得不做，那其中的操劳困苦也就无法避免了。

　　如果想免除形体的劳苦，那就不如忘掉世事。忘掉世事就没有劳累困苦了，没有了劳累困苦，心气就能平和；心平气和了，就能顺随自然变化，顺随了自然变化，也就接近大道了。为什么要抛弃世事？为什么要忘却生命的行踪？抛弃了世事，形体就不会劳累困苦，忘却了生命的行踪，精神就不会受到损害。形体得以保存，精神得以回归本真，就能与自然融为一体。天地孕育万物，一旦结合起来就会形成形体，一旦分散，就又会成为新形体的开始。保全形体，不亏损精神，就能顺随自然变化。精神到了高度凝聚的水准，就会返回自然之本，与自然相辅相成。

　　子列子问关尹曰①："至人潜行不窒②，蹈火不热，行乎万物之上而不栗。请问何以至于此？"

　　关尹曰："是纯气之守也，非知巧果敢之列。居③，予语女。凡有貌象声色者，皆物也，物与物何以相远④！夫奚足以至乎先！是色而已。则物之造乎不形，而止乎无所化。夫得是而穷之者，物焉得而止焉！彼将处乎不淫之度⑤，而藏乎无端之纪，游乎万物之所终始。壹其性，养其气，合其德，以通乎物之所造⑥。夫若是者，其天守全，其神无郤，物奚自入焉！夫醉者之坠车，虽疾不死。骨节与人同而犯害与人异，其神全也。乘亦不知也，坠亦不知也，死生惊惧不入乎其胸中，是故遻物而不慴⑦。彼得全于酒而犹若是，而况得全于天乎？圣人藏于天，故莫之能伤也。复仇者，不折镆

庄子

一八八

干；虽有忮心者^⑧，不怨飘瓦，是以天下平均。故无攻战之乱，无杀戮之刑者，由此道也。不开人之天，而开天之天。开天者德生，开人者贼生。不厌其天，不忽于人，民几乎以其真。"

注　释

①子：古代对男子的尊称。**关尹**：人名，是春秋时函谷关令，以官职为姓，名喜，道家学派的著名人物之一。②**窒**：窒塞，阻塞。③**居**：坐，坐下。④**远**：本指距离，这里指区别。⑤**淫**：过度。⑥**物之所造**：物的创造者，指自然。⑦**慴**：惊恐，惊惧。⑧**忮心**：嫉恨之心。

译　文

列子问关尹说："至人潜入水中，却不觉得窒塞，跳进火里，却不觉得炎热，飞行于万物之上，也不觉得惊惧。请问他是因着怎样的缘由才达到了这般境界的？"

关尹回答说："因为他持守住了纯和之气，而不是因为他的智巧和果敢。坐下来，我解释给你听！但凡有具体面容、形体以及音色的，都是人，那人和人又怎么差别那么大！谁又能居于他人之先！他们只不过有形和色罢了。但至人不露形色于外，处在无所变化的境域里，如果通晓了这个道理，明了其中奥秘，他物又怎能阻遏住他呢！至人处在本分的范围之内，藏身于混沌之中，闲游于万物没有死生的本原，心神专一，保养元气，德行融于本性，从而通达自然。如果能像这样，他的禀性就能保持完备，精神也没有一点儿损害，外物又怎能干扰到他呢！一个喝醉的人从车下摔下来，虽然可能满身是伤，但不至于摔死。他的骨骼关节与他人相同，但受到的伤害却与他人不一样，这大概是因为他心神专注集中，在车上的时候没有察觉，摔到了地上也不知道，死生的惊恐都干扰不到他，因而遭到外物伤害却没有死。那个人因醉酒忘掉了外物，却得以保全性命，何况是顺随自然之道，忘掉外物的至人呢？圣人藏于自然之中，所以没有什么能伤害他。复仇的人不会弄断曾伤过他的剑，即使常有嫉恨之心的人也不会怨恨偶然伤到自己的瓦片，如此一来，天下就太平了啊。没有战争，没有残杀惩戮，都是因为因循了这个道理。不要开启人的智慧，而要开启人的自然本性。开启了人的自然本性，才能养成美好德行，而开启了人的智慧，就会产生祸害。不厌恶自然的本性，也不忽视智慧，就接近纯真无为了。"

原　文

仲尼适楚，出于林中，见痀偻者承蜩^①，犹掇之也^②。

仲尼曰:"子巧乎! 有道邪?"

曰:"我有道也。五六月累丸二而不坠,则失者锱铢③;累三而不坠,则失者十一;累五而不坠,犹掇之也。吾处身也,若厥株枸;吾执臂也,若槁木之枝④;虽天地之大,万物之多,而唯蜩翼之知。吾不反不侧,不以万物易蜩之翼,何为而不得!"

孔子顾谓弟子曰:"用志不分,乃凝于神。其痀偻丈人之谓乎!"

①痀偻:屈腰驼背。承:通"拯",捕。②掇:拾捡,拾取。③锱铢:古代很小的重量单位,这里指极少。④槁木:枯树。

译 文

孔子去楚国,经过一片树林,看见一个驼背的老人正用竿子捕蝉,那动作就像直接从地上拾取一样。

孔子说:"先生真是精巧啊! 其中有什么技巧吗?"

驼背的老人说:"我有我自己的诀窍。练习五六个月之后,如果在竿头叠放两个丸子而不掉落,那失手的情况就不多了;如果叠放三个丸子而不掉落,那失手的情况就很少了;如果叠放五个丸子而不掉落,就会像从地面上拾取一样简单了。我像木桩一样直立着身子,而拿竿的手臂又像枯枝一样纹丝不动;虽然天地广袤,事物繁多,但我只看蝉的翅膀,从不乱动,绝不因外物就消减专注度,这样一来,怎么会不成功呢!"

孔子转过身对弟子说:"心神不游离分散,精神专一,说的是这位驼背老人啊!"

原 文

颜渊问仲尼曰:"吾尝济乎觞深之渊①,津人操舟若神②。吾问焉曰:'操舟可学邪?'曰:'可。善游者数能。若乃夫没人③,则未尝见舟而便操之也。'吾问焉而不吾告,敢问何谓也?"

仲尼曰:"善游者数能,忘水也;若乃夫没人之未尝见舟而便操之也,彼视渊若陵,视舟之覆,犹其车却也。覆却万方陈乎前而不得入其舍,恶往而不暇④! 以瓦注者巧⑤,以钩注者惮,以黄金注

庄子

一九〇

者殙^⑥。其巧一也，而有所矜，则重外也。凡外重者内拙。”

注 释

①觞深：渊名，水深而形如酒杯，在宋国的境内。②津人：渡口的船夫。③没人：水性精湛之人，善于潜水。④暇：悠闲，指悠然自得。⑤注：赌注，投注。⑥殙：通“惛”，心神混乱。

译 文

颜渊问孔子说：“我在过觞深的时候，摆渡人的技巧特别精湛。我就问他：‘您这驾船技术可以学习吗？’摆渡人说：‘可以的。善于游泳的人很快就能学到。如果是善于潜水的人，即使他没见过船，也能娴熟地驾船。’我又问他为什么，他却不答话了。他这话有什么深意呢？”

孔子回答说：“善于游泳的人很快就能学会，是因为他们忘掉了水，在水中处之自然。而善于潜水的人即使没见过船也能娴熟地驾船，是因为他们把深渊看得和小丘一样，把船翻看成像车子后退。即使船的覆没、车子的后退以及各种颠倒的现象出现在他们面前，也干扰不到他们，所以，他们无论到哪里都是从容自得的！用瓦器做投注的人，就会显得他技术高超，而用银钩做投注的人，则心存恐惧，用黄金做投注的人，就会昏杂迷乱。其中的技巧是相同的，但却因对外物的重视而有所顾虑。但凡对外物看得过重的，他的内心也一定很笨拙。”

原 文

田开之见周威公^①。

威公曰：“吾闻祝肾学生^②，吾子与祝肾游，亦何闻焉？”

田开之曰：“开之操拔篲以侍门庭^③，亦何闻于夫子！”

威公曰：“田子无让，寡人愿闻之。”

开之曰：“闻之夫子曰：‘善养生者，若牧羊然，视其后者而鞭之。’”

威公曰：“何谓也？”

田开之曰：“鲁有单豹者，岩居而水饮，不与民共利，行年七十而犹有婴儿之色；不幸遇饿虎，饿虎杀而食之。有张毅者，高门县薄^④，无不走也，行年四十而有内热之病以死。豹养其内而虎食其外，毅养其外而病攻其内，此二子者，皆不鞭其后者也。"

仲尼曰："无入而藏^⑤，无出而阳^⑥，柴立其中央^⑦。三者若得，其名必极。夫畏涂者，十杀一人，则父子兄弟相戒也，必盛卒徒而后敢出焉，不亦知乎！人之所取畏者，衽席之上^⑧，饮食之间，而不知为之戒者，过也！"

rèn

注释

①**田开之**：人名，生平不详。**威公**：《史记·周本纪》："考王封其弟于河南，是为桓公。桓公卒，子威公代立。"可能就是指本篇中的威公。②**祝肾**：人名，姓祝名肾。**生**：即养生之道。③**拔箅**：扫把。④**县薄**：指富贵之家。县，通"悬"。⑤**入而藏**：隐藏起来，指单豹。⑥**出而阳**：显露出来，指张毅。⑦**柴**：木，这里喻指无心无知。⑧**衽席**：卧席。

译文

田开之拜访周威公。

威公说："我听说祝肾在学养生之道，你跟他交好，从他那儿听过有关养生的言论吗？"

田开之说："我只是拿扫把扫扫门庭，哪能从先生那儿听到什么呢！"

威公说："先生不必如此谦逊，我很希望能听些有关养生的道理。"

田开之说："我曾听先生说：'善于养生的人，就像牧羊，看到有落后的了，就用鞭子赶一赶它。'"

威公问："这是什么意思呢？"

田开之说："鲁国有个在深岩居住的人，名叫单豹，他喝泉水，从不与人一起争名逐利，到了七十岁，容貌还像婴孩；可不幸地，他遇到了饿虎，饿虎扑吃了他。另外还有个叫张毅的人，趋附逢迎富贵人家，到了四十岁，就患内热病死了。单豹看重内在精神的修养，可饿虎却吞吃了他的身体，张毅看重身体的保养，可疾病却侵蚀了他内在的精神，这两个人都是无法完善自己不足的。"

孔子说："不要把自己藏在荒山野岭，也不要投身世俗，处处表露自己，要像枯木一样，立在两者的中间。假若能做到以上提到的，他的声誉定会是最高的。在让人害怕的道路上，十个人如果有一个被残害，他们的父子兄弟就会相互提醒，并保持戒备之心，一定要很多人结伴才敢走这条路，不也是很聪明吗！人最该害怕的，其实是

庄子

卧席上的恣意，饮食间的过度；但却不知道提醒戒备，这的确是过错啊！"

原文

祝宗人玄端以临牢筴说彘①，曰："汝奚恶死！吾将三月犙
汝②，十日戒，三日斋，藉白茅③，加汝肩尻乎雕俎之上④，则汝为之
乎？"为彘谋，曰不如食以糠糟而错之牢筴之中⑤。自为谋，则苟
生有轩冕之尊，死得于豚 楯之上⑥、聚偻之中则为之⑦。为彘谋则
去之，自为谋则取之，所异彘者何也！

注释

①**祝宗人**：掌管祭祀的官员。**玄端**：祝宗人所穿的黑色斋服。②**犙**：用谷物喂养。
③**藉白茅**：即席白茅，在祭物的下面铺上白茅草，以此来表示洁净。④**尻**：臀部。⑤**错**：
放，置。⑥**豚楯**：载着灵枢的车，即葬车。⑦**聚偻**：棺木上的装饰品。

译文

掌管祭祀的官吏穿着黑色的斋服来到猪圈的边上，对圈里的猪说："你为什么厌
恶死呢？我养你三个月，上戒十日，作斋三日，铺垫上白茅草，然后把你的肩部和臀
部放在刻有花纹的砧板上，你愿意吗？"替猪打算，不如让它吃糠咽糟，关在猪圈里。
替自己打算，就希望活着的时候能享有富贵荣华，死后装在刻有花纹的枢车和棺材
里。替猪打算，就会抛弃白茅草、雕俎这些东西；替自己打算，却努力追求这些，为
什么对猪、对自己的态度不同呢？"

原文

桓公田于泽①，管仲御，见鬼焉。

公抚管仲之手曰："仲父何见？"

对曰："臣无所见。"

公反，诶诒为病②，数日不出。

齐士有皇子告敖者③，曰："公则自伤，鬼恶能伤公！夫忿滀之
气④，散而不反，则为不足；上而不下，则使人善怒；下而不上，则
使人善忘；不上不下，中身当心，则为病。"

桓公曰："然则有鬼乎？"

曰："有。沈有履⑤。竈有髻⑥。户内之烦壤⑦，雷霆处之；东北方之下者，倍阿、鲑^{guī lóng}蠪跃之⑧；西北方之下者，则泆阳处之⑨。水有罔象⑩，丘有^{shēn}峷⑪，山有夔，野有彷徨⑫，泽有委蛇⑬。"

公曰："请问委蛇之状何如？"

皇子曰："委蛇，其大如^{gǔ}毂⑭，其长如辕，紫衣而朱冠。其为物也恶，闻雷车之声则捧其首而立。见之者殆乎霸。"

桓公^{zhěn}辴然而笑曰⑮；"此寡人之所见者也。"于是正衣冠与之坐，不终日而不知病之去也。

庄子

一九四

注 释

①田：狩猎，打猎。②诶诒：疲倦失神的样子。③皇子告敖：人名，姓皇，名告敖，子是对他的尊称。④忿滀：愤怒郁结。⑤沈：污水集聚的地方。⑥髻：灶神。⑦烦壤：尘土，灰尘。⑧倍阿、鲑蠪：皆鬼名。⑨泆阳：神名，相传为豹头蛇尾。⑩罔象：亦作"无伤"，水神名，相传其形如小孩，黑色，赤耳，有大耳和长臂。⑪峷：怪兽名，其形如狗，身上还有花纹。⑫彷徨：亦作"方皇"，其形如蛇，双头，身上有花纹。⑬委蛇：鬼名。⑭毂：车轮中心的部件，这里指车轮。⑮辴然：大笑之态。

译 文

齐桓公在草泽中狩猎，管仲给他驾车，突然，桓公看见了鬼。

桓公拉住管仲的手说："仲父，你看到什么了吗？"

管仲回答说："我什么也没看见。"

桓公回来后就一直疲惫失神，还生了病，好多天都没有出门。

齐国有位叫皇子告敖的对桓公说："您是自己害了自己，鬼哪里能伤害到你啊！你体内郁结着怒气，心神离散，内在缺乏足够的精气。郁结着的怒气上通而无法下达，使人容易愤怒；下达而无法上通，损害人的记忆；上不通而又下不达，郁结之气就积聚在心里，无法分散，人就生病了。"

桓公说："这样的话，那还有鬼的存在吗？"

告敖回答说："有。污泥里有履鬼，火灶里有髻神。门内各种烦壤的地方有雷霆鬼；倍阿和鲑蠪在房屋东北的墙角跳跃；泆阳住在房屋西北方的墙角。水里有水神罔象，小丘里有山鬼峷，山陵里有山鬼夔，郊野外有野神彷徨，大泽里有委蛇鬼。"

桓公接着说："那委蛇鬼是什么形状呢？"

告敖回答说："委蛇它的躯体有车轮那么大，有车辕那么长，穿紫衣，戴红帽。最厌恶听到雷车的声音，一听到，就两手捧着头站立。见过它的人大概会成为霸主。"

桓公听后大笑，说："我见的鬼就是它。"于是整理好衣服与皇子告敖坐下来说话，不到一天，他的病就消失了。

原文

纪渻 ^{shěng} 子为王养斗鸡 ^{①} 。

十日而问："鸡已乎？"曰："未也，方虚憍而恃气 ^{②} 。"

十日又问，曰："未也，犹应向景 ^{③} 。"

十日又问，曰："未也，犹疾视而盛气。"

十日又问，曰："几矣，鸡虽有鸣者，已无变矣，望之似木鸡矣，其德全矣。异鸡无敢应者，反走矣。"

●呆若木鸡

注释

①纪渻子：人名，姓纪，名渻子。②憍：通"骄"。③向：通"响"，声响。景：通"影"。

译文

纪渻子给宣王驯养斗鸡。

过了十日，宣王问："鸡驯养好了吗？"纪渻子回答说："还没有，它还虚躁骄矜，自恃得意。"

又过了十日，宣王又问，纪渻子回答说："还没有，它听到声响就叫，看到影子就跳。"

又过了十日，宣王又问，纪渻子回答说："它怒目迅疾，意气嚣张。"

又过了十日，宣王又问，纪渻子回答说："如今差不多了。即使听到别的鸡打鸣，它也不会有什么反应，看上去就像只木鸡，它的德行可以说是完备了，其他的鸡没有敢应战的，见到它就逃跑了。"

原文

孔子观于吕梁，县水三十仞[1]，流沫四十里，鼋鼍鱼鳖之所不能游也[2]。见一丈夫游之，以为有苦而欲死也，使弟子并流而拯之[3]。数百步而出，被发行歌而游于塘下。

孔子从而问焉，曰："吾以子为鬼，察子则人也。请问，蹈水有道乎[4]？"

曰："亡，吾无道。吾始乎故，长乎性，成乎命。与齐俱入，与汨偕出[5]，从水之道而不为私焉。此吾所以蹈之也。"

孔子曰："何谓'始乎故，长乎性，成乎命？'"

曰："吾生于陵而安于陵，故也；长于水而安于水，性也；不知吾所以然而然，命也。"

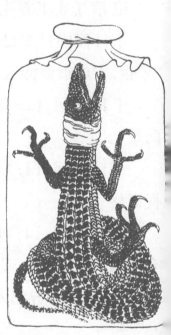

yuán tuó
● 鼍

注释

①县水：即瀑布。仞：古时的长度单位。②鼋：大鳖。鼍：扬子鳄。③并流：沿着水流。④蹈水：游水，游泳。⑤汨：涌波，这里指涌出的旋涡。

译文

孔子在吕梁游玩观赏，瀑布有二三十丈那么高，冲刷起的水花有四十里那么远，鼋鼍鱼鳖都不敢在这里游水。但看到一个男子在水中游泳，孔子还以为他是有苦处，想寻死，就派弟子沿着水流去救他。忽而又看见那男子在数百步远的地方露出水面，披散着头发，边唱边游到堤岸边上。

孔子跟在他后面，问他说："我还以为是鬼呢，仔细看看却是个人。这游水有什

么诀窍吗？"

那个人回答说："没有，没什么诀窍。我最初是故常，长大后是习性，做到这样完全是出于自然。我和水里的旋涡一起下到水底，又和向上的激流一道露出水面，顺应水势就是我游水的诀窍。"

孔子说："'最初是故常，长大后是习性，做到这样完全是出于自然'这句话该如何理解呢？"

那个人又回答说："我生在山地就安于山，就是故常；成长于水边就安于水，就是习性；不明白为什么会这样却又这样活着，就是自然。"

原文

梓庆削木为镶^{jù}①，镶成，见者惊犹鬼神。

鲁侯见而问焉，曰："子何术以为焉？"

对曰："臣，工人，何术之有！虽然，有一焉：臣将为镶，未尝敢以耗气也，必齐以静心②。齐三日，而不敢怀庆赏爵禄；齐五日，不敢怀非誉巧拙；齐七日，辄然忘吾有四枝形体也③。当是时也，无公朝④。其巧专而外骨消⑤，然后入山林，观天性形躯，至矣，然后成见镶，然后加手焉，不然则已。则以天合天，器之所以疑神者，其是与！"

注释

①**梓庆**：人名，其以职业"梓"为姓，即以木工为姓。**镶**：古代悬挂钟鼓的木架。②**齐**：通"斋"，斋戒。③**辄然**：一动不动的样子。④**公朝**：即朝廷。⑤**骨**：通"汩"，干扰，扰乱。

译文

梓庆削木头，做了一个镶，做成之后，见过的人都称赞这鬼神般的工艺。

鲁侯看过后便问他，说："你是怎样做成的呢？"

梓庆回答道："我就是个做木工的人，哪有什么绝招啊！虽说如此，可我还是有一种方法的：在准备的时候，我不敢随便耗费精气，一定要斋戒，静心养神。斋戒三日，我摒弃庆祝、封赏、获得爵位和俸禄的想法；斋戒五日，摒弃指责、夸赞技巧精湛或笨拙的念头；斋戒七日，不受外物干扰，忘却形体。在这个时候，我忘掉了朝廷

外篇

一九七

的存在，专注于雕刻，外界干扰不到我。然后我就进入山林，观察树木质地；选择那种体态最合适的，这时，那已经做成了的镶的形状就像是呈现在了我的眼前，然后就动手加工雕刻；如果不是这样，我就做不成。这是我与木料在自然天性上的融合，做成的器物，被称赞为似神鬼的工艺，大概也是出于这点吧！"

原　文

　　东野稷以御见庄公①，进退中绳，左右旋中规。庄公以为文弗过也。使之钩百而反②。

　　颜阖遇之③，入见曰："稷之马将败。"公密而不应④。

　　少焉，果败而反。

　　公曰："子何以知之？"

　　曰"其马力竭矣而犹求焉，故曰败。"

　　工倕旋而盖规矩⑤，指与物化而不以心稽⑥，故其灵台一而不桎⑦。忘足，屦之适也；忘要，带之适也；知忘是非，心之适也；不内变，不外从，事会之适也；始乎适而未尝不适者，忘适之适也。

注　释

　　①**东野稷**：人名，姓东野，名稷，善于驾车。②**钩百**：驾着马车兜上百个圈子。③**颜阖**：人名，鲁国的贤人，曾出现在《人间世》篇中。④**密**：默，默然。⑤**倕**：相传为尧时的巧匠。**盖**：胜，超。⑥**稽**：留，存。⑦**桎**：通"窒"，阻塞，窒塞。

译　文

　　东野稷因善于驾车进见鲁庄公，他驾车的时候，进退都能像绳子那样直，左右转弯都能像圆的弧形那样规整。庄公认为编织的花纹图案也不一定有这般巧妙，于是让他转一百圈后再回来。

　　颜阖看见后，就入内拜见庄公，说："东野稷的马就要累倒了。"庄公默不应声。

　　没过多久，东野稷真的失败而归。庄公问："你怎么知道他的马要累倒了呢？"

　　颜阖回答说："他的马已经筋疲力尽了，还让它转圈奔走，定然会累倒的。"

　　工倕随手而画，就比用规尺画得还合乎标准，手指顺随事物变化而变化，不需特别留意，心神专注，不受束缚。忘了脚，鞋子就都是舒适的；忘了腰，带子就都是舒适的；忘了是非，内心就都是安适的；不改操守，不受干扰，遇事就都是安适的。本

庄子

一九八

性常适，就不再有不适，这是忘了安适的安适。

原　文

　　有孙休者[1]，踵门而诧子扁庆子曰[2]："休居乡不见谓不修[3]，临难不见谓不勇。然而田原不遇岁，事君不遇世，宾于乡里[4]，逐于州部，则胡罪乎天哉？休恶遇此命也？"

　　扁子曰："子独不闻夫至人之自行邪？忘其肝胆，遗其耳目，芒然彷徨乎尘垢之外，逍遥乎无事之业，是谓为而不恃，长而不宰。今汝饰知以惊愚，修身以明汙，昭昭乎若揭日月而行也[5]，汝得全而形躯[6]，具而九窍，无中道夭于聋盲跛蹇而比于人数亦幸矣[7]，又何暇乎天之怨哉！子往矣！"

　　孙子出，扁子入。坐有间[8]，仰天而叹。弟子问曰："先生何为叹乎？"

　　扁子曰："向者休来，吾告之以至人之德，吾恐其惊而遂至于惑也。"

　　弟子曰："不然。孙子之所言是邪？先王之所言非邪？非固不能惑是；孙子所言非邪？先生所言是邪？彼固惑而来矣，又奚罪焉！"

　　扁子曰："不然。昔者有鸟止于鲁郊，鲁君说之[9]，为具太牢以飨之[10]，奏九韶以乐之，鸟乃始忧悲眩视，不敢饮食。此之谓以己养养鸟也。若夫以鸟养养鸟者，宜栖之深林，浮之江湖，食之以委蛇，则安平陆而已矣[11]。今休，款启寡闻之民也[12]，吾告以至人之德，譬之若载鼷以车马[13]，乐鴳以钟鼓也，彼又恶能无惊乎哉！"

注　释

　　①孙休：姓孙名休，当时的鲁国人。②子扁庆子：姓扁名庆子，第一个"子"表

外篇

一九九

示对他的尊称，当时的鲁国人。③见：被。④宾：通"摈"，摈弃，摒弃。⑤昭昭乎：光亮显露的样子。⑥而：通"尔"，你。⑦跂蹇：瘸腿。⑧有间：片刻，一会儿。⑨说：通"悦"，喜悦。⑩太牢：古时地位高贵之家祭祀用的祭品，即猪牛羊。⑪平陆：原野。⑫款：孔，小孔。⑬鼷：鼷鼠，鼠类的一种。

译 文

有个叫孙休的人，向他老师扁庆子请教，说："我居于乡里，不曾被人说德行不好，面对危难，也没有人说我不勇毅；但我的庄稼却没有过好收成，为国家效力，也没有遇上贤明的君主，被乡里排斥，被地方官吏放逐，是因为什么得罪过上天吗？为什么我有这样的命运呢？"

扁庆子说："你没听过至人的操行吗？他忘记了自己的肝胆，也舍弃了自己的耳目，无知无心，悠然自得地生活在无为之中，这就是有所作为，但不自高自大，有所成就，但不自得。而今，你认为自己很有才干，用自己高尚的品行显露他人的龌龊，毫不掩饰才智，就像举着太阳和月亮行走一样。你能保全形体，九窍完备，没有中道上夭折，与寻常人一样，就已经是万幸了，哪还有什么空闲埋怨上天呢！你还是回去吧！"

孙休离开后，扁庆子回到屋里。不大会儿，扁庆子无奈地长叹，弟子问道："先生为什么长叹呢？"

扁庆子回答说："刚刚孙休进来，我把至人的德行告诉了他，我真担心他会惊惧不安，以至困惑更深。"

弟子说："不对啊。孙休说的不一定是正确的，先生说的不一定是不对的，不对的无法困惑正确。孙休说的不一定是不对的，先生说的不一定是正确的，他本来就是有困惑才来的，您有什么过失啊！"

扁庆子说："不对。先前有只海鸟落在鲁国都城的郊外，鲁君很欢喜，用猪牛羊款待它，奏《九韶》之乐取悦它，海鸟目不暇接，以至头晕眼花，不敢吃，也不敢喝。这是按照自己的生活方式来养鸟。如果按照鸟的生活方式来养，就该让它回归深林，在大江大湖上遨游，以泥鳅和小鱼为食，就像生活在陆地一样。那孙休是个见识浅薄的人，我给他说了至人的德行，就像用马车搭载小鼠，用钟鼓之声向小鹪雀献媚，他怎能不感到惊惧不安啊！"

山 木

《山木》出自《庄子》外篇，主要内容是阐述处世之道，即生逢乱世，要清净无为。

文章开头借山木因不材而保全性命、雁因不材而失去性命的故事来说明以无为为中心的处世之道，即"物物而不物于物"，这也是本篇的题旨之所在。又借"楠宜僚见鲁侯"、"北宫奢为卫录公赋全省以为钟"等寓言对这一题旨进行阐释，主张进入无为忘形的境界，以此来躲避世俗的种种祸患，保全自身。

原　文

　　庄子行于山中，见大木，枝叶盛茂。伐木者止其旁而不取也。问其故，曰："无所可用。"

　　庄子曰："此木以不材得终其天年。"

　　夫子出于山，舍于故人之家①。故人喜，命竖子杀雁而烹之②。

　　竖子请曰："其一能鸣，其一不能鸣，请奚杀？"

　　主人曰："杀不能鸣者。"

　　明日，弟子问于庄子曰："昨日山中之木，以不材得终其天年；今主人之雁，以不材死。先生将何处③？"

　　庄子笑曰："周将处乎材与不材之间。材与不材之间，似之而非也，故未免乎累。若夫乘道德而浮游则不然④，无誉无訾⑤，一龙一蛇，与时俱化，而无肯专为。一上一下，以和为量，浮游乎万物之祖。物物而不物于物⑥，则胡可得而累邪！此神农、黄帝之法则也。若夫万物之情，人伦之传则不然⑦：合则离，成则毁；廉则挫⑧，尊则议，有为则亏，贤则谋，不肖则欺。胡可得而必乎哉！悲夫，弟子志之，其唯道德之乡乎⑨！"

●长蛇

庄子

注 释

①舍：用作动词，住。②竖子：童仆。③处：处理，安排。④乘：御，驾。⑤訾：指责，诋毁。⑥物物而不物于物：主宰外物而不被外物所主宰。⑦传：习俗，传统。⑧廉：品行端正。⑨乡：通"向"，归向。

译 文

庄子在大山里行走，看到一棵枝繁叶茂的树，伐木之人却停了下来，不动手砍树。庄子问他为什么，伐木之人回答说："它没什么用处。"

庄子说："这棵树正因为不成材，才享尽了寿命啊！"

庄子走出大山后，住在一位朋友家里。这位朋友很高兴，叫童仆杀鹅招待他。

童仆问道："有只能叫，有只不能叫，要杀哪只呢？"

朋友回答说："把那只不能叫的杀了吧。"

第二天，弟子问庄子说："昨日看见的那棵树，因不成材而享尽天年，而今你朋友家的鹅，却因不成材而被杀死，您要如何自处呢？"

庄子笑着回答说："我将处在成材和不成材之间。处在二者之间，似乎合于大道，却又不是真的与大道相合，因而这样做仍不能免受祸患。假若能顺随自然，悠然游乐，就不会是这种情况了。没有赞扬，也没有非议，时而像游龙，时而像伏蛇，顺随时间的变换而变化，不偏向于某一端；或进取，或退缩，以中和为度量，自得地生活在混沌之态，役使外物，却不被外物所役使，这样做的话，又怎会受到外物的牵累！这正是神农、黄帝的处世准则啊。至于那万物的本性，人类的习俗，就不是这样了。有聚，也就会有离，有成，也就会有败；有锋利的棱角就会受到别人的阻碍，有位尊权贵的地位就会受到别人的非难，有所作为就会受到损害，贤能会受到谋算，而无能又会被欺辱，怎能不受到外物的牵累啊！可悲啊！你们要谨记啊，以后要顺随自然啊！"

原 文

市南宜僚见鲁侯①，鲁侯有忧色。市南子曰："君有忧色，何也？"

鲁侯曰："吾学先王之道，修先君之业；吾敬鬼尊贤，亲而行之，无须臾离居②。然不免于患，吾是以忧。"

市南子曰："君之除患之术浅矣！夫丰狐文豹③，栖于山林，伏于岩穴，静也；夜行昼居，戒也；虽饥渴隐约④，犹且胥疏于江湖之

上而求食焉⑤,定也。然且不免于罔罗机辟之患,是何罪之有哉?其皮为之灾也。今鲁国独非君之皮邪?吾愿君刳形去皮^{kū}⑥,洒心去欲,而游于无人之野。南越有邑焉,名为建德之国。其民愚而朴,少私而寡欲;知作而不知藏,与而不求其报;不知义之所适,不知礼之所将⑦。猖狂妄行,乃蹈乎大方。其生可乐,其死可葬。吾愿君去国捐俗⑧,与道相辅而行。"

君曰:"彼其道远而险,又有江山,我无舟车,奈何?"

市南子曰:"君无形倨^{jù}⑨,无留居,以为君车。"

君曰:"彼其道幽远而无人,吾谁与为邻?吾无粮,我无食,安得而至焉?"

市南子曰:"少君之费,寡君之欲,虽无粮而乃足。君其涉于江而浮于海,望之而不见其崖,愈往而不知其所穷。送君者皆自崖而反,君自此远矣!故有人者累,见有于人者忧。故尧非有人,非见有于人也。吾愿去君之累,除君之忧,而独与道游于大莫之国⑩。方舟而济于河⑪,有虚船来触舟,虽有惼心之人不怒^{biǎn}⑫。有一人在其上,则呼张歙之^{xī}⑬。一呼而不闻,再呼而不闻,于是三呼邪,则必以恶声随之。向也不怒而今也怒,向也虚而今也实。人能虚己以游世,其孰能害之!"

●狐

注释

①市南宜僚:人名,古时人常用其住地来称呼人,因其住于市南而得此名。②须臾:片刻,一会儿。③丰狐:即封狐,皮毛很厚的狐狸。④隐约:隐匿,隐藏。⑤胥疏:

徘徊不进的样子。⑥剥：剖开，剖空。⑦将：往，行。⑧捐：抛弃，摒弃。⑨倨：倨傲，高傲。⑩大莫：广大虚空。⑪方舟：两舟相并。⑫惼：心胸狭隘。⑬张歙：张开或靠近。

　　市南的宜僚拜见鲁侯，看到他面露忧色。市南的宜僚就问他说："为什么君主会面带忧色呢？"

　　鲁侯回答说："我学习先王的治国之道，承袭先君之业，并且崇敬鬼神，尊爱贤能，身体力行，不止不息，可仍不能免除祸害，所以忧心忡忡。"

　　市南的宜僚说："你的方法太浅薄了！皮毛浓厚的狐和带斑纹的豹，在山林中栖息，在岩洞内潜伏，这是静心；而夜里活动，白天歇息，这是警戒；即使饥渴，也会隐匿行迹，远离各种踪迹去觅食，这是心定；但还免除不了罗网和机关的祸害。这两种动物有什么过错呢？是因为它们身上的皮毛啊，给它们带来了祸害。而今的鲁国不正是给你带来祸害的皮毛吗？我希望你能抛弃皮毛，洗涤心灵，摒除杂念，逍遥于无人的原野。在遥远的南部有个城邑，叫建德之国。那里的百姓都淳厚朴实，很少有私心；他们知道耕种，但不知储藏，给予却不图回报；不明白义，不了解礼；无心无知，任意而为，最后竟能各自合于大道；活着的时候自得而乐，死后安然入葬。我希望君主你能舍掉政事，摒弃世俗，从而与大道同行。"

　　鲁侯说："去那里的话，路途遥远，又艰苦危险，还隔着江河山岭，我没有船和车，该怎么办呢？"

　　市南的宜僚说："您不要自持高傲，不要固守常规，便能以此作为车子。"

　　鲁侯又说："那的道路幽深遥远，又没有人住，我与谁为邻？我没有谷物，就没有吃的，又该如何抵达呢？"

　　市南的宜僚说："减少消耗，控制欲念，即使没有粮食，粮食也是足够的。你渡过了江河，浮游于大海，一眼望去，不见涯际，越往前就越不知道它的尽头在哪里。送你的人都返回了，你也就远离世俗了！所以说统治他人，定会遭受牵累，而受制于人，定会深感忧虑。那唐尧从不役使别人，也从没被人役使。我希望您能扔掉劳累，消除忧患，只与大道一起遨游。如果两条船并排着渡河，突然有空船碰了过来，即使是心胸狭隘的人也不会发怒；但假若有个人在船上，那两条并排着渡河的船上的人就会大声呵斥；呵斥一次没有反应，再呵斥也没有反应，在呵斥第三次的时候，就定会开骂了。刚才不生气，但现在却发怒了，原因就是刚才的船是空的，而如今船上有人。若能无心无知地遨游于世间，谁又能伤得到他呢！"

北宫奢为卫灵公赋敛以为钟①，为坛乎郭门之外②。三月而成上下之县③。

王子庆忌见而问焉，曰："子何术之设？"

奢曰："一之间无敢设也④。奢闻之：'既雕既琢⑤，复归于朴。'侗乎其无识⑥，傥乎其怠疑⑦。萃乎芒乎⑧，其送往而迎来；来者勿禁，往者勿止；从其强梁，随其曲傅⑨，因其自穷。故朝夕赋敛而毫毛不挫，而况有大涂者乎！"

● 编钟

①北宫奢：人名，名奢，因住在北宫而以其为姓，卫国的大夫。②郭：城郊，外城。③县：通"悬"，悬挂钟鼓的架子。④一：自然，这里指大道。⑤雕、琢：修饰，装饰。⑥侗：淳朴无知的样子。⑦傥：无心失神的样子。⑧萃：集聚，积聚。芒：通"茫"，困惑不已。⑨傅：通"附"，曲意相附，顺从。

北宫奢为卫灵公征集捐款建造大钟，在城郊设了祭坛，只用了三个月的时间就造好了悬挂大钟的架子。

王子庆忌看到后，就问道："你用了什么方法呀？"

北宫奢说："心神专注，顺随自然，不去想有其他什么方法。我曾听说：'既要仔细雕刻，又要认真琢磨，还要归附本真。'所以我在建造大钟的时候，无知无识，迷惘恍惚；财物积聚，却茫然无知送往迎来都无所用心；来的不会禁止，去的也不去阻拦；蛮横的人就随其自便，附和的人也加以顺随，按照各自的情况出力，所以，即使早晚都征集捐款，却一点儿也不使他人受到损害，何况是怀有大道的人呢！"

原　文

孔子围于陈蔡之间，七日不火食。

大公任往吊之^①，曰："子几死乎？"

曰："然。"

"子恶死乎？"

曰："然。"

任曰："子尝言不死之道。东海有鸟焉，其名曰意怠。其为鸟也，翂翂翐翐^②，而似无能；引援而飞^③，迫胁而栖；进不敢为前，退不敢为后；食不敢先尝，必取其绪^④。是故其行列不斥，而外人卒不得害，是以免于患。直木先伐，甘井先竭。子其意者饰知以惊愚，修身以明汙，昭昭乎若揭日月而行^⑤，故不免也。昔吾闻之大成之人曰：'自伐者无功^⑥，功成者堕^⑦，名成者亏。'孰能去功与名而还与众人！道流而不明居，得行而不名处；纯纯常常，乃比于狂^⑧；削迹捐势，不为功名。是故无责于人，人亦无责焉。至人不闻，子何喜哉！"

孔子曰："善哉！"辞其交游，去其弟子，逃于大泽，衣裘褐^⑨，食杼栗^⑩，入兽不乱群，入鸟不乱行。鸟兽不恶，而况人乎！

注　释

①**大公**：对老人的尊称。②**翂翂翐翐**：鸟飞得迟缓的样子。③**引援**：跟随，引导。④**绪**：残余。⑤**揭**：举。⑥**伐**：炫耀，夸耀。⑦**堕**：通"隳"，毁掉，毁坏。⑧**比**：类，似。⑨**衣**：用作动词，穿。⑩**杼栗**：即板栗，这里指粗糙的谷物。

译　文

孔子被困在陈蔡两国之间，整整七日无法生火煮饭。

太公任去看望他，说："你快饿死了？"

孔子回答说:"是。"

太公任又问:"那你厌恶死吗?"

孔子回答说:"是。"

太公任说:"那我与你谈谈不死之道:东海里有种名叫意怠的鸟。这种鸟啊,飞得很慢,就好像飞不起来似的;它们总是跟着其他的鸟才能飞行,休息的时候,又跟其他的鸟在一起;前行的时候,不敢飞在最前头,后退的时候,也不敢飞在最后面;进食的时候,不敢先张嘴,常常吃其他鸟吃剩的食物,所以在行列中从不受排挤,人也从不加害它们,因而免除了很多祸害。长得直的树往往是先被伐掉的,甘美的井水总是先枯竭的。你展现自己的才能而使他人惊异,重视自己的修养,却显现了别人的龌龊,炫耀自己,就像举着太阳和月亮行走,因此总是无法免除祸害。从前我听老子说:'自夸自持的人不会有什么功业;建树了功业,却不知退隐的人,名声定会毁败,彰显了名声,却不知隐藏光芒的人,定会遭受损害。'谁能摒弃功名而与常人无异呢!大道盛行,就隐居避世,圣德流行于世,就藏匿自己的德行;纯厚质朴,跟愚昧猖狂的人一样;除掉踪迹,抛弃权位,不追求功名利禄。所以就不会指责他人,别人也不会非议自己。至人不求留名于世,你为什么这么喜好名声呢?"

孔子说:"你说得太好了!"于是拜别了故交,离开了弟子,跑到山林旷野中;穿着兽皮布衣,吃粗糙的果实;走进兽群,兽不乱群,走进鸟群,鸟不乱飞。连鸟兽都不嫌恶他了,何况是人呢!

原文

孔子问子桑雽曰①hù:"吾再逐于鲁,伐树于宋,削迹于卫,穷于商周,围于陈蔡之间。吾犯此数患②,亲交益疏,徒友益散,何与?"

子桑雽曰:"子独不闻假人之亡与③?林回弃千金之璧,负赤子而趋④。或曰:'为其布与⑤?赤子之布寡矣;为其累与?赤子之累多矣。弃千金之璧,负赤子而趋,何也?'林回曰:'彼以利合,此以天属也。'夫以利合者,迫穷祸患害相弃也;以天属者,迫穷祸患害相收也。夫相收之与相弃亦远矣,且君子之交淡若水,小人之交甘若醴⑥。君子淡以亲,小人甘以绝,彼无故以合者,则无故以离。"

孔子曰："敬闻命矣！"徐行翔佯而归⑦，绝学捐书，弟子无挹于前⑧，其爱益加进。

异日，桑雽又曰："舜之将死，真泠禹曰：'汝戒之哉！形莫若缘，情莫若率⑨。'缘则不离，率则不劳。不离不劳，则不求文以待形。不求文以待形，固不待物⑩。"

注释

①桑雽：人名，姓桑名雽，得道的隐士。②犯：侵犯，触犯。③假：国名，是晋的属国。④赤子：婴孩。⑤布：古时一种形如铲子的钱币。⑥醴：甜酒。⑦翔：悠闲。佯：悠然自得的样子。⑧挹：通"揖"，鞠躬作揖。⑨率：率真，直率。⑩固：通"故"。

译文

孔子问桑雽说："我受到鲁国的两次驱逐，在宋国时，遭受伐树的侮辱，在卫国时，被人除掉踪迹，在商、周之地又困苦不堪，在陈、蔡两国之间还被围堵。我遭受了这么多祸害，亲朋都生疏了，门徒友人也大多分散了，这是为什么呢？"

桑雽回答道："你没听过那假国人逃亡的故事吗？林回丢弃价值千金的璧玉，背着婴孩跑了。有人说：'他这是为了财吗？婴孩值得钱太少了；他这是怕受牵累吗？婴孩的牵累太多了。为什么要丢掉价值千金的璧玉，背起婴孩呢？'林回回答说：'价值千金的璧玉，是与我的利益相一致，但这个婴孩，则是与我的本性相一致。'与利益一致的，遇到了祸患，就会相互丢弃；而与本性一致的，遇到了祸患，就会相互融合。相互融合跟相互丢弃相差太远了。君子之交淡如水，而小人之交甜似酒；君子以淡泊之心而相互亲近，小人关系甘甜，却利尽义绝。但凡没有缘由亲近的，也会没有缘由离散。"

孔子说："我会听取你的教诲的！"之后慢慢地离去，又悠闲地回来了，中断学业，扔掉书简，不让弟子在前侍学，而弟子对他的敬爱之意却更浓厚了。

有一天，桑雽又说："舜在临死的时候，对夏禹说：'你要警诫啊！形体不如顺遂，情感不如本真。'顺遂就不会违逆，本真就不会劳累；不违逆，不劳累，就没必要用文彩装饰形体。不用文彩装饰形体，也就不会对外物有所需求。"

原文

庄子衣大布而补之①，正緳系履而过魏王②。魏王曰："何先生之惫邪？"

庄子曰："贫也，非惫也。士有道德不能行，惫也；衣弊履穿③，贫也，非惫也，此所谓非遭时也。王独不见夫腾猿乎？其得枏梓豫章也④，揽蔓其枝而王长其间，虽羿、蓬蒙不能眄睨也⑤。及其得柘棘枳枸之间也⑥，危行侧视，振动悼栗⑦，此筋骨非有加急而不柔也，处势不便，未足以逞其能也。今处昏上乱相之间而欲无惫，奚可得邪？此比干之见剖心，征也夫⑧！"

注释

①衣：用作动词，穿。**大布**：麻布，粗布。②廉：通"絜"，腰束，腰带。③弊：破。④枏：指楠木。梓：指楸树。⑤蓬蒙：羿的弟子，善射。眄睨：斜视。⑥柘：桑树的一种。棘：酸枣树。枸：有大有小的带刺的树。⑦悼栗：惊惧，恐惧。⑧征：证明。

译文

庄子穿着麻制的带有补丁的衣服，工整地用麻绳系好鞋子，去拜见魏王。魏王看到他后说："先生为何如此疲乏呢？"

庄子说："这是贫困，不是疲乏。士人怀有道德，却无法推行，是疲乏；衣服烂了，鞋子破了，才是贫困，而不是疲乏。这是生不逢时啊。君主你没见过那上蹿下跳的猿猴吗？它们在楠木、梓树、豫树、章木的树林里，抓着小树枝，无拘无束地跳跃，好像它们是这树林里的王，就算是善射的羿和蓬蒙也不敢轻视它们。但等它们在柘树、棘树、枳树、枸树这些灌木丛里的时候，它们就会小心翼翼地走，还时不时地左顾右盼；这不是因为它们筋骨收缩，身体不再灵敏，而是因为所在的环境不方便，无法施展才干。如今在这君庸臣悖的时代，要想不疲乏，怎么可能呢？比干惨遭剖心的刑罚，就是明证啊！"

原文

孔子穷于陈蔡之间，七日不火食。左据槁木①，右击槁枝②，而歌焱氏之风③，有其具而无其数，有其声而无宫角④。木声与人声，犁然有当于人之心⑤。

颜回端拱还目而窥之。仲尼恐其广己而造大也⑥，爱己而造哀也,曰:"回,无受天损易,无受人益难。无始而非卒也,人与天一也。夫今之歌者其谁乎!"

回曰:"敢问无受天损易。"

仲尼曰:"饥渴寒暑,穷桎不行,天地之行也,运物之泄也,言与之偕逝之谓也。为人臣者,不敢去之。执臣之道犹若是,而况乎所以待天乎?"

"何谓无受人益难?"

仲尼曰:"始用四达,爵禄并至而不穷。物之所利,乃非己也,吾命其在外者也。君子不为盗,贤人不为窃,吾若取之,何哉?故曰:鸟莫知于鷾鸸^{yì ér}⑦,目之所不宜处不给视,虽落其实,弃之而走。其畏人也而袭诸人间,社稷存焉尔!"

"何谓无始而非卒?"

仲尼曰:"化其万物而不知其禅之者,焉知其所终?焉知其所始?正而待之而已耳⑧。"

"何谓人与天一邪?"

仲尼曰:"有人,天也;有天,亦天也。人之不能有天,性也。圣人晏然体逝而终矣!"

注释

①据:依据,依凭。②击:敲。③焱氏:即神农氏,相传教百姓稼穑之道。④宫角:指宫、商、角、徵、羽五声,这里指音律。⑤犁然:悠然,释然。⑥广己:夸大自己的德行。造大:即自大。⑦鷾鸸:燕子。⑧正:坚守,持守。

译文

孔子在陈、蔡两国之间遭到了围困,整整七日无法生火煮饭,但他左边靠着枯树,右手敲着枯枝,吟唱起了神农时期的歌谣,敲击器物却没有合乎音乐的节拍,虽然有声音,却并不合于五声的音节,敲木之声和吟咏之声分得清楚明了,使人悠然神往。

　　颜回恭敬地站在一边，转过脸看孔子。孔子担心他太过看重自己的德行而自持自大，过分爱惜自己而深感悲苦，于是就说："颜回啊，不遭受自然的损伤很容易，可不受旁人的利禄就困难了。世事没有终始，人和自然本就是同一的。那如今吟唱的人是谁呢？"

　　颜回说："我想问问'不遭受自然的损伤很容易'这句话是什么意思。"

　　孔子回答说："饥渴、寒暑以及穷困都是天地的运转，万物的变换，都是顺遂天地、万物的运转而变化的。做臣下的，不敢违背君主的意愿。臣下之道尚且如此，何况是应对自然呢！"

　　颜回又问说："那'不受旁人的利禄就困难了'这句话该如何理解呢？"

　　孔子回答说："刚被任用的时候，办什么事都觉得通达，权位和利禄无穷无尽，这是外物带来的利益，不属于自己的本性，这只不过是命运一时让我得到些外物罢了。君子不做劫盗之事，圣贤也不做偷窃之事。如果我还想要那外物的益处，又有什么用呢？所以说：鸟没有比燕子更聪慧的，看到不适合停歇的地方，就绝不会再看第二眼，即便掉落了食物，也舍弃不要。燕子很怕人，却住在人的屋檐之下，这只不过是它们把巢窠暂寄在人的屋檐罢了。"

　　颜回又问说："那什么是'世事没有终始'呢？"

　　孔子回答说："万物无穷无尽地变化，如何知晓终了？又如何知晓起始？这只不过是持守正道而顺随变化罢了。"

　　颜回又问说："那什么是'人和自然本就是同一的'的呢？"

　　孔子回答说："人为，是出于自然；而自然之事，也是出于自然。人无法役使天道，也是由人的本性决定的，圣人通晓此道，因而能顺随自然的变化而变化！"

原　文

　　庄周游于雕陵之樊①，睹一异鹊自南方来者。翼广七尺，目大运寸，感周之颡②，而集于栗林。庄周曰："此何鸟哉！翼殷不逝③，目大不睹。"蹇裳躩步④，执弹而留之。睹一蝉方得美荫而忘其身。螳螂执翳而搏之⑤，见得而忘其形。异鹊从而利之，见利而忘其真。庄周怵然曰⑥："噫！物固相累，二类相召也。"捐弹而反走，虞人逐而谇之⑦。

庄周反入，三月不庭⑧。蔺且从而问之⑨："夫子何为顷间甚不庭乎？"庄周曰："吾守形而忘身，观于浊水而迷于清渊。且吾闻诸夫子曰：'入其俗，从其令。'今吾游于雕陵而忘吾身，异鹊感吾颡，游于栗林而忘真。栗林虞人以吾为戮⑩，吾所以不庭也。"

庄子在栗树林里闲游，看到一只奇异的鹊鸟从南面飞过来，它的羽翼有七尺那么宽，眼睛有一寸那么大，碰到了庄子的额头，停在果林里歇息。庄子说："这是什么鸟啊，羽翼虽大，却不能远行，眼睛虽大，视力却不灵敏？"于是撩起衣服快步上前，拿着弹弓，等待时机。这时忽然看见一只在茂密的树荫中休息的蝉，忘了自身安危；而一只螳螂用树叶遮住形体，准备见机扑过去捕它，也忘了自身安危；那只怪鹊又紧随其后，打算捕螳螂，也失掉了自身的本性。庄子警觉地说："啊，万物之间原来就是这样相互连累，争抢利益啊！"于是丢掉弹弓转身快步而去，掌管栗园的人在后面责骂他。

庄子回到家后，整整三日心情都不是很好。弟子蔺且在一旁问说："先生为什么这几日都不愉快呢？"庄子回答说："我因注意外物的形体，而忘掉了自身安危，因看了混浊的流水，而在清澈的水潭面前也感到迷惑了。而且我曾听老聃说：'到了一个地方，就要因循那里的传统与习俗。'如今我到了栗园就忘掉了自身安危，奇异的鹊鸟碰到了我的额头，在果林闲游的时候失掉了本真，掌管园子的人不了解情况而辱骂我，所以我很不开心。"

原　文

阳子之宋①，宿于逆旅②。逆旅人有妾二人，其一人美，其一人恶。恶者贵而美者贱。阳子问其故，逆旅小子对曰："其美者自美，吾不知其美也；其恶者自恶，吾不知其恶也。"

阳子曰："弟子记之：行贤而去自贤之行，安往而不爱哉！"

注 释

①阳子：人名，姓阳名朱，当时的秦国人。②逆旅：旅舍，旅店。

译 文

阳朱在宋国的一个旅店里歇脚。这个店主有两个妾，一个漂亮，一个丑陋，但那个丑陋的比较受宠，而漂亮的却受到忽视。阳朱问他原因，店主回答说："那个漂亮自以为漂亮，而我不认为漂亮；那个丑陋自以为丑陋，但我不觉得丑陋。"

于是，阳朱对弟子们说："你们记住这点啊！德行贤良却又不自以为有了贤良德行的，到哪里都会受到尊敬啊！"

田子方

《田子方》出自《庄子》外篇，主要内容是传达顺随自然，持守本真，无欲无求的哲学思想。

文章开头就以东郭顺子的形象为例，倡导对"人貌而天虚，缘而葆真，清而容物"，其核心观念就是无为；随后，又以"温伯雪子适齐""孔子见老聃"等故事，来说明"目击道存"、"游心于物之初"等观念，同时还对儒家的礼义思想进行了一定的批判；最后，以孙叔敖不用心于爵禄和凡君不在意凡国之存亡的寓言作结，进一步说明只有忘其得失顺随自然的人，才能不失其"真"。

原 文

田子方侍坐于魏文侯①，数称黢工②。

文侯曰："黢工，子之师耶？"

子方曰："非也，无择之里人也。称道数当，故无择称之。"

文侯曰："然则子无师邪？"

子方曰："有。"

曰："子之师谁邪？"

子方曰："东郭顺子。"

文侯曰："然则夫子何故未尝称之？"

子方曰："其为人也真。人貌而天虚，缘而葆真③，清而容物。物无道，正容以悟之，使人之意也消。无择何足以称之！"

子方出，文侯傥然④，终日不言。召前立臣而语之曰："远矣，全德之君子！始吾以圣知之言、仁义之行为至矣，吾闻子方之师，吾形解而不欲动，口钳而不欲言。吾所学者，直土梗耳⑤！夫魏真为我累耳！"

注　释

①**田子方**：人名，姓田名无择，字子方，是魏文侯的老师。②**黎工**：人名，姓黎名工，魏国的贤人。③**缘**：沿，顺。④**傥然**：若有所失的样子。⑤**土梗**：本指用泥做成的塑像，这里比喻不实无用的东西。

译　文

田子方陪着魏文侯说话，多次夸赞黎工。

文侯说："黎工是你的先生吗？"

田子方回答说："不是，他是我的邻居。因为他言谈举止总是恰到好处，我才夸赞他。"

文侯说："你有先生吗？"

田子方回答说："有的。"

文侯说："你先生是谁啊？"

田子方回答说："东郭顺子。"

文侯说："那你怎么不夸赞他呢？"

田子方回答说："他为人非常纯真质朴，相貌跟寻常人一样，但内心顺随自然持守本真，心境清寂虚空，能包藏万物。假若外物不合乎大道，他便严肃地指出，并使其端正，消除他们的邪念。我哪里能找到恰当的言辞来夸赞我先生啊！"

田子方走后，文侯若有所失，整日都不言语，叫来近前侍立的臣子，说："真是幽深神妙啊，德性全备的君子！起初，我以为圣言和义行就算得上是最高尚的了，而今，我听了田子方先生的情况，身体变得懒散，什么也做不了，嘴巴像是被钳住了什么也说不出。我先前学的，不过是些没用的东西，魏国是我的牵累啊！"

温伯雪子适齐①，舍于鲁。鲁人有请见之者，温伯雪子曰："不可。吾闻中国之君子②，明乎礼义而陋于知人心。吾不欲见也。"

至于齐，反舍于鲁，是人也又请见。温伯雪子曰："往也蕲见我③，今也又蕲见我，是必有以振我也④。"

出而见客，入而叹。明日见客，又入而叹。其仆曰："每见之客也，必入而叹，何耶？"

曰："吾固告子矣：中国之民，明乎礼义而陋乎知人心。昔之见我者，进退一成规、一成矩，从容一若龙、一若虎⑤。其谏我也似子，其道我也似父，是以叹也。"

仲尼见之而不言。子路曰："吾子欲见温伯雪子久矣。见之而不言，何邪？"

仲尼曰："若夫人者，目击而道存矣，亦不可以容声矣！"

● 子路

外篇

①温伯雪子：当时的楚国人，姓温名伯，字雪子。适：到，往。②中国：特指当时的鲁国。③蕲：通"祈"，祈求，企求。④振：启发，打动。⑤从容：指言谈举止。

温伯雪子在去齐国的途中于鲁国住宿。鲁国有个人去拜访他，温伯雪子说："不见。我听说这中原国家的君子，知晓礼义，却不善于理解人心，我不想见他。"

去过齐国后，返途中又在鲁国住宿，这个人又请求拜访。温伯雪子说："先前他来拜访我，如今又来，想必他是来打动我的。"

因而，温伯雪子出来见了这个人，可回屋以后就不停地叹息。第二天再见过这个人，回屋以后还是叹息不止。他的随从问道："先生每次见过这个人，回屋以后都叹息不已，为什么会这样呢？"

温伯雪子回答说："我之前跟你说：中原国家的君子，知晓礼义，却不善于理解人心。前几天拜访我的那个人，进退合乎规矩，举止如龙如虎，规劝我的样子像一个儿子，教导我的样子又如一位父亲，所以我一直叹息。"

孔子拜见了温伯雪子，却一言不发。子路就问道："先生想拜见温伯雪子很久了，可见了他却不说话，这是为什么呢？"

孔子回答说："像他这样的人，你一看，就能体会到他的大道，哪里还需要言语啊。"

原　文

颜渊问于仲尼曰："夫子步亦步，夫子趋亦趋，夫子驰亦驰，夫子奔逸绝尘，而回瞠若乎后矣①！"

夫子曰："回，何谓邪？"

曰："夫子步亦步也，夫子言亦言也；夫子趋亦趋也，夫子辩亦辩也；夫子驰亦驰也，夫子言道，回亦言道也；及奔逸绝尘而回瞠若乎后者，夫子不言而信，不比而周②，无器而民滔乎前③，而不知所以然而已矣。"

仲尼曰："恶！可不察与！夫哀莫大于心死，而人死亦次之。日出东方而入于西极，万物莫不比方④，有目有趾者，待是而后成功。是出则存，是入则亡。万物亦然，有待也而死，有待也而生。吾一受其成形，而不化以待尽，效物而动，日夜无隙，而不知其所终。薰然其成形⑤，知命不能规乎其前。丘以是日徂⑥。吾终身与汝交一臂而失之，可不哀与？女殆著乎吾所以著也。彼已尽矣，而女求之以为有，是求马于唐肆也⑦。吾服，女也甚忘；女服，吾也亦甚忘。虽然，女奚患焉！虽忘乎故吾，吾有不忘者存。"

注 释

①瞋：瞪着眼睛。②比：近，亲近。周：遍，普遍。③器：权位，地位。④比：从，顺从。方：向，方向。⑤薰然：和顺温暖的样子。⑥徂：往。⑦唐肆：空的市场。唐，空；肆，市场，市集。

译 文

颜渊对孔子说："先生慢走，我也慢走，先生快走，我也快走，先生奔跑，我也奔跑，但如果先生脚不沾地地飞奔，学生只好干瞪眼地跟在后面了！"

孔子说："颜回啊，你这是何意？"

颜回回答说："先生慢走，我也随着您慢走，先生言语，我也随着您言语；先生快走，我也随着您快走，先生辩说，我也随着您辩说；先生奔跑，我也随着您奔跑，先生讨论大道，我也随着您讨论大道；但等到先生脚不沾地地飞奔，学生就只能干瞪眼地跟在后面，先生不言语，却能取信于人，不示亲近，却能使情意普遍分布，没有权位，却能使百姓投奔而来，但我还不明白为什么先生能做到这样。"

孔子说："哎，这没有审视察看啊！最大的悲哀就是心死，身体死亡还在它之后。太阳东升西落，万物没有不因循这个方向的，有眼有脚的人，就能看能走，依照太阳的运行活动。日出而作，日落而息。万物都是如此，有的将趋于死亡，有的将会诞生。我一旦获得了自然赋予的形体，就不再变换，而等着消亡的到来。随外物变换而有相应的活动，日夜不息，不知其变化的终结在哪儿。和顺而又自然地得到形体，但也知道命运是无法预测的。所以我只是随着时间的推移而变化。我与你交好，但你却无法真正了解我，这不悲哀吗？你大概只能看见那些我能够被看见的东西，它们都已经过去了，可你还在探求，还确信它们存在，这就像在空的集市上寻求马。我所做的，你所做的，大都是可以相互忘却的。既然如此，你还有什么可担忧的啊！即便是忘掉了我已过时的形迹，但我还有些不被遗忘的精神。"

原 文

孔子见老聃，老聃新沐①，方将被发而干，慹然似非人②。孔子便而待之。少焉见，曰："丘也眩与？其信然与？向者先生形体掘若槁木③，似遗物离人而立于独也。"

老聃曰："吾游心于物之初。"

孔子曰："何谓邪？"

●问礼老聃

曰："心困焉而不能知，口辟焉而不能言④。尝为汝议乎其将：至阴肃肃⑤，至阳赫赫⑥。肃肃出乎天，赫赫发乎地。两者交通成和而物生焉，或为之纪而莫见其形⑦。消息满虚，一晦一明，日改月化，日有所为而莫见其功。生有所乎萌，死有所乎归，始终相反乎无端，而莫知乎其所穷。非是也，且孰为之宗！"

孔子曰："请问游是。"

老聃曰："夫得是至美至乐也。得至美而游乎至乐，谓之至人。"

孔子曰："愿闻其方⑧。"

曰："草食之兽，不疾易薮⑨；水生之虫，不疾易水。行小变而不失其大常也⑩，喜怒哀乐不入于胸次。夫天下也者，万物之所一也。得其所一而同焉，则四支百体将为尘垢，而死生终始将为昼夜，而莫之能滑⑪，而况得丧祸福之所介乎⑫！弃隶者若弃泥涂，知身贵于隶也。贵在于我而不失于变。且万化而未始有极也，夫孰足以患心！已为道者解乎此。"

孔子曰："夫子德配天地，而犹假至言以修心。古之君子，孰能脱焉！"

老聃曰："不然。夫水之于汋也^⑬，无为而才自然矣；至人之于德也，不修而物不能离焉。若天之自高，地之自厚，日月之自明，夫何修焉！"

孔子出，以告颜回曰："丘之于道也，其犹醯鸡与^⑭！微夫子之发吾覆也^⑮，吾不知天地之大全也。"

译　文

孔子去拜访老聃，老聃刚洗了头，正散着头发等干，那心神专注的样子就像是个木头人。孔子站在门下等他，不久见到老聃说："是我眼花了吗？抑或真是这样？刚刚先生一动不动地直立在那儿，犹如一株枯木，像是忘却了外物，超脱世俗而独立存在。"

老聃说："我那是遨游万物的本始。"

孔子问道："这是什么意思？"

老聃回答说："心中存有疑惑，就无法通达外物，嘴巴张开却无法言谈，还是我给你说说大概：最阴冷的是阴寒之气，最温热的是阳和之气，阴寒之气出于苍天，阳和之气发于大地；二气融合，产生万物，有时还作了万物的纲纪，却不显露具体的形态。或消失或生长，或满盈或虚空，忽而晦暗忽而明亮，一天天地变化，一月月地推移，每天都有所成，却看不到它的功绩。生长有萌发之始，消亡也有退败之所，但其终始循环往复，不知道它的穷尽在哪里。如果不是这样，那谁是万物的根本呢？"

孔子说："那游心于其中是怎样的呢？"

老聃回答说："达到了这种境界，就达至美至乐，体会到了至美之境，就能悠然闲游于至乐之巅，这就是至人。"

孔子说："我想知道如何达到这种境界。"

老聃说："吃草的兽类，不担忧草泽之地的变换；水生的虫豸，不担忧水域的变更，这是因为这些只是细小的变化，并没有失掉基础的生活境域。如此一来，喜怒哀乐等各种心绪就不会进到内心。天下万物皆相通为一，相通为一则万物无不相同，于是万物的躯体都终会变成尘垢，而生死、终始也会像昼夜更替那样变换，没有什么能扰乱它的秩序，更何况那得失、祸福呢！舍掉那得失、祸福之类的从属东西就像丢泥土一样随便，这是因为懂得自身远比这些从属的东西更贵重，不会因外在的变化而失去。再说，万物的变化没有穷尽，这何足以扰乱心灵呢？通达大道的人就能明白这点。"

孔子说："先生的德行可比天地，但依然要借助至理修身养性，古代的君子，又有谁不这么做呢？"

老聃说："不对啊。水喷涌而出，是不借助人力的，这才叫自然。至人即使不修养德行，德行也不会脱离他，这就像天自然而然地高，地自然而然地厚，日月自然而然地明亮，哪里需要修养呢！"

孔子回去后，把老聃的这番话告诉了颜回，说："我对大道的了解，就好比那大瓮中极小的飞虫啊！若不是老聃的话消解了我的蒙昧，我根本不知道天地的大全啊。"

原文

庄子见鲁哀公，哀公曰："鲁多儒士，少为先生方者。"

庄子曰："鲁少儒。"

哀公曰："举鲁国而儒服，何谓少乎？"

庄子曰："周闻之：儒者冠圜冠者知天时[1]，履句屦者知地形[2]，缓佩玦者事至而断[3]。君子有其道者，未必为其服也；为其服者，未必知其道也。公固以为不然，何不号于国中曰：'无此道而为此服者，其罪死！'"

于是哀公号之五日，而鲁国无敢儒服者。独有一丈夫，儒服而立乎公门。公即召而问以国事，千转万变而不穷。

庄子曰："以鲁国而儒者一人耳，可谓多乎？"

注释

①圜：通"圆"。②履：用作动词，穿。屦：麻制的单底鞋。③佩玦：环状的带缺口的佩玉。

译 文

庄子拜访鲁哀公，哀公说："鲁国大多是儒学之人，很少有信奉道学的。"

庄子说："鲁国的儒学之人很少。"

哀公说："全鲁国的百姓都穿着儒学之人的服饰，怎能说儒学之人很少呢？"

庄子："我听人说，儒学之人中戴圆帽的，能通晓天时，穿方鞋的，能通晓地形，而戴用五色丝线系着的佩玉的，处事决断。君子有才学，不一定穿着儒学之人的服饰；而穿着儒学之人服饰的，也不一定就有才学。你如果不赞成我的话，怎么不在国内发布命令说：'没有儒学之人的才学而又穿着儒学之人服饰的，处以死刑！'"

因而，哀公发布命令的五天，鲁国国内几乎没有人敢穿儒学之人的服饰，只有一名男子穿着儒学之人的服饰站在朝门之外。哀公立刻召他进来，问他对国事的看法，无论多么繁杂的问题都难不住他。

于是庄子说："鲁国也就这一个儒学之人啊，又怎能说有很多呢？"

原 文

百里奚爵禄不入于心①，故饭牛而牛肥，使秦穆公忘其贱，与之政也。有虞氏死生不入于心②，故足以动人。

宋元君将画图，众史皆至，受揖而立，舐笔和墨③，在外者半。有一史后至者，儃儃然不趋④，受揖不立，因之舍。公使人视之，则解衣般礴羸⑤。君曰："可矣，是真画者也。"

●百里奚

注 释

①百里奚：春秋时期秦国的大夫，据《孟子·万章上》记载，百里奚被秦穆公用五张羊皮买回到秦国，后加以重用，因而也称其是五羖大夫。②有虞氏：即虞舜。被父亲、异母和异母弟多次谋害，都没放在心上，以至孝闻名。③舐：用舌头来舔东西。

外篇

二二一

④僪僪然：悠然闲适的样子。⑤般礴：盘着腿坐下。赢：通"裸"，赤着身子。

译文

百里奚从不看重权位利禄，所以喂养的牛都很肥，秦穆公因此忘掉了他卑微的身份，把国家政事交托给他。有虞氏从不看重死生，所以能感动人心。

宋元公想要画图，所以诸多画师都过来了，受命揖拜，之后恭敬地站着，舔笔调墨，还有半数的人站在门外。有位画师到了最后才赶来，神情悠然自得，一点儿也不慌张，接到元公的旨意也没有恭敬地站在那儿，随即返回馆舍了。元公派人去察看，只见这个画师解了衣服，赤着上身，盘腿而坐。元公说："好啊，这才是真正的画师啊。"

原文

文王观于臧①，见一丈夫钓，而其钓莫钓。非持其钓有钓者也，常钓也。

文王欲举而授之政，而恐大臣父兄之弗安也；欲终而释之，而不忍百姓之无天也。于是旦而属之大夫曰："昔者寡人梦见良人②，黑色而髯③，乘驳马而偏朱蹄④，号曰：'寓而政于臧丈人⑤，庶几乎民有瘳乎⑥！'"

诸大夫蹴然曰⑦："先君王也。"

文王曰："然则卜之。"

诸大夫曰："先君之命，王其无它，又何卜焉。"

遂迎臧丈人而授之政。典法无更，偏令无出。三年，文王观于国，则列士坏植散群⑧，长官者不成德⑨，𫐄斛不敢入于四竟⑩。列士坏植散群，则尚同也；长官者不成德，则同务也；𫐄斛不敢入于四竟，则诸侯无二心也。

文王于是焉以为大师⑪，北面而问曰："政可以及天下乎？"臧丈人昧然而不应⑫，泛然以辞⑬，朝令而夜遁，终身无闻。

颜渊问于仲尼曰："文王其犹未邪？又何以梦为乎？"

仲尼曰："默，汝无言！夫文王尽之也，而又何论刺焉！彼直以循斯须也⑭。"

译　文

文王在臧地游玩，看到一位老人在垂钓，但是他并非有心于钓鱼，他手执鱼竿并不是有意垂钓，只是常常如此做而已。

文王想把国事交托给他，可又担忧那些大臣和宗族之士对他不放心；想放弃这个想法，可又不忍心天下百姓享不到天恩。于是，一大早召来诸大夫，说："昨夜我梦见一位贤良之人，他有着黑黑的面孔，留有长须，骑着一匹颜色斑驳的马，马蹄半侧都是红的，他对我大喊道：'把国家政事交托给那位臧地的老人，百姓差不多就能消解痛苦啦！'"

诸大夫惊惧，说："这梦里的人正是君主的父亲啊！"

文王说："我们先卜问一下吧。"

诸大夫说："这是先王的诏令，君主无须多虑，哪还用得着卜问呢！"

于是，文王迎来了那位臧地的老人，把国家政事交托给了他。没有更改典章法度，也从未发布过偏曲的命令。三年后，文王在国内考察，看到各地方势力大都离散了，各级官吏也不再建立自己的威信，不同的量器，不能再在国境内使用。地方势力大都离散，政令就能上通下达；各级官吏不再建立自己的威信，政绩就能统一；不同的量器不能再在国境内使用，诸侯也就不再有异心。

因此，文王把臧地老人当成自己敬佩的老师，毕恭毕敬地问道："这治国之法能推广到天下吗？"臧地老人默默地没有应答，淡漠地予以推辞，文王早上刚问他，晚上他就逃走了，从此再没听过他的消息。

颜渊问孔子说："难道文王还没达到至人的境界吗？怎么还借梦授职呢？"

孔子说："别说了，别再作声了！文王算得上是至人了，你又何苦指责他呢？他只不过是一时顺随百姓的意愿罢了。"

列御寇为伯昏无人射，引之盈贯[1]，措杯水其肘上[2]，发之，适矢复沓，方矢复寓[3]。当是时，犹象人也[4]。

伯昏无人曰："是射之射，非不射之射也。尝与汝登高山，履危石，临百仞之渊，若能射乎？"

于是无人遂登高山，履危石，临百仞之渊，背逡（qūn）巡[5]，足二分垂在外，揖御寇而进之。御寇伏地，汗流至踵[6]。

伯昏无人曰："夫至人者，上窥青天，下潜黄泉，挥斥八极[7]，神气不变。今汝怵（chù）然有恂目之志[8]，尔于中也殆矣夫！"

①引：拉开，张开。②措：放置。③寓：在，寄。④象人：木偶或者泥塑，这里喻指身体不动而心神专注的样子。⑤逡巡：犹豫不决的样子。⑥踵：脚后跟。⑦挥斥：纵脱，放纵。八极：即八方。⑧怵然：惊慌恐惧的样子。

列御寇给伯昏无人表演他射箭的技术，他拉满弓弦，在手肘上放了杯水，发出一支箭后，这支箭还没到靶上就搭上了另一支箭。第二支箭刚刚射出，就又有一支箭搭上了弓弦。而列御寇一动不动的，像是一个木偶人。

伯昏无人看过之后说："你这是有心射箭的技术，还没达到无心射箭的水准。如果你我一道登上高山，脚踏危石，面对着百丈深渊，你还能这样吗？"

于是，伯昏无人就登上了高山，脚踏危石，面对着百丈深渊，然后背过身来，慢慢地在悬崖边上退步，直到脚掌有些悬空了，才请列御寇跟过来射箭。列御寇惊恐地伏在地上，汗水直直地流到了脚后跟。

伯昏无人说："至人，上能探测苍天，下能潜进黄泉，精神通达八方，神情一直没有变化。而今你惊惧不安，头昏眼花，想再射中靶，不是非常困难了吗？"

肩吾问于孙叔敖曰[1]："子三为令尹而不荣华[2]，三去之而无忧

●孙叔敖

色。吾始也疑子，今视子之鼻间栩栩然③，子之用心独奈何？"

孙叔敖曰："吾何以过人哉！吾以其来不可却也，其去不可止也。吾以为得失之非我也，而无忧色而已矣。我何以过人哉！且不知其在彼乎？其在我乎？其在彼邪亡乎我，在我邪亡乎彼。方将踌躇④，方将四顾⑤，何暇至乎人贵人贱哉！"

仲尼闻之曰："古之真人，知者不得说，美人不得滥⑥，盗人不得劫，伏戏、黄帝不得友⑦。死生亦大矣，而无变乎己，况爵禄乎！若然者，其神经乎大山而无介⑧，入乎渊泉而不濡⑨，处卑细而不惫，充满天地，既以与人己愈有。"

楚王与凡君坐⑩，少焉，楚王左右曰"凡亡"者三⑪。凡君曰："凡之亡也，不足以丧吾存。"夫凡之亡不足以丧吾存，则楚之存不足以存存。由是观之，则凡未始亡而楚未始存也。

外篇

注 释

①肩吾：人名，庄子虚构的人物。孙叔敖：人名，春秋时代楚国的政治家。②令尹：春秋时代楚国官职名称，职位相当于宰相。③栩栩然：欢快轻松的样子。④踌躇：悠然从容的样子。⑤四顾：向四方张望，形容自得满足的样子。⑥滥：淫乱，这里指有非分之想。⑦伏戏：即伏羲。友：交，交往。⑧介：故障，障碍。⑨濡：湿。⑩凡：国名，于春秋后期被灭，其国君寄居在楚国。⑪三：概数，指多。

译 文

肩吾问孙叔敖说："你曾三次担任楚国的令尹，身上却没有尊贵之气，也曾三次被罢免，没有一点儿忧虑，起初，我有些怀疑，而今看到你这般欢快轻松，你是如何做到的呢？"

孙叔敖说："我哪有什么过人之处啊！我只是觉得权位利禄，来的时候不必推辞，离去的时候也不必阻拦。我认为得失不是我原有的东西，所以就没有忧虑了。我哪有什么过人之处啊！再说，我也不知道这可贵之处是在令尹？还是在我？如果在令尹，那就不关我的事了；如果在我，那就不关令尹的事了。我悠然自在，张望四方，哪还有闲暇去关心别人的贵贱啊！"

孔子听到这件事后，说："古时的真人，最有智慧的人也无法劝服他，最漂亮的女人也无法使他有非分之想，强盗抢劫不了他，就算是伏羲和黄帝，也无法与他结交。死生是人生大事了，却干扰不到他，更何况权位利禄啊！像这样的人，他的精神能毫无阻碍地穿过大山，潜进深渊不会沾湿衣服，身份卑微也不会觉得困苦，自在地遨游于天地之间，越是帮助他人，越觉得自己充实富有。"

楚文王跟凡国的君主坐在一起，不一会儿，楚王的侍臣就多次说凡国灭亡了。凡国的君主说："凡国的灭亡，不足以使我心里存在的凡国丧失掉。"既然凡国的灭亡不足以使他心里存在的凡国丧失掉，那楚国就不能因它的存在就让他感觉到它存在。从这个角度来说，凡国未必就灭亡了，楚国也未必是存在的。

知北游

　　《知北游》出自《庄子》外篇，主要内容是谈论道，阐释道家的哲学思想。

　　文章开头以无为谓、狂屈、黄帝为例，说明大道的不可知；而后借对啮缺和被衣形象的描写，提出不言、不议、不说的主张和通达大道之法。随后，以老子和孔子的谈话，阐释大道的内涵；以东郭子和庄子的谈话，阐明大道之大道无所不在；继而，文章借寓言人物，再次指出大道的不可知，宣扬无为，讨论宇宙初始，阐述其客观的唯心主义哲学思想。最后，通过写孔子与颜渊的谈话，指出要无心、无知、不言、不为。

原　文

　　知北游于玄水之上①，登隐弅之丘，而适遭无为谓焉。知谓无为谓曰："予欲有问乎若：何思何虑则知道？何处何服则安道？何从何道则得道？”三问而无为谓不答也。非不答，不知答也。

知不得问，反于白水之南②，登狐阕之上③，而睹狂屈焉④。知以之言也问乎狂屈。狂屈曰：“唉！予知之，将语若。”中欲言而忘其所欲言。

知不得问，反于帝宫，见黄帝而问焉。黄帝曰：“无思无虑始知道，无处无服始安道，无从无道始得道。”

知问黄帝曰：“我与若知之，彼与彼不知也⑤，其孰是邪？”黄帝曰：“彼无为谓真是也，狂屈似之，我与汝终不近也。夫知者不言，言者不知，故圣人行不言之教。道不可致⑥，德不可至。仁可为也，义可亏也，礼相伪也。故曰：‘失道而后德，失德而后仁，失仁而后义，失义而后礼。’礼者，道之华而乱之首也⑦。故曰：‘为道者日损，损之又损之，以至于无为。无为而无不为也。’今已为物也，欲复归根⑧，不亦难乎！其易也其唯大人乎！生也死之徒⑨，死也生之始，孰知其纪⑩！人之生，气之聚也。聚则为生，散则为死。若死生为徒，吾又何患！故万物一也。是其所美者为神奇，其所恶者为臭腐。臭腐复化为神奇，神奇复化为臭腐。故曰：‘通天下一气耳。’圣人故贵一。”

知谓黄帝曰：“吾问无为谓，无为谓不应我，非不我应，不知应我也。吾问狂屈，狂屈中欲告我而不我告，非不我告，中欲告而忘之也；今予问乎若，若知之，奚故不近？”

黄帝曰：“彼其真是也，以其不知也；此其似之也，以其忘之也；予与若终不近也，以其知之也。”

狂屈闻之，以黄帝为知言。

①**知**：庄子虚构的人名。**玄水**：虚构的河名。②**反**：通"返"。**白水**：虚构的河名。③**狐阕**：虚构的山名。④**狂屈**：虚构的人名。⑤**彼与彼**：即无为谓和狂屈。⑥**致**：得到，获得。⑦**华**：浮华，伪饰。⑧**根**：即大道。⑨**徒**：同类。⑩**纪**：常规，规律。

译 文

知向北游历到玄水，登上一个名叫隐弅的山丘，正好碰到了无为谓。于是知对无为谓说："我问你一些问题：要怎样思虑才能知晓道？要怎样处身行事才能合乎道？要顺随什么、运用什么方法才能通达道？"知问了几次，无为谓都没有回答，也不是不回答，而是不知道该如何回答。

知没有从无为谓那儿获得答案，就回到了白水的南岸，登上一个名叫狐阕的山丘，在那里遇到了狂屈。知问了先前问无为谓的问题，狂屈说："唉，我知晓这些问题的答案，一会儿告诉你。"狂屈心中想说，又忘了要说什么。

知也没有获得答案，就转回到了黄帝的行宫，见到黄帝后，又问了他那些问题。黄帝回答说："没有思虑才能知晓道，没有处身行事才能合乎道，没有途径和方法才能通达道。"

知又问黄帝说："你我了解这些道理，但无为谓和狂屈不了解这些，那谁是对的呢？"

黄帝回答说："无为谓是真正对的那个，狂屈与对相近；而你我则没有接近大道。了解大道的人不会说，说的人不真正了解，所以圣人才推广不言之教。大道无法通过言语获取，大德无法通过言谈达到。仁是能有所作为的，义是有所损害的，而礼的施行就只是虚伪欺骗罢了。所以说：'失掉了道，而后能获取德，失掉了德，而后能获取仁，失掉了仁，而后能获取义，失掉了义，而后能获取礼。礼就是道的伪饰，是社会祸乱的源头。'所以说：'体悟大道的人要日日剔除伪饰，不停地剔除以至达到无为之境，达到了无为之境，也就无所不为了。'而今，你已经有所作为了，想再回到道之根本，不是很困难吗！要说谁能轻易地回归根本，大概只有至人了！生死属于同类，死是生的起始，但又有谁明了它们的规律呢？人生命的起始，是源于气的聚积，气聚积而生成生命，气离散，就是生命的终结。假若死生属于同类，那我又何必为死亡而忧虑呢？所以，万物本就是同一的。人们把那些自以为美好的事物看成是神奇的，把那些自以为厌恶的事物看成是迂腐的，而随着人的好恶的变化，迂腐的事物会转换为神奇的，而神奇的事物也会转换为迂腐的。所以说：'天下是一体的。'圣人也因此注重同一。"

知又对黄帝说："我问无为谓这些问题，他不回答我，也不是不回答我，而是不知道该如何回答我。我又问狂屈这些问题，他想跟我说，却也没说给我听，其实也不是不跟我说，而是当他想跟我说的时候，忘记了要跟我说什么。而今，我问你这些问题，并且你也明白，可为什么又说这样不接近大道呢？"

黄帝回答说："无为谓是真正通晓大道的，因为他不知不晓；狂屈与大道相近，因为他忘记了；你我一直没接近大道，因为我们好像什么都了解。"

狂屈听了这件事后，认为黄帝的话才是通晓道的论说。

原 文

天地有大美而不言，四时有明法而不议①，万物有成理而不说②。圣人者，原天地之美而达万物之理③。是故至人无为，大圣不作，观于天地之谓也。

今彼神明至精，与彼百化。物已死生方圆④，莫知其根也。扁然而万物⑤，自古以固存。六合为巨，未离其内；秋毫为小，待之成体；天下莫不沉浮⑥，终身不故；阴阳四时运行，各得其序；惛然若亡而存⑦；油然不形而神⑧；万物畜而不知：此之谓本根，可以观于天矣！

注 释

①明法：确定的规律。②成理：万物自然而成的形式。③原：推究，追究。④方圆：指事物变化的形态。⑤扁然：即翩然，轻快自如的样子。⑥沉浮：升降，这里指事物无穷无尽的变化。⑦惛然：迷惘糊涂的样子。⑧油然：自然而无形无迹地变化。

译 文

天地有伟大的善美，却不用言语表达，四季运行有确定的规律，却不加以评议，万物变化有自然的形式，却不加以谈说。圣贤之人推究天地之美，通达万物之道。所以至人顺随自然而无为，圣哲之人也无为，这是体察了天地之道。

大道神秘玄妙，介入到万物的变化之中。万物或死或生，时方时圆，没有人知道变化的本源。一切存在和变化都自然而然，自古以来就存在的。六合算是巨大的，却始终无法超出道的界限；秋毫算是细小的，但也得依靠道生成形体；宇宙万物无时无刻不在变化，但始终不会固守一端；阴阳和四时也在按照自己的规律在不停地运转着；大道是混沌蒙昧的，好像不存在，却又无处不在；万物自然地萌生，但其变化又神妙莫测，没有任何踪迹；万物受它养育，却不自知：这就是本根，明白了这点，就能观测自然之道了！

啮缺问道乎被衣[1]，被衣曰："若正汝形，一汝视，天和将至；摄汝知[2]，一汝度，神将来舍[3]。德将为汝美，道将为汝居，汝瞳焉如新生之犊而无求其故[4]。"

言未卒，啮缺睡寐。被衣大说，行歌而去之，曰："形若槁骸，心若死灰，真其实知[5]，不以故自持。媒媒晦晦[6]，无心而不可与谋。彼何人哉！"

①啮缺、被衣：虚构的人物。②摄：收敛。③舍：用作动词，居，住。④瞳：无心无知的样子。⑤真其实知：真正知晓的，这里指懂得天道。⑥媒媒：通"昧昧"，蒙昧无知的样子。

啮缺向被衣问道，被衣说："端正你的形体，集中你的视野，天地之气就自然地来了；收敛你的思想，集中你的思虑，精神就会汇聚在你这里。道德将会为你带来美好，大道将会留在你的心里，你就会像那初生的牛犊一样无知无识，不探究其缘故。"

被衣还没说完，啮缺就睡着了。被衣高兴极了，吟着歌离开了，说："形体像枯骨，心灵像死灰，质朴的心神回归本真，却不因此而有所矜持，憛憛懂懂，没有心机而无法与其谋议。那是怎样的人啊！"

舜问乎丞曰[1]："道可得而有乎？"

曰："汝身非汝有也，汝何得有夫道！"

舜曰："吾身非吾有也，孰有之哉？"

曰："是天地之委形也[2]；生非汝有，是天地之委和也；性命非汝有，是天地之委顺也；孙子非汝有，是天地之委蜕也[3]。故行不

庄子

二三〇

知所往，处不知所持，食不知所味。天地之强阳气也④，又胡可得而有邪！"

①丞：一说人名，为舜的老师；一说官名，为古代帝王的四辅之一。②委：寄托，委托。③蜕：蜕变，这里指获得新生。④强阳：运动。

译 文

舜问丞说："道可以获取占有吗？"

丞回答说："你的形体都不属于自己，又如何获取占有大道啊！"

舜说："我的形体如果不是我自己的，那属于谁呢？"

丞回答说："是天地把形体寄托给了你；生命也不是你自己的，是天地之和气聚积而形成的；性命也不是你自己的，是天地之顺气聚积在你身上而形成的；你的子孙也不是你自己的，是天地给予你的新生之形。所以，行动时不知道去哪里，居住时不知道持守什么，吃饭时不知道饭菜是什么味道。这只是天地间的运动之气，你哪能获取占有啊！"

原 文

孔子问于老聃曰："今日晏闲①，敢问至道。"

老聃曰："汝斋戒，疏瀹而心②，澡雪而精神③，掊击而知。夫道，窅然难言哉④！将为汝言其崖略⑤：夫昭昭生于冥冥⑥，有伦生于无形，精神生于道，形本生于精，而万物以形相生。故九窍者胎生⑦，八窍者卵生⑧。其来无迹，其往无崖，无门无房，四达之皇皇也⑨。邀于此者，四肢彊，思虑恂达⑩，耳目聪明。其用心不劳，其应物无方，天不得不高，地不得不广，日月不得不行，万物不得不昌，此其道与！且夫博之不必知，辩之不必慧，圣人以断之矣⑪！若夫益之而不加益，损之而不加损者，圣人之所保也。渊渊乎其若海，魏魏乎其终则复始也⑫。运量万物而不遗⑬。则君子之道，彼其外与！万物皆往资焉而不匮⑭。此其道与！

“中国有人焉，非阴非阳，处于天地之间，直且为人[15]，将反于宗。自本观之，生者，喑醷(yīn yì)物也[16]。虽有寿夭，相去几何？须臾之说也。奚足以为尧、桀之是非！果蓏(luǒ)有理[17]，人伦虽难，所以相齿[18]。圣人遭之而不违，过之而不守。调而应之，德也；偶而应之，道也。帝之所兴，王之所起也。

“人生天地之间，若白驹之过郤，忽然而已。注然勃然[19]，莫不出焉；油然漻(liú)然[20]，莫之入焉。已化而生，又化而死，生物哀之，人类悲之。解其天弢[21]，堕其天袠(zhì)[22]，纷乎宛乎，魂魄将往，乃身从之。乃大归乎！不形之形，形之不形，是人之所同知也，非将至之所务也，此众人之所同论也。彼至则不论，论则不至；明见无值[23]，辩不若默；道不可闻，闻不若塞：此之谓大得。”

注　释

①**晏闲**：安闲无事。②**疏瀹**：疏通。③**澡雪**：洗干净。④**窅然**：高远莫测的样子。⑤**崖略**：大略，大概。⑥**昭昭**：昭明，昭彰。**冥冥**：混沌，昏暗。⑦**九窍者**：周身有九个穴窍，指人和兽类。⑧**八窍者**：周身有八个穴窍，指鱼和鸟类。⑨**皇皇**：大，广。⑩**恂达**：通达。⑪**以**：已，已经。⑫**魏魏**：通“巍巍”，高大的样子。⑬**量**：容纳。⑭**资**：用作动词，取。⑮**直且**：姑且，暂且。⑯**喑醷**：气的聚积。⑰**果蓏**：瓜类果实的总称。树类结的叫作果，草类结的叫作蓏。⑱**相齿**：按照年龄的大小排序。⑲**注然**：形容事物兴起的样子。⑳**漻然**：形容事物消亡的样子。㉑**弢**：通“韬”，弓衣。㉒**袠**：书衣。㉓**见**：遇见。**值**：通“直”。

译　文

孔子对老聃说：“今天闲居无事，我想问你一些有关至道的问题。”

老聃说：“你首先要斋戒，再疏导心灵，洗净精神，摒除才智。大道是深奥玄妙的，很难言说啊！我给你说个大略吧：光亮出自昏暗，有形出自无形，精神出自大道，形体出自精微之气。万物以各种形体而相互转化。所以，凡是具有九个穴窍的，皆是胎生，具有八个穴窍的，皆是卵生。到来的时候没有行迹，离开的时候也没有边界，不知道从哪儿生出来，也不知道哪儿是归宿，无所不通。因循大道的人，四肢健壮，思虑通畅，耳目敏捷，运用心智，却不觉得劳累，顺随外物，但不困守常规。天不得就不高，地不得就不广，日月不得就不会运转，万物不得就不会昌盛，这就是道啊！再说，博闻强识的人不一定明了真理，善于辩论的人不一定聪慧过人，圣人早已舍弃了这些！增多了，却看不出增多，减少了，也看不出减少，这便是圣人要持守的。大道像大海那样深邃，像高山那样巍峨，没有终始，万物的运行都在它的范围之内，从不遗漏。君子所了解的大道，大概都是些外在的道理！万物都从它那儿取得资用，并且从不缺乏。这就是道啊！

"中原一带住着这样一些人，他们不偏于阴阳的任何一端，处在天地之间，姑且有人的形体，人终会回归他的本原。从道的视角看，人生命的开始，是由于气的聚积，虽然寿命有长有短，但又有多少差别呢？不过是须臾之间罢了，所以，又何必区分尧和桀的是是非非呢！果类和瓜类都有自己的生长规律，人的次序虽然很难划分，但也能用年龄来排列。圣人遇到人伦之事，从不会有所违逆，过往而不会固守。调和顺随，就是德；随机适应，就是道。这便是帝业振兴和王侯兴起的依凭。

"人生于天地之间，如阳光掠过空隙，只是一瞬间罢了。事物蓬勃兴起，没有不生长的；事物顺随变化而衰萎，没有不消亡的。忽而变化，存活于世间，忽而又变化，离开人世。生物为此哀伤，人们为此悲悯。但死亡只不过是解除了自然的束缚，毁掉了自然的拘束。纷扰婉转地变化，魂魄先离去，形体也随之而去。这是完全地归向根本啊！无形化为有形，有形再化为无形，这是人们普遍了解的，但不是体悟大道的人探求的，而是人们共同议论的。通达大道的人不会谈论，而谈论的就不是真的通达大道；大道是看不到的，说自己看到的，其实对大道毫无认识，能言善辩不如闭口不言；大道是听不到的，听闻还不如塞耳不闻：这才是真正懂得了大道。"

原　文

东郭子问于庄子曰[①]："所谓道，恶乎在？"

庄子曰："无所不在。"

东郭子曰："期而后可[②]。"

庄子曰："在蝼蚁。"

曰："何其下邪？"

曰："在稊稗[③]。"

曰："何其愈下邪？"

曰："在瓦甓^④。"

曰："何其愈甚邪？"

曰："在屎溺^⑤。"

东郭子不应。

庄子曰："夫子之问也，固不及质。正、获之问于监市履狶也^⑥，'每下愈况'。汝唯莫必，无乎逃物。至道若是，大言亦然。周遍咸三者，异名同实，其指一也。尝相与游乎无何有之宫^⑦，同合而论，无所终穷乎！尝相与无为乎！淡而静乎^⑧！漠而清乎！调而闲乎！寥已吾志^⑨，吾往焉而不知其所至，去而来而不知其所止。吾已往来焉而不知其所终，彷徨乎冯闳^⑩，大知入焉而不知其所穷。物物者与物无际^⑪，而物有际者，所谓物际者也。不际之际，际之不际者也。谓盈虚衰杀，彼为盈虚非盈虚，彼为衰杀非衰杀，彼为本末非本末，彼为积散非积散也。"

注释

①东郭子：人名，因为住在东郭而得此名。②期：必。③稊稗：杂草。④甓：砖，砖头。⑤屎溺：大小便。⑥正、获：官职名。监市：官职名，负责掌管市场。狶：猪。⑦无何有之宫：指虚空的境界。⑧淡：淡漠。⑨寥：虚静，虚寂。⑩彷徨：自由放任的样子。冯闳：虚无广阔的样子。⑪物物者：主宰万物的天道。

译文

东郭子向庄子请教大道，说："大道究竟在哪儿呢？"

庄子说："无处不在。"

东郭子说："那具体的地方在哪儿。"

庄子回答说："在蝼蚁之中。"

东郭子又说："为什么在这样低下的地方呢？"

庄子说："在稻田的杂草里。"

东郭子又说："怎么更低了呢？"

庄子说："在砖瓦之中。"

东郭子又说："怎么又更低了呢？"

庄子说："在大小便里。"

东郭子就不吭声了。

庄子说："你提的问题没有触及大道的根本，有一个叫获的官吏，他掌管市场，问屠夫如何断定猪的肥瘦，'方法就是越往下踩猪腿就越能知晓猪的肥瘦'。你不能只在一个事物里探寻大道，万物没有脱离大道的。道是如此，最崇高的言论也是如此。物、言、大道遍布于各处，虽然名称不同，但实质是一样的，意旨也是同一的。我们一道遨游虚无之境，以混沌同一的观点探讨问题，宇宙万物是无穷无尽的！再一起顺随变化，无为自处吧！恬淡静默！淡漠虚静！协和闲适！心神虚空静寂，不曾前往他处，也不知道该去何处，或去或来，不知道停留之所，在世间来来往往，却不知道哪儿是归宿；自由地遨游在虚旷之境，大智之人虽与大道交融契合，却不知道它的终极。主宰万物的大道与万物本身并没有界线，而物之间的区别，就是指具体事物之间的差异；那没有界限的界限，是让所有界限有消泯于无的。人们所谓的盈满、虚无、衰退以及消减，是大道使物有盈满、虚无，而不是大道本身有盈满、虚无，是大道使物有衰退、消减，而不是大道本身有衰退、消减，是大道使物有本末，而不是大道本身有本末，是大道使物有聚集、离散，而不是大道本身有聚集、离散。"

原 文

妸荷甘与神农同学于老龙吉①。神农隐几，阖户昼瞑②，妸荷甘日中奓户而入③，曰："老龙死矣！"神农隐几拥杖而起，嚗然放杖而笑④，曰："天知予僻陋慢訑记⑤，故弃予而死。已矣，夫子无所发予之狂言而死矣夫！"

弇堈吊闻之⑥，曰："夫体道者，天下之君子所系焉。今于道，秋毫之端万分未得处一焉，而犹知藏其狂言而死，又况夫体道者乎！视之无形，听之无声，于人之论者，谓之冥冥，所以论道而非道也。"

于是泰清问乎无穷，曰："子知道乎？"

无穷曰："吾不知。"

又问乎无为,无为曰:"吾知道。"

曰:"子之知道,亦有数乎⑦?"

曰:"有。"曰:"其数若何?"

无为曰:"吾知道之可以贵、可以贱、可以约、可以散,此吾所以知道之数也。"

泰清以之言也问乎无始,曰:"若是,则无穷之弗知与无为之知,孰是而孰非乎?"

无始曰:"不知深矣,知之浅矣;弗知内矣,知之外矣。"

于是泰清中而叹曰:"弗知乃知乎,知乃不知乎!孰知不知之知?"

无始曰:"道不可闻,闻而非也;道不可见,见而非也;道不可言,言而非也!知形形之不形乎⑧!道不当名。"

无始曰:"有问道而应之者,不知道也;虽问道者,亦未闻道。道无问,问无应。无问问之,是问穷也;无应应之,是无内也。以无内待问穷,若是者,外不观乎宇宙,内不知乎大初⑨。是以不过乎昆仑,不游乎太虚。"

注 释

①婀荷甘、老龙吉:都是虚构的人名。②阖:关。瞑:通"眠",小憩。③㢱:开,推开。④嚗:手杖落地的声音。⑤慢诞:通"谩诞",怠慢荒唐。⑥弇堈吊:虚构的人名,姓弇堈,名吊。⑦数:名数。⑧形形:主宰形体。首个"形",用作动词,主宰。⑨大初:即太初,指宇宙初始的混沌状态。

译 文

婀荷甘与神农都在老龙吉那儿学习。上午,神农关上门,靠着几案睡着了,中午,婀荷甘推门进来说:"老龙吉先生死了!"神农借着拐杖站起来,啪的一声,把拐杖丢在了地上,大笑起来,说:"老龙吉先生知道我见识浅薄,心神不一,所以弃我而去了啊。这下完了，我的先生啊！还没有启发教导我就死去了啊！"

弇堈吊听说这件事后，说："通达大道的人，天下道德高尚的人都会去归附他。而今老龙吉先生几乎没得到大道秋毫之末的万分之一，尚且知道要深藏他的狂言之论，又何况那真正通达大道的人呢！大道看起来没有形迹，听起来也没有声响，而人们那侃侃而谈的大道，可以说是蒙昧晦暗，能加以议论的大道，就不是真正的大道。"

于是，泰清问无穷说："你通晓大道吗？"

无穷回答说："不通晓。"

又问无为。无为说："通晓。"

泰清又说："既然你通晓大道，那大道有名数吗？"

无为回答说："有的。"

泰清说："那大道的名数是什么？"

无为说："大道可以高贵，可以卑下，可以积聚，也可以离散，这是我知晓的大道的名数。"

泰清把无为的这番话告诉给了无始，向他请教说："如此的话，那无穷的不通晓和无为的通晓，哪个对，哪个错？"

无始说："说自己不通晓的，是深远神妙，说自己通晓的，是浮躁浅识；不通晓的人处于大道之内，而通晓的人则与大道背离。"

于是，泰清有所觉悟，感叹着说："不通晓才是真的通晓啊！而通晓正是不通晓！那谁了解不通晓的通晓呢？"

无始说："大道是听不见的，能听见的就不是真正的大道；大道是看不见的，能看到的也不是真正的大道；大道是无法用言语表述的，能表述的也不是真正的大道。明了天下的有形之物都出自无形的大道，因而，大道是没有名称的。"

无始接着说："有人讨教大道，就随口应答了，其实是不通晓大道的。而那讨教的人，也没有真正了解大道。道是无法讨教的，问了也不知道怎么应答。无法讨教，却非要询问，这是空虚无形的发问；无法应答，却给予了应答，这是他没有内容的应答。心中无道，却应答一些空虚无形的问题，像这种人，对外，无法观察宇宙，对内，无法探究自身根本，所以越不过那巍峨的昆仑，也无法遨游太虚之境。"

原文

光曜问乎无有曰①："夫子有乎？其无有乎？"

光曜不得问而孰视其状貌②：窅然空然，终日视之而不见，听之而不闻,搏之而不得也③。

光曜曰:"至矣,其孰能至此乎! 予能有无矣,而未能无无也。及为无有矣,何从至此哉!"

大马之捶钩者④,年八十矣,而不失毫芒。大马曰:"子巧与! 有道与?"

曰:"臣有守也。臣之年二十而好捶钩,于物无视也,非钩无察也。"是用之者假不用者也,以长得其用,而况乎无不用者乎! 物孰不资焉!

注 释

①光曜、无有:虚构的人名。②孰视:仔细察看。孰,通"熟"。③搏:触及,触到。④大马:即大司马,官职名。捶:打造。

译 文

光曜向无有问道:"先生是有呢? 抑或是没有?"

无有不说话,光曜没得到应答,就仔细察看他的形态和容貌,看着既高深又空虚,整日看也看不见,听也听不到,触也触不着。

光曜说:"这是最高的境界了啊,有谁能到这样的境界啊! 我能达到'无',却达不到'无无',就算做到了'无',但依然无法脱离'有',怎样才能达到这样的境界呢?"

大司马家有个打造带钩的人,虽然已经八十岁了,却依然能不差毫厘。大司马说:"你的技艺太妙了,有什么窍门吗?"

打造带钩的老人回答说:"我因循自然之道。我二十岁就喜欢打造带钩,再也看不到其他的事物,不是带钩就无法吸引我的注意。"以不用之道来制造可用,这样制作出来的东西才能长久使用,何况那无为而不用的事情啊! 有谁不给予帮助呢?

原 文

冉求问于仲尼曰①:"未有天地可知邪?"

仲尼曰:"可。古犹今也。"

冉求失问而退,明日复见,曰:"昔者吾问'未有天地可知乎?'

●冉求

夫子曰：'可。古犹今也。'昔日吾昭然②，今日吾昧然③。敢问何谓也？"

仲尼曰："昔之昭然也，神者先受之；今之昧然也，且又为不神者求邪！无古无今，无始无终。未有子孙而有子孙可乎？"

冉求未对。

仲尼曰："已矣，末应矣！不以生生死，不以死死生。死生有待邪④？皆有所一体。有先天地生者物邪？物物者非物。物出不得先物也，犹其有物也。犹其有物也无已！圣人之爱人也终无已者，亦乃取于是者也。"

①**冉求**：孔丘的学生。②**昭然**：明亮的样子，这里指明了。③**昧然**：晦暗的样子，这里指糊涂。④**待**：对待，这里指对立。

译　文

冉求问孔子说："我们能了解天地产生之前的情况吗？"

孔子说："可以，古代和现在一样。"

冉求没获得满意的应答，就退出屋了，第二天，再次拜见孔子，说："昨天我问先生'我们能了解天地产生之前的情况吗？'先生回答说：'可以，古代和现在一样。'昨天我还很明了，今天却糊涂了，这是为什么呢？"

孔子回答说："昨天你心里明了，是因为心神有所醒悟；今天糊涂了，是因为你拘泥于外在形象，有了疑惑，没有古代，就没有现在，没有始，也就没有终。没有子孙，却有了子孙，这可以吗？"

冉求没有应答。

孔子说："罢了，无须回答了！不可为了生而使死者出生，不可为了死而使生者去死。死生是相对立的吗？实际上它们是一体的。有先于天地而存在的物吗？化生万物的道的不是具体的物。万物的形成不会先于道，由道有了万物，而有了万物，才使生命生生不已，万物繁衍生息。圣人对于人的怜惜无穷无尽，也是取法于万物的长流不息。"

原 文

颜渊问乎仲尼曰："回尝闻诸夫子曰：'无有所将①，无有所迎。'回敢问其游。"

仲尼曰："古之人外化而内不化，今之人内化而外不化。与物化者，一不化者也。安化安不化，安与之相靡②？必与之莫多③。狶韦氏之囿④，黄帝之圃，有虞氏之宫，汤武之室。君子之人，若儒墨者师，故以是非相齑也，而况今之人乎！圣人处物不伤物。不伤物者，物亦不能伤也。唯无所伤者，为能与人相将迎。山林与，皋壤与⑤，使我欣欣然而乐与！乐未毕也，哀又继之。哀乐之来，吾不能御，其去弗能止。悲夫，世人直为物逆旅耳⑥！夫知遇而不知所不遇，能能而不能所不能⑦。无知无能者，固人之所不免也。夫务免乎人之所不免者，岂不亦悲哉！至言去言，至为去为。齐知之，所知则浅矣！"

注 释

①将：送。②靡：顺，顺遂。③莫多：不会过分。④狶韦氏：古代原始社会中的部落之王。囿：园，园林。⑤皋壤：平原。⑥逆旅：旅舍，旅馆。⑦能能：能力所及的就能做到。

译 文

颜渊问孔子说："我曾听先生说：'无有所将，无有所迎。'请问这其中的缘故？"

孔子说："古时的人，外在顺遂环境的变化而变化，但内心持守本真，而今的人，内心无法持守本真，外在也无法顺遂环境的变化而变化。顺遂外物变化而变化的人，内心必定专一静寂，不会游移不定。对于变或不变，都能听之任之，安适地适应外在环境，会顺遂外物变化，却不随意离散。豨韦氏的庄园，黄帝的果园，虞舜的行宫，商汤、周武王的居室都是他们修养身心的地方。那些被称作是君子的人，比如儒学、墨学之人的老师，都以是非好坏作为标准而相互非议，更何况如今的人呢！圣人跟外物相交，却不损伤外物。而不损伤外物的人，外物也不会亏损他。没有相互损伤，便能和他人一起自然地相送相迎。山林也好，平原也罢，都使我心情愉悦啊！可愉悦还没消散，哀伤就来临了。我无法推迟哀伤和愉悦的到来，也无法制止哀伤和愉悦的离去。可悲啊，世人不过是外物寄居的旅店罢了。人们知道自己会遇到什么，却不知道自己不会遭遇什么，能做己所能及的事，却做不了己所不及的。人们本就无法避免不知道的和力不能及的，却非要避开，不是很可悲吗！最崇高的言论是什么也不说，最崇高的行为是什么也不做。如果把每个人的认知都一概而论，那就太浅薄了。"

杂　篇

庚桑楚

　　《庚桑楚》出自《庄子》杂篇，以人名篇，主要内容是阐释庄子以无为、无有思想为基础的养生之道。

　　文章以庚桑楚行大道之法、南荣趎求大道之法、老子讲大道之法三篇对话开篇，指出要顺遂万事万物所固有的自然规律，功名仁义都会使人之本性有所亏损，提倡无为，反对有为。又通过多篇说理文字强调保持心境平和的重要性，讨论修养身心之理，指出养生之道就是要以无有、无为为出发点和立足点，顺随自然，回归本性。

原文

　　老聃之役有庚桑楚者①，偏得老聃之道，以北居畏垒之山②。其臣之画然知者去之③，其妾之挈然仁者远之④。拥肿之与居⑤，鞅掌之为使⑥。居三年，畏垒大壤⑦。畏垒之民相与言曰："庚桑子之始来，吾洒然异之⑧。今吾日计之而不足，岁计之而有余。庶几其圣人乎！子胡不相与尸而祝之⑨，社而稷之乎⑩？"

　　庚桑子闻之，南面而不释然⑪。弟子异之。庚桑子曰："弟子何异于予？夫春气发而百草生，正得秋而万宝成。夫春与秋，岂无得而然哉？天道已行矣。吾闻至人，尸居环堵之室⑫，而百姓猖狂⑬，不知所如往。今以畏垒之细民，而窃窃焉欲俎豆予于贤人之间⑭，我其杓之人邪⑮！吾是以不释于老聃之言。"

弟子曰："不然。夫寻常之沟[16]，巨鱼无所还其体[17]，而鲵鳅为之制[18]；步仞之丘陵[19]，巨兽无所隐其躯，而蘖狐为之祥[20]。且夫尊贤授能，先善与利，自古尧、舜以然，而况畏垒之民乎！夫子亦听矣！"

庚桑子曰："小子来！夫函车之兽，介而离山[21]，则不免于网罟之患；吞舟之鱼，砀而失水[22]，则蝼蚁能苦之。故鸟兽不厌高，鱼鳖不厌深。夫全其形生之人，藏其身也，不厌深眇而已矣[23]！且夫二子者，又何足以称扬哉！是其于辩也，将妄凿垣墙而殖蓬蒿也[24]，简发而栉[25]，数米而炊，窃窃乎又何足以济世哉！举贤则民相轧，任知则民相盗。之数物者，不足以厚民。民之于利甚勤，子有杀父，臣有杀君；正昼为盗，日中穴阫。吾语女：大乱之本，必生于尧、舜之间，其末存乎千世之后。千世之后，其必有人与人相食者也！"

（注　释）

①役：门人，门徒。**庚桑楚**：人名，姓庚桑名楚，一名隐士，也是老子最得力的门人。②**畏垒**：一说为山名，一说指高低不平。③**画**：炫耀。**知**：通"智"。④**挈然**：举，这里指标榜。⑤**拥肿**：质朴，淳朴。⑥**鞅掌**：习于劳役容貌纯朴之人。⑦**壤**：通"穰"，丰收。⑧**洒然**：惊异的样子。⑨**尸**：主，古时代像死者般受祭的活人。**祝**：宗庙中主持祭祀的人。⑩**社、稷**：土神和谷神，这里指祭祀。⑪**释然**：愉快的样子。⑫**环堵之室**：周围一丈的房间。⑬**猖狂**：狂妄放纵。⑭**俎豆**：用作动词，尊奉祭祀。⑮**构**：引人注目者。⑯**寻常**：古时以八尺为寻，一丈六为常。⑰**还**：通"旋"，旋转。⑱**鲵鳅**：小鱼之类的。**制**：即"折"，曲折、转折。⑲**步仞**：古时以六尺为步，八尺为仞。⑳**蘖狐**：即妖孽的狐狸。㉑**介**：独。㉒**砀**：通"荡"，冲荡。㉓**眇**：通"渺"，深远，高远。㉔**垣墙**：矮墙。**蓬蒿**：蒿草，野草。㉕**简**：通"柬"，选，选择。**栉**：梳头。

（译　文）

老聃的门徒中有个叫庚桑楚的，独得老聃思想的真义，他居住在北面的畏垒山上，奴仆中有炫耀才智的，他就斥责他们离开了，侍妾中有标榜仁义的，他就让她们离自己远远的；只有纯厚质朴的人，才和他住在一起，只有直率自得的人，才能成为他的役使。居住了三年，畏垒山获得了大丰收。畏垒山的人民相互传言，说："庚桑楚刚来我们畏垒山的时候，大家都感到惊异。而今虽然我们每日的收入还有些不足，但一年总的收成却是富足有余。庚桑楚大概就是大圣人吧！我们何不像尊崇君主那样地对待他，给他建个宗庙来祭祀呢？"

　　庚桑楚听了大家的议论，朝向南面坐着，心情很不愉悦。弟子们都感到很奇怪。庚桑楚说："你们为什么会感到奇怪呢？春天阳气上升勃发，百草就自然地生长，秋天时，庄稼就自然地成熟而果实累累。春与秋，难道能没有因循的规律就这样吗？这是大自然的运转变化。我听说那至人，就像是无生无命的人一样，虚淡静寂地生活在斗室大的小屋之内，百姓放纵自如而不知道要做些什么。如今畏垒山这里的百姓私下里想把我当作圣贤一样地加以供奉，我怎会愿意成为那种受众人注目的人呢？我正因遵守老聃的教导而对此大感不快。"

　　弟子说："这样说不对。狭小的水沟里，大鱼无法回转自己的身体，可是那小鱼、小泥鳅之类的却能回转自如；低矮的山丘，大兽无法藏匿自己的躯体，可那妖狐却正好可以栖身。再说，尊崇贤才授职能人，以善为首予人利禄，从尧、舜就开始这样了，更何况畏垒山这里的百姓呢！先生你就顺了大家的心意吧！"

　　庚桑楚说："小子，来，过来！那头能包车的巨兽，单独离开山野，也不能免除罗网的灾祸；那条能包舟的大鱼，一旦被水冲荡出江河，即使是小小的蚂蚁也能损害它。因而鸟兽不厌山高，鱼鳖不厌水深。如果想保全形体和自然本性，那就要藏匿自己，不厌幽静高远。再说，尧、舜二人，又哪里有值得赞扬的地方呢！像尧、舜那样分辨世间的善恶贤愚，就犹如在随意地毁坏好好的矮墙而种植没什么用处的蒿草。挑着头发来梳整，数着米粒来烹煮，计较这些小事，又如何能有益于世啊！推荐贤才，百姓就会相互伤害，委任智能，百姓就会相互诈诈。这些做法都不足以给百姓带来好处。百姓追求私利之心向来都非常迫切，为了追求私利，有子杀父，有臣杀君，白日偷抢，中午在别人的墙上挖洞。我跟你说，社会大乱的根源，必定是起于尧、舜时代，而它的流弊又会贻害千年。千年以后，还会有人与人相残相杀的情况！"

原 文

　　南荣趎蹴然正坐曰^①："若趎之年者已长矣，将恶乎托业以及此言邪？"

　　庚桑子曰："全汝形，抱汝生^②，无使汝思虑营营^③。若此三年，则可以及此言矣！"

南荣趎曰："目之与形,吾不知其异也,而盲者不能自见;耳之与形,吾不知其异也,而聋者不能自闻;心之与形,吾不知其异也,而狂者不能自得。形之与形亦辟矣④,而物或间之邪? 欲相求而不能相得。今谓趎曰:'全汝形,抱汝生,勿使汝思虑营营。'趎勉闻道达耳矣!"

庚桑子曰："辞尽矣。奔蜂不能化藿蠋⑤,越鸡不能伏鹄卵⑥,鲁鸡固能矣。鸡之与鸡,其德非不同也。有能与不能者,其才固有巨小也。今吾才小,不足以化子,子胡不南见老子⑦?"

南荣趎赢粮⑧,七日七夜至老子之所。

老子曰:"子自楚之所来乎?"

南荣趎曰:"唯。"

老子曰:"子何与人偕来之众也?"

南荣趎惧然顾其后。

老子曰:"子不知吾所谓乎?"

南荣趎俯而惭,仰而叹曰:"今者吾忘吾答,因失吾问。"

老子曰:"何谓也?"

南荣趎曰:"不知乎⑨? 人谓我朱愚⑩。知乎? 反愁我躯;不仁则害人,仁则反愁我身;不义则伤彼,义则反愁我己。我安逃此而可? 此三言者,趎之所患也。愿因楚而问之。"

老子曰:"向吾见若眉睫之间,吾因以得汝矣。今汝又言而信之。若规规然若丧父母⑪,揭竿而求诸海也,女亡人哉⑫! 惘惘乎⑬! 女欲反汝情性而无由入,可怜哉!"

注 释

①南荣趎:人名,姓南荣,名趎,庚桑楚的门徒。蹴然:恭顺不安的样子。②抱:

持守，保持。③**营营**：劳苦奔波。④**辟**：开，这里指晓。⑤**奔蜂**：一种细腰小蜂。**藿蠋**：豆叶和豆虫。⑥**越鸡**：形体很小的荆鸡。**鹄**：一种体积很大的水鸟，俗称天鹅。⑦**胡**：何。⑧**赢**：装。⑨**知**：通"智"。⑩**朱愚**：一说指侏儒，一说指愚昧。⑪**规规然**：失神失智的样子。⑫**亡人**：即丧失自然本性之人。⑬**惘惘**：恍惚迷惘的样子。

译　文

南荣趎恭敬地坐着，说："像我这种年纪大了的人，该如何学习才可以达到你所说的这样的境界呢？"

庚桑楚说："保存你的形体，护养你的本性，不要为谋取私利而使自己终日思虑，进而困苦不堪。这样做三年，就能达到我所说的那样的境界了。"

南荣趎说："盲人的眼睛和寻常人的眼睛，表面上并没有什么不同，但盲人的眼睛无法看到东西；聋子的耳朵和寻常人的耳朵，表面上并没有什么不同，但聋子的耳朵无法听到声音；疯子的样子与寻常人的样子，表面上也没有什么不同，但疯子无法把持自己。外形和外形之间本是一样的，但对外物却有不同的感知，希望获得寻常人的正常感知，却始终没有得到。现在先生对我说：'保存你的形体，护养你的本性，不要为谋取私利而使自己终日思虑，进而困苦不堪。'我只能入耳而无法入心呢！"

庚桑楚说："我的话说完了。小土蜂孵化不出豆叶上的虫子，越鸡孵化不了天鹅蛋，但鲁鸡却能做到。鸡与鸡，它们的本性并没有什么不同，但或能或不能，是因为它们的能力本来就有大有小。如今我的才干就那么大，不足以教化你，你为何不到南方去拜见老子呢？"

南荣趎装够了干粮，走了七天七夜，终于到了老子的住所。

老子问道："你是自庚桑楚那来的吧？"

南荣趎回答说："是的。"

老子说："怎么有那么多的人跟你一块儿来呢？"

南荣趎惊惧地回头看了看没有一个人的身后。

老子说："你不明白我所说的是什么意思吗？"

南荣趎羞愧地低下了头，而后又仰面叹息道："而今我已经忘掉了我该如何回答，也忘掉了我要问的问题。"

老子说："这什么意思呢？"

南荣趎说："不显露出聪明，别人都说我愚钝无知，显露出聪明，反而会给自身招来危难；没有仁爱之心，便会伤害到他人，推行仁爱，反而会给自身招来危难；没有信义，便会伤害到他人，推行信义，反而会给自己招来危难。我如何才能摆脱这些

庄子

困境呢？这正是让我感到忧虑的事，经过庚桑楚的引介，希望能从你这获得教导。"

老子说："你刚到的时候，我看了看你的眉宇，也因此了解了你的愁苦。如今你的这番话更是证实了我的观察。你失神的样子，就像是失去了双亲，又像是拿着竹竿在测量大海的深度。你真的是丧失了自然的真性啊，迷惘而又蒙昧！如今你一心想返归自然本性，却不知道该怎么做，确实是值得同情啊！"

原　文

南荣趎请入就舍，召其所好，去其所恶，十日自愁，复见老子。

老子曰："汝自洒濯①，熟哉郁郁乎！然而其中津津乎犹有恶也②。夫外韄者不可繁而捉③，将内揵④；内韄者不可缪而捉，将外揵。外内韄者，道德不能持，而况放道而行者乎！"

南荣趎曰："里人有病，里人问之，病者能言其病，病者犹未病也。若趎之闻大道，譬犹饮药以加病也。趎愿闻卫生之经而已矣⑤。"

老子曰："卫生之经，能抱一乎⑥？能勿失乎？能无卜筮而知吉凶乎？能止乎？能已乎？能舍诸人而求诸己乎？能翛然乎⑦？能侗然乎⑧？能儿子乎⑨？儿子终日嗥而嗌不嗄⑩，和之至也；终日握而手不掜⑪，共其德也；终日视而目不瞚⑫，偏不在外也。行不知所之，居不知所为，与物委蛇⑬，而同其波。是卫生之经已。"

南荣趎曰："然则是至人之德已乎？"

曰："非也。是乃所谓冰解冰释者，能乎？夫至人者，相与交食乎地而交乐乎天，不以人物利害相撄⑭，不相与为怪，不相与为谋，不相与为事，翛然而往，侗然而来。是谓卫生之经已。"

曰："然则是至乎？"

曰："未也。吾固告汝曰：'能儿子乎？'儿子动不知所为，行不知所之，身若槁木之枝而心若死灰。若是者，祸亦不至，福亦不来。祸福无有，恶有人灾也！"

【注 释】

①洒濯：洗涤。②津津乎：水满溢的样子。③鞥：通"护"，约束，束缚。④揵：闭塞。⑤卫生：保全生命。⑥一：道，这里指自然本性。⑦翛然：自由自在的样子。⑧侗然：无所牵挂的样子。⑨儿子：婴孩。⑩嗥：号哭。嗌：咽喉堵塞。嗄：嘶哑。⑪捖：捉，攥。⑫瞚：眨眼睛。⑬委蛇：顺遂以对。⑭撄：干扰，扰乱。

【译 文】

南荣趎回到住所，追求自己喜好的德行，摒弃自己讨厌的仁义，整整愁苦冥思了十多天，又去拜访了老子。

老子说："你对自己进行了反省，沉闷不安的心情着实沉重啊！然而你心中的邪念还在溢出。遭受了外物的束缚，就无法避免繁杂，于是内心就会堵塞不达；内心遭受了约束，就无法避除杂乱殷勤，于是耳目就会闭塞不通。耳目和内心都被束缚牵制，即使有崇高的德行也无法持守，何况是那舍弃德行而以私欲行事的人呢！"

南荣趎说："邻里有人生了病，周围的人询问他，生病的人能说明白自己的病症，而能把自己的病症说明白的人，那就不算是得了重病。我听了这样的大道，就好比吃了药物反而加重了自己的病情，我只是希望能听到养护生命的方法罢了。"

老子说："养护生命的方法，能使你的形体与精神融为一体吗？能不失掉本性吗？能不借助卜筮而了解吉凶祸福吗？能止足于自己的本分吗？能不追寻那消逝了的东西吗？能摒除仿效他人的意念而探寻自身的本真吗？能自由自在、悠然自得吗？能心神静寂而无所挂碍吗？能像刚刚出生的婴孩那样淳朴纯真吗？婴孩整日啼哭，咽喉也不会沙哑，这是因为他的声音与自然的和谐达到极致；婴孩整日握着小手而不放开，这是因为他小手自然地握着是与自己的天性相一致；婴孩整日里一眨也不眨地瞪着小眼睛，这是因为他内心没有滞留在某一个外物上。行走而不知所往，居处而不知所为，顺随地应付外物，随波逐流，任其自然。这就是养护生命的方法了。"

南荣趎说："那这就是至人最高的道德境界吗？"

老子回答说："不是的。这只能说是像消解冰块一样自然消除胸中积滞的欲念吧。至人和人们一块儿求食于地而又和人们一块儿与天寻乐，不因外在的人事或利弊而扰乱自己，不追求怪异，不一起图谋，不从事世俗的事务，自由自在、悠然自得地走了，又心神静寂而无所挂碍地来了。这就是所谓的养护生命的方法。"

南荣趎又说："那这就算达到最高境界的道了吗？"

老子回答说："没有。我曾经告诉过你：'能像刚刚出生的婴孩那样淳朴纯真吗？'婴孩行动不知道要干什么，走路也不知道要到什么地方，形体像枯槁的木头而心境像静寂的死灰。如果能做到这样，祸患就不会到来，幸福也不会来临。无祸无福，哪还会有人世的祸害呢！"

原 文

宇泰定者①，发乎天光②。发乎天光者，人见其人，物见其物。人有修者，乃今有恒。有恒者，人舍之③，天助之。人之所舍，谓之天民；天之所助，谓之天子。

学者，学其所不能学也；行者，行其所不能行也；辩者④，辩其所不能辩也。知止乎其所不能知，至矣！若有不即是者，天钧败之⑤。

备物以将形，藏不虞以生心⑥，敬中以达彼。若是而万恶至者，皆天也，而非人也，不足以滑成⑦，不可内于灵台⑧。灵台者有持，而不知其所持而不可持者也。

不见其诚己而发，每发而不当；业入而不舍⑨，每更为失。为不善乎显明之中者，人得而诛之；为不善乎幽间之中者，鬼得而诛之。明乎人、明乎鬼者，然后能独行。

券内者⑩，行乎无名；券外者，志乎期费。行乎无名者，唯庸有光；志乎期费者，唯贾人也⑪。人见其跂⑫，犹之魁然⑬。

与物穷者，物入焉；与物且者，其身之不能容，焉能容人！不能容人者无亲，无亲者尽人。

兵莫憯于志，镆铘为下；寇莫大于阴阳，无所逃于天地之间。非阴阳贼之，心则使之也。

注 释

①宇：心宇，心胸。泰定：安定。②天光：自然流露出的才智之光。③舍：住，这里指依附。④辩：通"辨"，辨别。⑤天钧：喻指自然均齐的状态。⑥虞：臆想，料想。⑦滑：乱。⑧灵台：指内心。⑨业：世事，外事。⑩券：契合。⑪贾人：做生意的人。⑫跂：

祈求，企求。⑬**魁然**：高大的样子。

心境安定自若的人，就会自然地露出智慧的光芒。自然地露出智慧的光芒，人就会各显为人，物就会各显为物。注重德行修养的人，才能持守住自身的本性；能持守住自身的本性，人们就会自然地归附他，上天也会协助他。人们所归附的，称他为天民；上天协助的，称他为天子。

学习，是想学到那些无法学到的东西；走路，是想去到那些无法到达的地方；分辨，是想分辨那些模糊不清的事物。知道停留在自己所不了解的境域，就达到了认识的极点。假若有人不这样做，那他自然的本性一定会受到损害。

天地造化事物而顺应自然地形成形体，收敛外在而没有任何思虑，使心灵富有生机，谨慎地持守本性而通达外物，如果能够做到这样，各种祸患还是连续不断地到来，那这就是自然安排的了，不是人为导致的，所以不足以扰乱本性，也不应该进入心里。内心，就是要有所持守却不了解持守的是什么，而且还不能刻意地去持守。

不能表露出真诚的自我而顺遂情感显现，每次表露都是不合时宜的，外事一旦干扰了内心，就不能轻易地离去，即使变更了也会有所损害。在青天白日下做了恶事，人人都会惩处他；在黑暗处私下地做下恶事，鬼神也会惩处他。对于人民能堂堂正正，对于鬼神也能堂堂正正，那就能独行于世了。

所求于内的人，行事就不显露名声；所求于外的人，志在穷尽财用。行事不显露名声的人，即便平庸也会有光辉；志在穷尽财用的人，只是做生意的人而已，人人都看得出他们在竭力追求分外的东西，自己还泰然无危。

与外物相通相随的人，外物也定会归附于他；与外物格格不入的人，自己都无法容纳自身，又哪里能容纳他人！不能容纳他人的人，就不会有人亲近，没有人亲近的人，也就会被人们抛弃。

没有什么能比人心具备更大的杀伤力了，从这一点上来说，良剑镆铘也只能退居其次；没有比阴阳变化更大的敌人了，因为任何人都无法脱离天地。其实并不是阴阳的变化对人有所损伤，而是人们心神自我干扰而不能顺随阴阳的变化。

道通其分也①，其成也毁也。所恶乎分者，其分也以备；所以恶乎备者？其有以备。故出而不反，见其鬼。出而得，是谓得死。灭而有实，鬼之一也。以有形者象无形者而定矣②。

庄 子

出无本，入无窍，有实而无乎处，有长而无乎本剽③，有所出而无窍者有实。有实而无乎处者，宇也；有长而无本剽者，宙也。有乎生，有乎死；有乎出，有乎入。入出而无见其形，是谓天门。天门者，无有也。万物出乎无有。有不能以有为有④，必出乎无有，而无有一无有。圣人藏乎是。

古之人，其知有所至矣。恶乎至？有以为未始有物者，至矣，尽矣，弗可以加矣！其次以为有物矣，将以生为丧也，以死为反也，是以分已。其次曰始无有，既而有生，生俄而死⑤。以无有为首，以生为体，以死为尻_{kāo}⑥。孰知有无死生之一守者，吾与之为友。是三者虽异，公族也。昭景也⑦，著戴也⑧；甲氏也⑨，著封也⑩：非一也。

有生黬也_{yǎn}⑪，披然曰"移是"⑫。尝言"移是"，非所言也。虽然，不可知者也。腊者之有膍胲_{pí gāi}⑬，可散而不可散也；观室者周于寝庙，又适其偃焉！为是举"移是"⑭。

请尝常言移是：是以生为本，以知为师。因以乘是非⑮。果有名实，因以己为质，使人以为己节⑯，因以死偿节。若然者，以用为知，以不用为愚；以彻为名，以穷为辱。"移是"，今之人也，是蜩与学鸠同于同也⑰。

注释

①通：贯通。②象：仿效，效法。③剽：末，末节。④为：形成。⑤俄：片刻，须臾。⑥尻：屁股，指尾部。⑦昭景：都是楚国的贵族。⑧著戴：声名显著而受人尊奉。⑨甲氏：楚王族的姓氏之一。⑩著封：显封。⑪黬：锅底黑色，喻指昏暗的状况。⑫披然：分，分散。⑬膍：牛胃。胲：牛蹄。⑭举：一说举例说明，一说皆。⑮乘：驭，驾驭。⑯节：节操。⑰蜩与学鸠：蝉与灰雀之类的小鸟。

　　大道贯通于万物。一种事物形成了，另一种事物就毁灭了。之所以厌恶分离，是因为求取分离的完备；之所以厌恶完备，又是因为进一步地求取完备的完备。所以心神离散而无法返归，就会徒有形体而显出鬼形；心神离散而自以为能有所得，这种就称作是临近死亡。失却本性而徒有形体，也就与鬼无异了。把有形的看成是无形的，内心就会自然而然地获得安宁。

　　产生寻不到根本，消逝找不到行迹。具备形象的形体却看不到确切的处所，有成长却看不见终始，有所产生而寻不到产生的渠道，却又是真真切切存在的。具备形象的形体而看不到确切的处所，这是因为大道处于四方上下没有涯际的空间之中。有成长却看不见终始，这是因为大道处于古往今来没有始末的时间里。万物有生，有死，阴阳有出，有入，入跟出都看不到形迹，这就是自然之门。所谓自然之门，就是"无有"，万事万物都出自"无有"。"有"不能由"有"来产生，一定要出自"无有"，而"无有"本就是没有。圣人就藏在这样的境域里。

　　古时的人，他们的智慧达到了最高的境界。那是怎样的境界呢？有些人认为宇宙初始的时候是没有外物的，这种看法是最高明的，最完善的了，无法再添加什么。次一等的人认为宇宙初始的时候就已经存在了外物，他们把某一外物的产生看成是另一种外物的消逝，然后他们把这种消逝看成是回归自然，而这种看法已经对外物作了区分。再次一等的人认为宇宙初始的时候的确没有外物，不久就产出了外物，它们又很快地死灭；这些人把虚无看成是头，把生命看成是躯体，把死亡看成是尾巴。谁能明了有、无、死、生归为一体，我就与他结为朋友。以上的这三种看法虽然各有不同，但从本原来看却并没有什么差别，这就犹如楚国王族中的昭、景两族，代代为官而声名显赫，而甲氏以世世封赏而著显，虽然都是楚国王族，但已经有所不同了。

　　世上存在着的生命，都是从昏暗中产生的，而生命一旦产生了彼与此、是与非，就会不停地运转变化。让我来谈谈运转变化的情况，其实这本不值得谈论。虽然如此，但人们并不明了这点。比如说，年终大祭的时候，备有猪、牛、羊的内脏和四肢，可以分别摆放却又不能离散它们的整体；又比如说，观看王室的人周游在整个宗庙里，但同时又不得不去上厕所。以上的这些例子都是在阐明彼与此、是与非在不间断地运转变化。

　　请允许我进一步谈谈是非的运转变化。把生存看成是根本，把才智看成是老师，因而就以这样的认知来判定是非；万物都有名和实的区别，但人们又都以自己的认知来判断或名或实；把自我看成是主体，所以让人坚守这一所谓的节操，甚至有以死来偿节的。像这样的人，把有用于世看成是才智，把无用于世看成是愚昧无知；把通达看成是美名，把困顿看成是耻辱。是与非、彼与此的运转变化，是现在大家的认识，这就和蜩与学鸠一起讥笑大鹏没什么两样，都是那样无知。

原文

躧市人之足[①]，则辞以放骜[②]，兄则以妪[yù][③]，大亲则已矣[④]。故曰：至礼有不人，至义不物，至知不谋，至仁无亲，至信辟金。

彻志之勃[⑤]，解心之谬[⑥]，去德之累，达道之塞。贵富显严名利六者，勃志也；容动色理气意六者，谬心也；恶欲喜怒哀乐六者，累德也；去就取与知能六者[⑦]，塞道也。此四六者不荡胸中则正，正则

● 杏坛礼乐

静，静则明，明则虚，虚则无为而无不为也。道者，德之钦也[⑧]；生者，德之光也；性者，生之质也。性之动谓之为，为之伪谓之失。知者，接也；知者，谟也[⑨]；知者之所不知，犹睨也[nì][⑩]。动以不得已之谓德，动无非我之谓治，名相反而实相顺也。

羿工乎中微而拙乎使人无己誉[⑪]；圣人工乎天而拙乎人；夫工乎天而俍[liáng]乎人者[⑫]，唯全人能之。唯虫能虫，唯虫能天。全人恶天，恶人之天，而况吾天乎人乎！

一雀适羿，羿必得之，威也。以天下为之笼，则雀无所逃。是故汤以胞人笼伊尹[⑬]，秦穆公以五羊之皮笼百里奚。是故非以其

●后羿

所好笼之而可得者，无有也。

介者拸画[14]，外非誉也。胥靡登高而不惧[15]，遗死生也。夫复谍诅不馈而忘人[16]，忘人，因以为天人矣！故敬之而不喜，侮之而不怒者，唯同乎天和者为然。出怒不怒，则怒出于不怒矣；出为无为，则为出于无为矣！欲静则平气，欲神则顺心。有为也欲当，则缘于不得已。不得已之类，圣人之道。

注 释

①蹍：踩，踏。②放鹜：放肆。③姁：出于怜惜的声音。④大亲：指父母。⑤勃：一说作"悖"，一说指乱。⑥谬：一说作"缪"，一说指束缚。⑦去：舍弃。就：趋附，趋从。⑧钦：尊。⑨谟：谋虑，这里指理性的认识。⑩睨：斜视，侧视。⑪羿：古时善射的人。工：善，善于。⑫俍：通"良"，善。⑬胞：通"庖"，厨师。⑭拸：弃，离弃。⑮胥靡：囚犯，囚徒。⑯谍：因惧怕而说话卑微。

译 文

在街上踩到了行人的脚，就要赔礼道歉说自己太不小心，兄长踩到了弟弟的脚，就只是怜惜爱抚一下，父母踩到了子女的脚，就罢了。因此说：最高的礼仪就是对人、己一视同仁，最高的道义就是物我两忘，最高的才智就是不用谋虑，最高的仁爱就是不表示亲昵，最高的诚信就是不以贵重的东西作为证据。

摒除意志的干扰，脱离心灵的束缚，舍弃道德的牵绊，破除通往大道的阻碍。尊贵、富裕、显贵、威严、名誉、利禄，都是侵扰心志的因素。面容、行为、颜色、辞理、气质、情意，都是约束心灵的因素。厌恶、私欲、愉悦、愤怒、哀伤、欢乐，都是牵累德行的因素。离开、靠近、贪取、给予、智谋、技艺，都是阻塞大道的因素。这以上的四个方面，又各自有六种情况，不在胸中引起激荡，内心就会和平端正，内心平和端正就会静寂，静寂就会明澈，明澈就会虚无，虚无就能顺遂无有所为而又无所不为。大道，是自然所钦佩的；生命，是圣德光芒的表露；本性，是生命之本。顺遂本性的行为，被称作是率真的作为；受私欲驱使的行为，就被称作是失掉了本性。知识，是来自和外物的接触；智慧，是源自内心的谋虑；有智慧的人也会有自己不明白的地方，就像是斜视而看，必定是有一定局限的。有所行动却由于不得已，这叫作德，有所行动却不是为了自己，这叫作治，一味地追求名声一定会适得其反，而谋求实际就会事事顺利。

羿精于射中那些细小之物而拙于使人们不夸赞自己；圣人精于顺遂自然而拙于人为；精于顺遂自然而又善于周旋人为的，只有全人才能做到这样。只有虫子才能安于作虫子，只有虫子才能保全它的天性。全人厌烦自然，是厌烦人为的自然，更何况是那种用自己的认知来看待的自然与人为呢！

只要有鸟雀迎着羿飞来，羿就一定能射中它，这正是羿的威力；但如果把整个天下都当成是雀笼的话，那没有哪个鸟雀能逃走。因此商汤用厨师来拉拢伊尹，秦穆公用五张羊皮来拉拢百里奚。因而说，不投其所好地拉拢人心而又成功的情况是不存在的。

砍断了脚的人抛弃修饰，因为已经把名誉置之度外；服役的囚犯登上高处也不感到恐惧，因为已经忘却了死生。对于他人谦逊的言谈没有做回报，是因为忘却了他人，能够忘却他人的人，就能称作是顺遂自然之理的天人了。所以，敬仰他，他不会感到欢喜；侮辱他，他也不会感到愤怒，只有与自然顺和之气融为一体的人才能做到这样。出于无心而发怒，但不是真的有心发怒，那怒气也就是来自不怒；出于无为而有所作为，但又不是真心地要有所作为，那作为也就是来自无心的作为。想要宁静就要做到心平气和，想要心神静寂就要做到顺遂心志，即使有所作为也要合乎天道，事事顺应而无可无不可。事事顺应而无可无不可的做法，就是圣人之道。

徐无鬼

《徐无鬼》出自《庄子》杂篇，本篇以人名为名，主要内容仍是阐明无为的思想。

文章以徐无鬼拜见魏武侯、黄帝向牧马小童问路、庄子与惠子的交谈、管仲与桓公的交谈、吴王射杀逞能的猴子、南伯子綦与颜成子的交谈等一系列的寓言故事来讥讽仁义的无用，批判有为思想和有为政治对人们、对社会的祸害，进而指出只有无为才能摆脱这些祸害，宣扬无为而治，提倡顺遂自然。

徐无鬼因女商见魏武侯①，武侯劳之曰②："先生病矣，苦于山林之劳，故乃肯见于寡人。"

徐无鬼曰："我则劳于君，君有何劳于我！君将盈耆欲③，长好恶，则性命之情病矣；君将黜耆欲④，挈好恶⑤，则耳目病矣。我将劳君，君有何劳于我！"武侯超然不对⑥。

少焉，徐无鬼曰："尝语君吾相狗也：下之质⑦，执饱而止，是狸德也；中之质，若视日；上之质，若亡其一⑧。吾相狗又不若吾相马也。吾相马：直者中绳⑨，曲者中钩，方者中矩，圆者中规，是国马也⑩，而未若天下马也。天下马有成材⑪，若邺若失⑫，若丧其一。若是者，超轶绝尘⑬，不知其所。"武侯大悦而笑。

徐无鬼出，女商曰："先生独何以说吾君乎⑭？吾所以说吾君者，横说之则以《诗》《书》《礼》《乐》，从说之则以《金板》《六韬》⑮，奉事而大有功者不可为数，而吾君未尝启齿⑯。今先生何以说吾君，使吾君说若此乎？"

徐无鬼曰："吾直告之吾相狗马耳。"

女商曰："若是乎？"

曰："子不闻夫越之流人乎？去国数日，见其所知而喜；去国旬月，见所尝见于国中者喜；及期年也，见似人者而喜矣。不亦去人滋久思人滋深乎⑰？夫逃虚空者，藜藿柱乎鼪鼬之径⑱，踉位其空⑲，闻人足音跫然而喜矣⑳，又况乎昆弟亲戚之謦欬其侧者乎㉑！久矣夫，莫以真人之言謦欬吾君之侧乎！"

①徐无鬼：姓徐名无鬼，一名隐士。女商：姓女名商，是当时魏武侯的宠臣。魏

武侯：魏国的君主，名击，父亲是魏文侯。②**劳**：慰劳、慰问。③**耆**：通"嗜"，嗜好，爱好。④**黜**：抑制，损耗。⑤**擎**：通"搴"，这里指除去，摒除。⑥**超然**：怅惘的样子。⑦**质**：品质，质地。⑧**一**：身体。⑨**中**：合乎，符合。⑩**国马**：好马，上等的马。⑪**成材**：天然的机能。⑫**邮**：忧，忧虑。⑬**超轶**：超越，超出。⑭**说**：通"悦"。⑮**金板、六韬**：一说是兵书的名字，一说是讲太公兵法。⑯**启齿**：开口笑一笑。⑰**滋**：增加，增益。⑱**藜藋**：杂草，野草。**柱**：塞，阻塞。**鼪鼬**：一种鼠类，指黄鼠狼。⑲**踉**：走路踉踉跄跄。⑳**跫**：脚步声。㉑**謦欬**：原指咳嗽，这里指笑着谈说。

译文

徐无鬼通过女商的引荐得以拜见魏武侯，武侯慰问他说："先生必定是极度疲乏了！隐居山林，劳苦困顿，所以才肯来拜见我。"

徐无鬼说："我是来向你表示慰问的，你对我有什么可慰问的啊！你想满足自己的嗜好和欲念，增多好恶，那性命就定会疲惫不堪；如果你想舍弃自己的嗜好和欲念，摒弃好恶，那耳目就定会困顿疲乏。我正想来慰问一下你，你对我有什么必要来慰问的啊！"武侯听后迷惘怅然，不作应答。

不一会儿，徐无鬼接着说："我跟你说过，我善于以狗的体态来判断其品种的优劣。下等品种的狗只求能填饱肚子，这跟野猫的禀性没什么不同；中等品种的狗似乎总是注视上方，上等品种的狗就总像是忘却了自身。我洞察狗，又比不上我洞察马。我洞察马的体态，直的部分要合乎绳墨，弯的部分要合乎钩弧，方的部分要合乎矩尺，圆的部分要合乎圆规，这类马就能称作是国马，不过还是不如天下马。天下马具有天然的机能，缓步时似有所忧虑，奔腾时又神采奕奕，好像是忘却了自身，超越马群，把尘土远远落在身后，却不知道这般高超的才能从哪儿来的。"武侯听后，高兴得大笑了起来。

徐无鬼走出之后，女商问道："先生是用什么方法使君主高兴的呢？我使君主高兴的方法是，从远的层面来说，是向他讲解《诗》《书》《礼》《乐》，从近的层面来说，是向他言说太公兵法。以此行事而获有大功的数不胜数，但君主从没有笑过。如今你到底是用了什么方法来取悦君主，竟能使君主开怀大笑呢？"

徐无鬼回答说："我只不过是告诉他我如何洞察狗和马罢了。"

女商说："就只是这样吗？"

徐无鬼说："你不曾听说过那越国流亡人的故事吗？才离开都城几日，见到认识的人便非常高兴；离开都城十天或整月以后，见到曾经在城内有过一面之缘的人便喜出望外；一年以后，见到与同乡相像的人便欣喜若狂。这不正是离开故人的时间越长，对故人的思念之情就越深吗？逃出俗世，隐居原野的人，丛生的杂草堵住了黄鼠狼来往的路径，只能在野草满地的空隙里跟跟跄跄地存活，听见人的脚步声就能高兴起来，更何况是兄弟亲戚在身旁笑着谈说呢？很久了啊，没有人用真实质朴的言语在君主身边笑着谈说了啊！"

原文

徐无鬼见武侯，武侯曰："先生居山林，食芋栗^①，厌葱韭，以宾寡人^②，久矣夫！今老邪？其欲干酒肉之味邪？其寡人亦有社稷之福邪？"

徐无鬼曰："无鬼生于贫贱，未尝敢饮食君之酒肉，将来劳君也。"

君曰："何哉！奚劳寡人？"

曰："劳君之神与形。"

武侯曰："何谓邪？"

徐无鬼曰："天地之养也一，登高不可以为长，居下不可以为短。君独为万乘之主^③，以苦一国之民，以养耳目鼻口，夫神者不自许也。夫神者，好和而恶奸。夫奸，病也，故劳之。唯君所病之何也？"

武侯曰："欲见先生久矣。吾欲爱民而为义偃兵^④，其可乎？"

徐无鬼曰："不可。爱民，害民之始也；为义偃兵，造兵之本也。君自此为之，则殆不成。凡成美，恶器也。君虽为仁义，几且伪哉^⑤！形固造形^⑥，成固有伐^⑦，变固外战。君亦必无盛鹤列于丽谯之间^⑧，无徒骥于锱坛之宫^⑨，无藏逆于得^⑩，无以巧胜人，无以谋胜人，无以战胜人。夫杀人之士民，兼人之土地，以养吾私与吾神者，其战不知孰善？胜之恶乎在？君若勿已矣！修胸中之诚以应

天地之情而勿撄[11]**。夫民死已脱矣**[12]**，君将恶乎用夫偃兵哉！”**

译文

徐无鬼去拜见魏武侯，武侯说："先生住在山林之中，吃的是橡子，葱韭一类的菜蔬就能使你感到满足，而以此谢绝与我往来，已经很长时间了啊！而今是上了年纪吗？还是为了享用酒肉之类的佳肴呢？抑或是有什么治国之法给我的国家带来福音？"

徐无鬼说："我出身卑微，不敢奢求能享用君主的酒肉佳肴，只是想来慰问一下你。"

武侯说："你说什么，怎么说是来慰问我呢？"

徐无鬼说："来慰问下你的心神和形体。"

武侯说："这该如何理解呢？"

徐无鬼说："天地对人们的抚育是同等的，身居高位也不高人一等，居于卑微的地位也不矮人三分。你作为大国的君主，使一国的百姓劳苦困顿，以百姓的辛劳来满足自己眼耳口鼻的欲求，而那圣明的人从不会为自己求取私利。圣明的人，喜欢顺随外物而厌恶利欲熏心；利欲熏心是一种危急的病，所以我特地来慰问你一下。只有君主你有这种症状，这是为什么呢？"

武侯说："我很久之前就想见先生了。我想爱护我的百姓，并为了道义而停止用兵，这大概就行得通了吧？"

徐无鬼回答说："不行。所谓的爱民，其实是给百姓带来祸患的开始；为了道义而停止用兵，也只是产生新的争执的祸根；你如果从这些方面开始做，恐怕什么也做不成。但凡是有了美名，也就有了行恶的用具；你虽然是在施行仁义，却更贴近于伪善和造作啊！有了仁义，就必定会出现仿效的形态，有了成功，就必定会自夸自持，有了变故，也必定会再次引起争端。你一定不要把浩大的军队像鹤群那样排列在丽谯楼之前，不要在锱坛的宫殿前面布列步兵骑士，不要怀有贪婪之心，不要以智谋胜人，不要用谋略击败别人，也不要用武力征服别人。杀死他国的士兵和百姓，兼并他国的土地，以此来满足自己的欲念，这种争战不知道究竟有什么益处？得胜又在哪里？你不如就终止争战，修身养性，从而顺遂自然本性而不去损害其规律。如此一来，百姓就能摆脱死亡的威胁，你哪里还需要去停息争战呢！"

原文

黄帝将见大隗乎具茨之山^①，方明为御^②，昌寓骖乘^③，张若、谓朋前马，昆阍、滑稽后车。至于襄城之野，七圣皆迷，无所问涂^④。

适遇牧马童子，问涂焉，曰："若知具茨之山乎^⑤？"

曰："然。"

"若知大隗之所存乎？"

曰："然。"

黄帝曰："异哉小童！非徒知具茨之山^⑥，又知大隗之所存。请问为天下。"

小童曰："夫为天下者，亦若此而已矣，又奚事焉！予少而自游于六合之内^⑦，予适有瞀病^⑧，有长者教予曰：'若乘日之车而游于襄城之野。'今予病少痊，予又且复游于六合之外。夫为天下亦若此而已。予又奚事焉！"

黄帝曰："夫为天下者，则诚非吾子之事^⑨。虽然，请问为天下。"

小童辞。

黄帝又问。小童曰："夫为天下者，亦奚以异乎牧马者哉！亦去其害马者而已矣！"

黄帝再拜稽首^⑩，称天师而退。

注释

①**大隗**：一说是神名，一说是人名。**具茨**：山名，在今天的河南省密县东南部。②**御**：驾，驾车。③**骖乘**：古时车左边为御，车右边为骖乘。④**涂**：路。⑤**若**：你。⑥**徒**：只，只是。⑦**六合**：四方上下称为六合。⑧**瞀病**：头晕眼花的病症。⑨**诚**：的确，确实。

二六〇

⑩稽首：古时的一种大礼，叩头着地。

　　黄帝到具茨山去拜访大隗，方明驾车，昌寓是陪乘，张若与谐朋在马前做导引，昆阍与滑稽在车后跟随。他们来到襄城的野外，全都迷离了方向，而且还没有能问路的地方。

　　恰好遇到一位牧马的孩童，于是就向牧马孩童问路，说："你知道具茨山的位置吗？"

　　孩童回答说："是的。"

　　又问道："你知道大隗住在哪里吗？"

　　少年回答说："是的。"

　　黄帝说："真神奇啊，这位孩童！不仅知道具茨山的位置，还知道大隗住在哪儿。那么请问该如何治理天下。"

　　孩童说："治理天下，也就像是牧马这样罢了，又何必人为地管理呢！我很小的时候，就单独在这人世内游玩，碰巧生了种头晕眼花的病，有位长者对我说：'你乘着太阳车到襄城的野外去闲游吧。'而今我的病已经好了很多了，我又到俗世之外去闲游。那治理天下大概也就像这样罢了，我又何必人为地管理啊！"

　　黄帝说："治理天下，的确不是你要操劳的事。即便如此，我还是想向你请教该如何治理天下。"

　　少年拒绝做出应答。

　　黄帝又问了一次。少年回答说："治理天下，与牧马又有什么不同呢！也就是摒除那些损害马的祸患罢了！"

　　黄帝听后，行了叩头着地的大礼，称赞孩童为天师就离开了。

　　知士无思虑之变则不乐，辩士无谈说之序则不乐，察士无淩谇之事则不乐①：皆囿于物者也②。

　　招世之士兴朝③，中民之士荣官，筋力之士矜难④，勇敢之士奋患，兵革之士乐战，枯槁之士宿名，法律之士广治，礼教之士敬容，仁义之士贵际。

　　农夫无草莱之事则不比⑤，商贾无市井之事则不比。庶人有旦暮之业则劝⑥，百工有器械之巧则壮。

钱财不积则贪者忧，权势不尤则夸者悲⑦，势物之徒乐变。遭时有所用，不能无为也，此皆顺比于岁⑧，不物于易者也。驰其形性，潜之万物⑨，终身不反，悲夫！

注释

①察士：善于明察的人。诤：辱骂，责骂。②囿：约束，限制。③招也：招摇于世。④矜：自夸，自持。⑤草莱之事：除草等田间的劳作。⑥旦暮之业：日常的工作。⑦尤：出众，突出。⑧比：次序。⑨潜：沉溺。

译文

智慧过人的人，如果没有思虑上的运转变化就不会觉得快乐，善于辩说的人，如果没有讲说的机会就不会觉得快乐，善于明察而要求苛刻的人，如果没有对人或物的责骂、压制就不会觉得快乐，这些人都是遭受了外物的束缚和限制啊。

招摇于世的人期求能在朝堂上建功立业而留名百世，善于管辖百姓的人把做官看成是荣誉，身强力壮的人因克服危难而自夸自持，英勇果敢的人遇到祸患总会奋不顾身，拿着武器身披战甲的人以争战为乐，隐居深山的人看重清白的名声，推究法规律令的人一心想施行法治，推崇礼教的人讲究仪容，尊奉仁义的人重视与人交往。

农夫如果没有除草劳作的事就会觉得心中不安，做生意的人如果没有物品的买卖也会觉得心神不宁。百姓哪怕只有一天的工作都会勤勉劳作，工匠只要有器械可运用技巧就会事半功倍。

钱财积累得不多而又贪婪的人往往闷闷不乐，权位不显贵而又欲念很多的人就会悲痛叹息。仰仗权势的人喜好变故，遇到时机就会有些动作，做不到安稳而无为。这样的人依附于次序更替，无法摆脱外物的束缚，形体和精神过度劳累，沉溺于外物之中，终身也不能醒悟，着实可悲啊！

原文

庄子曰："射者非前期而中①，谓之善射，天下皆羿也，可乎？"

惠子曰："可。"

庄子曰："天下非有公是也，而各是其所是，天下皆尧也，可乎？"

惠子曰："可。"

庄子曰："然则儒墨杨秉四②，与夫子为五，果孰是邪？或者若鲁遽者邪③？其弟子曰：'我得夫子之道矣，吾能冬爨鼎而夏造冰矣④。'鲁遽曰：'是直以阳召阳，以阴召阴，非吾所谓道也。吾示子乎吾道。'于是为之调瑟，废一于堂，废一于室，鼓宫宫动，鼓角角动，音律同矣。夫或改调一弦，于五音无当也，鼓之，二十五弦皆动，未始异于声而音之君已！且若是者邪？"

惠子曰："今乎儒墨杨秉，且方与我以辩，相拂以辞⑤，相镇以声⑥，而未始吾非也，则奚若矣⑦？"

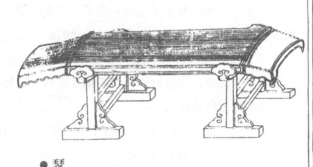

●瑟

庄子曰："齐人蹢子于宋者⑧，其命阍也不以完⑨，其求钘钟也以束缚⑩，其求唐子也而未始出域⑪：有遗类矣！夫楚人寄而蹢阍者；夜半于无人之时而与舟人斗，未始离于岑而足以造于怨也⑫。"

注释

①期：目标。②儒、墨、杨、秉：指郑缓、墨翟、杨朱和公孙龙。③鲁遽：姓鲁名遽，周初之人。④爨：烧饭。⑤拂：悖，反驳。⑥镇：压，压制。⑦奚若：如何。⑧蹢：投，弃。⑨阍：守门的人。⑩钘：形似小钟的酒器。⑪唐子：丢掉的儿子。⑫岑：岸。

译文

庄子说："射箭的人，没有预先瞄准而射中了靶，如果把他称作是善于射箭的人，那普天之下都能看成是像羿那样善射的了，这样说可行吗？"

惠子说："可以。"

庄子又说："天下本没有一致认同的是非标准，却各自都以自己认同的标准为标准，那普天之下都能看成是像唐尧那样圣明的了，这样说可行吗？"

惠子说："可以。"

庄子接着说："那像儒家的郑缓、墨翟、杨朱以及公孙龙他们四家，与先生你一起就是五家，那究竟谁是正确的标准呢？抑或是都像周初的鲁遽？鲁遽的门徒说：'我学到先生的大道了，我能在冬季的时候烧火做饭，在夏季的时候制造出冰块。'鲁遽说：'你这只是用阳引来阳，用阴引来阴，并不是我所提倡的道。我把我所主张的道给你们看看。'于是当面调节好瑟弦，把一张瑟放在厅堂之上，把另一张瑟放在内室里，弹奏起厅堂上的瑟的宫音，而内室里的瑟的宫音也与之相和，弹奏起厅堂上的瑟的角音，而内室里的瑟的角音也与之相应，这是音律一致的缘故啊。如果其中有一根弦改了调，原本谐和的五音不能再相应了，弹奏起来，二十五根弦都随之颤动，然而却始终没有发出不一致的声音，只是以发动的那根弦为主音而已。你们也像那鲁遽吗？"

惠子说："而今郑缓、墨翟、杨朱以及公孙龙，他们正和我辩说，各自用自家的言辞来相互非议，用各家的声望来相互压制，而都不认为自己是错误的那一方，这样下去将会变成什么样呢？"

庄子说："有个齐人把自己的儿子丢弃在了宋国，命他像残疾人一样去守门，他得到一个形似小钟的酒器，唯恐有所损坏而包了一层又一层，捆了一遍又一遍，他寻觅丢失的儿子却从不走出市郊，这就像是辩说的各家啊！有个楚人寄居在别人家里却责骂守门人，半夜出走的时候又跟船主打了起来，还没离开河岸就又结下了仇恨。"

原文

庄子送葬，过惠子之墓，顾谓从者曰："郢人垩慢其鼻端①，若蝇翼，使匠石斫之②。匠石运斤成风③，听而斫之④，尽垩而鼻不伤，郢人立不失容。宋元君闻之，召匠石曰：'尝试为寡人为之。'匠石曰：'臣则尝能斫之。虽然，臣之质死久矣⑤。'自夫子之死也，吾无以为质矣，吾无与言之矣。"

注释

①郢：楚国的国都。垩：白灰，白土。②斫：砍。③斤：斧头。④听：任，指不介意。⑤质：对象。

庄子为亲友送葬，经过惠子的墓地，回头对随同的人说："郢地有人把白灰抹到了自己的鼻尖，大小就像那蚊蝇的翅膀一样，让石匠用斧头砍掉这点白灰。石匠拿起斧头挥舞，呼呼作响，无所用心地砍掉了那白点，鼻尖上的白灰一点儿也没有了，而鼻子没有丝毫的损伤，这个郢人站在那儿也镇定自若。宋元君听说了这件事之后，就召见匠石说：'你给我也这样试试。'匠石说：'我以前可以做。但是，我能搭档的人已经离世很久了。'自从惠子逝世之后，我就没有可以抗衡的对手了，我也没有论辩的对象了。"

原 文

管仲有病，桓公问之，曰："仲父之病病矣①，可不讳云，至于大病，则寡人恶乎属国而可②？"

管仲曰："公谁欲与？"

公曰："鲍叔牙③。"

曰："不可。其为人洁廉，善士也；其于不己若者不比之④；又一闻人之过，终身不忘。使之治国，上且钩乎君⑤，下且逆乎民。其得罪于君也将弗久矣！"

● 管仲问政

公曰："然则孰可？"

对曰："勿已，则隰朋可⑥。其为人也，上忘而下畔⑦，愧不若黄帝，而哀不己若者。以德分人谓之圣，以财分人谓之贤。以贤临人，未有得人者也；以贤下人，未有不得人者也。其于国有不闻也，其于家有不见也。勿已，则隰朋可。"

译 文

管仲生了病，齐桓公去慰问他说："您老的病已经很严重了，如果不避讳地说，一旦病危，我把国家政事交托给谁才合适呢？"

管仲说："你想托付给谁呢？"

齐桓公回答说："鲍叔牙。"

管仲说："不妥。就鲍叔牙自身来说，算得上是清白廉洁的好人，可是他从不向比自己差的人表示亲近，而且只要听到别人的一些过错，就一辈子也不会忘记，假若让他来掌管国家大事，对上势必会违背君主，对下势必会违逆百姓。一旦得罪了君主，也就不能长时间地掌管国家大事了！"

齐桓公说："那谁还能胜任呢？"

管仲回答说："万不得已的话，隰朋也还算不错。隰朋为人，在上的人会遗忘他，而在下的人不会叛离他，自愧比不上黄帝又能怜惜那些不如自己的人。能用德行去感化他人的人，可以称作是圣人，能用钱财去接济他人的人，可以称作是贤人。自持于贤人的身份而凌驾于他人之上，就不会得到人们的拥护；有贤人之名而又以谦恭待人的，没有不得到人们拥护的。他一定不会对国家大事全都又听又问，对家庭之事也一定不会件件看顾。万不得已的话，那就隰朋吧。"

原 文

吴王浮于江，登乎狙之山①，众狙见之，恂然弃而走②，逃于深蓁zhēn③。有一狙焉，委蛇攫抓，见巧乎王。王射之，敏给搏捷矢④。王命相者趋射之，狙执死。

王顾谓其友颜不疑曰："之狙也，伐其巧、恃其便以敖予，以至此殛也jí⑤。戒之哉！嗟乎！无以汝色骄人哉！"颜不疑归而师董梧⑥，以锄其色，去乐辞显，三年而国人称之。

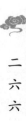

①狙：猕猴。②恂然：惊惧的样子。③深蓁：荆棘丛生的地方。④捷：即"接"。⑤殪：死，诛杀。⑥董梧：姓董名梧，吴国的贤人。

译 文

吴王渡了长江，登上猕猴聚居的山丘。猴群看到吴王的队伍来了，都惊惧地四处逃散，躲到了荆棘丛生的地方。但有只猴子没有逃走，它镇定自若地腾跃而起，抓着树枝跳来跳去，以此来显示自己的敏捷灵巧。吴王拿箭射它，它迅速地接过飞来的箭头。吴王下令让左右的随从一起拿箭射它，于是这只猴子最后抱树而死。

吴王回过身对他的友人颜不疑说："这只猴子在这儿炫耀自己的灵巧，依仗着自己的敏捷而轻视我，以至于这样死去！要把它当作教训啊！唉，不要以傲气待人啊！"颜不疑回来之后，就拜贤人董梧为自己的老师，希望以此来消除自己的傲气，弃绝声乐，摒弃高贵，三年之后，全国的百姓没有不赞扬他的。

原 文

南伯子綦隐几而坐①，仰天而嘘。

颜成子入见曰："夫子，物之尤也。形固可使若槁骸②，心固可使若死灰乎？"

曰："吾尝居山穴之中矣。当是时也，田禾一睹我而齐国之众三贺之③。我必先之，彼故知之；我必卖之，彼故鬻之④。若我而不有之，彼恶得而知之？若我而不卖之，彼恶得而鬻之？嗟乎！我悲人之自丧者；吾又悲夫悲人者，吾又悲夫悲人之悲者；其后而日远矣。"

注 释

①南伯子綦：人名，与《齐物论》中的南郭子綦是同一个人。②槁骸：枯骨。③田禾：齐国君主的姓名，指齐太公和。④鬻：卖。

译 文

南伯子綦倚靠着几案安静地坐着，然后又仰起头慢慢地吐气。

颜成子走进屋，看到这种情况后说："先生，你真的是太了不起了！虽然人的形体能像枯骨一样，内心难道也能像死灰那样吗？"

南伯子綦回答说："我曾以山林洞穴为住所。那个时候，齐太公田禾一来拜访我，齐国的百姓就会再三地向他表示祝贺。所以我必定是先有了名声，他才知道了我；我也定是声名外扬了，因而他才能运用我的名声。如果我没有名声，他怎么可能会知道我呢？如果不是我声名外扬，他又怎能运用我的名声呢？唉，我怜悯自我迷失而丧失本性的人，我又怜悯那些怜悯他人丧失本性的人，我还怜悯那些怜悯他人丧失本性的怜悯者，从那之后，我就越来越远离人世了。"

原文

仲尼之楚，楚王觞之①，孙叔敖执爵而立②。市南宜僚受酒而祭③，曰："古之人乎！于此言已。"

曰："丘也闻不言之言矣，未之尝言，于此乎言之：市南宜僚弄丸而两家之难解④；孙叔敖甘寝秉羽而郢人投兵；丘愿有喙三尺。"

彼之谓不道之道，此之谓不言之辩。故德总乎道之所一，而言休乎知之所不知，至矣。道之所一者，德不能同也。知之所不能知者，辩不能举也。名若儒墨而凶矣。故海不辞东流，大之至也。圣人并包天地，泽及天下，而不知其谁氏。是故生无爵，死无谥，实不聚，名不立，此之谓大人。狗不以善吠为良，人不以善言为贤，而况为大乎！夫为大不足以为大，而况为德乎！夫大备矣，莫若天地。然奚求焉，而大备矣！知大备者，无求，无失，无弃，不以物易己也。反己而不穷，循古而不摩⑤，大人之诚。

注释

①觞：原指酒器，这里用作动词，给人敬酒。②孙叔敖：楚国的国相，当时孔子还没有出生，可见这里是庄子的寓言。③市南宜僚：指熊宜僚，春秋时楚国的贤人，因住在市南，而称其为市南宜僚。④弄丸：古时民间的一种技艺，双手抛掷多个弹丸而不落地。⑤摩：揣摩，矫作。

孔子到了楚国，楚王备置酒席来招待孔子，孙叔敖拿着酒杯站在一边，市南宜僚在地上洒一些酒作祭祷，说："古时的那些人啊！在这种情况下总会说一些话。"

孔子说："我听过不用言语的言谈，但没有说过，暂且在这里说说吧。市南宜僚泰然自若地把玩弹丸而解除了两家的危难，孙叔敖成竹在胸地持扇安睡而使楚国不再争战。我很希望能有只长长的嘴呀！"

市南宜僚和孙叔敖能看成是不道之道，孔子能称作是不用言谈的论辩，因此归结到一点上，就是大道浑一的初始状态。言辞停留在才智所不了解的境域，这正是最了不起的境界。大道是同一的，但体悟大道却各有不同；才智所无法了解的知识，善辩的人也无法一一阐明，像尊奉儒家、墨家那样声名显赫的学派的人，也常常招来凶祸。所以，大海不拒绝向东流去的水，这才使它成为博大之最；圣哲包藏天地，恩泽布及天下百姓，却没有谁知晓他们的姓名。所以生前没有爵位，死后也没有谥号，不积聚财物，不建树名声，这才能称为是大圣人。狗不会因为善于吼叫而被当作是只好狗，人不会因为善于言说而被当成是贤才，何况是求取伟大啊！求取伟大却又不足以看成是伟大，又何况是修身养性啊！伟大而又完善，没有比得过天地的。然而天地何曾求取过什么呢，却自然而然地伟大而又完善啊。伟大而又完善的人，不会追求什么，不会失去什么，也不会舍弃什么，不会受到外物的侵扰而改变自然本性。归到自己的自然本性就会无穷无尽，因循固常之道而不修饰做作，这就是伟大之人的本性实情。

子綦有八子①，陈诸前，召九方歅曰②："为我相吾子，孰为祥？"

九方歅曰："梱也为祥③。"

子綦瞿然喜曰④："奚若？"

曰："梱也，将与国君同食以终其身。"

子綦索然出涕曰⑤："吾子何为以至于是极也！"

九方歅曰："夫与国君同食，泽及三族，而况父母乎！今夫子闻之而泣，是御福也。子则祥矣，父则不祥。"

子綦曰："歅，汝何足以识之，而梱祥邪？尽于酒肉，入于鼻口矣，而何足以知其所自来？吾未尝为牧而牂生于奥⑥，未尝好田而鹑生于宎⑦，若勿怪，何邪？吾所与吾子游者，游于天地。吾与之邀乐于天，吾与之邀食于地；吾不与之为事，不与之为谋，不与之为怪。吾与之乘天地之诚而不以物与之相撄⑧，吾与之一委蛇而不与之为事所宜。今也然有世俗之偿焉！凡有怪征者必有怪行。殆乎！非我与吾子之罪，几天与之也！吾是以泣也。"

无几何而使梱之于燕，盗得之于道，全而鬻之则难，不若刖之则易⑨。于是乎刖而鬻之于齐，适当渠公之街⑩，然身食肉而终。

译 文

子綦有八个儿子，列队在面，请来了九方歅，说："给我这八个儿子看看面相，看看谁最有福运。"

九方歅说："梱最有福运。"

子綦惊喜地说道："是怎样的福运呢？"

九方歅回答说："梱将会与君主一道饮食而穷其一生。"

子綦流着泪说："我儿怎么会到这般境遇啊！"

九方歅接着说："与君主一道饮食，恩泽就会施及三族，更何况是双亲啊！而今，先生听到这种结果就泪流不止，这是在拒绝来临的福运。你儿子倒是很有福分，你这做父亲的反倒是没有了。"

子綦说："歅啊，你如何能知晓，梱真的会有福运呢？享用酒肉，只是把它们从口里送进腹中，又哪能知道它们从何而来呢？我没有牧过羊而羊却出现在了我屋内的西南角，也不喜好打猎而鹌鹑却出现在了我屋内的东南角，如果不把它看成是怪事，那又是因为什么呢？我和我的儿子邀游于天地之间。我跟他一起向天寻乐，我跟他一起向地求食；我不与他一起建树功业，不与他一起谋虑，不与他一起标新立异，我和

庄子

二七〇

他只想顺应天地自然而不与外物相悖，我和他只想放任自然而不受外物的束缚。而今，我却得到了意外的世俗的回报啊！但凡是有怪异预兆的，就定会出现怪异的行为，这真是很危险啊，可这并不是我和我儿子的过错，或许是上天给予的罪过吧！我因此才泪流满面的。"

没过多久，君主派梱去往燕国，盗贼在半路上劫持了他，形体完整的话想要卖掉就比较困难，而砍断他的脚就容易卖一些，于是就砍断了梱的脚而把他卖到了齐国，正好被齐国的渠公买去，让他担任自己的街正，因此也是吃肉而终其一生。

原文

啮缺遇许由曰："子将奚之？"

曰："将逃尧。"

曰："奚谓邪？"

曰："夫尧畜畜然仁①，吾恐其为天下笑。后世其人与人相食与！夫民不难聚也；爱之则亲，利之则至，誉之则劝，致其所恶则散。爱利出乎仁义，捐仁义者寡②，利仁义者众。夫仁义之行，唯且无诚，且假乎禽贪者器。是以一人之断制天下，譬之犹一㩋 *piē* 也③。夫尧知贤人之利天下也，而不知其贼天下也，夫唯外乎贤者知之矣。"

注释

①畜畜然：关爱，勤勉的样子。②捐：弃，舍弃。③㩋：一说为宰割，一说为暂见。

译文

啮缺遇到了许由，说："你打算到哪去呢？"

许由回答说："想要逃脱尧。"

啮缺说："你说的这是什么意思呢？"

许由回答说："尧，关爱百姓而不辞辛劳地推广仁的主张，我担心他这样做会受到天下百姓的耻笑。后代必定会出现人和人相残相食的情况啊！百姓，使他们团结其实并不难，给予爱护，他们就会有所亲近，给予好处，他们就会有所归附，给予奖赏，他们就会更加勤勉，而给予他们厌恶的东西，就会分散。爱护和益处都出于仁义，肯为仁义舍弃生命的人很少，而利用仁义的人很多。由此可见，推广仁义，只会使百姓变得没有诚心，而且还会被一些贪念很重的人借为工具。所以，如果一个人的裁断就能给天下百姓带来福音，打个比方来说就像是对万事万物都一刀切。唐尧只知道贤能之人会给天下百姓带来福音，却不知道他们也能使天下百姓遭受祸患，而只有处于圣贤之外的人才能明白这个道理。"

原　文

有暖姝者①，有濡需者②，有卷娄者③。

所谓暖姝者，学一先生之言，则暖暖姝姝而私自说也，自以为足矣，而未知未始有物也。是以谓暖姝者也。

濡需者，豕虱是也④，择疏鬣长毛⑤，自以为广宫大囿，奎蹄曲^{wēi}隈⑥，乳间股脚，自以为安室利处。不知屠者之一旦鼓臂布草操烟火，而己与豕俱焦也。此以域进，此以域退，此其所谓濡需者也。

卷娄者，舜也。羊肉不慕蚁，蚁慕羊肉，羊肉膻也。舜有膻行，百姓悦之，故三徙成都，至邓之虚而十有万家。尧闻舜之贤，举之童土之地⑦，曰："冀得其来之泽。"舜举乎童土之地，年齿长矣，聪明衰矣，而不得休归，所谓卷娄者也。

是以神人恶众至，众至则不比⑧，不比则不利也。故无所甚亲，无所甚疏，抱德炀和⑨，以顺天下，此谓真人。于蚁弃知，于鱼得计，于羊弃意。

注　释

①暖姝：自大自满的样子。②濡需：得过且过的样子。③卷娄：因形体过度劳累而导致的腰弯背屈的样子。④豕虱：指猪身上的虱子。⑤鬣：长在猪脖子上的长毛。⑥奎：两腿之间。曲隈：曲折的地方，这里指猪身上那些褶皱的地方。⑦童土之地：即不毛之地。⑧比：和睦，亲近。⑨炀和：不冷不热，平和。

译　文

有自大自满的人，有得过且过的人，有过度劳累而弯腰驼背的人。

庄子

所谓自大自满的人，是指通晓了一家之言，就自得自持地暗自得意，自以为就可以满足了，却不明了所学的知识中没有丝毫所得，所以把他称作是自大自满的人。

所谓得过且过的人，犹如那猪身上的虱子，选择隐藏在稀疏的鬃毛之中，自以为这就是宏大的宫廷和园林，抑或是在后腿和蹄子间的弯屈之处，乳房和腿脚的间隙之处，就以此为安全的居室和美好的住所，殊不知一旦屠夫挥舞双臂，摆上柴草生火，自己就会随着猪一块儿被烧焦。这可以说是以依凭环境而安身，也是因为这依凭的环境而覆灭，所以称其为得过且过的人。

所谓过度劳累而弯腰驼背的人，就是像舜那样的人。羊肉不喜爱蚂蚁，而蚂蚁却喜欢羊肉，这是因为羊肉有膻气。舜有此类膻气的行为，百姓都拥戴他，所以他多次搬离都邑，搬到邓的废址，就有数十万百姓跟随他来到了这儿。尧知道了舜的贤能，举荐他去了那不毛之地，说是想让他把恩泽遍及当地的百姓。舜被这不毛之地的百姓推荐了出来，年岁逐渐大了，听觉和视觉都慢慢衰退了，还无法退回家休息，这就是所说的过度劳累而弯腰驼背的人。

所以，神人都厌恶众人的跟随，众人跟随便不和睦，不和睦也就不会带来什么益处。因此没有特别亲近的，没有特别疏远的，持守德行，温顺平和，顺随天下，像这样的人就可以称作是真人。这就好像蚂蚁不再爱慕膻气，鱼儿悠然自得地在水中遨游，羊肉也消除了自己的膻气。

原　文

以目视目，以耳听耳，以心复心。若然者，其平也绳，其变也循。古之真人！以天待人，不以人入天。古之真人，得之也生，失之也死；得之也死，失之也生：药也。其实堇也①，桔梗也②，鸡壅也③，豕零也④，是时为帝者也，何

●紫堇

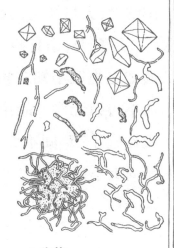

●猪苓

杂篇

二七三

可胜言！

　　勾践也以甲楯三千栖于会稽[5]，唯种也能知亡之所以存[6]，唯种也不知其身之所以愁。故曰：鸱目有所适，鹤胫有所节，解之也悲。

●越王勾践

　　故曰：风之过，河也有损焉；日之过，河也有损焉；请只风与日相与守河，而河以为未始其撄也，恃源而往者也。故水之守土也审[7]，影之守人也审，物之守物也审。

　　故目之于明也殆，耳之于聪也殆，心之于殉也殆。凡能其于府也殆，殆之成也不给改。祸之长也兹萃[8]，其反也缘功，其果也待久。而人以为己宝，不亦悲乎！故有亡国戮民无已[9]，不知问是也。

　　故足之于地也践，虽践，恃其所不蹍而后善博也[10]；人之于知也少，虽少，恃其所不知而后知天之所谓也。知大一，知大阴[11]，知大目[12]，知大均[13]，知大方[14]，知大信，知大定，至矣！大一通之，大阴解之，大目视之，大均缘之，大方体之，大信稽之，大定持之。

　　尽有天，循有照，冥有枢[15]，始有彼。则其解之也似不解之者，其知之也似不知之也，不知而后知之。其问之也，不可以有崖[16]，而不可以无崖。颉滑有实[17]，古今不代，而不可以亏，则可不谓有大扬推乎[18]！阖不亦问是已，奚惑然为！以不惑解惑，复于不惑，是尚大不惑。

注释

　　①堇：药名，指乌头。②桔梗：一种能治疗瘀血的药物。③鸡壅：鸡头草。④豕零：草名，指猪苓。⑤勾践：春秋时代越国的君主，当时吴越两国打仗，越国失败后，勾

庄子

二七四

践带着士兵退居会稽山。⑥种：姓文名种，越国君主勾践的谋士。⑦审：定，安定。⑧兹：多。萃：集聚。⑨无已：即无止，不停止。⑩蹍：踩，践，踏。⑪大阴：静寂，静止。⑫大目：即大道的观点。⑬大均：即大道的均衡。⑭大方：即大道无所不包、无所不容。⑮枢：枢要，关键。⑯崖：边，边际。⑰颉滑：纷乱复杂的样子。⑱扬攉：大略，大体。

译 文

用眼睛来看眼睛能看到的东西，用耳朵来听耳朵能听到的声音，用心来收回追逐外物的心。这样的人，他们心境的平和就像那墨线一样直，他们的变化往往是因循顺遂。古时的真人，以顺遂自然的态度来对待他人，不让人事侵扰自然本性。古时的真人，得到生存就存活，失去生存就死去；得到死亡就死去，失去死亡就存活。拿药物来说，乌头、桔梗也好，鸡头草、猪苓也罢，这几种药轮流着来作主药，哪能说得完呢！

勾践率着三千士兵被困在了会稽山，只有文种知晓使越国复国的方法，也只有文种不明了复国后自己将会遭到杀戮的祸患。因此说，猫头鹰的眼睛只有在夜里才能看清东西，仙鹤拥有很长的腿，假若截断就会感到沮丧。

因而说，风儿吹过河面就会使河水有所亏损，太阳照到河面也会使河水有所亏损。如果风和太阳一直存在于河面的上空，但河水却不因此而受到损害，那就是因为河水源头有流水在不断积聚进来。所以，水持守着泥土就能安定下来，影子定住了是由于人的形体安定了下来，事物坚守着事物才有了大定。

所以，如果眼睛一味地求取过人的视觉，那就有危险了，耳朵一味地求取过人的听觉，那也危险了，心思一味地求取外物，就更危险了。从心灵深处显现出才能的，就会有危险，危险一旦形成，就来不及改变了。祸害滋长并慢慢地增多和聚积，归附本性却无法做到功成身退，要想得到成功就必须长久地持续。可世人却把这些看成是自己最宝贵的，这不是很让人感到悲哀吗？所以，国家灭亡、百姓受害这类的祸患从来都没有中断过，这都是因为不知道探究造成这类祸患的缘由啊。

所以，脚踩在大地很小的地方，虽然很小，但所依赖的正是不曾踩踏过的地方，而后才能去到更广远的地方；人对万物的认识也很少，虽然很少，但所依赖的正是那不知晓的知识，而后才能通达自然之道。了解大道之至一，了解大道之至静，了解大道的观点，了解大道的均衡，了解大道的无所不包、无所不容，了解大道的本性不妄，了解大道的自定，这样就达到了认识的最高点。以大道之一贯通，以大道之静来化解，以大道来明察万物，以大道的均衡使其顺遂本性，以大道的包容使其各得其分，以大道的本性使其各自契合，以大道的自定使其各守其本，持守不渝。

万物都有它们各自自然的一端，顺遂这自然的一端，就会对世事看得很明了，其中的道理虽然深奥玄妙，却又存在着枢要，而任一事物产生的同时就定会出现与之相应的一面。所以，自然的明白却又像是没有明白似的，自然的了解又如同没有了解，但只有你了解了这不知，才会了解真知。若要深入地探究它，本不会有什么边际，然而又不能没有边际。万物虽然是纷乱复杂的，但也有它各自的根本，古今无法彼此替换，但双方又都不能缺少，这怎能不说仅仅是大道的概要呢！何不再进一步地探问这个道理，怎么会困惑到这个地步呢？用不困惑去阐释困惑，又回到了不困惑，这大概能看成是初步的不困惑吧。

则 阳

　　《则阳》出自《庄子》杂篇，主要内容是阐释庄子的大道。

　　文章前半部分通过一系列的小故事来写得道之人的悠闲自得、崇道之人倾慕本性以及持守本真而顺遂外物的状态，进而阐述万物虽有万千变化，但仍有大道可循的主旨，批判有为的思想和政治，倡导不要争执是非，要做到无言、无为方可自我看化。后半部分借少知和大公调的谈话来探讨万物的自然规律，探寻宇宙的发源，讨论自身对外物的主体性认识，阐明大道无所不在而又无法言说的哲理。

原 文

　　则阳游于楚①，夷节言之于王②，王未之见。夷节归。

　　彭阳见王果曰③："夫子何不谭我于王④？"

　　王果曰："我不若公阅休⑤。"

　　彭阳曰："公阅休奚为者邪？"

　　曰："冬则擉鳖于江⑥，夏则休乎山樊。有过而问者，曰：'此予宅也。'夫夷节已不能，而况我乎！吾又不若夷节。夫夷节之为人也，无德而有知，不自许，以之神其交，固颠冥乎富贵之地⑦。非相助以德，相助消也。夫冻者假衣于春⑧，暍者反冬乎冷风⑨。夫楚王之为人也，形尊而严。其于罪也，无赦如虎；非夫佞人正德⑩，其

^{náo}
孰能桡焉^⑪！

"故圣人其穷也，使家人忘其贫；其达也，使王公忘爵禄而化卑；其于物也，与之为娱矣；其于人也，乐物之通而保己焉；故或不言而饮人以和，与人并立而使人化。父子之宜，彼其乎归居，而一闲其所施。其于人心者，若是其远也。故曰：'待公阅休'。"

注 释

①**则阳**：人名，姓彭名阳，字则阳，当时鲁国人。②**夷节**：人名，姓夷名节，当时楚国的大臣。③**王果**：当时楚国的贤大夫。④**谭**：通"谈"，引荐。⑤**公阅休**：楚国的隐者。⑥**揭**：通"戳"，刺。⑦**颠冥**：神情颠倒，沉醉。⑧**假**：借，借助。⑨**喝**：中暑。⑩**佞人**：有才辩的人。⑪**桡**：通"挠"，屈从，屈服。

译 文

则阳游历到了楚国，夷节向楚王引荐则阳，而楚王没有召见他，夷节只好作罢回家。

则阳去拜访王果，说："先生为何不在楚王面前介绍一下我呢？"

王果回答说："我比不上公阅休啊。"

则阳问道："公阅休是怎样的人呢？"

王果说："他冬季的时候，就到江水里刺鳖，夏季的时候，就在山脚下休憩。有过路人询问他，他就说：'这正是我的居所。'连夷节都无法做到，更别说是我了啊！我不如夷节。夷节他为人，缺少德行却有世人的才智，也不以道自许，用他异乎寻常的方法巧妙地与人结交往来，在富贵和尊荣的社交圈里表现得神魂颠倒，这不是在用德行去帮助他人，而是在损害德行啊。那受冻的人，需要借助衣服才能获得温暖，而那中暑的人，则要借助凉风带来清爽。楚王他为人，外表尊荣而又颇具威严；他对于有罪过的人，就会像老虎那样凶狠而没有一丝宽恕；假若不是善辩之人或德行高尚之士，谁又能使他屈服呢！

"因而那些圣人，在贫穷清苦的时候，却能使家人们忘掉生活的困顿，在安贵尊荣的时候，也能使那些王公贵族忘掉爵位利禄而变得卑微。他们与外物交往的时候，能够和它们一道欢乐；他们在待人的时候，总能友好相处而又能持守本性；因此，即便有时候一句话不说也能给人阐明中和之道，和他人在一起就能使其受到同化。就像是父亲跟儿子各得其位，安于自己的归宿，而圣人自身却始终以无为来对待周边的人和物。圣人的心境与寻常之人的对比起来，差距是那么地大。所以说，要想侍奉楚王还是得等公阅休啊。"

圣人达绸缪①，周尽一体矣，而不知其然，性也。复命摇作而以天为师②，人则从而命之也③。忧乎知，而所行恒无几时④，其有止也若之何！生而美者，人与之鉴，不告则不知其美于人也。若知之，若不知之，若闻之，若不闻之，其可喜也终无已；人之好之亦无已，性也。圣人之爱人也，人与之名，不告则不知其爱人也。若知之，若不知之，若闻之，若不闻之，其爱人也终无已，人之安之亦无已，性也。

旧国旧都，望之畅然；虽使丘陵草木之缗⑤，人之者十九⑥，犹之畅然。况见见闻闻者也⑦，以十仞之台县众间者也！

①绸缪：纠葛，纠缠。②复命：复归于本性。③命：命名，称呼。④无几时：没有多长的时间。⑤缗：不分明，模糊。⑥十九：十分之九。⑦见见闻闻：随处可见，随处可闻。

圣人明达世间的种种纠葛，而又通达万物浑一的状态，却不明白怎么会这样。这是返归于自然本性，又因循着自然而有所行动，人们随后才把他称作是圣人。依持着机巧和谋虑，因而行动常常不会持续很长时间，时而终止，又会怎样呢！生来就长漂亮的人，只是由于他人作了他的一面镜子，如果没有与他人的比较，他就不知道自己比他人长得更为漂亮一些。似乎知道，又似乎不知道，似乎听到了，又似乎没有听到，这样下去，他心中的喜悦就会没有终止，那么大家对他的好感也不会终止，这正是源于人的自然本性。圣人爱怜众人，所以大家才给予他一个圣人的名号，如果大家不告诉他，他自身并不知道自己垂怜众人。似乎知道，又似乎不知道，似乎听到了又似乎没有听到，这样一来，他给予大家的爱就会没有终止，那么大家安于他的怜爱也不会终止，这也是源于人的自然本性。

一见到自己的国家和家乡就非常愉悦；即便是丘陵上的草木把祖国和家乡遮掩了十之八九而看不清楚，但心里还是非常欢喜。又何况是见闻到那仰慕已久的大道的本性呢，这就像是数丈楼台高悬于众人之中而让人崇敬不已啊！

原　文

冉相氏得其环中以随成①，与物无终无始，无几无时。日与物化者，一不化者也，阖尝舍之！夫师天而不得师天，与物皆殉②。其以为事也，若之何？夫圣人未始有天，未始有人，未始有始，未始有物，与世偕行而不替③，所行之备而不洫④，其合之也，若之何？汤得其司御，门尹登恒为之傅之。从师而不囿⑤，得其随成。为之司其名之名嬴法得其两见⑥。仲尼之尽虑，为之傅之。容成氏曰⑦："除日无岁，无内无外。"

注　释

①冉相氏：相传为三皇以前的远古帝王。②殉：失，丧失。③替：变，改变。④洫：毁坏，破坏。⑤囿：限制。⑥嬴：无心的样子。⑦容成氏：一说为古代帝王，一说为老子之师。

译　文

冉相氏体悟了道的要领，因而能顺遂外物自然生长，与外物接触交往无始无终，也没有时日。天天随着外物的变化而变化，但他那静寂虚无的心境却一点儿也没有变动，又何尝离弃过大道的要领！有心师法自然就不会得到师法自然的效果，然后就跟着外物一道追求，如此一来又怎能做到通达自然呢？圣哲心中从没有天，也没有人，没有起始，也没有外物，与人世一道前进变化而没有终止，行动完备而没有受到毁坏，他跟外物如此契合，又会是什么样的呢！商汤启把当过司御门尹的登恒拜作自己的师傅，而跟随师傅学习的时候却从不受所学知识的限制；能做到顺遂自然之道，而察其名迹；对于这种名迹他一直是无心追求，因而君臣尊卑能各得其所，师徒上下能各安其分。仲尼最后摒弃了谋虑，才对自然有所协助。容成氏说："摒除日子就不存在年岁，忘却了自我也就忘却了周边的事物。"

原　文

魏莹与田侯牟约①，田侯牟背之，魏莹怒，将使人刺之。

犀首公孙衍闻而耻之②,曰:"君为万乘之君也,而以匹夫从仇。衍请受甲二十万③,为君攻之,虏其人民,系其牛马,使其君内热发于背,然后拔其国④。忌也出走,然后抶其背⑤,折其脊。"

季子闻而耻之⑥,曰:"筑十仞之城,城者既十仞矣,则又坏之,此胥靡之所苦也⑦。今兵不起七年矣,此王之基也。衍,乱人也,不可听也。"

华子闻而丑之⑧,曰:"善言伐齐者,乱人也;善言勿伐者,亦乱人也;谓'伐之与不伐乱人也'者,又乱人也。"

君曰:"然则若何?"

曰:"君求其道而已矣!"

惠子闻之,而见戴晋人⑨。戴晋人曰:"有所谓蜗者,君知之乎?"

曰:"然。"

"有国于蜗之左角者,曰触氏;有国于蜗之右角者,曰蛮氏。时相与争地而战,伏尸数万,逐北旬有五日而后反⑩。"

君曰:"噫!其虚言与?"

曰:"臣请为君实之。君以意在四方上下有穷乎?"

君曰:"无穷。"

曰:"知游心于无穷,而反在通达之国,若存若亡乎?"

君曰:"然。"

曰:"通达之中有魏,于魏中有梁,于梁中有王。王与蛮氏有辩乎?"

君曰:"无辩。"

客出而君惝^{chǎng}然若有亡也⑪。

客出，惠子见。君曰："客，大人也，圣人不足以当之。"

惠子曰："夫吹管也^⑫，犹有嗃也^⑬；吹剑首者，吷而已矣^⑭。尧、舜，人之所誉也。道尧、舜于戴晋人之前，譬犹一吷也。"

译 文

魏惠王和齐威王签订了盟约，而齐威王却没有遵守它。魏王大怒，想派人去行刺齐威王。

公孙衍知道这件事之后认为不妥当，说："你贵为大国的君主，却用寻常百姓的方法去报复他！我愿率领二十万将士，给你进攻齐国，俘虏那的百姓，占据他们的牛马，而使齐国的君主心急如焚而毒火引疮于背。然后就占领齐国的土地。田忌望风出逃后，我就鞭打他的脊背，撅断他的脊骨。"

季子知道这件事之后又认为公孙衍的方法不可取，说："建造数丈高的城墙，已经建有数丈高了，随后又毁掉它，这是徒役们的灾祸。而今已有七年没有战乱了，这是你治理国家的基础。公孙衍着实是想挑起战乱，切不可采取他的主张。"

华子知道这件事之后又觉得公孙衍和季子的方法都不好，说："主张征讨齐国的人，是挑起战乱之人；规劝不能征讨齐国的人，也是挑起战乱之人；论说主张征讨齐国还是不征讨齐国的为挑起战乱之人的人，他本身也是挑起战乱的人。"

魏惠王说："既然这样，那该如何是好呢？"

华子说："你去求助那物我两忘的大道吧！"

惠子知道这件事之后，就为魏惠王推荐了戴晋人。戴晋人说："有种名叫蜗牛的动物，君主你知道吗？"

魏惠王回答说："知道。"

戴晋人说："有个国家处于蜗牛的左角上，名叫触氏，有个国家处于蜗牛的右角上，名叫蛮氏，两国常因争抢土地而交战，战场上的尸体数不胜数，追赶败兵花了整整十五天的时间才返回国内。"

魏惠王说："咦，这都是虚构的言辞吧？"

戴晋人说："请允许我给你证实这些言论。你觉得四方和上下有穷尽吗？"

魏惠王回答说："没有。"

戴晋人说："懂得让自己的思想遨游于无穷无尽的境域，而又返回到人来人往的狭小的生活空间，这狭小的生活空间，在无穷无尽的境域里大概就像是似有似无一样的吧？"

魏惠王回答说："是这样。"

戴晋人又说："在这人来人往的狭小空间里有个魏国，魏国里有个都城名叫大梁城，大梁城中有你这个君主。君主你和那蛮氏相比，有什么不同吗？"

魏惠王回答说："没有。"

于是戴晋人就告辞离开了，魏惠王心有不畅而又恍惚不定。

戴晋人离去之后，惠子去拜见魏惠王，惠王说："戴晋人，他实在是很了不起啊，圣哲都不能和他相提并论。"

惠子说："吹着竹管，就会发出大而长的声音；吹着剑环，只会发出小而短的声音罢了。尧、舜，都是大家受称道的大圣人；在戴晋人这赞扬尧、舜，就犹如那小而短的剑环之声罢了。"

原文

孔子之楚，舍于蚁丘之浆^①。其邻有夫妻臣妾登极者^②，子路曰："是稯稯何为者邪^③？"（zǒng）

仲尼曰："是圣人仆也。是自埋于民，自藏于畔。其声销，其志无穷，其口虽言，其心未尝言，方且与世违，而心不屑与之俱。是陆沉者也^④，是其市南宜僚邪^⑤？"

子路请往召之。

孔子曰："已矣！彼知丘之著于己也，知丘之适楚也，以丘为必使楚王之召己也，彼且以丘为佞人也。夫若然者，其于佞人也，羞闻其言，而况亲见其身乎！而何以为存？"

子路往视之，其室虚矣。

庄子

①浆：指卖浆的店。②登极：登到房屋的顶上。③稷稷：一说"总总"，指百姓聚集的样子。④陆沉：即沉于陆，寓指退隐于世。⑤**市南宜僚**：人名，姓熊，字宜僚，因住于市南而有此名。

译 文

孔子去往楚国，寄居在蚁丘的一个卖浆的店铺。他的邻居一家人包括奴仆都登到屋顶来察看孔子的车骑，子路说："这些人聚集那里是干什么的呢？"

孔子回答说："这些都是圣哲的仆从。这个圣人把自己藏匿于在寻常百姓之中，隐身于田园生活之中。他的声音虽然从世间消逝了，但他的志向却很宏大，他的嘴虽然是在说话，心里却似乎没有说过什么，处处与世俗相背离，而且心里也不屑顺遂世俗。这就是退隐于世间的隐者，此人大概是市南宜僚吧？"

子路请求去接见他。

孔子说："罢了！他知晓我对他非常熟悉，又知晓我来到了楚国，觉得我会说服楚王召见他，他正把我看成是一个奉承献媚的人。假若果真如此，他定会羞于听到那奉承献媚之人的言谈，何况是见到他本人呢！你又如何确定你去慰问他，他一定还在那里呢？"

子路前往那处所察看，市南宜僚的房屋里已经没有人了。

原 文

长梧封人问子牢曰①："君为政焉勿卤莽②，治民焉勿灭裂③。昔予为禾，耕而卤莽之，则其实亦卤莽而报予；芸而灭裂之，其实亦灭裂而报予。予来年变齐④，深其耕而熟耰之⑤，其禾蘩以滋⑥，予终年厌飧⑦。"

庄子闻之曰："今人之治其形，理其心，多有似封人之所谓：遁其天，离其性，灭其情，亡其神，以众为。故卤莽其性者，欲恶之孽，为性萑苇蒹葭，始萌⑧以扶吾形，寻擢吾性⑨。并溃漏发⑩，不择所出，漂疽疥痈⑪，内热溲膏是也⑫。"

①**长梧**：地名。**子牢**：孔子的弟子，宋国人。②**卤莽**：粗疏，草率。③**灭裂**：任意，

随意。④变齐：改变，变更。⑤穮：古代一种锄草的工具。⑥蘩：繁盛，茂盛。⑦飧：饭食，熟食。⑧萑：荻草之类的植物。蒹：还没有出穗的荻草。⑨擢：拔，拔起。⑩漏：疮口流脓不止。⑪漂疽：脓疮。疥：疥疮。痈：恶性疮。⑫溲膏：由内热而引起的溺精。

　　长梧之地守疆的人对子牢说："你处理国家政务不要太草率，治理百姓也不要太随意。以前我种庄稼的时候，耕地粗糙，而等到收割庄稼的时候，也就受到了报复；锄草轻率随意，而等到收割庄稼的时候，又受到了报复。我第二年改变了原先的劳作方法，认真地耕地，细致地平整，庄稼繁茂而硕果累累，我这一年到头都不用愁食物不够的问题了。"

　　庄子听了之后说："而今人们应对自己的形体，调养自己的心神，许多人就像这守疆之人所说的这样啊，背离自然，违逆本性，减消真情，失掉精神，这都是由于粗疏草率啊。因此，以粗疏草率来对待本性的人，就会出现私欲的祸根，这种祸根就成了犹如遮掩禾苗的荻草那样损害人的本性，开始萌生时似乎还能用来协助形体的发展，逐渐地就拔掉了人的自然本性。之后就像是脓疮一样溃发，脓液随意泄出，内热遗精就是如此。"

　　柏矩学于老聃①，曰："请之天下游。"

　　老聃曰："已矣！天下犹是也。"

　　又请之，老聃曰："汝将何始？"

　　曰："始于齐。"

　　至齐，见辜人焉②，推而强之，解朝服而幕之③，号天而哭之曰："子乎！子乎！天下有大菑，子独先离之。曰'莫为盗，莫为杀人'。荣辱立然后睹所病，货财聚然后睹所争。今立人之所病，聚人之所争，穷困人之身，使无休时。欲无至此得乎！古之君人者，以得为在民，以失为在己；以正为在民，以枉为在己。故一形有失其形者，退而自责。今则不然，匿为物而愚不识，大为难而罪不敢，重为任而罚不胜，远其途而诛不至。民知力竭，则以伪继之。

日出多伪，士民安取不伪！夫力不足则伪，知不足则欺，财不足则盗。盗窃之行，于谁责而可乎？"

注 释

①柏矩：人名，姓柏名矩，老子的弟子。②辜人：把尸体暴露在街头以示众。③幂：覆，覆盖。

译 文

柏矩跟着老聃学习，说："请老师同意我出去游历天下。"

老聃说："不必了，天下也就跟这里一样。"

柏矩又一次请求，老聃说："那你打算从哪儿开始呢？"

柏矩回答说："齐国。"

柏矩来到了齐国，见到一个尸体被抛露在街头，他挪了挪尸体将其摆正，又解下朝服盖在这个尸体上，仰首号哭地说道："你啊你啊！天下有了这么大的祸患，单单让你先遇上了。人们总说不要当盗贼，不要害人！世间只要有了荣辱之分，然后种种弊病就都显露出来了啊；财物日益积攒，然后种种争抢也都表现出来了。当下所树立的正是人们厌恶的种种弊病，所积攒的正是人们不断争抢的财物，贫苦困顿而又无休无止之时，想免除这样的祸害，如何能做到啊！古时统治国家的人，把社会太平归功于百姓，把治理不善归责于自身；把正确的方面归功于百姓，把各种过失归责于自己；因而，但凡有一个人的形体受到损害，就会在私下里责备自己。当下就不是这种情况。藏匿事物的实情却指责人们不了解，加大办事的难度却认为是不敢从事的罪过，加重所要承担的责任却惩处别人无法胜任，把路程安排得很远却责罚那些没有达到的人。百姓用尽了才智和力量，就会以虚伪来继续应对，于是天天都会出现很多虚假的事情，还有谁能不欺上瞒下呢！力量不足便造假，才智不足就诓骗，财物不够便偷盗。此类盗窃的举动，要责问谁才合理呢？"

原 文

蘧伯玉行年六十而六十化①，未尝不始于是之，而卒诎之以非也②。未知今之所谓是之非五十九非也。万物有乎生而莫见其根，有乎出而莫见其门。人皆尊其知之所知，而莫知恃其知之所不知而后知，可不谓大疑乎！已乎！已乎！且无所逃。此所谓然与然乎！

●蘧使谈心

仲尼问于大史大弢、伯常骞、狶韦曰③："夫卫灵公饮酒湛乐④，不听国家之政；田猎毕弋⑤，不应诸侯之际：其所以为灵公者何邪？"

大弢曰："是因是也。"

伯常骞曰："夫灵公有妻三人，同滥而浴⑥。史鳅奉御而进所⑦，搏币而扶翼⑧。其慢若彼之甚也，见贤人若此其肃也，是其所以为灵公也。"

狶韦曰："夫灵公也，死，卜葬于故墓，不吉；卜葬于沙丘而吉。掘之数仞，得石椁焉⑨，洗而视之，有铭焉，曰：'不冯其子⑩，灵公夺而里之。'夫灵公之为灵也久矣，之二人何足以识之！"

庄子

注释

①蘧伯玉：人名，姓蘧，字伯玉，卫国大夫。②诎：通"黜"，贬黜，贬斥。③大弢、伯常骞、狶韦：当时的史官。④湛：通"耽"，沉迷于逸乐。⑤毕：古代田猎用的大网。弋：系有绳子的箭。⑥滥：洗浴盆。⑦史鳅：即史鱼，卫国大夫。⑧搏：接，接取。扶翼：扶持，这里指扶臂。⑨石椁：石制的棺椁。⑩冯：通"凭"，依凭，凭借。

译文

蘧伯玉活着的六十年间都顺遂变化而与日俱新，在年初的时候认为是对的，而在年末的时候又认为是不对的，不知道现在所认为的对的，是不是五十九岁的时候所认为不对的。万物都有所产生却看不到它萌生的根本，只见其出现却找不到它产生过程的门径。人人都依持着智慧而得到的知识，却不懂得依凭着才智去了解还有涉及不到的知识，这怎能不看成是最大的困惑呢？罢了！罢了！没什么办法能逃脱这种情况。

这就是所认为的对，是真正的对吗？

孔子向太史大弢、伯常骞和狶韦请教说："卫灵公沉迷于酒乐，不处理国家政事；常常出去撒网打猎射杀飞禽，又不参加诸侯间的往来；逝世后还追谥他为灵公，这是什么缘故呢？"

大弢说："给他这样的谥号是因为他具备一定的德行。"

伯常骞接着说："卫灵公有三个妻子，他们一起在浴盆池里洗澡。卫国的贤臣史鳅奉命而来，他们只得连忙接过衣服来互相遮蔽形体。他对大臣很是傲慢，而对贤人却又非常恭敬，这就是他被追谥为灵公的缘由。"

狶韦又说："当年卫灵公去世的时候，占卜说葬在原先的墓地不吉利，如果能葬在沙丘上就比较吉利。因此挖掘沙丘数丈之后，发现有一个石制的棺椁，洗掉上面的泥土一看，刻有这样一段文字：'不仕子孙，灵公可以此为冢。'从这点来看，灵公的谥号由来已久了，大弢和伯常骞哪里会知道呢！"

原文

少知问于大公调曰①："何谓丘里之言②？"

大公调曰："丘里者，合十姓百名而以为风俗也，合异以为同，散同以为异。今指马之百体而不得马，而马系于前者，立其百体而谓之马也。是故丘山积卑而为高，江河合水而为大，大人合并而为公。是以自外入者，有主而不执③；由中出者，有正而不距④。四时殊气，天不赐，故岁成；五官殊职，君不私，故国治；文武殊材，大人不赐，故德备；万物殊理，道不私，故无名。无名故无为，无为而无不为。时有终始，世有变化。祸福淳淳⑤，至有所拂者而有所宜⑥；自殉殊面⑦，有所正者有所差，比于大泽，百材皆度；观于大山，木石同坛⑧。此之谓丘里之言。"

少知曰："然则谓之道，足乎？"

大公调曰："不然，今计物之数，不止于万，而期曰万物者⑨，以数之多者号而读之也。是故天地者，形之大者也；阴阳者，气之大者也；道者为之公。因其大以号而读之则可也，已有之矣，乃将得比哉！则若以斯辩，譬犹狗马，其不及远矣。”

少知曰：“四方之内，六合之里，万物之所生恶起？”

大公调曰：“阴阳相照相盖相治⑩，四时相代相生相杀，欲恶去就于是桥起⑪，雌雄片合于是庸有⑫。安危相易，祸福相生，缓急相摩，聚散以成。此名实之可纪⑬，精微之可志也⑭。随序之相理，桥运之相使，穷则反，终则始，此物之所有。言之所尽，知之所至，极物而已。睹道之人，不随其所废，不原其所起⑮，此议之所止。”

少知曰：“季真之莫为⑯，接子之或使⑰。二家之议，孰正于其情，孰偏于其理？”

大公调曰：“鸡鸣狗吠，是人之所知。虽有大知，不能以言读其所自化，又不能以意其所将为。斯而析之，精至于无伦，大至于不可围。或之使，莫之为，未免于物而终以为过。或使则实，莫为则虚。有名有实，是物之居；无名无实，在物之虚。可言可意，言而愈疏。未生不可忌，已死不可阻。死生非远也，理不可睹。或之使，莫之为，疑之所假。吾观之本，其往无穷；吾求之末，其来无止。无穷无止，言之无也，与物同理。或使莫为，言之本也，与物终始。道不可有，有不可无。道之为名，所假而行。或使莫为，在物一曲，夫胡为于大方？言而足，则终日言而尽道；言而不足，则终日言而尽物。道，物之极，言默不足以载。非言非默，议有所极。”

注 释

①**少知、大公调**：虚构的人物。②**丘里**：乡里。古制规定四井为一邑，四邑为一丘，五家为一邻，五邻为一里。③**主**：主见，主意。④**距**：通“拒”，拒绝。⑤**淳淳**：迷茫难料的样子。⑥**拂**：违背，违逆。⑦**殉**：通“徇”，逐，追逐。⑧**坛**：用土堆积而成的

平台，这里指根基。⑨**期**：定，限定。⑩**相盖**：即相害。⑪**去**：疏远。**就**：亲近，亲密。**桥起**：突然兴起。⑫**庸**：常，平。⑬**纪**：记，记载。⑭**志**：记，记载。⑮**原**：推究，探究。⑯**季真**：齐国人，战国时代的稷下学者，主张"莫为"。⑰**接子**：齐国人，战国时代的稷下学者，主张"有为"。

少知问大公调说："什么是丘里之言呢？"

大公调回答说："所说的丘里，就是聚合多种不同姓氏的人而形成一个具有共同习俗的团体；聚合多种不同的个体而形成一个混同的整体，把这个混同的整体分散后，又形成了多种不同的个体。当下，如果只是指称马的多个单独的部位，还是看不到马的整体，而如果把马拴系在眼前，看到了马每一个单独的部位而组成的完整的形体，才能把这个整体叫作马。因而说，山丘只有积聚了诸多微小的土石才能成就它的高大，江河只有汇集了许多细小的支流才能成就它的宽广，伟大之人只有融和了众人才能成就他的公正。所以，由外界而进入心胸里的东西，自己虽有主见却并不固守己见，从内心而往外表达的东西，因对方心里有与此相应和的东西而不会有所违逆。四时拥有各不相同的气候，但自然并没有把某一时令看成是特别的恩赐，因此就形成了年岁的次第；不同的官吏承担着各自不同的职责，但君主没有任何偏袒，因此国家得到大治；文武官员具备着各不相同的才能，但国君没有任何偏爱，因此他们都具有完善的德行；万事万物都有自己的规律，大道也没有丝毫的偏爱，因此没有给予名称而加以区分。没有名称，也就不会有所作为，没有作为也就是无所不为。时序有始有终，时代也日益变化。世间的祸福在不断地流转，有了背离的一面也就有了顺遂的一面；人们都各自追求着不同的侧面，有一些改正的同时也就有了一些差池。比方说山泽，在这里生长的种种树木都有各自的用处；再看那大山，树木跟石块处在一个地方。这就是所说的丘里的言论。"

少知问道："既然这样，那把这一言论称作大道，可行吗？"

大公调说："不可。当前统计一下物的数目，岂止是一万，而把它称作万物，只是用最多的数目来称说它罢了。所以，天地是万物形体当中最大的；阴阳是天下元气当中最大的；而大道则把天地、阴阳相互贯通了起来。因为它的大，而以道来称说它是可行的，有了道的这种称谓，还有什么能与它同日而语呢？假若用这样的观点来辨别，就犹如拿狗和马相比，它们之间的差异太大了。"

少知又问道："四境之中，宇宙之间，万物是从何而生的呢？"

大公调回答说："阴阳互相映照、互相损害而又互相调理，四季互相变更、互相形成而又互相削弱。私欲、厌烦、离弃、亲近于是突然兴起，雌雄离散、结合，相互为常而又相互为有。安全与危险相互转变，祸患与幸福相互形成，舒缓与急切相互冲突，聚合与离散就此而成。这些现象的称谓与实际都是可以理出端绪的，它们的精细玄妙之处也都是可以记载下来的。万物因循着变化而相治理，又像桥梁两端那样运动而又相互牵制，至极必返，有了终结也就形成了开始，这是万物共同拥有的规律。言语所能表达的，才智所能企及的，只是局限于人们所了解的少部分事物罢了。体悟大道的人，不追逐那灭亡的事物，不推究那事物的源头，这正是言论所限定的境界。"

少知又问说："季真提倡莫为，接子提倡或使，这两家的言论，哪个合乎万物的实情，哪个脱离了万物的规律呢？"

大公调回答说："鸡能鸣狗能叫，这是大家都了解的事实；然而，即便是具有过人的智慧，也无法用言语来阐释这一事实变化的缘由，同样也无法判断它将来会如何。以这样的道理来进行推论，精微达到了无可比拟，浩大达到了不可计量。万物的形成有所依持，还是出自虚无，这两种观点各持一端都无法避免受到外物的束缚，所以最后只会是过而不当。提倡或使就会过于拘执，提倡莫为就会过于空无。有名有实，才能构成物存在的具体形态。无名无实，物的存在就看起来非常虚无。可以言说也可以臆测，可越是言说就离万物的实情越远。没有产生的无法禁止它们的产生，已经死亡的也无法加以阻止。死生并没有相离很远，但这里面的规律却是无法察见的。万物的形成有所依持，还是出自虚无，这两种观点都是因为有困惑而借此来表达偏执之见。我察看万物的根本，万物的过去无穷无尽；我推究万物的终结，万物的将来无边无际。没有穷尽而又没有边际，言语的表述无法做到，这就与万物具备同一的规律；或使、莫为这两说，都是用言论来各持一端，与外物一样有了终始。道无法用有来阐释，有也无法用无来形容。大道之所以称作道，仅仅是借用了道这个称谓而已。或使跟莫为的观点，各自拘执于外物的一端，怎能把它们称作是大道呢？假若言语能完备美满，那整日说话也能合乎大道；假若言语不能完备美满，那整日说话也都拘泥于物。道是阐明万物的最高境界，言语跟沉默都不足以描述；既无须言语，也无须沉默，就能通达于道，这是因为议论有限而大道却是无限的。"

外　物

　　《外物》出自《庄子》杂篇，内容复杂，主要内容是谈论养生处世之道，批判有为强求，提倡顺遂自然，从而达到虚己忘言的境界。
　　文章开头便以善恶之人无法免除、宇宙间存在雷电以及社会存

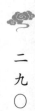

二九〇

有祸乱来说明外物都含有杀机，进而提倡人要顺遂自然之道；随后，借四个寓言故事来批判有为的思想和行为，阐明顺遂自然之道的益处，主张顺应自然；接着，又借庄子与惠子的谈话，阐释无用之用的道理；最后，讨论修身处世之道。庄子认为，对外要顺遂世俗而保持本真，对内要思想自由而物我两忘。

原　文

外物不可必①，故龙逢诛②，比干戮③，箕子狂④，恶来死⑤，桀、纣亡。人主莫不欲其臣之忠，而忠未必信，故伍员流于江⑥，苌弘死于蜀⑦，藏其血，三年而化为碧。人亲莫不欲其子之孝，而孝未必爱，故孝己忧而曾参悲⑧。木与木相摩则然⑨，金与火相守则流⑩，阴阳错行，则天地大絯(hài)⑪，于是乎有雷有霆，水中有火，乃焚大槐。有甚忧两陷而无所逃⑫，螴蜳(chén dùn)不得成⑬，心若县于天地之间⑭，慰暋(mín)沈屯⑮，利害相摩，生火甚多，众人焚和，月固不胜火，于是乎有颓(tuí)然而道尽⑯。

●比干

注　释

①必：强求，勉强。②龙逢：即关龙逢，夏的贤臣，因多次直谏被夏桀囚禁而死。③比干：即商纣王的叔叔，因多次忠谏被纣王剖心害死。④箕子：即商纣王的叔叔，因多次劝谏纣王无果而佯狂。⑤恶来：商纣王的奸臣。⑥伍员：指伍子胥，春秋时代吴王夫差的大夫，因力谏夫差回绝越国的求和而被赐死。⑦苌弘：周灵王贤臣，受谗放逐，自杀而死。蜀人感其精诚，以匮盛其血，三年化为碧玉。⑧孝己：为殷高宗的儿子，因后母虐待，悲苦而死。⑨然：通"燃"。⑩流：金属熔化而流动。⑪絯：通"骇"，动，动乱。⑫两陷：指陷于阴阳。⑬螴蜳：忧虑不安，心神不宁。⑭县：通"悬"。⑮暋：闷，苦闷。沈屯：郁结，沉郁。⑯颓：通"隤"，败坏，毁坏。

外物的利害都无法有个定准，所以忠心之臣有关龙逢被囚杀，比干遭剖心，箕子被逼佯疯，而奸臣恶来也无法免于一死，夏桀与殷纣王也是身死国亡。君主没有不希望他的臣子为自己尽忠尽职的，然而忠心赤胆也不一定能取得君主的信任，所以有伍子胥被赐死并抛尸江中，苌弘被放逐西蜀而死，西蜀之人收藏了他的血液，三年之后竟化为了碧玉。父母没有不希望自己的子女孝顺的，然而尽心尽孝也不一定能受到父母的疼爱，所以有孝己遭受后母虐待忧苦而死，曾参受到父母责骂而悲戚。木和木相互摩擦就会擦出火花，金属与火相守则会因熔化而流动。阴阳交错不畅，天地都会受到很大的惊动，于是雷声阵阵，雷雨中带着闪电，甚至焚烧了高大的树木。心中有忧有喜而又陷入其中无法脱离，小心谨慎、忧虑不安而又一事无成，心犹如高悬于天地之间，郁结沉闷，利害在心中交错，于是内心焦躁不安；世俗之人内热如火而焚毁了自身的中和之气，清虚明净的心境也压不住那如火的焦躁，因而精神崩坏而失掉了人之本性。

庄周家贫，故往贷粟于监河侯①。监河侯曰："诺。我将得邑金②，将贷子三百金③，可乎？"

庄周忿然作色曰④："周昨来，有中道而呼者。周顾视车辙中，有鲋鱼焉⑤。周问之曰：'鲋鱼来，子何为者邪？'对曰：'我，东海之波臣也⑥。君岂有斗升之水而活我哉？'周曰：'诺。我且南游吴越之王⑦，激西江之水而迎子⑧，可乎？'鲋鱼忿然作色曰：'吾失我常与，我无所处。我得斗升之水然活耳。君乃言此，曾不如早索我枯鱼之肆⑨！'"

①贷：借。粟：粮食的通称。②邑金：封邑内征收的赋税。③金：古代一种货币的计量单位。④忿然：生气发怒的样子。⑤鲋鱼：即鲫鱼。⑥波臣：水族中的臣子。⑦且：将，将要。⑧西江：指蜀江，长江上游在四川境内的部分。⑨肆：店，店铺。

庄周家境贫苦，因此去向监河侯借粮食。监河侯说："可以，我即将去收那封邑之地的赋税，之后借你三百金，行吗？"

　　庄周听后脸色顿变而生气地说："我昨天在来的路上，有声音在半路上呼叫我。我回过头去看那路上车辙里的坑洼之处，看到了一条鲫鱼。我问它说：'鲫鱼啊，你在这儿做什么呢？'鲫鱼回答说：'我是东海水族的臣子。你能用一瓢水来使我存活吗？'我回答它说：'好啊，我去南方游说吴王和越王，把那西江之水引来接待你，行吗？'鲫鱼脸色顿变而生气地说：'我失掉了我原有的生活条件，没有安身之所。眼下我若能获得一瓢水就可以活下来，而你竟然说出了这番话，那还不如尽早去干鱼店铺里找我呢！'"

原 文

　　任公子为大钩巨缁①，五十犗以为饵②，蹲乎会稽，投竿东海，旦旦而钓③，期年不得鱼。已而大鱼食之，牵巨钩，铅没而下，鹜扬而奋鬐④，白波若山，海水震荡，声侔鬼神⑤，惮赫千里⑥。任公得若鱼⑦，离而腊之⑧，自制河以东，苍梧已北，莫不厌若鱼者⑨。已而后世辁才讽说之徒⑩，皆惊而相告也。夫揭竿累，趣灌渎⑪，守鲵鲋⑫，其于得大鱼难矣。饰小说以干县令⑬，其于大达亦远矣，是以未尝闻任氏之风俗，其不可与经于世亦远矣。

注 释

　　①任公子：任国的公子，任国是春秋时代的诸侯国之一。缁：黑线，黑绳。②犗：阉割了的牛。③旦旦：天天。④鹜：乱跑，乱奔。鬐：指鱼的脊背。⑤侔：同，同等。⑥惮赫：这里指因声威浩大而震惊。⑦若鱼：此鱼。⑧腊：晾干，晒干。⑨厌：饱食，吃饱。⑩辁才：才能粗浅的人。⑪灌渎：用于灌溉的渠沟。⑫鲵鲋：指小鱼。⑬小说：指一些浅陋的言论。

译 文

　　任国公子在做的大鱼钩上拴系一根粗大的钓绳，把五十头牛用做钓饵，然后他就蹲在会稽山的山顶，把钓竿投到东海里，每日都这般钓鱼，钓了整整一年也没有一条鱼上钩。不久后，一条大鱼吞下了鱼饵，牵着鱼钩，迅速地沉入海底，又急速地扬起脊背腾跃而出，掀起和山一样高的白浪，海水在剧烈波动，声音犹如鬼神，千里之外都能因它的声威而感到震惊。任国公子钓到这样一条大鱼后，将它剖开，晾晒而成干，

杂篇

二九三

从浙江的东面到苍梧山的北面，这一带没有谁没吃饱的。这之后那些才智粗浅之人和热衷于品头论足之士，都大为惊异地奔走传说。举着钓竿细绳，来往于山沟水渠之间，等着小鱼上钩，想钓到大鱼那就非常困难了。修饰浅陋的言论以求取高名，离通达大道的距离也就更远了，所以说，没有了解过任国公子在东海钓大鱼的传闻，恐怕离善于统治天下的距离也会更远了。

儒以《诗》《礼》发冢①，大儒胪传曰②：“东方作矣③，事之何若？”

小儒曰：“未解裙襦④，口中有珠。《诗》固有之曰：‘青青之麦，生于陵陂。生不布施，死何含珠为？’”

“接其鬓⑤，压其颥⑥，儒以金椎控其颐⑦，徐别其颊，无伤口中珠！”

注　释

①发：挖，挖掘。②胪传：由上到下的传话。③东方作：东方明，太阳即将升起。④裙襦：指衣裙。襦：短上衣。⑤接：揪，抓。⑥颥：下巴上的胡子，这里指下巴。⑦控：敲，敲打。颐：面容，面颊。

译　文

儒学之人借着《诗》《礼》来挖掘古墓。大儒士由上向下传话说：“太阳即将升起了，事情现在怎样了？”

小儒回答说：“下裙衣还没解开，口里含有一颗珠子。《诗》中有这么一首诗说：‘青青的麦苗，在山坡上生长。生前不愿把财物分与他人，死了又何必含着个珠子！’”

大儒士说：“揪着他的两鬓，按住他的下巴，然后你再拿着锤子敲他的下巴，使他的面颊逐渐分开，注意不要损毁了口里的珠子！”

原　文

老莱子之弟子出薪①，遇仲尼，反以告，曰：“有人于彼，修上而趋下②，末偻而后耳③，视若营四海④，不知其谁氏之子。”

老莱子曰：“是丘也，召而来。”

仲尼至。曰："丘！去汝躬矜与汝容知⑤，斯为君子矣。"

仲尼揖而退，蹙然改容而问曰⑥："业可得进乎？"

老莱子曰："夫不忍一世之伤，而骜万世之患⑦。抑固窭邪⑧，亡其略弗及邪？惠以欢为骜，终身之丑，中民之行易进焉耳！相引以名，相结以隐。与其誉尧而非桀，不如两忘而闭其所誉。反无非伤也，动无非邪也。圣人踌躇以兴事，以每成功。奈何哉，其载焉终矜尔！"

注 释

①**老莱子**：春秋时代楚国的隐者，常住蒙山，楚王想召他入仕，不就。②**修**：长。**趡**：短，短小。③**末**：脊背，脊梁。**偻**：驼背。④**营**：经营，谋取。⑤**躬矜**：举止矜持。**容知**：很有智慧的样子。⑥**蹙然**：忐忑不安的样子。⑦**骜**：通"傲"，轻蔑，轻视。⑧**窭**：原指贫苦，这里指才智浅陋。

译 文

老莱子的门徒外出打柴，在路上遇到了孔丘，打柴回来后对老莱子说："路上看到有个人在那里，他上身长下体短，颈长还驼背，而且耳朵向后，目光敏锐像是在经营天下，却不知晓他是什么人。"

老莱子说："他一定是孔丘，快去把他叫来。"

孔丘到了。老莱子说："孔丘，摒除你举止间的矜持和面容中表现出来的睿智，你就能成为君子了。"

孔丘听后便作揖而退，忐忑不安地问说："我所从事的仁义之业能修进并用于世人吗？"

老莱子说："如果不忍心这一世的损伤，那就会留下万世的灾祸，你原本就才智浅陋，还是谋略不全呢？布施恩泽以取悦于世，这是终身的羞耻，只不过是庸人的做法罢了！这样的人总是凭着名声来相互引进，以私利来相互交往。与其赞扬唐尧而指责夏桀，不如把它们都忘掉而闭塞那些称誉。违背自然之道定会遭受损伤，心性被侵乱就会生起邪念。圣哲之人顺遂自然而从容行事，所以事情总是能办成。你坚决施行仁义而且还以此自持又有什么办法呢？"

宋元君夜半而梦人被发窥阿门①，曰："予自宰路之渊②，予为清江使河伯之所③，渔者余且得予④。"

元君觉，使人占之，曰："此神龟也。"

君曰："渔者有余且乎？"

左右曰："有。"

君曰："令余且会朝。"

明日，余且朝。君曰："渔何得？"

对曰："且之网得白龟焉，其圆五尺。"

君曰："献若之龟。"

龟至，君再欲杀之，再欲活之。心疑，卜之。曰："杀龟以卜吉。"乃刳龟⑤，七十二钻而无遗策。

仲尼曰："神龟能见梦于元君⑥，而不能避余且之网；知能

七十二钻而无遗策，不能避刳肠之患。如是则知有所困，神有所不及也。虽有至知，万人谋之。鱼不畏网而畏鹈鹕⑦。去小知而大知明，去善而自善矣。婴儿生，无硕师而能言⑧，与能言者处也。"

●龟

①宋元君：宋国的君主，即元公，名佐。阿：曲。②宰路：神龟所生活的水渊名。③河伯：传说中的水神。④余且：人名，姓余名且的渔夫。⑤刳：剖开之后再挖空。⑥见：通"现"。⑦鹈鹕：一种水鸟，以鱼为食。⑧硕师：有版本作"石师"，指大师。

宋元君半夜梦到一个散着头发的人在侧门旁边窥看，说："我来自一个名叫宰路

的深渊，是以清江使臣的身份出使到河伯那里，一个名叫余且的渔夫捉到了我。"

宋元君醒后，就派人占卜这件事，说："其是只神龟。"

宋元君问说："那有个叫余且的渔夫吗？"

侍臣回答说："有的。"

宋元君说："让余且来见我。"

第二天，余且到了朝堂之上。宋元君问说："你这几天捕到什么了吗？"

余且回答说："我捉到了一只白龟，周长有五尺那么大。"

宋元君说："把你捉到的白龟献出来。"

白龟送来后，宋元君时而想杀掉它，时而又想养着。心里正犹豫不定，就派人卜问吉凶，回答说："杀掉白龟并用它的龟壳来占卜，就会大吉。"于是剖开白龟之后再把它挖空，用龟壳多次占卜都没有一点儿差错。

孔子知道这件事之后说："神龟有给宋元君托梦的能力，却避不开余且的网；智慧能使其占卜多次而没有一点儿差错，却逃脱不了剖腹挖心的灾祸。这么看来，智慧也有困顿的时候，神灵也有思虑不周的地方。即使有着最高明的智慧，也抵挡不了成千上万人的谋算。即便鱼儿不害怕渔网也会惧怕鹈鹕。摒除了小聪明才能显现出大智慧，排除了做作的善行才能获得自然之道的大善。婴孩生下来，即使没有高超的老师教导也可以学会说话，这只是因为与会说话的人一起生活，自然而然地罢了。"

原文

惠子谓庄子曰："子言无用。"

庄子曰："知无用而始可与言用矣。夫地非不广且大也，人之所用容足耳，然则厕足而垫之[①]，致黄泉[②]，人尚有用乎？"

惠子曰："无用。"

庄子曰："然则无用之为用也亦明矣。"

注释

①厕：通"侧"，指置。②黄泉：既指黄色的地下水，也指人死后的归宿。

译文

惠子对庄子说："你的言辞没什么用处。"

庄子说："懂得无用才能与他谈论有用啊。大地不能不算是既广又大了，而人用的只不过是他们脚踩着的那一小块儿地罢了。既然如此，那如果只留下脚踩着的那一小块儿，然后把其余的全部挖掉，一直挖掘到黄泉，那大地对人来说还有用处吗？"

惠子回答说："没有了。"

庄子说："这样说来，无用的用处也就非常清楚了。"

原　文

庄子曰："人有能游，且得不游乎？人而不能游，且得游乎！夫流遁之志[①]，决绝之行[②]，噫，其非至知厚德之任与！覆坠而不反[③]，火驰而不顾。虽相与为君臣，时也。易世而无以相贱[④]。故曰：至人不留行焉。夫尊古而悲今，学者之流也。且以狶韦氏之流观今之世[⑤]，夫孰能不波！唯至人乃能游于世而不僻，顺人而不失己。彼教不学，承意不彼。

"目彻为明[⑥]，耳彻为聪，鼻彻为颤shān，口彻为甘，心彻为知，知彻为德。凡道不欲壅[⑦]，壅则哽，哽而不止则跈zhěn[⑧]，跈则众害生。物之有知者恃息，其不殷[⑨]，非天之罪。天之穿之，日夜无降，人则顾塞其窦[⑩]。胞有重阆làng[⑪]，心有天游。室无空虚，则妇姑勃豀[⑫]；心无天游，则六凿相攘[⑬]。大林丘山之善于人也，亦神者不胜。"

注　释

①流遁：逃避世俗。②决绝：弃绝现实。③覆坠：陷落，跌落。④相贱：彼此轻贱。⑤狶韦氏：远古帝王的称号，曾出现于《大宗师》篇中。⑥彻：通，通达。⑦壅：塞，阻塞。⑧跈：读为"抮"，乖戾。⑨殷：盛。⑩窦：孔，穴孔。⑪阆：空余的地方。⑫妇：媳妇。姑：婆婆。勃豀：吵骂。⑬六凿：指耳目口鼻等六窍。攘：排挤，排斥。

译　文

庄子说："人如果能随心而游，那还会不悠然自乐吗？人假若不能随心而游，那还能悠然自乐吗？那逃避世俗的心思，弃绝现实的行为，唉，恐怕不是得道之人的所作所为吧！沉迷于俗事而不知悔改，急切地追逐外物而不愿回头，虽然世间有君臣的对立，但也只能看成是一时的机遇，一旦时势有所变化，就不一定要相轻相贱了。所以说至人从不会在某处滞留。尚古而轻今，这是才智浅陋之人的看法。再用狶韦氏之时的风气来对比当今的社会，谁能无所波动？至人才能与人世往来而没有背离，顺遂众人而又不丧失自己的自然本性。尊古轻今的教育不必学取，秉承其意也不必与他争辩不止。

"视觉锐利叫作明，耳朵尖锐叫作聪，鼻子敏感叫作颤，口感灵活叫作甘，心灵贯通叫作智，才智通畅叫作德。但凡是道路，大家都不希望有所堵塞，堵塞就会有梗阻，梗阻无法消除就会有乖戾，乖戾无法清除就兴起诸多祸乱。凡是有知觉的物类都靠的是呼吸。如果呼吸不顺，那就不是自然的过错。自然给予万物孔穴，日夜通畅不止，可是人们却自己堵塞自身的孔穴。腹中有许多空余之地因而能容纳五脏，内心有虚无之处才能顺遂自然而自在地遨游。假若屋内没有空地，婆媳就会争吵不止；假若内心没有虚无之处以使自己游心于大道之中，那六种官能就会相互侵扰。森林和山丘之所以使人感到愉悦，是因为他们平日里内心狭隘、心神不畅啊。"

原文

"德溢乎名，名溢乎暴①，谋稽乎^{xián}谍谐②，知出乎争，柴生乎守③，官事果乎众宜。

"春雨日时，草木怒生，铫^{yáo nòu}耨于是乎始修④，草木之倒植者过半而不知其然⑤。

"静默可以补病，眦搣可以沐老，宁可以止遽^{jù}⑥。虽然，若是劳者之务也，非佚者之所，未尝过而问焉。圣人之所以骇天下⑦，神^{hài}人未尝过而问焉；贤人所以骇世，圣人未尝过而问焉；君子所以骇国，贤人未尝过而问焉；小人所以合时，君子未尝过而问焉。

"演门有亲死者⑧，以善毁爵为官师⑨，其党人毁而死者半⑩。尧与许由天下，许由逃之；汤与务光⑪，务光怒之；纪他闻之⑫，帅弟子而踆^{cūn}于窾水⑬；诸侯吊之，三年，申徒狄因以踣^{bó}河⑭。

"荃者所以在鱼⑮，得鱼而忘荃；蹄者所以在兔⑯，得兔而忘蹄；言者所以在意，得意而忘言。吾安得夫忘言之人而与之言哉！"

注释

①暴：表露，显露。②稽：求，谋求。谍：急。③柴：通"寨"，栏杆，围栏。④铫耨：

都是锄草的工具。⑤**植**：立。⑥**遽**：剧变。⑦**骇**：通"骇"，惊扰，惊动。⑧**演门**：宋国都城的东门。⑨**毁爵、官师**：官长。爵，用作动词。⑩**党人**：乡里。古制以五百家为一党。⑪**务光**：夏时的贤人，因不接受汤的让位而沉于庐水。⑫**纪他**：夏时的贤人，听说务光沉于庐水后带弟子隐居窾水。⑬**踆**：通"蹲"。⑭**申徒狄**：夏时的贤人，听到务光和纪他的事之后也投河而死。踆：仆，仆倒。⑮**荃**：通"筌"，一种捕鱼的工具。⑯**蹄**：一种捕兔子的工具。

译文

"德行的外露是因为追求名声，名声的表露是因为过分张扬，思虑谋略是因为情况危急，才智的使用是因为相互争斗，闭塞的出现是因为固执，官府之所以能很好地处理事务是因为顺应了民意。

"春雨顺时而落，草木因此蓬勃而生，于是开始整治锄地的农具，田间的杂草锄了又生出半数之多，而人们并不明白其中的缘由。

"保持静寂能够调养病体，按摩眼角能够延缓衰老，心神安宁能够平息内心的急促。即使这样，这是操劳疲惫的人希望能做到的，而闲适的人却从不会过问。圣人用以惊动天下的方法，神人从不会过问；贤人用以惊动人世的方法，圣人从不会过问；君子用以惊动百姓的方法，贤人从不会过问；小人用以苟同一时的方法，君子也从不会过问。

"演门那有个死了亲人的人，由于悲伤过度而日渐消瘦，被宋君封爵而做了官长，于是他的乡里就效法他，虽然也消瘦不堪却死掉了半数之多。尧想把天下让位给许由，许由不受而逃到了箕山；商汤想把天下让位给务光，务光不受而自沉庐水；纪他听到这件事之后，就带着弟子隐居于窾水，诸侯听说后都前去问候，三年之后，申徒狄因倾慕其名而自溺身亡。

"鱼筌是一种捕鱼的工具，而捕到鱼之后就忘却了鱼筌；蹄是一种捕捉兔子的工具，而捕到兔子之后就忘却了蹄；言语是一种传达思想的工具，而领悟了意思就忘却了言语。我又如何找寻那忘却了言语的人并和他谈谈呢！"

寓　言

《寓言》出自《庄子》杂篇，主要内容是阐释寓言、重言和卮言的特点以及作用。

文章开头便探讨了寓言、重言以及卮言，并指出只有卮言才合乎无言之言；后借庄子和惠子的谈话、颜成子游和东郭子綦的谈话

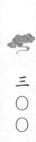

来说明只有潜心修道才能达到忘言的境界，才能通达自然之道；接着又罗列了五个寓言故事，阐明修道要做到物我两忘、顺遂自然、态度谦和的道理。

原文

寓言十九①，重言十七②，卮言日出③，和以天倪。

寓言十九，藉外论之。亲父不为其子媒。亲父誉之，不若非其父者也。非吾罪也，人之罪也。与己同则应，不与己同则反；同于己为是之，异于己为非之。

重言十七，所以已言也④。是为耆（qí）艾⑤，年先矣，而无经纬本末以期年耆者⑥，是非先也。人而无以先人，无人道也。人而无人道，是之谓陈人⑦。

卮言日出，和以天倪，因以曼衍⑧，所以穷年。不言则齐，齐与言不齐，言与齐不齐也。故曰："言无言。"言无言：终身言，未尝言；终身不言，未尝不言。有自也而可⑨，有自也而不可；有自也而然，有自也而不然。恶乎然？然于然；恶乎不然？不然于不然。恶乎可？可于可；恶乎不可？不可于不可。物固有所然，物固有所可。无物不然，无物不可。非卮言日出，和以天倪，孰得其久！万物皆种也，以不同形相禅（shàn）⑩，始卒若环，莫得其伦⑪，是谓天均。天均者，天倪也。

注释

①寓言：寄寓他人之言。②重言：庄重的言论。③卮言：无心无知之言。④已言：已经存在了的言论。⑤耆艾：寿命长的人。六十为耆，五十为艾。⑥经纬本末：寓指见识。⑦陈人：陈腐的人，这里指老朽。⑧曼衍：发展变化。⑨自：由来，缘由。⑩禅：代替。⑪伦：次第，次序。

寄寓假托的言论中十之有九的会被相信，引说圣人的言论中十之有七的会被相信，而无心无知地随意表达的言论每天都在发展变化，因此才合乎自然。

寄寓假托之言中十之有九的会被相信，是由于借助他人来论说。父亲是不会给自己的儿子做媒的。因为父亲称赞自己的儿子，总比不上由他人来赞扬显得可靠。这并不是我的过失，而是不相信的人的过失。与自己的见解一致就加以应和，与自己的见解不同就加以反对；与自己见解一致的就去肯定，与自己见解不一致的就去否定。

引说圣人的言论中十之有七会被相信，是由于传述了前辈的言论，这些都是上了年纪的长者。年纪大的人，没有对世事的独特见解而又以年长自居，这样的人就不能看成是前辈长者。人如果没有过人的才德，也就丧失了做人之道；如果没有做人之道，那就是陈腐之人。

无心无知地随意表达的言论每天都在发展变化，合乎自然，顺遂着无穷无尽的变化，因此能延年益寿。不言则齐一，不言与言就不会齐同，那么言与不言也不齐同一致，所以虽然说了一些话却等于没有说。说了话等于没有说话，终身都在说话，也就像是没有说过话；而终身没有说话，也未尝不在说话。有一定的缘由才被认可，也有一定的缘由而不被认可；有一定的缘由才被肯定，也有一定的缘由而被否定。那怎样才算是对的？对的就在于它有对的地方。那怎样又算是不对的？不对的就在于它有不对的地方。那怎样才算是可以？可以就在于它有可以的方面。那怎样才算是不可？不可就在于它有不可以的方面。万物本来就有对的一面，有它可以肯定的一面，没有哪个事物不存在对的一面，没有哪个事物不存在可以肯定的一面。如果不是无心无知地随意表达的言论每天都在发展变化，合乎自然，那还有什么言论能长久地维持下去呢？万物共有一个本原，却以不同的形态相互更替，终始如此，循环往复，没有谁能明了其间的次序，这就称作是自然本身的变换。自然本身的变换也就是指自然的分际。

庄子谓惠子曰："孔子行年六十而六十化。始时所是，卒而非之。未知今之所谓是之非五十九非也。"

惠子曰："孔子勤志服知也。"

庄子曰："孔子谢之矣，而其未之言也。孔子云：'夫受才乎大本，复灵以生。鸣而当律，言而当法。利义陈乎前，而好恶是非直服人之口而已矣。使人乃以心服而不敢蘁[wù]①，立定天下之定。'已乎，已乎！吾且不得及彼乎！"

● 韦编三绝

注　释

①蘁：违逆，违背。

译　文

　　庄子对惠子说："孔子活着的六十年里都随着年龄的变化而不断完善自己，起先所肯定的，最后又进行了否定，不知道当下所认为的对是不是五十九岁的时候所认为不对的。"

　　惠子说："孔子勤于运用心智来学习。"

　　庄子说："孔子已经改了之前那运用心智来学习的态度，只是他没有言说罢了。孔子曾说：'天授予人心智，但回归本性的灵气方可穷尽生涯。发出的声音合乎律令，开口的言辞合乎法度。动不动就给人谈论利害、仁义之道，以此来分辨好恶和是非，这只是使人口上信服罢了。如果能让人们从心里诚服，并且还不敢有任何违逆，那就能使天下安定下来了。'算了，算了！我是不如他了！"

原　文

　　曾子再仕而心再化①，曰："吾及亲仕②，三釜而心乐③；后仕，三千钟而不洎[jì]④，吾心悲。"

　　弟子问于仲尼曰："若参者，可谓无所县其罪乎⑤？"

　　曰："既已县矣！夫无所县者，可以有哀乎？彼视三釜、三千钟，如观雀蚊虻相过乎前也。”

注释

①曾子：即曾参，是孔子的弟子。②及亲：养活父母。③釜：古代的一种量器，六斗四升为一釜。④钟：古代的一种量器，六斛四斗为一钟。洎：能，及。⑤县：通"悬"，系。

译文

曾参第二次入仕为官的心绪较第一次又有了不同，说："我当年为奉养双亲而做官，虽然利禄只有三釜，但也让人觉得快乐；如今再次为官，虽然利禄有三千钟，但无法赡养双亲了，因此我感到很悲痛。"

然后弟子们就去问孔子说："像曾参这样的，就能说是没有牵系利禄的罪过了吧？"

孔子说："曾参已经与利禄相牵连了。如果心中没有牵系，又怎会感到悲痛呢？不在意利禄的人，他们看到三釜、三千钟的利禄，就犹如看到那麻雀和蚊虻从眼前飞过一般。"

●啮齿心痛

原文

颜成子游谓东郭子綦曰："自吾闻子之言，一年而野①，二年而从，三年而通，四年而物，五年而来，六年而鬼入，七年而天成，八年而不知死、不知生，九年而大妙。"

"生有为，死也。劝公以其私，死也有自也，而生阳也，无自也。而果然乎？恶乎其所适？恶乎其所不适？天有历数，地有人据，吾恶乎求之？莫知其所终，若之何其无命也？莫知其所始，若之何其有命也？有以相应也，若之何其无鬼邪？无以相应也，若之何其有鬼邪？"

庄子

注　释

①野：质朴，这里指摒弃世间的规矩。

译　文

　　颜成子游对东郭子綦说："从听过你所谈的大道，我一年后就摒弃世俗而归于质朴了，两年后就顺遂世俗而不固执，三年后便通达外物，四年后就与物混为一体，五年后就有人归附我，六年后就能神化理物，七年后能融入自然，八年后就忘掉了生死，九年后便通达了大道的奥妙。

　　东郭子綦说："生前追逐外物而有所作为，就相当于已经死亡了。劝勉人们致力于个人之事，那么死亡也是有一定缘由的，可生命的形成源于阳气，没有什么缘由。你真的能这样看待人的生死吗？那何处让你感到适宜呢？又何处感到不适宜？天有时令和节气的变化，地有人们所依附的处所，我又能有什么追求呢？没有人真正明了生命终结的循环变化，怎能说没有命运的操纵？没有人真正明了生命起始的循环变化，又怎能说存在着命运的操纵？有时对死者的形影有所感召，怎能说没有鬼神的存在呢？有时对它又没有感召，怎能说有鬼神的存在呢？"

原　文

　　众罔两问于景曰[①]："**若向也俯而今也仰**[②]，**向也括撮而今也被发**[③]，**也坐而今也起，向也行而今也止：何也？**"

　　景曰："搜搜也[④]，**奚稍问也！予有而不知其所以。予，蜩甲也，蛇蜕也，似之而非也。火与日，吾屯也；阴与夜，吾代也。彼，吾所以有待邪，而况乎以无有待者乎！彼来则我与之来，彼往则我与之往，彼强阳则我与之强阳**[⑤]。**强阳者，又何以有问乎！**"

注　释

　　①罔两：即影子的影子。②若：你。向：先前，从前。③括撮：把头发束起来。被：通"披"，散着头发。④搜搜：行动的样子。⑤强阳：动，运动。

译　文

　　影子的影子问影子道："从前你低着头当今又仰起头，从前你束着头发当下又散着头发，从前你坐着当下又站了起来，从前你行走当下又停了下来，这是什么缘故呢？"

影子回答说:"我只是自然而然地随意运动,有什么值得问的呢?我虽有这般举止,但我自己也不明白怎么会这样。我,就像是蝉蜕掉的壳、蛇蜕掉的皮,与它们的本体虽然相像,但却不是他们本身。有了火和阳光,我就能聚合而显现出来;有了阴和黑夜,我就隐息不见。可那形体真就是我所依赖的吗?更何况那形体又有依赖的事物呢!形体来了我也会随之而来,形体离去我也会随之离去,形体自然而然地运动我也随之自然而然地运动。这种自然而然地运动,有什么值得问的呢?"

阳子居南之沛①,老聃西游于秦。邀于郊,至于梁而遇老子②。老子中道仰天而叹曰:"始以汝为可教,今不可也。"

阳子居不答。至舍,进盥漱巾栉③,脱屦户外④,膝行而前,曰:"向者弟子欲请夫子,夫子行不闲,是以不敢;今闲矣,请问其过。"

老子曰:"而睢睢盱盱⑤,而谁与居!大白若辱,盛德若不足。"

阳子居蹴然变容曰⑥:"敬闻命矣!"

其往也,舍者迎将其家⑦,公执席,妻执巾栉,舍者避席,炀者避竈⑧。其反也,舍者与之争席矣!

①**阳子居**:即杨朱,字子居,战国时代魏国的政治家。**沛**:即彭城,今天的徐州。②**梁**:一说为沛郊之名,一说为大梁(今河南开封)。③**盥**:洗手。**漱**:漱口。**栉**:梳,梳子。④**屦**:麻制的鞋。⑤**睢睢**:仰视的样子。**盱盱**:傲慢跋扈的样子。⑥**蹴**:通"蹙"。⑦**迎将**:迎送。**家**:旅馆,旅舍。⑧**炀**:烤,烤火。**竈**:通"灶"。

阳子居向南到了沛地,正好老子向西去秦地游历,阳子居就打算邀请老子在沛地的郊外相见,可到了大梁才见到面。老子在半道上仰天叹息道:"起先我还把你看成是可以教导的,当下看来是不可教了。"

阳子居没有答话。回到旅店后,阳子居就进上各种梳洗用具,把鞋脱在了门外,双腿跪着往前去,说:"方才我想向您请教,正赶上您行旅中没有空闲,因而不敢贸然开口。当前您有了闲暇的时间,恳请您点出我的过错。"

老子说:"你目空一切而又傲慢跋扈,谁敢和你相处呢?洁白过分了就如同有了污渍，德行最为高尚的就好像有了缺点。"

阳子居听后忐忑不安地说："我谨遵您的教导。"

阳子居刚到这个旅舍的时候，舍里的客人都对他迎来送往，并且旅舍的男主人为他安排席位，女主人则拿着毛巾梳子给他梳洗，旅客见他来了，都得给他让座，烤火的人见他来了，也离开火边给他让位。但等他回去的时候，旅舍的客人都已经能和他无所拘谨地争席而坐了。

让 王

《让王》出自《庄子》杂篇，主要内容是阐释轻物重生的思想，宣扬洁身自好，表达对现实社会的不满。

文章罗列了十多个小故事，多次阐述不因外物而伤生的思想，提倡安贫乐道，宣扬随遇而安，主张无为，批判有为的思想和政治，表达对当时人世状况的不满。文章主旨与庄子思想有一定的背离，疑似后学所作。

原 文

尧以天下让许由，许由不受。又让于子州支父①，子州支父曰："以我为天子，犹之可也。虽然，我适有幽忧之病②，方且治之，未暇治天下也。"夫天下至重也，而不以害其生，又况他物乎！唯无以天下为者可以托天下也。

舜让天下于子州支伯，子州支伯曰："予适有幽忧之病，方且治之③，未暇治天下也。"故天下大器也④，而不以易生，此有道者之所以异乎俗者也。

舜以天下让善卷⑤，善卷曰："余立于宇宙之中，冬日衣皮毛，夏日衣葛絺（chī）⑥。春耕种，形足以劳动；秋收敛，身足以休食。日出而作，日入而息，逍遥于天地之间，而心意自得。吾何以天下为哉！悲夫，子之不知余也！"遂不受。于是去而入深山，莫知其处⑦。

舜以天下让其友石户之农⑧。石户之农曰:"捲捲乎⑨,后之为人,葆力之士也⑩。"以舜之德为未至也,于是夫负妻戴⑪,携子以入于海,终身不反也。

注释

①**子州支父**:姓子州,字支父,相传为得道之人,与下文的子州支伯为同一人。②**适**:刚,恰。**幽忧**:隐忧之病。③**方且**:将要,即将。④**大器**:贵重之物。⑤**善卷**:姓善名卷,古代的隐士。⑥**葛絺**:精致的葛布。⑦**莫**:不。⑧**石户**:地名。⑨**捲捲**:努力的样子。⑩**葆力**:勤劳用力。⑪**负**:背。**戴**:顶。

译文

尧想把天下让位给许由,许由不领受。又想让位给子州支父,子州支父说:"让我当天子,也不是不可以。只是,我得了一种隐忧而又顽固的病,正要去医治,没有空暇来统治天下。"治理天下是世间权位最高的了,但也不能因此而损伤自己的生命,更何况是那些普通的事物呢?只有那忘却治理天下的人,才能把这一重任交托给他。

舜想把天下让位给子州支伯,子州支伯说:"我得了一种隐忧而又顽固的病,正要去医治,没有空暇来统治天下。"如此看来,治理天下应当是世间最贵重的了,但也不能用生命去换取它,这就是得道之人和世俗之人大不一样的地方。

舜又想把天下让位给善卷,善卷说:"我立身于宇宙之中,冬天披着皮毛制成的衣服,夏天穿着细细的葛衣;春天耕种劳作,形体还能承受得住这样的劳动;秋天收获储藏,完全能养活我自己;太阳出来的时候,我就下地劳作,太阳下山的时候,我就回家休息,悠然自得地生活在这天地之间,心中感到很快意。我又何苦去治理天下呢!可悲啊,你没有真正地了解我!"于是就没有领受。因而善卷辞别了家而隐居深山,没有人知道他在哪里。

舜还想把天下让位给他石户的一个农夫朋友,然而石户的农夫说:"君主实在是很用力地治理天下了,真是一个勤劳用力的人。"他认为舜的德行还没有成熟,于是夫妻二人又是背又是顶地拿着家当,带着子女逃入了海上的荒岛,一辈子都没有返回。

原文

大王亶父居邠①,狄人攻之②。事之以皮帛而不受,事之以犬马而不受，事之以珠玉而不受。狄人之所求者土地也。大王亶父曰："与人之兄居而杀其弟，与人之父居而杀其子，吾不忍也。子皆勉居矣！为吾臣与为狄人臣奚以异。且吾闻之：不以所用养害所养。"因杖策而去之③。民相连而从之。遂成国于岐山之下④。夫大王亶父可谓能尊生矣。能尊生者，虽贵富不以养伤身，虽贫贱不以利累形。今世之人居高官尊爵者，皆重失之。见利轻亡其身，岂不惑哉？

越人三世弑其君，王子搜患之⑤，逃乎丹穴⑥，而越国无君。求王子搜不得，从之丹穴。王子搜不肯出，越人熏之以艾。乘以王舆。王子搜援绥登车⑦，仰天而呼曰："君乎，君乎，独不可以舍我乎！"王子搜非恶为君也，恶为君之患也。若王子搜者，可谓不以国伤生矣，此固越人之所欲得为君也。

注释

①亶父：即古公亶父，周文王的祖父，是周部族强盛的奠基者之一。邠：即"豳"，在今陕西境内的彬州，旬邑县附近。②狄人：当时的少数民族之一。③策：马鞭。④岐山：在今陕西境内，属于周王朝的发祥地。⑤搜：从《竹书纪年》的记载来看，"搜"疑为"无颛"的异名。⑥丹穴：洞穴名，即南山洞。⑦援：拉，引。绥：系在车上的绳索。

译文

大王亶父以邠地为住所，但狄人多次侵扰。把兽皮和布帛献出来，狄人没有接受，把猎犬和宝马献出来，狄人也没有接受，把珠宝和玉器献出来，狄人依旧没有接受，因为狄人想获得邠地的土地。大王亶父说："与他人的兄长一起居住却杀了他的弟弟，与他人的父亲一起居住却杀了他的子女，这是我不忍心做的事情。你们就和狄人好好居住在一起吧！做我的臣民抑或是做狄人的臣民没有太多的不同！再说，我曾听过这样的话：不要因争夺用以生存的土地而伤害所要养育的臣民。"于是就拄着拐杖要远离邠地。而当地的百姓就连人带车地跟着他，因而又在岐山的山脚下建起了一座新城。大王亶父，算是最珍重生命的了。能够重视生命的人，即使享有富贵也不会因贪恋俸禄而损伤身体，即使贫贱同样也不会因追逐利益而使形体受累。如今，那些居于高官爵位的世人，无时无刻不在担忧自己会失去权位，见到利益就轻易地为之搭上了自己的生命，这难道不是很糊涂吗？

越人连续三代都杀死了自己的君主，王子搜因此非常忧虑，于是就逃到了荒山的南山洞里，因而越国就没有了君主。哪个地方都找了还是没有找到王子搜，于是便寻着踪迹来到了南山洞。王子搜不愿出来，越人就用艾草把他熏出来。并且还给他准备了君主所坐的车子。王子搜拉着上车时所用的绳索，仰天而高呼说："君主之位啊，君主之位啊，你还是不肯放过我啊！"其实王子搜不是厌恶做君主，而是痛恨因君主之位而带来的杀身之祸。像他这样的人，可以说是不愿因君主之位而损伤自己性命的了，这定是越人想让他做君主的原因。

原文

韩魏相与争侵地，子华子见昭僖侯①，昭僖侯有忧色。子华子曰："今使天下书铭于君之前②，书之言曰：'左手攫之则右手废③，右手攫之则左手废。然而攫之者必有天下。'君能攫之乎？"

昭僖侯曰："寡人不攫也。"

子华子曰："甚善！自是观之，两臂重于天下也，身亦重于两臂。韩之轻于天下亦远矣，今之所争者，其轻于韩又远。君固愁身伤生以忧戚不得也！"

僖侯曰："善哉！教寡人者众矣，未尝得闻此言也。"子华子可谓知轻重矣。

鲁君闻颜阖得道之人也，使人以币先焉④。颜阖守陋间⑤，苴布之衣⑥，而自饭牛。鲁君之使者至，颜阖自对之。使者曰："此颜阖之家与？"颜阖对曰："此阖之家也。"使者致币。颜阖对曰："恐听谬而遗使者罪⑦，不若审之。"使者还，反审之，复来求之，则不得已。故若颜阖者，真恶富贵也。

故曰，道之真以治身，其绪余以为国家⑧，其土苴以治天下⑨。由此观之，帝王之功，圣人之余事也，非所以完身养生也。今世俗

之君子，多危身弃生以殉物^⑩，岂不悲哉！凡圣人之动作也，必察其所以之与其所以为。今且有人于此，以随侯之珠，弹千仞之雀，世必笑之，是何也？则其所用者重而所要者轻也。夫生者，岂特随侯之重哉？

注　释

①**子华子**：即华子，魏国人，尊奉道家学派。**昭僖侯**：韩国的君主。②**铭**：契约，誓约。③**攫**：取。④**币**：即帛，礼品，礼物。⑤**陋闾**：穷巷。⑥**苴**：指结了籽的麻，这里泛指麻。⑦**遗**：送，给。⑧**绪余**：剩余，残余。⑨**土苴**：无用，糟粕。⑩**殉**：逐，追逐。

译　文

韩、魏两国相互争夺国界上的土地。华子去拜见昭僖侯，看到僖侯正面带忧愁。华子说："如果当下让天下百姓都到你面前签写契约，签写的内容说：'如果用左手来取就把右手砍去，如果用右手来取就把左手砍去，但是取得的人一定会得到天下。'君主你会去抓吗？"

昭僖侯回答说："我不去抓。"

华子说："非常好！那从这点来看，两只手臂是比天下还要重要的，而人的形体又重于两只手臂。那韩国与整个天下相比，显得非常藐小，当下韩、魏两国所争抢的土地，与整个韩国比起来又更加藐小了。你又何苦因忧虑得不到那小块儿的土地而使自己忧愁，进而损伤生命呢！"

昭僖侯说："对啊！劝导我的人有很多，却没有听到过这么高明的言论。"华子真算得上是懂得轻重的人了。

鲁国的君主听说颜阖得道了，就派遣使者先行送去礼品来表达自己的仰慕之意。颜阖住在非常简陋的巷子里，穿着麻制的粗布衣服，还亲自去喂牛。鲁君的使者到了颜阖的家里，颜阖就亲自去接待了他。使者问道："颜阖家是在这儿吗？"颜阖回答说："这就是颜阖的家。"于是使者送上了礼品，颜阖见状就说："您大概是听错了，而给自己带来了牵累，不如先回去问明白了再来。"于是使者就回去了，查问明白了，再过来找颜阖的时候，已经找不到了。因而像颜阖这种才能说是真正厌恶富贵的人。

因此说，大道的精华部分可以用以修身养性，残余的部分可以用以治理国家，而那糟粕部分才用以统治天下。从这点看来，君主的功业，只是得道之人眼中多余的事，是不能用来保身养性的。当下世间所称道的君子，大多是在伤害身体、弃置本性而一味地追逐外物，这难道不是可悲的吗！但凡是得道之人的行为，一定要审察他所追求的目的以及他这样做的原因。而当下假若有这样的人，用珍贵的古代宝珠去打那飞得高高的麻雀，世间的人一定会嘲笑他，这是什么缘故？这是因为他使用的东西太过贵重而想得到的东西又不值一提。像人的生命，难道不比随侯之珠还贵重吗？

原 文

子列子穷①，容貌有饥色。客有言之于郑子阳者②，曰："列御寇，盖有道之士也，居君之国而穷，君无乃为不好士乎？"郑子阳即令官遗之粟③。子列子见使者，再拜而辞。

使者去，子列子入，其妻望之而拊心曰④："妾闻为有道者之妻子，皆得佚乐。今有饥色，君过而遗先生食，先生不受，岂不命邪！"

子列子笑，谓之曰："君非自知我也，以人之言而遗我粟；至其罪我也，又且以人之言，此吾所以不受也。"其卒，民果作难而杀子阳。

注 释

①子列子：指列御寇。②子阳：人名，是当时郑国之相。③遗：给，送。④拊：通"抚"，拍。

译 文

列子生活清贫，常常面带饥色。有人对郑国之相子阳说："列御寇是一位得道之人，在你治理的国家里居住，却生活得如此贫苦，你难道不喜欢贤能之人吗？"于是子阳立即派遣使官去给列子送谷粟。列子见到送谷粟的使官，再三推辞感谢子阳的赠予。

使官离开后，列子回到屋里，妻子就拍着胸脯埋怨道："我听说做了得道之人的妻子，都能享有逸乐，可当下我们却常常面带饥色。郑相子阳关心先生才会派遣使官来给先生送谷粟，可先生却推辞不受，这岂不是命中注定要忍受饥荒吗？"

列子笑着回答说："郑相子阳并不是真正了解我。他是因为他人的言辞才派遣使官来给我送谷粟，那他也会因他人的言辞而加害于我，所以我才推辞了他送的谷粟。"后来，百姓真就发难而杀害了子阳。

　　楚昭王失国①,屠羊说走而从于昭王②。昭王反国,将赏从者,及屠羊说。屠羊说曰:"大王失国,说失屠羊;大王反国,说亦反屠羊。臣之爵禄已复矣,又何赏之有!"

　　王曰:"强之!"

　　屠羊说曰:"大王失国,非臣之罪,故不敢伏其诛;大王反国,非臣之功,故不敢当其赏。"

　　王曰:"见之!"

　　屠羊说曰:"楚国之法,必有重赏大功而后得见,今臣之知不足以存国,而勇不足以死寇。吴军入郢,说畏难而避寇,非故随大王也。今大王欲废法毁约而见说,此非臣之所以闻于天下也。"

　　王谓司马子綦曰:"屠羊说居处卑贱而陈义甚高,子綦为我延之以三旌之位③。"

　　屠羊说曰:"夫三旌之位,吾知其贵于屠羊之肆也;万钟之禄④,吾知其富于屠羊之利也。然岂可以贪爵禄而使吾君有妄施之名乎?说不敢当,愿复反吾屠羊之肆⑤。"遂不受也。

　　①楚昭王:楚平王之子。平王诛杀伍奢和伍尚之后,伍子胥逃到吴国,并说服吴国讨伐楚国,随后攻破了楚国国都而报了父兄之仇。②屠羊说:以屠羊为生的一个人,名说。③三旌:即三公。④钟:古代的一种量器,以六斛四斗为一钟。⑤肆:市场,集市。

　　楚昭王丧失了君主之位,屠羊说跟随他四处逃亡。后来昭王回到楚国,想奖赏那些跟随他逃亡的人,奖赏到屠羊说,屠羊说就说:"当年君主您失掉了君主之位,我也失掉了屠羊的生计;当下君主您回到了楚国,我也就可以重操旧业。我从事的生计已经恢复了,又何必再奖赏什么呢!"

昭王说："强迫他接受奖赏！"

屠羊说又说："君主您当年失掉了楚国的君主之位，并不是为臣的过错，因而我不接受让我伏法受诛的命令；当下君主您回到了楚国，也不是为臣的功绩，因而我也不应该接受奖赏。"

楚昭王说："那让他觐见！"

屠羊说又接着说："依照楚国的法规，只有建立功勋的人因重赏才能去拜见君主，而如今我的智谋不足以守卫国家而勇力又不足以消灭敌军。在吴军攻进郢都的时候，我惧怕危难而躲避敌军，并不是真心地追随君主四处逃亡。现在君主想弃法规制度于不顾而召见我，这不是我想闻名天下的方法。"

于是楚昭王就对司马子綦说："屠羊说身份卑微而所说的道理却很透彻，你去替我把三公之位授予他。"

屠羊说知道这件事之后说："三公的权位，我知道比我那屠羊的买卖高贵得太多了；那丰厚的俸禄，我也知道比屠羊的酬劳多得多；然而，我怎能因贪图爵禄而使君主您蒙受随意施舍的坏名呢！我担不起这公卿之位，还是让我回去做屠羊的买卖吧。"于是拒绝接受封赏。

原　文

●原宪

原宪居鲁①，环堵之室②，茨以生草③，蓬户不完④，桑以为枢而瓮牖二室⑤，褐以为塞⑥，上漏下湿，匡坐而弦歌。

子贡乘大马，中绀而表素⑦，轩车不容巷⑧，往见原宪。原宪华冠縰履⑨，杖藜而应门⑩。

子贡曰："嘻！先生何病？"

原宪应之曰："宪闻之，无财谓之贫，学而不能行谓之病。今宪贫也，非病也。"

子贡逡巡而有愧色⑪。

原宪笑曰："夫希世而行⑫，比周而友，学以为人，教以为己，仁义之慝⑬，舆马之饰，宪不忍为也。"

曾子居卫，缊袍无表^⑭，颜色肿哙^⑮，手足胼胝^⑯。三日不举火，十年不制衣，正冠而缨绝，捉衿而肘见，纳屦而踵决^⑰。曳縰而歌商颂^⑱，声满天地，若出金石。天子不得臣，诸侯不得友。故养志者忘形，养形者忘利，致道者忘心矣。

孔子谓颜回曰："回，来！家贫居卑，胡不仕乎？"

颜回对曰："不愿仕。回有郭外之田五十亩，足以给饘粥^⑲；郭内之田十亩，足以为丝麻；鼓琴足以自娱；所学夫子之道者足以自乐也。回不愿仕。"

孔子愀然变容曰^⑳："善哉，回之意！丘闻之：'知足者，不以利自累也；审自得者，失之而不惧；行修于内者，无位而不怍^㉑。'丘诵之久矣，今于回而后见之，是丘之得也。"

①**原宪**：孔子的门徒，姓原名宪。②**环堵**：一丈墙而为堵。这里形容住室狭小。③**茨**：用茅草盖的房屋。**生草**：还没有晒干的茅草。④**蓬户**：用蓬草编织而成的门。⑤**瓮牖**：用破瓮做成的窗户。⑥**褐**：粗布衣服。⑦**绀**：青红色。⑧**轩车**：大夫官职以上才能乘坐的车子。⑨**华冠**：用桦树皮制成的帽子。**縰履**：露着脚后跟的鞋。⑩**应门**：听到有人叩门而出来开门。⑪**逡巡**：后退的样子。⑫**希世**：观察而顺应时世。⑬**愿**：恶，邪恶。⑭**缊袍**：带麻絮的袍子。⑮**肿哙**：浮肿的病态。⑯**胼胝**：因劳作而长出的茧子。⑰**踵**：脚后跟。⑱**曳**：拖。**縰**：当作履，鞋子。⑲**饘**：比较黏稠的粥。⑳**愀然**：面容变化的样子。㉑**怍**：羞惭，惭愧。

原宪居于鲁国，住室狭小，屋顶上还有没晒干的茅草；用蓬草编织而成的门多有破洞，把桑条当作门轴，用破瓮作窗户，而分隔两个居室，又用粗布烂衣把破瓮口堵上；屋子里上漏下湿，而原宪却庄重地坐着弹琴吟唱。

子贡坐着多匹大马拉的车子，穿着红青色的内衣和白色的大褂，狭窄的巷子容不下这个大马车，于是子贡就走着拜访原宪。原宪戴着桦树皮制成的帽子，穿着露脚后跟的鞋，拿着藜杖应声给子贡开门。

子贡说:"啊!先生这是得了病吗?"

原宪回答说:"我听说,没有钱财叫作贫,学习了知识却不去实践叫作病。当下我原宪,这是贫穷,而不是得了病。"

子贡听了向后退了几步,脸上还带有羞惭之色。

原宪笑着说:"逢迎世俗而做事,趋附周旋而广结朋友,勤勉学习而用来获得别人的称赞,注重教导是为了自己的声誉,把仁义当作邪恶勾当的工具,讲究高车大马的华丽装饰,我原宪不会去做这样的事。"

曾子居于卫国,穿着带麻絮的破烂袍子,脸上带有浮肿的病貌,手脚都磨出了茧子。他已经有三天没有生火煮饭,十年没有做一套新衣服,整理帽子的话,帽带就断了,拉拉衣襟的话,臂肘就会露出来,提提鞋子的话,鞋就会裂开而露出脚后跟。他还拖着鞋子吟唱着《商颂》,声音洪亮而响彻天地,就像是从金石制成的乐器中发出的清脆的声响。天子无法把他看成是臣仆,诸侯也无法与他结为朋友。所以,修身养性的人会忘记形体,调养形体的人会忘记利禄,得道之人会忘记心智。

孔子对弟子颜回说:"颜回,你上前来!你条件贫寒身份卑贱,怎么不入仕为官呢?"

颜回回答说:"我不愿为官,城郭之外我有五十亩土地,能够供给我足够的粮食;城郭之内我有十亩土地,能有充足的丝麻来制作衣服;弹动琴弦足以使我欢喜,学习先生所教导的知识又足以使我感到愉悦。所以我不愿为官。"

孔子听后深受感染而变了面容说:"着实不错啊,颜回的想法!我曾听说过这样的话:'知足的人,不肯因为利益而使自己受苦受累;看透得失的人,失掉了什么也不会有所畏惧和焦虑;看重内心修养的人,没有爵位也不会觉得羞愧。'我吟说这番话已经很久了,当下从你这才算是真正了解了它,这让我收获不少啊。"

原 文

中山公子牟谓瞻子曰①:"身在江海之上,心居乎魏阙之下,奈何?"

瞻子曰:"重生,重生则利轻。"

中山公子牟曰:"虽知之,未能自胜也。"

瞻子曰:"不能自胜则从,神无恶乎!不能自胜而强不从者,此之谓重伤。重伤之人,无寿类矣。"

魏牟，万乘之公子也②，其隐岩穴也，难为于布衣之士③，虽未至乎道，可谓有其意矣。"

注释

①中山公子牟：即魏公子魏牟，封于中山，故有此称呼。②万乘：即有上万辆战车，是战国时代对大国的称谓。③布衣：即平民。

译文

魏牟对瞻子说："我虽身处江湖，但心里还想着宫廷里的生活，这该如何是好呢？"

瞻子回答说："看重生命。只要足够重视生命了，自然就会看轻名与利了。"

魏牟说："虽然我也明白这个道理，可我总是不能控制住自己的感情。"

瞻子说："无法克制住自己的感情那就任从它，这样心神就不会因为抑制不住对宫廷生活的怀念而厌烦！无法自我管束而又强制着去管束，这就是双重损害了。心神遭到双重损害的人，就不会延年益寿了。"

魏牟是一个大国的公子，他隐居在山林洞穴之中，比寻常百姓要难得多；虽没有达到通达大道的境界，但也能说是有通达大道的心意了。

原文

孔子穷于陈蔡之间①，七日不火食，藜羹不糁②，颜色甚惫，而弦歌于室。颜回择菜，子路、子贡相与言曰："夫子再逐于鲁，削迹于卫，伐树于宋，穷于商周，围于陈蔡。杀夫子者无罪，藉夫子者无禁③。弦歌鼓琴，未尝绝音，君子之无耻也若此乎？"

颜回无以应，入告孔子。孔子推琴，喟然而叹曰："由与赐，细人也④。召而来，吾语之。"

子路、子贡入。子路曰："如此者，可谓穷矣！"

孔子曰："是何言也！君子通于道之谓通，穷于道之谓穷。今丘抱仁义之道以遭乱世之患，其何穷之为！故内省而不穷于道⑤，临难而不失其德。天寒既至，霜雪既降，吾是以知松柏之茂也。陈蔡之隘⑥，于丘其幸乎！"

孔子削然反琴而弦歌[7]，子路扢然执干而舞[8]。子贡曰：“吾不知天之高也，地之下也。”

古之得道者，穷亦乐，通亦乐。所乐非穷通也。道得于此，则穷通为寒暑风雨之序矣。故许由娱于颍阳，而共伯得乎共首[9]。

注 释

①陈蔡：即陈国和蔡国。②藜：一种嫩叶可食用的灰菜。糁：米，米粒。③藉：欺负，欺凌。④细人：见识短浅之人。⑤内省：自我反思。⑥隘：困顿，困厄。⑦削然：指拉琴的声音。⑧扢然：一说指喜悦的样子，一说指威武的样子。⑨共伯：即共伯和，周厉王被推翻之后，诸侯因其贤能而立其为王，共在位十四年，后立了周宣王之后，便隐居丘首山。共首：即丘首山，在今河南境内。

译 文

孔子在陈、蔡两国之间遭遇了困厄，整整七日无法生火煮饭，灰菜汤里没有一点儿米，面露疲乏之态，可还在屋内不停地弹琴吟唱。颜回在旁边择菜，子路和子贡在谈论说："先生两次被逐出鲁国，在卫国遭到销毁踪迹的污辱，在宋国又遭受砍树的羞辱，在商、周后裔的地盘弄得无路可走，当下又被围困在这陈、蔡两国之间，想要杀先生的不会定罪，欺凌先生的不会阻止，可先生还在不停地弹琴歌唱，乐声一直没有断过，难道君子不在意羞辱能达到这样的程度吗？"

颜回无法应答，进到屋里把他们的讨论告诉了孔子。孔子挪开琴，感叹着说："子路和子贡，实在是见识短浅啊。把他们叫进来，我要给他们说说道理。"

子路和子贡进入了住室。子路说："像我们现在的处境真算得上是无路可走了啊！"

孔子说："你这说的是什么话！君子通达大道那是叫作通，不能通达大道那才叫作无路可走。当前我尊奉仁义之道却遭逢时世混乱而受到灾祸，怎能说是无路可走呢！所以自我反省无愧于大道，面临危难不失掉德行。寒冬已经来临，霜雪也降落在了大地上，我这才真正知道松柏依旧郁葱茂盛。那这陈、蔡两国之间的困顿，对我来说也能算一件好事啊！"

孔子说完后又拿着琴弹唱，子路威武地拿着盾牌高兴地跳起了舞。

子贡说："我是真不知天高地厚又见识短浅啊！"

古时候的得道之人，即使在困厄的环境中也能自得其乐，在通达的境域里也是快乐的。他快乐的原因不在于困厄还是通达，而是心中存有德行，那困厄和通达就像是

冬夏的更替和风雨的变换。因而，许由能在颍水的北岸快乐地生活，而共伯能在共首山上怡然自得地生活。

原　文

舜以天下让其友北人无择①，北人无择曰："异哉，后之为人也，居于畎亩之中②，而游尧之门。不若是而已，又欲以其辱行漫我③。吾羞见之。"因自投清泠之渊④。

汤将伐桀，因卞随而谋⑤，卞随曰："非吾事也。"

汤曰："孰可？"

曰："吾不知也。"

汤又因瞀光而谋⑥，瞀光曰："非吾事也。"

汤曰："孰可？"

曰："吾不知也。"

汤曰："伊尹何如？"

曰："强力忍垢，吾不知其他也。"

汤遂与伊尹谋伐桀，克之⑦，以让卞随。卞随辞曰："后之伐桀也谋乎我，必以我为贼也；胜桀而让我，必以我为贪也。吾生乎乱世，而无道之人再来漫我以其辱行，吾不忍数闻也。"乃自投椆水而死⑧。

汤又让瞀光曰："知者谋之，武者遂之⑨，仁者居之，古之道也。吾子胡不立乎？"

瞀光辞曰："废上，非义也；杀民，

●孝德升闻

非仁也；人犯其难，我享其利，非廉也。吾闻之曰：'非其义者，不受其禄；无道之世，不践其土。' 况尊我乎！吾不忍久见也。"乃负石而自沉于庐水⑩。

注 释

①**北人无择**：姓北人，名无择。②**畎亩**：田间。③**漫**：污，沾污。④**清泠**：古代一渊之名，在今河南的南召县境内。⑤**卞随**：姓卞名随，夏商时的隐者。⑥**瞀光**：即务光，夏时之人。可见《大宗师》篇。⑦**克**：胜，战胜。⑧**椆水**：古代一河之名，在今河南许昌境内。⑨**遂**：成，完成。⑩**庐水**：即庐江，在今辽宁境内。

译 文

舜想把天下之位让给他的友人北人无择，北人无择说："真是奇怪啊，舜这个人，原本在历山之下从事耕作却结识了唐尧，还接受了他的禅让！又不仅仅是接受了禅让，还想再用这样的丑行来沾污我。我看见他真是感到耻辱。"于是就跳入一个名叫清泠的深渊死掉了。

商汤想征伐夏桀，就跟卞随商量这件事，卞随说："这不是我能做的事。"

商汤又问："那谁可以呢？"

卞随回答说："我也不知道。"

商汤又跟瞀光商量这件事，瞀光说："这不是我能做的事。"

商汤又问："那谁可以呢？"

瞀光回答说："我也不知道。"

商汤接着说："那伊尹如何呢？"

瞀光说："伊尹的意志很坚强而且还能忍受耻辱，关于他其他的方面我就不了解了。"

商汤于是就去跟伊尹商量征伐夏桀的事，战胜夏桀后，商汤又打算把天下让位给卞随。卞随辞决说："君主曾与我商量征讨夏桀的事，一定是把我当成凶残之人了；战胜夏桀后又想把天下让位给我，一定是把我当成贪婪之人了。我生存于动乱的年代，而且不通大道的人两次用自己的丑行来沾污我，我无法忍受多次听到这样的言辞。"于是就自己跳进椆水死掉了。

商汤又想把天下之位让给瞀光，说："有智之人谋虑着如何夺得天下，勇武之人继续完成夺得天下的任务，德行高尚之人处于统治地位，这是有史以来的常规。先生为何不处于其位呢？"

督光推辞道："废弃了自己的君主，这不合乎道义；讨伐打仗，这不合乎仁爱；别人冒死而战，我却坐享其成，这不合乎廉洁。我曾听过这样的话：凡是不合于道义的人，不能领受他赐予的爵禄；不合于大道的时世，不能踏入它的土地。何况是让我居于帝位呢！我不忍长时间地看见这种情况。"于是就背着石块自沉于庐水。

原　文

昔周之兴，有士二人处于孤竹①，曰伯夷、叔齐②。二人相谓曰："吾闻西方有人，似有道者，试往观焉。"至于岐阳③，武王闻之，使叔旦往见之④。与盟曰："加富二等，就官一列。"血牲而埋之。

二人相视而笑曰："嘻，异哉！此非吾所谓道也。昔者神农之有天下也，时祀尽敬而不祈喜⑤；其于人也，忠信尽治而无求焉。乐与政为政，乐与治为治，不以人之坏自成也，不以人之卑自高也，不以遭时自利也。今周见殷之乱而遽为政⑥，上谋而行货，阻兵而保威，割牲而盟以为信，扬行以说众⑦，杀伐以要利，是推乱以易暴也。吾闻古之士，遭治世不避其任，遇乱世不为苟存。今天下暗，周德衰，其并乎周以涂吾身也⑧，不如避之，以絜吾行⑨。"二子北至于首阳之山，遂饿而死焉。若伯夷、叔齐者，其于富贵也，苟可得已，则必不赖高节戾行⑩，独乐其志，不事于世，此二士之节也。

注　释

①孤竹：商代诸侯国名，在今河北、辽宁一带。②伯夷、叔齐：即孤竹君之子，《庄子》中多次提及。③岐阳：即岐山之阳。④叔旦：指周武王之弟周公旦。⑤喜：当作"禧"，福。⑥遽：急，速。⑦说：通"悦"，取悦。⑧涂：污，沾污。⑨絜：通"洁"。⑩戾：背，违背。

译　文

当初周朝刚刚兴起的时候，孤竹国有两个贤能之人，一个叫伯夷、一个叫叔齐。两人相互商议着说："听人说西方住着一个人，似乎是得道之人，我们去拜访一下吧。"

等他们走到岐山之南的时候，周武王知道了这件事，就派他的弟弟周公旦先去拜见，并且还与他们结下誓约，说："赐予利禄二等，授予一等爵位。"之后又用牲血涂在誓约书上并把它埋在了誓坛之下。

伯夷叔齐他们二人相视而笑，说："咦，好奇怪啊！这并不是我们所探讨的大道啊。先前，在神农氏统治天下的时候，百姓都按时祭祀却不会求福；他对于人民，忠实诚恳，并且又尽心尽力地治理天下，从不向人民索取什么。乐于处理政事的就让他们处理政事，乐于治理天下就让他们治理天下，不会趁着别人的失败而谋取自己的成功，不会因为别人身份卑微而自大自持，不会因为恰逢机遇就企图私利。当下周人看到殷商社会动乱就急切地想争夺政权，推崇谋略而又收买臣民，依仗着武力维持威慑，杀牲结盟以示诚信，推广德行以取悦百姓，依凭征伐而谋取私利，这是在用制造祸乱的方法来取代现有的暴政。我听闻上古的贤人，遇到治世而不躲避自己的责任，碰上乱世也不苟延残喘。当前社会昏暗，德行衰微，与其与周人在一起而沾污自己，不如逃避他们而持守高洁。"于是两人一路向北到了首阳山，最后因不吃周粟而饿死。像伯夷、叔齐他们这样的人，对于荣华，即使真有机会获得，那也决不会去谋取。崇高的气节和不随世俗的品行，自得自乐，而不从事世俗之事，这就是两位贤人的操守。

盗 跖

《盗跖》出自《庄子》杂篇，以人名篇，主要内容是揭露名利对人身心的危害，批判儒家学派，倡导顺遂自然。

全篇主要是通过盗跖和孔子的谈话，借盗跖之口猛烈地批驳仁义之道，批判那些为名为利而丧失生命的人，抨击社会的黑暗，主张顺遂自然，倡导修身养性，进而通达安乐长寿之道。本篇中一些对人物的评价以及某些观点与《庄子》中多篇相悖，历来学者大都认为是伪作。

原文

孔子与柳下季为友①，柳下季之弟名曰盗跖。盗跖从卒九千人，横行天下，侵暴诸侯。穴室枢户②，驱人牛马，取人妇女。贪得忘亲，不顾父母兄弟，不祭先祖。所过之邑，大国守城，小国入保，万民苦之。

●柳下季

孔子谓柳下季曰："夫为人父者，必能诏其子③；为人兄者，必能教其弟。若父不能诏其子，兄不能教其弟，则无贵父子兄弟之亲矣。今先生，世之才士也，弟为盗跖，为天下害，而弗能教也，丘窃为先生羞之。丘请为先生往说之。"

柳下季曰："先生言为人父者必能诏其子，为人兄者必能教其弟，若子不听父之诏，弟不受兄之教，虽今先生之辩，将奈之何哉！且跖之为人也，心如涌泉，意如飘风④，强足以距敌⑤，辩足以饰非，顺其心则喜，逆其心则怒，易辱人以言。先生必无往。"

孔子不听，颜回为驭，子贡为右⑥，往见盗跖。

盗跖乃方休卒徒大山之阳，脍人肝而铺之⑦。孔子下车而前，见谒者曰⑧："鲁人孔丘，闻将军高义，敬再拜谒者。"

谒者入通，盗跖闻之大怒，目如明星，发上指冠，曰："此夫鲁国之巧伪人孔丘非邪？为我告之：'尔作言造语，妄称文、武，冠枝木之冠⑨，带死牛之胁⑩，多辞缪说，不耕而食，不织而衣，摇唇鼓舌，擅生是非，以迷天下之主，使天下学士不反其本，妄作孝弟，而侥幸于封侯富贵者也。子之罪大极重，疾走归！不然，我将以子肝益昼铺之膳⑪！'"

孔子复通曰："丘得幸于季，愿望履幕下。"

谒者复通，盗跖曰："使来前！"

孔子趋而进⑫，避席反走⑬，再拜盗跖。盗跖大怒，两展其足，案剑瞋目^⑭,声如乳虎,曰:"丘来前! 若所言顺吾意则生,逆吾心则死。"

孔子曰:"丘闻之,凡天下有三德:生而长大,美好无双,少长贵贱见而皆说之,此上德也;知维天地,能辩诸物,此中德也;勇悍果敢,聚众率兵,此下德也。凡人有此一德者,足以南面称孤矣。今将军兼此三者,身长八尺二寸,面目有光,唇如激丹^⑮,齿如齐贝,音中黄钟^⑯,而名曰盗跖,丘窃为将军耻不取焉。将军有意听臣,臣请南使吴越,北使齐鲁,东使宋卫,西使晋楚,使为将军造大城数百里,立数十万户之邑,尊将军为诸侯,与天下更始^⑰,罢兵休卒,收养昆弟^⑱,共祭先祖。此圣人才士之行,而天下之愿也。"

庄子

三
二
四

注 释

①柳下季:鲁国大夫,姓展,名获,字禽,封于柳下。②枢:当作"抠",挖穿。③诏:教导,教诲。④飘风:暴风,大风。⑤距:抗拒,抵抗。⑥右:即车上的骖右。古时乘车,居左为尊,中为驾车之人,右为侍从。⑦脍:细切。铺:吃。⑧谒者:古时通报信息之人。⑨枝木之冠:形如树枝的华丽的帽子。冠,用作动词,戴。⑩胁:位于身体的肋骨之后,皮带多为牛的胁皮制成。⑪膳:饭食。⑫趋:快步走,疾走。⑬避:离,离开。反走:退后而走,表示尊敬。⑭瞋:瞪,张。⑮激丹:指鲜红的丹砂。⑯中:合乎,合于。黄钟:六律之一,声音洪亮。⑰更始:变更,变化。⑱昆弟:指近亲或远房的兄弟。

译 文

孔子与柳下季是朋友,柳下季有个弟弟,叫盗跖。盗跖部下的士兵有九千人,纵横天下,侵略各国诸侯;凿室破门,争夺牛马,俘虏妇女;谋财忘亲,完全不念及父母兄弟之情,也不祭祀自己的先祖。但凡他经过的地方,若是大国就严守城池,若是小国就退入城内,百姓都苦不堪言。

孔子就对柳下季说:"凡是做父亲的,一定能劝诫自己的孩子,而做兄长的,也一定能教导自己的弟弟。假若做父亲的无法劝诫自己的孩子,做兄长的无法教导自己的弟弟,那父子以及兄弟之间的亲属关系也就没有什么尊贵的了。当下先生你是世间的贤人,然而弟弟却是个盗跖,是个天下的祸患,而你没有加以管束,我私下替先生感到羞惭。我请求替你前去游说他。"

柳下季说："刚才先生提及做父亲的一定能劝诫自己的孩子，做兄长的一定能教导自己的弟弟，但如果孩子不听父亲的劝诫，弟弟不领受兄长的教导，即便是像先生这般能言善辩，又能对他做什么呢？而且盗跖这个人，思想好像那喷涌的泉水一样灵活充实，感情又像那突起的暴风一样变化无常，勇武彪悍足以抵抗敌人，能言善辩又足以掩盖自己的过错，顺了他的意思他就会高兴，违逆了他的意愿他就会生气发怒，易用言辞欺辱别人。先生你可千万不要去见他。"

孔子没有听进去柳下季的话，就让颜回驾着马车，子贡作骖右，去见那盗跖。

盗跖恰好在泰山的南山脚整顿队伍，以切碎了的人肝为食。孔子下车后往前走，见到通报的人员说："鲁国的孔丘，听闻将军正义凛然，特来拜见。"

通报的人前来传达，盗跖听到是孔子要来求见，大发雷霆，瞪着眼睛就像那明星一样，头发直立而冲上帽顶，说："他不就是鲁国的那个机巧虚伪之人吗？替我转告他：'你矫造言论，称伪文王和武王；头上戴着那形如树枝的帽子，腰间系着宽长的牛皮带，而又信口雌黄、妄言妄语；你不耕作却吃得不错，不织衣却衣着华丽；整天胡言乱语，制造是非，以此来蛊惑天下的诸侯君主，使天下的学士都不能归附自己的自然本性，而且还虚伪地标榜尽孝敬长，希望能以此侥幸地获得封侯的奖赏而谋取富贵。你实在是罪不可赦，快滚回去吧！要不然，我就把你的肝脏挖来增加我的午饭！'"

孔子又一次请求通报，说："我有幸与柳下季结识，恳请能面见将军。"

通报的人再次传达，盗跖说："让他进来吧！"于是孔子快步走到帐里，又离开座席而连退几步，向盗跖行礼。盗跖一见孔子这般作态便大怒不止，叉开双腿，按着剑柄，瞪着眼睛，喊声就像那哺乳的猛虎，说："孔丘，你过来！你今天说的话，如果合了我的意就让你活着，不合就让你死。"

孔子说："我听闻，大凡是天下之人，则有三种美德：生来便魁梧高大，容貌漂亮无双，无论年幼老少尊卑贵贱，见到他都非常喜欢，这是一等的德行；才智能通达天地，能力可以分辨各种事物，这是二等的德行；勇武、刁悍、果决、勇敢，还能聚合众人，掌管士兵，这是三等的德行。但凡人们有这里的任意一种德行，就足够他南面称王了。当下将军同时具备了上面的三种德行，你身长有八尺二寸，面容熠熠生辉，嘴唇鲜红如丹砂，牙齿整齐如贝壳，声音洪亮而合乎黄钟，然而却被叫作盗跖，我私下替将军感到羞惭，而且还认为将军不该有此坏名。将军假若愿意听取我的劝解，我会向南出使吴越两国，向北出使齐鲁两国，向东出使宋卫两国，向西出使晋秦两国，让他们派人给将军筑建一个数百里的城池，掌管数十万户百姓的封邑，尊封将军为诸侯，和天下各国的诸侯君主更除旧怨而开启新篇，抛弃武器而休养士兵，收养兄弟，供奉先祖。这样做才是圣贤之人的作为，也正是天下人的愿望。"

原文

盗跖大怒曰："丘来前！夫可规以利而可谏以言者，皆愚陋恒民之谓耳[①]。今长大美好，人见而悦之者，此吾父母之遗德也。丘虽不吾誉，吾独不自知邪？且吾闻之，好面誉人者，亦好背而毁之。今丘告我以大城众民，是欲规我以利而恒民畜我也[②]，安可久长也！城之大者，莫大乎天下矣。尧、舜有天下，子孙无置锥之地；汤武立为天子，而后世绝灭；非以其利大故邪？

"且吾闻之，古者禽兽多而人少，于是民皆巢居以避之，昼拾橡栗[③]，暮栖木上，故命之曰'有巢氏之民'。古者民不知衣服，夏多积薪，冬则炀之[④]，故命之曰'知生之民'。神农之世，卧则居居[⑤]，起则于于[⑥]，民知其母，不知其父，与麋鹿共处，耕而食，织而衣，无有相害之心，此至德之隆也。然而黄帝不能致德，与蚩尤战于涿鹿之野，流血百里。尧、舜作[⑦]，立群臣，汤放其主，武王杀纣。自是之后，以强陵弱，以众暴寡。汤、武以来，皆乱人之徒也。

"今子修文、武之道，掌天下之辩，以教后世，缝衣浅带[⑧]，矫言伪行，以迷惑天下之主，而欲求富贵焉。盗莫大于子，天下何故不谓子为盗丘，而乃谓我为盗跖？子以甘辞说子路而从之[⑨]，使子路去其危冠，解其长剑，而受教于子。天下皆曰'孔丘能止暴禁非'，其卒之也，子路欲杀卫君而事不成，身菹于卫东门之上[⑩]，是子教之不至也。子自谓才士圣人邪？则再逐于鲁，削迹于卫，穷于齐，围于陈蔡，不容身于天下。子教子路菹。此患，上无以为身，下无以为人，子之道岂足贵邪？

庄子

三二六

"世之所高，莫若黄帝，黄帝尚不能全德，而战涿鹿之野，流血百里。尧不慈，舜不孝，禹偏枯⑪，汤放其主，武王伐纣，文王拘羑里⑫。此六子者，世之所高也，孰论之⑬，皆以利惑其真而强反其情性，其行乃甚可羞也。

"世之所谓贤士：伯夷、叔齐。伯夷、叔齐辞孤竹之君，而饿死于首阳之山，骨肉不葬。鲍焦饰行非世⑭，抱木而死。申徒狄谏而不听，负石自投于河，为鱼鳖所食。介子推至忠也，自割其股以食文公。文公后背之，子推怒而去，抱木而燔死⑮。尾生与女子期于梁下⑯，女子不来，水至不去，抱梁柱而死。此六子者，无异于磔犬流豕、操瓢而乞者⑰，皆离名轻死，不念本养寿命者也。

"世之所谓忠臣者，莫若王子比干、伍子胥。子胥沉江，比干剖心。此二子者，世谓忠臣也，然卒为天下笑。自上观之，至于子胥、比干，皆不足贵也。

"丘之所以说我者，若告我以鬼事，则我不能知也；若告我以人事者，不过此矣，皆吾所闻知也。"

"今吾告子以人之情：目欲视色，耳欲听声，口欲察味，志气欲盈。人上寿百岁，中寿八十，下寿六十，除病瘦死丧忧患，其中开口而笑者，一月之中不过四五日而已矣。天与地无穷，人死者有时。操有时之具，而托于无穷之间，忽然无异骐骥之驰过隙也。不能说其志意、养其寿命者，皆非通道者也。"

"丘之所言，皆吾之所弃也。亟去走归⑱，无复言之！子之道狂狂汲汲⑲，诈巧虚伪事也，非可以全真也，奚足论哉！"

孔子再拜趋走，出门上车，执辔三失⑳，目芒然无见，色若死灰，据轼低头，不能出气。归到鲁东门外，适遇柳下季。柳下季曰："今者阙然数日不见，车马有行色，得微往见跖邪㉑？"

孔子仰天而叹曰："然。"

柳下季曰："跖得逆汝意若前乎？"

孔子曰："然。丘所谓无病而自灸也，疾走料虎头㉒，编虎须㉓，几不免虎口哉！"

注　释

①恒民：平常人。②畜：养，待。③橡栗：即橡子，橡树的果实，可以食用。④炀：原指烘干，这里指烧火。⑤居居：安静的样子。⑥于于：行动舒适自得的样子。⑦作：兴，兴起。⑧缝衣：即逢衣，宽而长的儒士衣服。浅带：指宽大的腰带。⑨甘辞：指甜蜜的言辞。⑩菹：指剁成肉酱。⑪偏枯：瘫痪，半身不遂。⑫羑里：殷商时的一个监狱的名称，在今河南境内。⑬孰论：即熟论，认真地讨论。⑭鲍焦：人名，相传为周时的隐者。⑮燔死：烧死。⑯尾生：人名，《战国策》中作"尾生高"。⑰磔：分解尸体。流豕：在河水中漂流的死猪。⑱亟：急。⑲狂狂：机巧狂妄的样子。汲汲：虚伪狡诈的样子。⑳辔：驾驭牲畜的绳子。㉑得微：莫非。㉒料：通"撩"，挑逗，挑弄。㉓编：抚弄。

译　文

盗跖大怒道："孔丘，你到前面来！但凡能用爵禄来劝告，用言论来端正的，都只能算是愚昧而浅陋的平民。当下我身形魁梧，面容英俊美好，人人见了我都很喜欢，这是我父母留给我的德行。你孔丘就是不当面赞颂我，我难道会不知道吗？而且我听闻，爱在人前赞扬别人的人，也爱在暗地里诽谤别人。如今你把筑建城池、聚合民众的想法告诉了我，这就是在用爵禄来引诱我，用对待平民的方式来对待我，这怎会长久呢！城池再大的，也不会大过整个天下。尧、舜生前占有天下，而后代子孙却没有一席之地；商汤以及周武王都是天子，可后代却惨遭绝杀，这难道不是因为他们谋求占据天下吗？

"况且我还听闻，古代的时候，禽类多而人少，所以人们都在树上建巢来逃避野兽的攻击，白天捡拾橡子为食，晚上就住在树上，因而人们把他们称作是有巢氏之民。古代的时候，人们还不知道穿衣服，夏天他们就囤积柴草，冬天就烧火来取暖，因而人们又把他们称作是知生之人。等到了神农时期，闲处非常安静舒适，行动也很自由，大家只知道母亲是谁，而不知道自己的父亲，整天与麋鹿生活在一处，自己耕作自己吃饭，自己纺织自己穿衣，都没有害人的想法，这算是德行最盛的时代了。然而等到了黄帝时期就没有了这样的德行，与蚩尤在涿鹿的原野上征战，流血百里。尧、舜兴起而称帝，设立百官，商汤流放了他的君主，武王杀害了纣王。从那以后，人世间总是仗势而欺小，依众而害少。自商汤和武王以来，就都属于谋逆叛乱之人了。

"如今你倡导文王以及武王的治国之法，掌控天下舆论，一心想把你的主张传教给后代子孙，穿着宽衣宽带的儒士服装，言谈举止间尽是矫揉造作之态，以此来蛊惑天下的诸侯君主，而且还想借此来谋求高官厚禄，要说大盗的话，恐怕没有比你更大的了。天下之人怎么不把你叫作盗丘，反而把我叫作盗跖呢？你用甜蜜的言辞去游说子路，让他忠诚地追随你，使子路舍掉了他那勇武的帽子，解下了自己的佩剑，而学习于你的门下，天下百姓都说你孔丘可以制止暴力并禁绝不轨之行。可后来，子路想杀死篡位的卫君而没能成功，自己则在卫国的东门上被剁成了肉酱，这就是因为你那所谓说教的腐朽之处。你不是自称是才智之士、圣哲之类的人物吗？然而却在鲁国两次被驱逐，在卫国被人铲销了所有的踪迹，在齐国又被逼得无路可走，在陈蔡两国之间遭到困厄，天下之大却无处容身。而你所教导的子路却又遭到如此的灾祸，在上做师长的无法在世间立足，在下做学生的也就无法在世间为人，你的那套说教又哪里有可贵之处呢？

"世人所推崇的，莫过于黄帝了，而黄帝尚无法保全德行，他与蚩尤在涿鹿的原野征战，导致流血百里。唐尧不仁慈，虞舜不孝悌，大禹又瘫痪了，商汤流放了他的君主，武王讨伐商纣，文王又曾被囚禁于羑里。这上述的六人，都是世人所崇尚的，但若认真地评说起来，又都是因为追逐名利而迷乱了真性，强迫他们违背了自然本性，这种行为实在很可耻。

"世间所称道的贤人，就像伯夷和叔齐。伯夷与叔齐推辞了孤竹国的君主之位，却活活饿死在了首阳山，尸体都没有入葬。鲍焦刻意清高而指责世事，最后抱着树木死掉了。申徒狄多次忠谏却不被听取，就负石投河而死，最后尸体被鱼虾吃掉了。介子推可以说是最忠心的了，曾把自己大腿上的肉割下来拿给晋文公吃，而文公回国后却忘掉了他，于是介子推一怒之下逃离国都而隐于山林之中，最后抱着树木被活活烧死。尾生与一女子在桥下约会，那女子没来赴约，河水上涨而尾生不肯离去，最后抱着桥柱子被淹死了。这上述的六人，与被分解的狗、沉入河中的死猪以及端着瓢到处乞讨的乞丐没什么两样，都是重名而轻生，不顾及形体和年寿。

"世间所称道的忠臣，莫过于王子比干和伍子胥了。但伍子胥被扔尸江中，比干惨遭剖心而死，这两人，百姓都称他们是忠臣，然而最终却被天下人讥笑。从上面的这些事实来看，一直到伍子胥和王子比干之辈，都不值得崇尚。

"你孔丘想来说服我，假若是告诉我一些怪诞奇异的事，那我是无法知晓的；假若是告诉我一些世间实际存在的事，也不过就这些了而已，都是我听过的了。"

"而今让我来跟你说说人之常情：双眼想要看清色彩，耳朵想要听见声音，嘴巴想要品出味道，志愿想要得到满足。人活在世，一百岁称作是高寿，八十是中寿，六十是低寿，除去病患、死丧、灾祸的年岁，能够开口大笑的时间，一月之中也只有四五天罢了。天地是无穷无尽的，而人的生死却是有限制的。把有限的生命寄寓在这无穷无尽的天地之中，快速地消逝就像那白驹过隙，时间易逝。凡是无法使自己获得欢愉而颐养天年的人，都不能看成是通达大道之人。"

"你孔丘想劝说我的，都是我要摒弃的，你快离开这里滚回去吧，别再多说了！你的那套说教，机巧狂妄而又虚伪奸诈，不能用于保全本性，还有什么好说的呢！"

孔子一再拜谢后便快步离开了，走出帐门后登上马车，多次失掉了握在手里的缰绳，眼神迷离恍惚，面容好像死灰，低下头靠着车前的横木上，衰颓地无法呼气。在鲁国的东门之外，正好遇到了柳下季。柳下季说："最近好多天没有见到你，看你的车马好像是外出了，大概是去拜见盗跖了吧？"

孔子仰天叹息道："是啊。"

柳下季说："盗跖是像之前我跟你说的那样违逆了你的意图吧？"

孔子说："就是这样啊。我这么做真就像是没病却去做艾灸一样，自讨苦吃，急匆匆地跑去撩弄虎头，抚弄虎须，差点就被老虎吞掉了啊！"

原　文

子张问于满苟得曰①："盍不为行②？无行则不信，不信则不任，不任则不利。故观之名，计之利，而义真是也。若弃名利，反之于心，则夫士之为行，不可一日不为乎！"

满苟得曰："无耻者富，多信者显。夫名利之大者，几在无耻而信。故观之名，计之利，而信真是也。若弃名利，反之于心，则夫士之为行，抱其天乎③！"

子张曰："昔者桀、纣贵为天子，富有天下，今谓臧聚曰[④]：'汝行如桀纣。'则有怍色[⑤]，有不服之心者，小人所贱也。仲尼、墨翟，穷为匹夫，今谓宰相曰：'子行如仲尼、墨翟。'则变容易色，称不足者，士诚贵也。故势为天子，未必贵也；穷为匹夫，未必贱也。贵贱之分，在行之美恶。"

满苟得曰："小盗者拘，大盗者为诸侯。诸侯之门，义士存焉。昔者桓公小白杀兄入嫂，而管仲为臣[⑥]；田成子常杀君窃国[⑦]，而孔子受币。论则贱之，行则下之，则是言行之情悖战于胸中也，不亦拂乎[⑧]！故《书》曰：孰恶孰美？成者为首，不成者为尾。"

子张曰："子不为行，即将疏戚无伦，贵贱无义，长幼无序。五纪六位[⑨]，将何以为别乎？"

满苟得曰："尧杀长子，舜流母弟[⑩]，疏戚有伦乎？汤放桀，武王杀纣，贵贱有义乎？王季为适[⑪]，周公杀兄，长幼有序乎？儒者伪辞，墨者兼爱，五纪六位，将有别乎？

"且子正为名，我正为利。名利之实，不顺于理，不监于道[⑫]。吾日与子讼于无约[⑬]，曰：'小人殉财，君子殉名。其所以变其情、易其性则异矣；乃至于弃其所为而殉其所不为则一也。'故曰：无为小人，反殉而天；无为君子，从天之理。若枉若直[⑭]，相而天极[⑮]。面观四方，与时消息。若是若非，执而圆机[⑯]。独成而意，与道徘徊。无转而行，无成而义，将失而所为。无赴而富，无殉而成，将弃而天。"

"比干剖心，子胥抉眼[⑰]，忠之祸也；直躬证父[⑱]，尾生溺死，信之患也；鲍子立干，申子不自理[⑲]，廉之害也；孔子不见母，匡子不见父,义之失也。此上世之所传,下世之所语以为士者,正其言,必其行,故服其殃、离其患也[20]。"

注释

①**子张**:孔子的门徒,姓颛孙,字子张。**满苟得**:虚构的人物。②**盍**:通"曷",何不。③**抱**:守,保。④**臧**:奴隶,奴仆。**聚**:马夫。⑤**怍**:变脸,羞惭,愤怒。⑥**桓公小白**:即齐桓公,春秋五霸之一,名小白。**管仲**:春秋时代齐国的政治家,辅佐齐桓公。⑦**田成子常**:即田常,春秋时代齐国的大夫。⑧**拂**:悖,反。⑨**纪、位**:都是指人的关系等级次序。⑩**流**:流放,放逐。⑪**适**:通"嫡",即长子。⑫**监**:通"鉴",察,明。⑬**讼**:争论,争讼。⑭**枉**:曲。⑮**相**:看,视。**而**:你。⑯**圆机**:循环变化的枢要。⑰**抉**:剜,挖。⑱**直躬**:人名,因本人忠诚正直而得此名。⑲**申子**:即申徒狄,晋献公的太子。⑳**服**:受,遭受。**离**:通"罹"。

译文

　　子张向满苟得请教说:"怎么不施行合乎仁义的德行呢?没有德行就无法获得他人的信赖,无法获得他人的信赖就得不到重用,不能得到重用就得不到利禄。因而,从名声的角度来看,从利益的角度来考量,能施行仁义真的是好事啊。假若舍弃名利,只求得内心的反省,那士大夫的行为,也不能一天不讲求仁义啊!"

　　满苟得说:"没有羞耻之心的人才会富贵,夸言信用的人才会尊荣。但凡是获得大名大利的人,几乎都在于无耻而自诩有信。所以,从名声的角度来看,从利益的角度来考量,这种伪信真的是好事啊。假若舍弃名利,只求得内心的反省,那士大夫的行为,也就只能持守他的天性了啊!"

　　子张说:"当初桀和纣都贵为天子,富有到占据天下,如今对身份卑微的奴仆说,你的德行就像那桀和纣一样,那他们一定会羞惭不已,萌生不服气的想法,这是因为桀和纣的行为连身份卑微的人都看不起。仲尼和墨翟贫穷到与寻常百姓一样,如今对身居宰相之位的人说,你的德行就像那仲尼和墨翟一样,那他一定会除掉傲慢而谦卑地说自己远远赶不上,这么看来士大夫确实是有可贵的德行的。因此说,权大而贵为天子,未必就一定尊贵;贫穷而卑微为寻常百姓,未必就一定卑贱;尊贵和卑贱的差别,就决定了德行的美和丑。"

　　满苟得说:"小的盗贼被拘起来了,而那大的盗贼却做了诸侯,只有在诸侯的门内,才存在道义。当初齐桓公小白杀害了兄长又娶了自己的嫂嫂,而管仲却成了他的臣子,田常杀害了齐简公自立为君主,而孔子却领受了他赠送的布帛。谈说起来总觉得桓公、田常之辈的行为卑贱，却又总是去做一些使自己的行为更加卑贱的事情，这就使得言辞和行为在胸中形成矛盾，于情于理不都是极不相合的吗！所以《书》上就说：哪个坏哪个好？成功的便处于尊上之位，失败的就沦为卑贱之人。"

子张说："你如果不施行合乎仁义的德行，那在疏远和亲近之间就会失去伦理关系，在尊贵和卑贱之间就会丧失规范和法则，在年长和幼小之间就会失去先后次第；如此一来五伦和六位，又该如何区分呢？"

满苟得说："尧杀害了自己的长子，舜放逐了同母的弟弟，那么亲疏之间还有伦理可言吗？商汤逐出了夏桀，武王杀害了商纣，那么贵贱之间还有法则可言吗？王季承袭了帝位，周公杀害了两个兄长，那么长幼之间还有次第可言吗？儒家伪作的言论，墨家兼爱的观点，那么五纪和六位的次序关系还能有所区分吗？

"而且你心里想求名，我心里想求利。实际上名和利，并不合乎理，也不达于道。我曾和你在无约面前争论：'小人为钱而死，君子为名舍身。然而他们这种为名为利的实情，虽是不同的，但在舍弃自己该做的事而不惜生命地去谋取自己不该寻求的东西的点上，却是一样的。'所以说，不要成为小人，要返回来追寻你自己的本性；不要成为君子，而要顺随自然规律。是曲是直，都任其自然；察看四周，而随着四时的变化而变化。或是或非，只需牢牢把握着循环变化的枢要；独自顺从你的心意，随着大道或返或进。不执着于自己的德行，不去成就你所说的仁义，那将会使你丧失自然本性。不要为了富贵而使形体劳苦奔忙，不要为了功业而不惜舍身，那将会丢掉你的自然本性。"

"比干遭受剖心之祸，子胥遭受挖眼之害，这就是忠心的祸患；直躬出面证明父亲偷了羊，尾生被水淹死，这就是诚信的灾祸；鲍焦抱木而死，申生宁愿自缢也不加以申辩，这就是廉洁的祸害；孔子不能给母亲送终，匡子发誓不再见父亲，这又是仁义的过错。这些都是上代的传闻，后世的话题，总以为士大夫的言论一定是正直的，因而自己也跟着有这样的行为，所以才深受毒害，遭受这样的祸患。"

无足问于知和曰[1]**："人卒未有不兴名就利者。彼富则人归之，归则下之**[2]**，下则贵之。夫见下贵者，所以长生安体乐意之道也。今子独无意焉，知不足邪？意知而力不能行邪？故推正不妄邪？"**

知和曰："今夫此人[3]**，以为与己同时而生，同乡而处者，以为**

夫绝俗过世之士焉④，是专无主正，所以览古今之时、是非之分也。与俗化世，去至重，弃至尊，以为其所为也。此其所以论长生安体乐意之道，不亦远乎！惨怛之疾⑤，恬愉之安，不监于体⑥；怵惕之恐⑦，欣欢之喜，不监于心。知为为而不知所以为。是以贵为天子，富有天下，而不免于患也。"

无足曰："夫富之于人，无所不利，穷美究埶⑧，至人之所不得逮⑨，贤人之所不能及。侠人之勇力而以为威强，秉人之知谋以为明察，因人之德以为贤良，非享国而严若君父。且夫声色滋味权势之于人，心不待学而乐之，体不待象而安之⑩。夫欲恶避就⑪，固不待师，此人之性也。天下虽非我，孰能辞之！"

知和曰："知者之为，故动以百姓，不违其度，是以足而不争，无以为故不求。不足故求之，争四处而不自以为贪；有余故辞之，弃天下而不自以为廉。廉贪之实，非以迫外也，反监之度。势为天子，而不以贵骄人；富有天下，而不以财戏人⑫。计其患，虑其反，以为害于性，故辞而不受也，非以要名誉也⑬。尧、舜为帝而雍⑭，非仁天下也，不以美害生；善卷、许由得帝而不受，非虚辞让也，不以事害己。此皆就其利、辞其害，而天下称贤焉，则可以有之，彼非以兴名誉也。"

无足曰："必持其名，苦体绝甘，约养以持生，则亦久病长厄而不死者也⑮。"

知和曰："平为福，有余为害者，物莫不然，而财其甚者也。今富人，耳营钟鼓管籥之声⑯，口嗛于刍豢醪醴之味⑰，以感其意，遗忘其业，可谓乱矣；侅溺于冯气⑱，若负重行而上阪，可谓苦矣；贪财而取慰，贪权而取竭，静居则溺，体泽而冯^⑲，可谓疾矣；为欲富就利，故满若堵耳而不知避，且冯而不舍，可谓辱矣；财积而无用，服膺而不舍^⑳，满心戚醮^㉑，求益而不止，可谓忧矣；内则疑劫请之贼，外则畏寇盗之害，内周楼疏^㉒，外不敢独行，可谓畏矣。此六者，天下之至害也，皆遗忘而不知察。及其患至，求尽性竭财，单以反一日之无故而不可得也。故观之名则不见，求之利则不得。缭意绝体而争此^㉓，不亦惑乎！"

注释

①**无足、知和**：虚构的人物。②**归**：归附。③**此人**：指世俗追名逐利之人。④**绝**：超，超越。⑤**惨怛**：悲痛，痛苦。⑥**监**：察，视。⑦**怵惕**：慌乱的样子。⑧**究**：竟。**埶**：通"势"。⑨**逮**：及，到。⑩**象**：效法，仿效。⑪**就**：就近，靠近。⑫**戏**：羞辱，戏弄。⑬**要**：求，求取。⑭**雍**：和，和睦。⑮**厄**：危，危险。⑯**管籥**：都是管状的乐器。⑰**嗛**：通"慊"，慊意，满足。**刍豢**：家畜。**醪**：醇厚的酒。**醴**：甜酒。⑱**佼**：噎住，哽噎。**溺**：即尿。**冯**：通"凭"，满，涨。⑲**泽**：一说为肥，一说为污垢。⑳**服膺**：记在心上。㉑**戚醮**：烦恼，忧愁。㉒**楼疏**：古时窗户上用来防盗的砖。㉓**缭意**：心志缭乱。

译文

无足向知和请教说："世人没有谁不想建树名声并获取爵禄的。如果有个人富有了，人们就会去归附他，归附他也就会表现得谦卑，自以为卑下就会更显得那个富有的人尊贵。受到身份卑微之人的推崇，就是世人用来延年益寿、保养身体、获取快乐的方法。当下独独你没有这种欲念，是才智不足？还是心有余而力不足？抑或是一心推行正道而不在意这些呢？"

知和说："当前就有这么一种一心想追名逐利的人，以为是和富贵之人同时生并同乡住，就自认为是超越世人和世俗了；实际上这样的人内心全无主见，用这种观点去看待古今不同的社会和是非的不同的标准，只能是融入流俗。舍掉了珍贵的生命，背离了高尚的大道，而一心去追求自己想得到的东西；这种延年益寿、保养身体、获取快乐的方法，不是与安乐长生之道相离太远了吗！悲伤带来痛苦，欢愉带来舒适，而不注意这些对身体的影响；惊慌导致恐惧，欣喜留下欢快，而不注意这些对心灵的影响。只知道一心要去做自己想做的事却不懂得自己这样做的利弊，所以显贵如天子，富裕至占据天下，却终究无法免于忧患。"

无足说："富有对人们而言，没什么不利，享用天下所有的美好并拥有天下最高的权势，这是至人所得不到的，也是贤人所比不上的；利用他人的勇武来彰显自己的威强，掌控他人的才智来表现自己的明察，依凭他人的德行来博取贤良的名誉，虽然没有掌握过政权，却也像君主那样威严。至于那乐曲、美色、美味、权势对每个人而言，即使不去学心里也自然而然地喜欢，不用仿效身体就早已习惯。私欲、憎恶、逃避、趋附，本就不需要别人的教导，这是人的天性。即便天下百姓都来指责我的看法，但谁又能摆脱这些呢？"

知和说："睿智之人的行为，总是顺遂百姓的意思，不违逆民众养性的标准，所以，富足了就不会有争斗，无为因而也就无所追求。没有富足所以贪婪不休，到处争夺财物却不认为是贪心；有所剩余就会处处推辞，舍掉天下却不认为是清廉。廉洁和贪婪的真情，如果不是因为被外界条件所迫，那就应该回过头看看自己的本心。居于天子之位，而不以这种显贵来轻视他人，富有到占据天下，也不以财物去侮辱他人。衡量一下这样的后患，再考量一下它的反面，自认为这样做会损害自己的自然本性，因而就拒不接受，并不是要借它来兴名就利。尧、舜做君主的时候，天下百姓和睦融洽，并不是用仁政来治理的，而是不想由于追求美好而损伤人的自然本性；善卷和许由都能获得帝位却推辞不受，这不是虚伪的回绝禅让，而是不想因为统治天下而使自己的本性遭到损害。这些人都是顺遂那对自然本性有益的而辞避对自然本性有害的，因而世人称赞他们是贤达之人，可见贤达的名誉也是能够得到的，只不过他们并不会有意地追求。"

无足说："非要固守自己的名声，让形体劳苦不堪、杜绝美食、节俭补养而维持生命，那这种人就像是个长期病危而没有死亡的人。"

知和说："不多不少就是幸福，有余便成了灾祸，物类没有不是如此的，而财物尤其突出。当前，富有之人的耳朵求取钟鼓箫笛之类的乐声，嘴巴满足于美好的肉食和酒酿，因而诱起了他享乐的欲念，忘掉了自己的正业，真算得上是非常迷乱了；沉溺于上涨的怒气之中，就犹如负重在山坡上行走，真算得上是非常痛苦了；贪图财物而招惹怨恨，贪图权势而费心耗力，闲居无事时就沉溺于安乐，体态丰盈就飞扬跋扈，真算得上是得重病了；为了求富求利，掳取的财物堆到像耳朵被塞住了一样，继续贪求而无法收敛，真算得上是非常耻辱了；财物堆积而没什么用处，挂在心上而又满腹的烦恼，追求增益而无休无止，真算得上是非常忧虑了；在家里总忧虑会有强盗的危害，在外边总畏惧会有寇盗的杀害，在屋里的窗户上遍布一些防盗的设施，在外面不

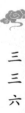

敢独行,真算得上是非常惧怕了。上述的这六种情况,可以说是天下最大的灾祸了,但全都忘掉了它们而不去留意,等灾祸到来了,就算是想倾家荡产而挽回一日的安宁无事也不可能了。所以,从名声的角度来看没有得到名声,从利益的角度来看利益也落了空,还使身心遭受这么多困扰而尽全身之力地兴名就利,难道不是很迷乱吗!"

说 剑

《说剑》出自《庄子》杂篇,以义名篇,讲述君主治国之道。

文章借庄子说剑的寓言故事,指出天子、诸侯以及庶民之剑不同的治国之法,从而使赵文王悔悟。篇章思想和命题都与《庄子》全书的基本主张不同,疑为伪作。

原 文

昔赵文王喜剑①,剑士夹门而客三千余人②,日夜相击于前,死伤者岁百余人。好之不厌。如是三年,国衰。诸侯谋之。

太子悝患之③,募左右曰④:"孰能说王之意止剑士者,赐之千金。"

左右曰:"庄子当能。"

太子乃使人以千金奉庄子。庄子弗受,与使者俱往见太子,曰:"太子何以教周,赐周千金?"

太子曰:"闻夫子明圣,谨奉千金以币从者⑤。夫子弗受,悝尚何敢言!"

庄子曰:"闻太子所欲用周者,欲绝王之喜好也。使臣上说大王而逆王意,下不当太子,则身刑而死,周尚安所事金乎?使臣上说大王,下当太子,赵国何求而不得也!"

太子曰:"然。吾王所见,唯剑士也。"

庄子曰:"诺。周善为剑。"

太子曰:"然吾王所见剑士,皆蓬头突鬓,垂冠⑥,曼胡之缨⑦,短后之衣,瞋目而语难⑧,王乃说之。今夫子必儒服而见王,事必大逆。"

庄子曰:"请治剑服。"治剑服三日,乃见太子。太子乃与见王,王脱白刃待之。

注释

①**赵文王**:即赵武灵王之子惠文王,名何。②**夹门而客**:聚集在门下。③**悝**:即赵文王的太子,名字叫悝。④**左右**:侍从。⑤**币**:礼品,礼物,这里指赠送。⑥**突鬓**:鬓毛翘起。**垂冠**:低垂着帽子。⑦**曼胡**:硬而乱。**缨**:帽缨,冠缨。⑧**瞋**:瞪,张。**语难**:说话不流畅。

译文

先前,赵文王爱好剑术,剑士蜂拥到门下的有三千多人,他们在赵文王面前日日夜夜地比试剑法,死伤的剑士每年都多达百余人,而赵文王还是爱好击剑并且从不感到满足。就这样过了三年,国势日益衰败,各国的诸侯都谋划着要攻打赵国。

太子悝对此忧心忡忡,就对侍从说:"谁要是能说服赵王终止比试剑法,就赏给他千金。"

侍从说:"庄子应该可以做到。"

于是太子就派使官带着千金厚礼给庄子送去。庄子不领受,而随着使官一起去拜见太子,说:"太子赏给我千金是想让我做什么呢?"

太子说:"我听闻先生贤德圣明,特送上千金用来犒赏先生的从者。如今先生您不愿领受,我还能说什么啊!"

庄子说:"我听闻太子是想借我来断掉赵王对剑法的喜好。但如果我向上劝说赵王而又违逆了赵王的意愿,向下也没能合乎太子的希望,那我定会受罚而死,又哪里用得上这千金呢?又如果我向上说服了赵王,向下又合乎了太子的意愿,那在赵国境内我想获得什么而得不到呢!"

太子说:"就是这样。君父会接见的,只有剑士。"

庄子说:"好,我也很擅长剑法。"

太子又说:"只是君父所接见的剑士,全都头发散乱、鬓毛翘起、帽子低垂,冠缨粗硬,穿着短衣,瞪大眼睛而且说话还不流畅,看见这种打扮的人君主才喜欢。当

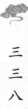

下先生若要穿着儒服去拜见君主，那事情会变得更糟。"

　　庄子说："请为我准备一套剑士的衣服。"三天后剑士的衣服缝制完成，庄子就去面见了太子。太子便与庄子一道去拜见赵王，赵王拔出利剑正等着庄子。

原　文

　　庄子入殿门不趋[①]，见王不拜。王曰："子欲何以教寡人，使太子先。"

　　曰："臣闻大王喜剑，故以剑见王。"

　　王曰："子之剑何能禁制？"

　　曰："臣之剑十步一人，千里不留行。"

　　王大悦之，曰："天下无敌矣！"

　　庄子曰："夫为剑者，示之以虚，开之以利，后之以发，先之以至。愿得试之。"

　　王曰："夫子休，就舍待命[②]，令设戏请夫子。"

　　王乃校剑士七日，死伤者六十余人，得五六人，使奉剑于殿下，乃召庄子。王曰："今日试使士敦剑[③]。"

　　庄子曰："望之久矣。"

　　王曰："夫子所御杖，长短何如？"

　　曰："臣之所奉皆可。然臣有三剑，唯王所用，请先言而后试。"

　　王曰："愿闻三剑。"

　　曰："有天子剑，有诸侯剑，有庶人剑。"

　　王曰："天子之剑何如？"

　　曰："天子之剑，以燕谿石城为锋[④]，齐岱为锷[⑤]，晋卫为脊，周宋为镡[⑥]，韩魏为夹[⑦]，包以四夷，裹以四时，绕以渤海，带以常山，制以五行[⑧]，论以刑德，开以阴阳，持以春秋，行以秋冬。此剑直之无前，举之无上，案之无下，运之无旁，上决浮云，下绝地纪。此剑一用，匡诸侯⑨，天下服矣。此天子之剑也。"文王芒然自失，曰："诸侯之剑何如？"曰："诸侯之剑，以知勇士为锋，以清廉士为锷，以贤良士为脊，以忠圣士为镡，以豪桀士为夹。此剑直之亦无前，举之亦无上，案之亦无下，运之亦无旁。上法圆天，以顺三光⑩；下法方地，以顺四时；中和民意，以安四乡⑪。此剑一用，如雷霆之震也，四封之内，无不宾服而听从君命者矣。此诸侯之剑也。"

王曰："庶人之剑何如？"

曰："庶人之剑，蓬头突鬓，垂冠，曼胡之缨，短后之衣，瞋目而语难，相击于前，上斩颈领，下决肝肺，此庶人之剑，无异于斗鸡，一旦命已绝矣，无所用于国事。今大王有天子之位而好庶人之剑，臣窃为大王薄之⑫。"

王乃牵而上殿，宰人上食，王三环之。庄子曰："大王安坐定气，剑事已毕奏矣。"

于是文王不出宫三月，剑士皆服毙其处也⑬。

注释

①趋：快步走。②就舍：住在客舍。③敦：借为"对"。④燕谿：地名，在燕国境内。石城：北方塞外的山名。锋：剑端。⑤锷：剑刃。⑥镡：剑环。⑦夹：通"铗"，剑把手。⑧五行：即金、木、水、火、土。⑨匡：正。⑩三光：即日、月、星。⑪四乡：四方，四境。⑫薄：鄙视，鄙薄。⑬服毙：自杀。

译文

庄子不慌不忙地走进了殿内，见了赵王也不行礼。赵王说："你想如何指导我，还让太子先行引荐。"

庄子说："我听闻您爱好剑法，特以剑法来拜见您。"

赵王说："你会使用怎样的剑法来制服对方呢？"

庄子

三四〇

庄子说:"我的剑法,十步内便可杀一人,行千里而不受阻挡。"

赵王听后特别欣喜,说:"那天底下没有谁能打败你了!"

庄子说:"击剑的重点在于有意地把自己的弱点显示给对方,再利用有机可乘之处来加以引诱,之后再向对手发起进攻,并且要先一步击中对手。我很希望能试一试。"

赵王说:"先生暂且先回客舍休息等候,我安排好比试后再去请先生。"

于是赵王用七天的时间让剑士们相互比试,死伤了六十几人,从中选出了五六人,命他们拿着剑在堂下等候,这才去召庄子过来。赵王说:"今天可以让剑士们和先生比试切磋了。"

庄子说:"我期盼很久了。"

赵王说:"先生所惯用的剑,长短怎样?"

庄子说:"我用的剑长短都可行。不过我有三种不同的剑,任大王挑选,在挑选之前请先让我作些介绍,之后再比试。"

赵王说:"愿意听听你对这三种剑的说明。"

庄子说:"一为天子之剑,二为诸侯之剑,三为庶民之剑。"

赵王说:"何谓天子之剑?"

庄子说:"天子之剑,以燕谿的石城山为剑端,以齐国的泰山为剑刃,以晋卫两国为剑脊,以周、宋两国为剑环,以韩、魏两国为剑柄;以中原之外的四方来包扎,以四时来围裹,以渤海来缠绕,以恒山为系带;依五行来统驭百姓,靠刑罚和德行来论断;因循阴阳之化而进退,因循春秋之时而持延,因循秋冬的来临而使用。这种剑,使用起来就没有什么能够阻挡,举起来就没有外物能在它之上,按下去就不知道它有多长,挥动起来就能旁若无物,向上可断浮云,向下可斩地纪。这种剑一用起来,定能匡正诸侯,使天下百姓都来归顺。这种剑就叫作天子之剑。"

赵王听后迷惘恍惚而若有所失,说:"那何谓诸侯之剑?"

庄子说:"诸侯之剑,以智勇之士为剑端,以廉洁之士为剑刃,以贤德之士为剑脊,以忠心圣明之士为剑环,以豪杰之士为剑柄。这种剑,使用起来也没有什么能够阻挡,举起来也没有外物在它之上,按下去也不知道它有多花,挥动起来也能旁若无物;向上仿效于天而顺随日月星辰,向下仿效于地而顺随四时次第,于中则顺应民意而安定天下。这种剑一用起来,就犹如雷霆威震四方,没有不归附而听命于君主号令的。这种剑就叫作诸侯之剑。"

赵王说:"那何谓庶民之剑?"

庄子说："庶民之剑，全都头发散乱、鬓毛翘起、帽子低垂，冠缨粗硬，穿着短衣，瞪大眼睛而且说话还不流畅。在人前彼此争斗比试，向上可斩脖颈，向下可剖肝，这种剑就叫作庶民之剑，实际上与斗鸡没有什么区别，一旦丧命，就对国家大事没什么用处了。当下大王居于天子之位却爱好庶民之剑，我私下替大王鄙薄它。"

于是赵王引着庄子来到了殿里。厨师端上来食物，赵王围着座席羞愧地走了三圈。

庄子说："大王您安坐下来吧，关于剑法之事我已经启奏完毕了。"

于是赵王三月没有出宫门，剑士们也都在住的客舍里自杀了。

渔 父

《渔父》出自《庄子》杂篇，主要内容是批判儒家仁义礼乐的思想。

文章用大量的文字描写孔子和渔父的谈话，借渔父之口来批评孔子，批判儒家仁义礼乐的思想，阐释道家顺遂自然的观点，进而倡导人们保持本真。渔父所阐述的思想带有儒道合流的色彩。

原文

孔子游乎缁帷之林[①]，休坐乎杏坛之上[②]。弟子读书，孔子弦歌鼓琴。奏曲未半，有渔父者，下船而来，须眉交白，被发揄袂[③]，行原以上，距陆而止，左手据膝[④]，右手持颐以听[⑤]。曲终而招子贡、子路二人俱对。

客指孔子曰："彼何为者也？"

子路对曰："鲁之君子也。"

客问其族。子路对曰："族孔氏。"

客曰："孔氏者何治也？"

子路未应，子贡对曰："孔氏者，性服忠信[⑥]，身行仁义，饰礼乐，选人伦[⑦]。上以忠于世主，下以化于齐民[⑧]，将以利天下。此孔氏之所治也。"

又问曰："有土之君与？"

三四二

子贡曰:"非也。"

"侯王之佐与?"

子贡曰:"非也。"

客乃笑而还行,言曰:"仁则仁矣,恐不免其身;苦心劳形以危其真。呜呼,远哉,其分于道也!"

注释

①缁:黑。②杏坛:水泽中种有杏树的高地,是孔子讲学的地方。③被:通"披",散。揄:挥。袂:袖,衣袖。④据:按,持。⑤颐:颊,面颊。⑥服:施行。⑦选:通"撰",制,制定。⑧齐民:平民。

译文

孔子闲游于一个名叫缁帷的林子,坐在长了很多杏树的高地上休息。弟子们在旁边读书,孔子在弹琴歌唱。乐曲还没弹到一半,有位捕鱼的老人下船后走了来,胡子和眉毛全白了,披散着头发,挥扬起衣袖,顺着河岸而上,到了一块儿高而平的地方才停下来,左手抱住膝盖,右手托着下巴听孔子弹琴歌唱。一曲终了,渔父用手招呼着子贡和子路,他们两个人一起朝着老人走了过来。

渔父手指着孔子问:"那个人是做什么啊?"

子路回答说:"他是鲁国的一位君子。"

渔父又问孔子的姓氏。子路回答说:"我们先生姓孔。"

渔父说:"那孔氏一脉研修什么学问呢?"

子路没有应答,子贡说:"孔氏一族,心性持守忠信,亲身施行仁义,修治礼乐法度,制定人伦关系。对上竭尽忠诚而辅助国君,对下施行礼乐而教化百姓,以此来造福天下。这就是孔氏研修的主业。"

渔父又问说:"那孔氏是拥有土地的君主吗?"

子贡回答说:"不是的。"

渔父接着问说:"那是诸侯的辅臣吗?"

子贡说:"也不是。"

然后渔父就笑着转身离开了,一边走一边说:"孔氏讲仁真算得上是仁了,不过大概他自身终究无法免除祸患;真是折磨心性而又劳苦形体使自己的自然本性遭受损害啊。唉,他离大道也太远了!"

子贡还，报孔子。孔子推琴而起，曰："其圣人与！"乃下求之，至于泽畔，方将杖拏而引其船①，顾见孔子，还乡而立。孔子反走，再拜而进。

客曰："子将何求？"

孔子曰："曩者先生有绪言而去②，丘不肖，未知所谓，窃待于下风③，幸闻咳唾之音，以卒相丘也。"

客曰："嘻！甚矣，子之好学也！"

孔子再拜而起曰："丘少而修学④，以至于今，六十九岁矣，无所得闻至教，敢不虚心！"

客曰："同类相从，同声相应，固天之理也。吾请释吾之所有而经子之所以⑤。子之所以者，人事也。天子诸侯大夫庶人，此四者自正，治之美也；四者离位而乱莫大焉。官治其职，人忧其事，乃无所陵。故田荒室露，衣食不足，征赋不属⑥，妻妾不和，长少无序，庶人之忧也；能不胜任，官事不治⑦，行不清白，群下荒怠，功美不有⑧，爵禄不持，大夫之忧也；廷无忠臣，国家昏乱，工技不巧，贡职不美，春秋后伦⑨，不顺天子，诸侯之忧也；阴阳不和，寒暑不时，以伤庶物⑩，诸侯暴乱，擅相攘伐⑪，以残民人，礼乐不节，财用穷匮，人伦不饬⑫，百姓淫乱，天子有司之忧也。今子既上无君侯有司之势，而下无大臣职事之官，而擅饰礼乐，选人伦，以化齐民，不泰多事乎！

"且人有八疵⑬，事有四患，不可不察也。非其事而事之，谓之摠⑭；莫之顾而进之，谓之佞；希意道言⑮，谓之谄；不择是非而言,谓之谀;好言人之恶,谓之谗;析交离亲⑯,谓之贼;称誉诈伪以败恶人,谓之慝;不择善否⑰,两容频适,偷拔其所欲,谓之险。此八疵者,外以乱人,内以伤身,君子不友,明君不臣。所谓四患者:好经大事⑱,变更易常,以挂功名,谓之叨⑲;专知擅事,侵人自用,谓之贪;见过不更,闻谏愈甚,谓之很⑳;人同于己则可,不同于己,虽善不善,谓之矜㉑。此四患也。能去八疵,无行四患,而始可教已。"

译 文

子贡回来后,就把与渔父的谈话告诉给了孔子。孔子挪开身上的琴站起来说:"他大概是一位圣人!"于是就走下高地去找寻渔父,到了湖泽边上,渔父正撑着船桨准备离开,回头看到了孔子,便转过身来面对着孔子。孔子连退几步,再次行礼后走上前去。

渔父说:"你为什么来找我?"

孔子说:"刚才先生的言论只说了开头就离开了,我才智不足,无法领悟其中的深意,就私下在这儿等着先生,希望能听到你的高论以便有益于我!"

渔父说:"呀,你还真是好学啊!"

孔子又行了一次礼之后站起来说:"我从少儿时就勤勉学习,到了今天,已经有六十九年了,还没听过真理的教导,怎敢不谦逊请教啊!"

渔父说:"同类相聚,同声相和,这就是自然原本的规律。请先让我阐述一下我的主张然后再分析你所实行的活动。你所实行的活动,都属于世间的俗事。天子、诸侯、大夫、百姓,这四种人假若能各在其位各谋其政,也是社会大治的美好状态,但这四者一旦有所偏离，社会的祸患就没有比这更大的了。官吏处理好职分之内的事务，百姓安排好自己的事情，就不会混乱。因此，土地荒芜，房屋破漏，衣食不足，就无法按时缴税，妻妾无法和睦，老幼之间失去了尊卑的次第，这是寻常百姓所忧虑的事。能力无法胜任一官之职，做不好职分之内的事务，行为不清廉，部下玩忽职守，功绩美誉全都没有，爵禄无法保持，这是大夫所忧虑的事。朝堂上缺乏忠臣，邦国动乱，工艺技术不精湛，进献的贡品不美好，朝觐的时候落在其他诸侯的后面而失去了伦次，无法顺遂天子的意愿，这是诸侯所忧虑的事。阴阳不和，寒暑交替不合乎时令，以致损害万物的自然生长，诸侯策动暴乱，任意侵扰攻伐，以杀害百姓，礼乐不合乎节度，财物紧缺，人伦关系得不到整顿，百姓淫秽作乱，这是天子和大臣所忧虑的事。当下你上没有君主或大臣的地位，下也不是大臣或担任某一职务的官吏，却擅自修撰礼乐，制定人伦关系，以此来教化百姓，这不是你太多事了吗！

"而且人都有八种毛病，事也有四种灾祸，不能不留意。不是自己分内的事也包着去做，这称作揽；没人理睬也说个不停，这称作佞；迎合对方顺遂意愿，这称作谄；不分是非巴结逢迎，这称作谀；喜欢暗地里说人坏话，这称作谗；挑拨离间好友，这称作害；赞扬奸诈而诋毁好人，这称作慝；无论好坏都迎合相适，而背地里攫取合乎自己心意的东西，这称作险。人一旦有了这八种毛病，于外会损害他人，于内则会侵伤己身，因而至人不和他们有所往来，明君不会任用他们做臣子。所谓四种灾祸，喜欢掌管国家大事，任意更改常规常态，以此来钩取功名，这称作叨；自恃聪明而独断权事，为私利而侵害他人，这称作贪；不知悔改，听到劝谏却更肆无忌惮，这称作很；认可与自己相同的，而否定与自己不同的，这称作矜。这就是四种灾祸。摒除了那八种毛病，并且不再实行这四种灾祸，才能进行教导。"

原文

孔子愀然而叹①，再拜而起曰："丘再逐于鲁，削迹于卫，伐树于宋，围于陈蔡。丘不知所失，而离此四谤者何也②？"

客凄然变容曰："甚矣，子之难悟也！人有畏影恶迹而去之走者，举足愈数而迹愈多③，走愈疾而影不离身，自以为尚迟。疾走不休，绝力而死。不知处阴以休影。处静以息迹，愚亦甚矣！子审仁义之间，察同异之际④，观动静之变，适受与之度⑤，理好恶之情，和喜怒之节，而几于不免矣。谨修而身⑥，慎守其真，还以物与

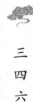

庄子

三四六

人，则无所累矣。今不修之身而求之人，不亦外乎！"

孔子愀然曰："请问何谓真？"

客曰："真者，精诚之至也。不精不诚，不能动人。故强哭者，虽悲不哀；强怒者，虽严不威；强亲者，虽笑不和。真悲无声而哀，真怒未发而威，真亲未笑而和。真在内者，神动于外，是所以贵真也。其用于人理也⑦，事亲则慈孝，事君则忠贞，饮酒则欢乐，处丧则悲哀。忠贞以功为主，饮酒以乐为主，处丧以哀为主，事亲以适为主⑧。功成之美，无一其迹矣；事亲以适，不论所以矣；饮酒以乐，不选其具矣⑨；处丧以哀，无问其礼矣。礼者，世俗之所为也；真者，所以受于天也，自然不可易也。故圣人法天贵真⑩，不拘于俗。愚者反此。不能法天而恤于人，不知贵真，禄禄而受变于俗⑪，故不足。惜哉，子之蚤湛于人伪而晚闻大道也⑫！"

孔子又再拜而起曰："今者丘得遇也，若天幸然⑬。先生不羞而比之服役而身教之。敢问舍所在，请因受业而卒学大道。"

客曰："吾闻之，可与往者，与之至于妙道；不可与往者，不知其道。慎勿与之，身乃无咎⑭。子勉之！吾去子矣，吾去子矣！"乃刺船而去⑮，延缘苇间⑯。

译文

孔子面带愧色地长叹一声，又行一次礼，站起身，说："我曾在鲁国被两次放逐，在卫国无处居留，在宋国遭到砍树之辱，又在陈蔡两国之间受到困厄。我不知道我有何过错，竟遭到这四次灾祸，这究竟是什么缘故呢？"

渔父悲怜地变了面色说："你着实是难于醒悟啊！有个人畏惧自己的影子，厌恶自己的行迹，一心想跑掉而避离它们，但是抬脚越频繁行迹就越多，跑得就算再快，影子还是不离身，而他还以为是自己跑得太慢，所以就更加快速地奔跑而不停下，最后竭尽力气而死。他不知道留在阴暗下就不会有影子，保持静止状态就不会存在行迹，这也着实是太愚昧了！你认真考究仁义之道，观察事物之间同异的差别，察看动静之化，把握取舍的分寸，整修好恶的情感，调适喜怒的节度，却还是几乎无法免除祸患。认真地修身养性，谨慎地持守你的自然真性，让外物与自身都返归自然，之后就没什么拘系的了。当前你不修身养性专注自身，反而责求别人，这不就本末倒置了吗？"

孔子凄伤地问："那请问什么才是真性呢？"

渔父回答说："所谓真，就是精诚的最高点。不精不诚，无法动人。所以，那牵强的啼哭，虽然看起来悲伤但其实并不痛苦；牵强的发怒，虽然看起来严酷但其实不威严；牵强的亲近，虽然面带笑容但其实并不和谐。真实的悲痛是没有哭声却哀不已，真实的怒气是还未发火而威严，真实的亲近是还未含笑就和善。自然真性存于心，神情就会自然地表露于外，因而才重视真情本性。把上述道理运用在人伦关系上，奉养双亲就会亲近孝顺，辅佐君主就会忠心耿耿，饮酒时就能舒心畅意，居丧时便会悲戚痛苦。忠心耿耿是为了建树功业，饮酒是为了寻求欢愉，居丧是为了表达哀伤，奉养双亲是为了使父母安逸。这些做法都在于获得美好，因而不必拘泥于一种方式；奉养双亲是为了使父母获得安逸，因而就不必考虑太多运用什么方式；饮酒是为了使自己获得欢愉，就没必要特意选用什么样的酒具；居丧是为了对死去的人致以哀伤，因此也不必讲究规范礼仪。礼，是世俗之人的作为；真，是禀赋于自然的本性，出于自然因而也就无法改变。所以圣哲之人往往是效法自然而注重本真，以此来使自己不受世俗的牵累。蒙昧的人则恰恰相反，不效法自然而忧心世事，不懂得珍惜自己的本真，庸庸无为地生活在世俗之中，所以往往不会知足。可惜啊，你过早地陷入世俗的伪诈之中，而如今太晚才听到大道。"

孔子又行了一次礼，之后站起身，说："当下我孔丘承蒙天降幸运而遇到了先生，先生不把我当作耻辱，而且还对我进行了教导，我冒昧地请问先生住在何处，请求学习于您的门下而最终通达大道。"

渔父说："我听闻，能迷途知返的就能与他往来，直到通达了玄妙的大道；做不到迷途知返的，也不会真正通晓大道，不与他有所往来，自身也就不会遭受祸患。你

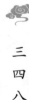

自我勉励吧！我要离开了！我要离开了！"于是撑船而去，慢慢地沿着芦苇丛中的水道走了。

原 文

颜渊还车，子路授绥①，孔子不顾，待水波定，不闻挐音而后敢乘。

子路旁车而问曰②："由得为役久矣，未尝见夫子遇人如此其威也。万乘之主，千乘之君，见夫子未尝不分庭伉礼③，夫子犹有倨敖之容。今渔父杖挐逆立④，而夫子曲要磬折⑤，言拜而应，得无太甚乎？门人皆怪夫子矣，渔人何以得此乎？"

孔子伏轼而叹⑥，曰："甚矣，由之难化也！湛于礼仪有间矣，而朴鄙之心至今未去。进，吾语汝：夫遇长不敬，失礼也；见贤不尊，不仁也。彼非至人，不能下人，下人不精，不得其真，故长伤身。惜哉！不仁之于人也，祸莫大焉，而由独擅之。且道者，万物之所由也，庶物失之者死，得之者生。为事逆之则败，顺之则成。故道之所在，圣人尊之。今渔父之于道，可谓有矣，吾敢不敬乎！"

注 释

①绥：古时上车时所拉的绳索。②旁：通"傍"。③分庭：东道主在门口迎宾，宾客从门庭西面经过西阶而升堂，东道主从门庭东面经过东阶而升堂，二人在进门和升堂的时候都相互作揖，这就叫作分庭。伉礼：升堂之后，宾客让座，东道主也让座，宾客拜见，东道主也拜见，这就叫作伉礼。伉，今作"抗"。④逆立：背对面站着。⑤曲：弯。要：通"腰"。磬：一种弯曲的乐器。⑥轼：车前横木。

译 文

颜渊掉过车头来，子路递过来上车时拉的绳索，孔子没有回头，而是等着水波平稳，听不到船桨的声音了才上车。

子路倚着车子问说："我侍奉先生已经很长时间了，从未看见过先生对谁这般谦逊敬重。大国的天子，小国的君主，也都是以平等的礼仪来对待先生，而先生还会表露出一种傲慢的神态。当下渔父手拿着船桨背对面站着，先生却弯腰作揖，听过渔父的言辞又一再地行礼之后再作应答，这样做大概有些过分了吧？学生们都认为先生不必如此，一个以捕鱼为生的人哪里够得上这种厚爱呢？"

孔子伏身于车前的横木，感叹着说："你着实是难于教化啊！你陷入礼义之道已有些日子了，可那迂腐卑下的操守还没除去。上前面来，我有话对你说：但凡是遇见了长辈而不敬重的，那就称作是失礼；见到圣贤而不尊重的，那就称作是不仁。他假若不是一个至人，就不会使人自觉卑下，对人谦卑却做不到至精至诚，一定无法持守本真，所以使身体长期遭受损害。可惜啊！世间没有比不仁更大的祸患了，而你却偏有这毛病。再说那大道，是万物产生的根本，万物丧失了大道就会消亡，通达了大道便会存活。做事违背大道就会失败，顺遂大道就会成功。所以谁通达了大道，圣人就崇尚谁。当下那渔父对于大道，可以说是有所领悟，我又怎能不敬重他呢？"

列御寇

《列御寇》出自《庄子》杂篇，以人名篇，主要内容是阐释忘人、忘我的思想。

文章由多个小故事以及部分议论组成。首先，通过写伯昏瞀人和列御寇的谈话，告诫人们必须自忘。人之所以不能自忘，是因为他们无法忘人。随后，借朱泙漫学习屠龙技成，倡导"天而不人"的主张。紧接着对曹商、孔子以及真人进行对比，讥讽了势利的曹商，批判了矫作学伪的孔子，指出只有超然世外的真人才能使身心免于祸害。最后对处世原则进行了讨论，指出处世的原则就是不自矜自持，随遇而安，顺应自然。

原文

列御寇之齐①，中道而反，遇伯昏瞀人②。伯昏瞀人曰："奚方而反③？"

曰："吾惊焉。"

曰："恶乎惊？"

曰："吾尝食于十浆而五浆先馈④。"

伯昏瞀人曰："若是则汝何为惊已？"

曰："夫内诚不解，形谍成光⑤，以外镇人心，使人轻乎贵老，而齑其所患。夫浆人特为食羹之货，无多余之赢，其为利也薄，其为权也轻，而犹若是，而况于万乘之主乎！身劳于国而知尽于事，彼将任我以事，而效我以功，吾是以惊。"

伯昏瞀人曰："善哉观乎！女处已⑥，人将保汝矣！"

无几何而往⑦，则户外之屦满矣。伯昏瞀人北面而立，敦杖蹙之乎颐⑧。立有间，不言而出。宾者以告列子，列子提屦，跣而走⑨，暨乎门⑩，曰："先生既来，曾不发药乎⑪？"

曰："已矣，吾固告汝曰：人将保汝。果保汝矣！非汝能使人保汝，而汝不能使人无保汝也，而焉用之感豫出异也⑫！必且有感，摇而本性，又无谓也。与汝游者，又莫汝告也。彼所小言⑬，尽人毒也。莫觉莫悟，何相孰也！巧者劳而知者忧，无能者无所求，饱食而敖游，汎若不系之舟⑭，虚而敖游者也。"

注 释

①之：往。②伯昏瞀人：人名，楚国的隐者。③奚：何。方：事。④浆：汤，米汤。⑤形谍：即形泄，从外表上表现出来。⑥女：即汝。已：矣。⑦无几何：没多久，不长时间。⑧敦：竖，竖立。⑨跣：光着脚，形容行动急切。⑩暨：及。⑪发药：寓指医治他人的言论。⑫用：因。豫：愉，愉快。⑬小言：琐细的言论。⑭汎：漂浮不定。

译 文

列御寇向齐国去，半道上又折返了回来，正好遇上了伯昏瞀人。伯昏瞀人就问说："是因为什么你又折返回来了呢？"

列御寇说："我感到惊恐不安。"

伯昏瞀人又问说："是什么原因让你惊恐不安呢？"

列御寇说："我曾在十家店里喝汤，却有五家争先给我送了过来。"

伯昏瞀人说："遇到像这样的事，你怎么会惊恐不安呢？"

列御寇说："内心没有从世俗中解脱出来，形体就会有所表露而显现出神采，从

杂篇

而镇服他人之心，使他们对自己的尊重超过年老之人，如此一来，便定会招致祸患。那卖汤之人只是做羹汤的买卖，不会有多少赢利，利润是非常微薄的，他们送来汤水时的欲念也是微小的，可还这般待我，何况是那大国的君主呢？君主亲自操劳国事而心智耗尽于国家政事，他定会把国家大事交托给我，并要求我取得一定的功绩。我正因此才惊恐不已。"

伯昏瞀人说："你的审察和分析着实是好啊！你安身处居吧，人们定然会来归附你！"

没过多久，伯昏瞀人去拜访列御寇，看到门外面放满了鞋子。伯昏瞀人向北站立着，竖立着拐杖来撑住下巴。站一会儿后，什么也没说就走了。

迎接宾客的人跟列御寇说了这件事，列御寇提着鞋子，赤脚就跑了出来，跑到门口，说："先生既然已经来了，难道不说一句教导的话吗？"

伯昏瞀人说："罢了，我曾告诉过你们定会来归附你，如今果真都来归附你了。我也曾指责过你让人们都来归附你，而你却无法做到让人们不来归附你。你何必因显露于外的做法而感到愉悦并表现得独树一帜呢！必定会再出现让你感到愉快的事而动摇你的本性，而这都是毫无裨益的。与你交游的人，又没有人能教导你。他们那琐碎迷惑的言辞，都是损害人的。没有人觉悟，哪能相互认识审察！智巧的人多劳苦而聪慧的人多忧虑，没才能的人也就没什么欲求，填饱肚子就无拘无束地遨游，就像那没有缆索而漂浮不定的船只一样，这才是内心虚无而自在遨游的人啊。"

原文

郑人缓也[①]，呻吟裘氏之地[②]。祇三年而缓为儒[③]，河润九里，泽及三族[④]，使其弟墨。儒墨相与辩，其父助翟[⑤]，十年而缓自杀。其父梦之曰："使而子为墨者，予也，阖尝视其良？既为秋柏之实矣。"

夫造物者之报人也，不报其人而报其人之天，彼故使彼。夫人以己为有以异于人，以贱其亲，齐人之井饮者相捽也[⑥]。故曰：今之世皆缓也。自是有德者以不知也，而况有道者乎！古者谓之遁天之刑[⑦]。

圣人安其所安，不安其所不安；众人安其所不安，不安其所安。

庄子曰："知道易，勿言难。知而不言，所以之天也⑧；知而言之，所以之人也⑨。古之人，天而不人。"

朱泙漫学屠龙于支离益⑩，单千金之家⑪，三年技成而无所用其巧。

圣人以必不必，故无兵；众人以不必必之，故多兵；顺于兵，故行有求⑫。兵，恃之则亡。

小夫之知⑬，不离苞苴竿牍⑭，敝精神乎蹇浅⑮，而欲兼济道物，太一形虚。若是者，迷惑于宇宙，形累不知太初。彼至人者，归精神乎无始，而甘冥乎无何有之乡⑯。水流乎无形，发泄乎太清。悲哉乎！汝为知在毫毛而不知大宁。

注 释

①缓：人名。②呻吟：吟诵，诵读。**裘氏**：郑国的地名。③柢：即只。④三族：指父、母以及妻三族。⑤翟：缓弟之名。⑥相捽：相互殴打冲突。⑦遁：违，违背。⑧之天：合乎自然。⑨之人：合乎人世。⑩朱泙漫：人名，姓朱泙名漫。**支离益**：人名，姓支离名益。二者皆为虚构的人物。⑪单：通"殚"，尽。⑫求：贪。⑬小夫：匹夫，世人。⑭苞苴：指赠送的礼品。苞，通"包"；苴，指垫子。**竿牍**：即简牍。⑮敝：败。**蹇浅**：浅陋，浅薄。⑯甘冥：酣睡，甜睡。

译 文

郑国有一个叫缓的人，在裘氏这个地方吟诵，只花了三年的时间就成了一位儒生，之后就像河水滋润周边土地一样浸润着远方，恩及三族，并教育他的弟弟使其成了墨家的学者。儒、墨两家不相容而彼此争论，缓的父亲则站到了墨家那边。十年后，缓由于怨愤而自杀，他托梦给父亲说："是我让你的儿子成了墨家的学者，这是我的功劳。你怎么不去看看我的坟墓，我已经变成秋天的柏树还结出了果实！"

造物者能给予人们的，不是赋予人们才能而是赋予人们自然本性，他的本性使他发展成这样。人总以为自己有与众不同的地方而轻侮亲人，这就跟与那齐人自以为凿井有功而和饮水之人扭打发生冲突一样，看来现世上多的是像缓这样的人啊。自认为生活中一直是这样，而有德行的人却不了解这种情况，更何况那有道之人啊！古代人们把这种贪天之功的行为称作是违背自然规律而遭受的刑罚。

圣哲的人顺遂自然，却不安于人为的摆布；寻常人安于人为的摆布，却不顺随自然。

庄子说："通晓大道很容易，但不谈论它却很困难。通晓了大道而不妄加议论，才能达到自然无为的境界；通晓了大道却信口议论，只会走向人为的俗世。古代的人，明察自然、顺随自然而不追逐人为。"

朱泙漫跟着支离益学习屠龙的技艺，耗尽了千金的资产，三年学成却没有机会去施展它。

圣哲之人对于必然的事物从不与人持执，所以总没有争端；寻常人却把不必然的事物看成是必然，因而总是不停地争论。顺从了暴力纷争，就会因为一举一动而有所欲求，暴力纷争，若依仗于它最后就只能灭亡。

世人的聪慧，离不开相互赠送酬答，在浅陋之事上耗费心神，却想着兼济天下并疏通万物，自以为这就能达到混沌初开、物我两融的境界。像这样的世人，早已迷乱在浩瀚的宇宙之中了，形体受累却并不明了混沌初始的大道。那些至人，把自己的精神归附于万物初始之中，酣睡在什么也没有的境域里，犹如流水那样了无形迹，自然而然地流泄于清虚静寂的境界。可悲啊！世人们总把心思用在琐碎小事上，一点儿也不懂得清净、自然以及无为。

原 文

宋人有曹商者①，为宋王使秦。其往也，得车数乘。王说之②，益车百乘。反于宋，见庄子，曰："夫处穷闾厄巷③，困窘织屦，槁项黄馘者④，商之所短也；一悟万乘之主而从车百乘者，商之所长也。"

庄子曰："秦王有病召医，破痈溃痤者得车一乘⑤，舐痔者得车五乘⑥，所治愈下，得车愈多。子岂治其痔邪，何得车之多也？子行矣！"

鲁哀公问乎颜阖曰："吾以仲尼为贞干⑦，国其有瘳乎⑧？"

曰："殆哉圾乎⑨！仲尼方且饰羽而画，从事华辞，以支为旨，忍性以视民^⑩，而不知不信。受乎心，宰乎神，夫何足以上民！彼宜女与？予颐与^⑪？误而可矣。今使民离实学伪，非所以视民也。为后世虑，不若休之。难治也！"

施于人而不忘^⑫，非天布也。商贾不齿，虽以事齿之，神者弗齿。

为外刑者，金与木也；为内刑者，动与过也。宵人之离外刑者^⑬，金木讯之；离内刑者，阴阳食之^⑭。夫免乎外内之刑者，唯真人能之。

注 释

①曹商：人名。②说：通"悦"，愉悦，高兴。③厄巷：指狭窄的小巷。④黄馘：面黄肌瘦的样子。⑤痛、痤：脓疮之类的。⑥舐：即舔。⑦贞幹：即桢幹，古时候筑墙时用的木条，竖立在两端叫"桢"，竖立在两旁叫"幹"。⑧瘳：病愈。⑨圾：通"岌"，危，危险。⑩视民：即示民。视，通"示"。⑪宜：适，合适。颐：养。⑫施：施恩泽。⑬宵：小。⑭食：通"蚀"，侵蚀，腐蚀。

译 文

宋国有一个叫曹商的人，替宋国君主去出使秦国。他在前往秦国的时候，只有宋君赠送的几辆车子。由于取悦了秦王，又加赐了百辆车子。曹商回到宋国后，去拜见庄子，说："居于偏僻狭窄的小巷，贫苦到靠编织麻鞋来养活自己，脖颈干瘪而面黄肌瘦，在这方面我不如别人；一旦能使大国的君主醒悟，那随从的车辆便可达百乘之多，这又是我的过人之处。"

庄子说："我听闻秦王有病，召请属下的医生去诊治，但凡能破脓疮的便可得车一乘，舔治痔疮的便可得车五乘，医治的部位越卑下，可得的车辆就越多。你是舐过秦王的痔疮了吗？怎么得到这么多的车辆呢？你离开吧！"

鲁哀公问颜阖道："我如果把仲尼任用为大臣，国家有希望治理好了吧？"

颜阖说："危险啊，着实危险！仲尼一心想着矫饰装扮，追求伪学，把谬误看成是要旨，压抑心性并以此夸示于百姓，进而会使人不理智也不诚信；在内心承受这种做法，并掌控着心神，怎么能治理好百姓呢！仲尼之道真就适合你吗？抑或是你认为他的主张真能养育百姓？这种想法真是大错特错。当下让百姓背离真情而学习伪作，这不是能引导百姓的好办法，为后世子孙考虑，不如早早打消这种想法。孔丘难以治理好国家。"

施予别人恩泽却忘不掉，远不是自然对万物的赐予。施恩不忘的行为，还不如商人，即使有某些事情必须与他往来，但内心也是看不起他的。

施在皮肉上的刑罚，大多是金属或木质的刑具；施在心里的刑罚，则是自身的烦扰和行为的过错。小人遭受皮肉之苦，是因为用刑对其加以拷问；小人内心遭受刑罚，则是阴阳二气郁积所导致的侵害。能免于内外刑罚的，只有真人做得到。

原文

孔子曰："凡人心险于山川，难于知天。天犹有春秋冬夏旦暮之期，人者厚貌深情①。故有貌愿而益②，有长若不肖，有慎懁而达③，有坚而缦④，有缓而钎⑤。故其就义若渴者，其去义若热。故君子远使之而观其忠，近使之而观其敬，烦使之而观其能，卒然问焉而观其知，急与之期而观其信，委之以财而观其仁，告之以危而观其节，醉之以酒而观其则⑥，杂之以处而观其色。九征至⑦，不肖人得矣。"

正考父一命而伛⑧，再命而偻，三命而俯，循墙而走，孰敢不轨！如而夫者，一命而吕钜⑨，再命而于车上儛⑩，三命而名诸父，孰协唐许⑪！

贼莫大乎德有心而心有睫⑫，及其有睫也而内视，内视而败矣。凶德有五，中德为首⑬。何谓中德？中德也者，有以自好也而吡其所不为者也⑭。

穷有八极，达有三必，形有六

● 任用三杰

府^⑮。美、髯、长、大、壮、丽、勇、敢，八者俱过人也，因以是穷。缘循、偃佒^⑯、困畏不若人，三者俱通达。知慧外通，勇动多怨，仁义多责，六者所以相刑也。达生之情者傀^⑰，达于知者肖^⑱，达大命者随，达小命者遭。

【注 释】

①**厚貌**：容貌深厚，形容善于掩饰。**深情**：情感深藏，形容难以揣量。②**愿**：谦虚老实。③**悁**：通"狷"，性急。④**缦**：通"慢"，弱，软弱。⑤**钎**：通"悍"，凶悍。⑥**则**：规矩。⑦**征**：检验，检查。⑧**正考父**：孔子的远祖，宋国大夫。⑨**吕**：脊骨。**钜**：自大，强大。⑩**僛**：通"舞"。⑪**协**：合。⑫**贼**：害，坏。**睫**：睫毛，这里指眼睛被遮蔽。⑬**中德**：指心，因心位于人的中部，所以称心为中德。⑭**吡**：指责，斥责。⑮**形**：通"刑"。⑯**偃佒**：俯仰顺从的样子。佒，通"仰"。⑰**傀**：伟，伟大。⑱**肖**：小，渺小。

【译 文】

孔子说："人心比那山川还要险恶，比天象还难揣测；自然界尚有四季和早晚更替的一定规律，可人却复杂多变而难以捉摸情感。有的人外表看起来老实而内心却十分骄逸，有的人外表看起来宽厚如长却心术不正，有的人外表拘束却通晓事理，有的人外表坚强却懒惰涣散，有的人外表舒缓却内心强悍。所以人们追求仁义犹如口干舌燥而思饮泉水，而他们摒弃仁义也犹如逃离灼热躲避烈焰。因此君子总是从远处审察他们任职的时候是否忠诚，抑或是使人就近做事而审察他们是否恭敬，抑或是使人处理繁杂事务而审察他们是否有才干，抑或是突然向人提问而审察他们是否有才智，抑或是交托时间紧迫的任务而审察他们是否守信用，抑或是把财物交托给他们而审察其是否廉洁，抑或是告诉他们危难而审察其是否保持操守，抑或是用醉酒的方法来审察他们的仪态，抑或是用男女杂居的方法来审察他们对待女色的态度是否端正。以上的九种表现一一得到检验之后，那些不好的人自然就挑出来了。"

正考父在被任命为士的时候，遇人就弯着腰，在被任命为大夫的时候，就深深地低下头，在被任命为卿的时候，更是谦恭地俯下身子而沿着墙根快步走路，像正考父态度这般谦下，谁还能干出不轨之事！假若是寻常的世人，被任命为士就会自矜自持，被任命为大夫就会高兴地在车上手舞足蹈，被任命为卿就要直呼叔伯之名了，像这样的人，谁会把他与唐尧、许由那样谦卑的人相比呢？

最大的祸患莫过于着意培养德行而心有所遮蔽，等心神受到了蒙蔽就会以主观意愿来做事，而只凭主观意愿做事就定会失败。招致凶祸的感官有心、耳、眼、舌、鼻这五种，心则是祸患之首。什么叫作心的祸患呢？所谓心的祸患，就是指自以为是而非议自己所不赞成的事情。

　　困苦窘迫源于八个方面，顺利通达则基于三种情况的必然因素，就像形体一定会具备六个脏腑一样。美丽、须长、高大、魁梧、健硕、标致、勇猛、果敢，八个方面都远远胜过他人，于是便依仗傲人而导致困苦窘迫。因循顺遂、俯仰从人、困苦软弱而又态度谦卑，三种情况都齐备了便能遇事通达。自恃聪慧而炫耀于外，勇武躁动则必多仇怨，推广仁义则必多非难。通晓生命真情的人心胸广阔，通晓真知的人心神虚无豁达，通晓长寿之道的人顺应自然，通晓生命短暂之理的人也能与世无争。

原　文

　　人有见宋王者，锡车十乘[①]，以其十乘骄稚庄子[②]。庄子曰："河上有家贫恃纬萧而食者[③]，其子没于渊，得千金之珠。其父谓其子曰：'取石来锻之[④]！夫千金之珠，必在九重之渊而骊龙颔下[⑤]，子能得珠者，必遭其睡也。使骊龙而寤，子尚奚微之有哉！'今宋国之深，非直九重之渊也；宋王之猛，非直骊龙也；子能得车者，必遭其睡也；使宋王而寤，子为虀粉夫[⑥]！"

　　或聘于庄子，庄子应其使曰："子见夫牺牛乎[⑦]？衣以文绣，食以刍叔[⑧]，及其牵而入于大庙，虽欲为孤犊，其可得乎！"

　　庄子将死，弟子欲厚葬之。庄子曰："吾以天地为棺椁，以日月为连璧[⑨]，星辰为珠玑，万物为赍送[⑩]。吾葬具岂不备邪？何以加此！"

　　弟子曰："吾恐乌鸢之食夫子也[⑪]。"

　　庄子曰："在上为乌鸢食，在下为蝼蚁食，夺彼与此，何其偏也！"

　　以不平平[⑫]，其平也不平；以不征征[⑬]，其征也不征。明者唯为之使，神者征之。夫明之不胜神也久矣。而愚者恃其所见入于人，

其功外也,不亦悲乎!

注 释

①锡:赐。②稚:骄,骄傲。③纬:织。萧:蒿草。④锻:锤击,锤烂。⑤骊龙:即黑龙。颔:下巴。⑥糜粉:细碎的粉末,寓指粉身碎骨。⑦牺牛:指古代祭祀的三个月之前养的牛。⑧刍:草。叔:大豆。⑨连璧:连接在一起的璧玉。⑩赍:送葬品。⑪鸢:老鹰。⑫平:平治。⑬征:应,应验。

译 文

有个拜访过宋君的人,宋君赏赐给他车辆十乘,他依持着这些车辆在庄子面前显耀。庄子说:"河上有一户靠编织苇席为生的贫苦人家,他儿子潜到深渊里,获得一枚价值千金的珠子,于是父亲就对儿子说:'去拿一块儿石头锤坏这颗珠子!价值千金的珠子,一定是源自潭渊之中的黑龙的下巴之下,你能轻易地得到这样的珠子,一定是恰好赶上黑龙睡着了。假若黑龙醒了,你还能活着回来吗?'当前宋国的险恶,远超过那深深的潭渊;而宋君的凶残,也远超过黑龙。你能从宋君那获得十乘车辆,也一定是赶上宋君睡着了。假若宋君醒了过来,你必会粉身碎骨。"

有人去聘请庄子,庄子回复他派遣的使者说:"你曾见过那准备用来祭祀的牛吗?用刺有花纹的丝绸披着,给它吃草料和大豆,等牵着走到太庙并杀掉它用于祭祀的时候,就是想做个没人看管的小牛,又怎么可能呢?"

庄子将死,弟子们计划着用很多东西作为他的陪葬品。庄子说:"我以天地为棺椁,以日月为连璧,以星辰为珠玑,万物都是我的陪葬品。这些陪葬的东西难道还不齐备吗?哪里还需要再加上别的东西!"

弟子说:"我们担心乌鸦与老鹰会啄食先生的遗体。"

庄子说:"把尸体放在地面会被乌鸦与老鹰吃掉,埋藏于地下会被蚂蚁吃掉,夺取乌鸦与老鹰的吃食之后再送给蚂蚁,怎么能这么偏心呢!"

以偏见来追求均平,这种均平绝不是真正的均平;以人为的感觉去应验外物,这种应验也绝不可信。自以为聪颖的人只会受外物的驱使,精神超然脱俗的人才能自然地应验。自以为聪颖的人早就比不上精神超然脱俗的人,可那蒙昧之人还依持偏见而沉溺于俗事,他们的功业只在于追求外物,这不是很可悲吗!

天 下

《天下》出自《庄子》杂篇,是《庄子》一书的序言,也是研究中国先秦哲学史的重要文献资料。

文章首先探讨了学术上道术和学术之间的区别，指出只有天人、圣人、神人以及至人才能通达道术，而学术则是各门各派具体的、片面的思想；随后，罗列了墨家学派、宋尹学派、法家学派的学说，指出其多为偏执一方之术；接着，阐释关尹和老聃的道家思想，充分赞扬了他们的学说观点和谦卑的处世态度；最后，概括了庄周的思想、批判了各名家的学说。本篇言论虽有一定的偏颇，但也可看成是对先秦学术的总结。

原 文

天下之治方术者多矣，皆以其有为不可加矣！古之所谓道术者，果恶乎在？曰："无乎不在。"曰："神何由降？明何由出？" "圣有所生，王有所成，皆原于一。"

不离于宗①，谓之天人；不离于精，谓之神人；不离于真，谓之至人。以天为宗，以德为本，以道为门，兆于变化②，谓之圣人；以仁为恩③，以义为理，以礼为行，以乐为和，薰然慈仁④，谓之君子；以法为分，以名为表，以参为验⑤，以稽为决⑥，其数一二三四是也，百官以此相齿⑦；以事为常，以衣食为主，蕃息畜藏⑧，老弱孤寡为意，皆有以养，民之理也⑨。

古之人其备乎！配神明，醇天地⑩，育万物，和天下，泽及百姓，明于本数⑪，系于末度⑫，六通四辟，小大精粗，其运无乎不在。其明而在数度者，旧法、世传之史尚多有之；其在于《诗》《书》《礼》《乐》者，邹鲁之士、搢绅先生多能明之⑬。《诗》以道志，《书》以道事，《礼》以道行，《乐》以道和，《易》以道阴阳，《春秋》以道名分。其数散于天下而设于中国者⑭，百家之学时或称而道之⑮。

天下大乱，贤圣不明，道德不一。天下多得一察焉以自好⑯。

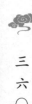

譬如耳目鼻口，皆有所明，不能相通。犹百家众技也，皆有所长，时有所用。虽然，不该不遍^⑰，一曲之士也。判天地之美，析万物之理，察古人之全。寡能备于天地之美，称神明之容。是故内圣外王之道，暗而不明，郁而不发，天下之人各为其所欲焉以自为方。悲夫！百家往而不反，必不合矣！后世之学者，不幸不见天地之纯，古人之大体，道术将为天下裂。

● 桑林祷雨

杂篇

注 释

①宗：根本，指道之根本。②兆：用作动词，指预示，预兆。③恩：恩泽，恩惠。④薰然：南风温和吹拂的样子。⑤参：综合比较。⑥稽：考核，考查。决：判断。⑦齿：次第，序列。⑧蕃：繁殖。畜：储蓄。⑨理：人之常情。⑩醇：通"准"。⑪本数：大道之根本。⑫末度：具体举措。⑬邹、鲁：皆为周代国名。⑭数：大概，大略。⑮称：引，引用。⑯一察：一己之见，一管之见。自好：自以为是。⑰该：通"赅"，齐备，完备。

译 文

　　天下研修学术的人很多，并且都以为自己的学问达到了巅峰。那古时候所说的道术究竟在哪里呢？回答说："无所不在。"又问道："神从何而降？而明又从何而生？"回答说："神圣有神圣的由来，王业有王业的成因，都源于道。"

　　未离根本的，可称作是天人。未离精纯的，可称作是神人。未离本真的，可称作是至人。以天为主宰、以德为宗本、以道为门径、能预知变化的，可称作是圣人。用仁来布施恩泽、把义作为道理、用礼来规范行为、用乐来调和性情、看起来温和慈爱的，可称作是君子。以法规为尺度，以名号为标记，以综合比较为验证，以考察来判断，次第就像一二三四那样明晰，百官依此排列，并以职事为常理，以衣食为宗旨，生产储蓄，关爱老弱孤寡，使其皆有所养，这是治理人民的常理。

古代圣贤都是很完备的啊！合乎神明，仿效自然，滋养万物，润泽百姓，以天道为宗本，以法度为细枝末节，六合四时通畅，事情无论小大精粗，其作用无处不在。古代的道术和法规体制，有很多都保存在世代相传的史书里。一些保存在《诗》《书》《礼》《乐》里的，邹鲁一带的儒家学者大都知晓。《诗》用以述志，《书》用以记事，《礼》用以规范行为，《乐》用以调和性情，《易》用以阐明阴阳，《春秋》用以公正名分。这些法规体制遍布于天下，并设立于四境，百家之学还经常引用称颂它。

天下大乱，圣贤不显，道德分歧而无法统一，天下人多各得一管之见而自以为是。例如耳、目、鼻、口，它们都各有各的功能，但却不能共通。也犹如这百家学说，各有所长，各有所用。即便如此，也不全面，都是些见识浅薄之人。割裂天地之美，离间万物之理，很少能具备天地之大美，匹配神明之形容。因而，内圣外王之道受蔽而无法阐明，郁塞而无法发挥，天下的人随心所欲而自为道术。可悲啊！百家都各行其道而难以回头，定不会合乎大道了。后世的学者，可悲之处就是见不到天地的本真和古人的全貌，道术也将被割裂！

原文

不侈于后世，不靡于万物①，不晖于数度②，以绳墨自矫③，而备世之急。古之道术有在于是者，墨翟、禽滑厘闻其风而说之④。为之大过，已之大循。作为《非乐》，命之曰《节用》。生不歌，死无服。墨子泛爱兼利而非斗⑤，其道不怒。又好学而博，不异，不与先王同，毁古之礼乐。

黄帝有《咸池》，尧有《大章》，舜有《大韶》，禹有《大夏》，汤有《大濩》，文王有《辟雍》之乐，武王、周公作《武》。古之丧礼，贵贱有仪，上下有等。天子棺椁七重⑥，诸侯五重，大夫三重，士再重。今墨子独生不歌，死不服，桐棺三寸而无椁，以为法式。以此教人，恐不爱人；以此自行，固不爱己。未败墨子道⑦。虽然，歌而非歌，哭而非哭，乐而非乐，是果类乎⑧？其生也勤，其死也薄，其道大觳⑨。使人忧，使人悲，其行难为也。恐其不可以为圣人之道，反天下之心，天下不堪。墨子虽独能任，奈天下何！离于天下，其去王也远矣！

墨子称道曰："昔禹之湮洪水⑩，决江河而通四夷九州也⑪。名山三百，支川三千，小者无数。禹亲自操橐耜而九杂天下之川⑫。腓无胈⑬，胫无毛，沐甚雨⑭，栉疾风，置万国。禹大圣也，而形劳天下也如此。"使后世之墨者，多以裘褐为衣⑮，以跂蹻为服⑯，日夜不休，以自苦为极，曰："不能如此，非禹之道也，不足谓墨。"

相里勤之弟子⑰，五侯之徒，南方之墨者若获、已齿、邓陵子之属⑱，俱诵《墨经》，而倍谲不同⑲，相谓别墨。以坚白同异之辩相訾⑳，以觭偶不仵之辞相应㉑，以巨子为圣人。皆愿为之尸㉒，冀得为其后世，至今不决。

墨翟、禽滑厘之意则是，其行则非也。将使后世之墨者，必自苦以腓无胈、胫无毛相进而已矣。乱之上也，治之下也。虽然，墨子真天下之好也，将求之不得也，虽枯槁不舍也，才士也夫！

杂篇

注释

①靡：浪费。②晖：显耀，炫耀。③绳墨：法度，规矩。矫：劝勉，勉励。④墨翟：战国时期鲁国人，是墨家学派的创始人。禽滑厘：墨子的门徒。说：通"悦"。⑤泛爱：指兼爱。兼利：使一切人都获得利益。非斗：即非攻。⑥椁：外棺。⑦败：坏，毁。⑧类：像。⑨觳：刻，苛刻。⑩湮：塞，堵塞。⑪四夷：四境内的少数民族聚居的地区。⑫橐：盛土的器物。耜：耕土的器具。⑬腓：小腿肚。胈：体毛。⑭沐：原指沐浴，这里指淋雨。甚雨：暴雨。⑮裘：兽皮。褐：粗布。⑯跂：通"屐"，木制的鞋。蹻：用草编织而成的鞋子。⑰相里勤：人名，姓相里名勤，墨家的南方后学。⑱若获、已齿、邓陵子：都是墨家的后学。⑲谲：异，不同。⑳訾：非议，诋毁。㉑觭：通"奇"，单。仵：通"伍"，同。㉒尸：主，领。

译文

不以奢侈影响后世，不浪费万物，不显耀礼法，用规矩来自我劝勉，以应付社会的不时之需。这是古代道术的一个方面，墨翟、禽滑厘都很认同这种道术。但他们实施得太过分，节制得太过度。倡导非乐，倡议节用。生不奏乐，死无丧服。墨子提倡博爱而兼利，并反对一切战争，主张和谐共处；他又好学而渊博，从不标新立异，不追求与先王一致，主张摒弃古代的礼乐。

古时候，黄帝时有《咸池》之乐，尧时有《大章》之乐，舜时有《大韶》之乐，禹时有《大夏》之乐，汤时有《大濩》之乐，文王时有《辟雍》之乐，以及武王和周公作的《武》乐。古时候的丧礼，贵贱有不同的仪法，上下有次第等级，天子的棺椁有七层，诸侯有五层，大夫有三层，士有两层。如今，墨子独自主张生不奏乐，死无丧服，只用三寸厚的桐木棺而不设椁，并把这些作为标准来对待。以此来教育百姓，但恐怕不是爱人之道；自己去施行这些主张，着实是不顾惜自己。虽然墨子的学说有一部分是正确的，但该歌唱时不歌唱，该哭泣时不哭泣，该作乐时不作乐，这难道合乎人之常情吗？活着的时候辛勤劳苦，死后也不厚葬，这种主张太刻薄苛刻了。使人忧虑，使人悲伤，这种主张实行起来是很不易的，恐怕也不是圣人之道，违逆天下人意愿的话，那天下人是不能忍受的。虽然墨子自己能做到，但天下的人无法都如此！违背了天下人，也就是远离了王道。

墨子称赞说："先前禹治理洪水，疏导江河而连通四方九州，大川有三百，支流有三千，小河更是数不胜数。禹亲自持筐拿铲以汇聚天下的河川，劳苦得腿上没有了肉，连小腿上的汗毛都被磨干净了，风吹雨淋，终于平定了天下。禹实在是位大圣人啊，为了天下如此辛劳。"因而他要求后世的墨者，多以兽皮粗布为衣，穿木屐或草鞋，白天黑夜都不停息地劳作，以吃苦为准则，还说："做不到这样，就不合乎禹之道，不足以称作是墨者。"

相里勤的门徒，五侯那类人，南方的若获、已齿以及邓陵子一类的墨者，都吟诵《墨经》，然而却各不相同而有很多分歧，相互称对方为"别墨"。并且还用坚白同异一类的辩题来相互非议，以对立矛盾的言辞相互对立，把巨子奉为圣贤。都心甘情愿地让他做引领者，而希望成为他的继承人，直到现在，还在争论谁是墨家正统的继承者。

墨翟、禽滑厘的本意是好的，但具体的行为太过分了，使后世的墨者，以腿上没有肉、小腿上没有汗毛这种极端辛劳的方式来相互竞进。这种行为是乱国有余而治国不足。即便如此，墨子还是真心实意地爱着天下的，求爱天下而不得，即使劳苦得形如枯槁也不摒弃自己的主张，真是一位有才之人啊！

不累于俗，不饰于物，不苟于人，不忮于众^①，愿天下之安宁以活民命，人我之养，毕足而止^②，以此白心。古之道术有在于是者，宋钘、尹文闻其风而悦之^③。作为华山之冠以自表，接万物以别宥为始^④。语心之容，命之曰"心之行"。以聏合欢^⑤，以调海内。请欲置之以为主。见侮不辱，救民之斗，禁攻寝兵，救世之战。以此周行天下，上说下教。虽天下不取，强聒而不舍者也^⑥。故曰：上下见厌而强见也。虽然，其为人太多，其自为太少，曰："请欲固置五升之饭足矣。"先生恐不得饱，弟子虽饥，不忘天下，日夜不休。曰："我必得活哉！"图傲乎救世之士哉^⑦！曰："君子不为苛察^⑧，不以身假物^⑨。"以为无益于天下者，明之不如已也。以禁攻寝兵为外，以情欲寡浅为内。其小大精粗，其行适至是而止。

注 释

①忮：违逆，违背。②毕足：满足。③宋钘：战国学者，《孟子》作"宋牼"，即《逍遥游》中的宋荣子。④宥：通"囿"，限。⑤聏：柔，和。⑥聒：喧哗，喧扰。⑦图傲：伟大。⑧苛察：苛刻挑剔。⑨假：借，借助。

译 文

不被世俗牵累，不因外物而矫饰，不苟求他人，不与众人发生冲突，一心希望天下安宁而使百姓存活，在生活上获得饱暖，并就此满足，以此来表白意愿，这也是古代道术的一个方面。宋钘、尹文都很认同这种道术。并且还制作了状如华山的帽子以示他们对上下均平的主张，而且还提倡不带偏见地应接外物。用言语来谈论内心的思维，并把它称作是心理活动。以柔和的态度来迎合别人，进而调和天下。同时希望树立以上的主张作为他们行动的纲领。遭受侮辱而不以之为耻辱，消解百姓间的争斗，禁止征伐，平息兵戈。以这种主张来周行天下，上劝君主而下育百姓，虽然人们都不认同，但他们还硬要鼓吹这些主张。即便如此，他们还是为别人思虑得太多，而为自己谋算得太少，说："我们只要五升米的饭就够了。"先生们经常吃不饱，而弟子们也时常挨饿，但仍心系天下，日夜不休。说："我们一定要活下去啊！"

多么伟大的拯救人世的人啊！又说："君子不苛刻挑剔，不使自己随意被外物利用。"他们认为对天下没有裨益的，与其阐明它不如禁止它。他们还把止伐息兵作为外在活动，把清心寡欲作为内在修养，无论是从大方面说还是从细小之处说，他们的所作所为也就到此为止了。

原文

　　公而不党①，易而无私，决然无主②，趣物而不两，不顾于虑，不谋于知，于物无择，与之俱往。古之道术有在于是者，彭蒙、田骈、慎到闻其风而悦之③。齐万物以为首，曰："天能覆之而不能载之，地能载之而不能覆之，大道能包之而不能辩之。"知万物皆有所可，有所不可。故曰："选则不遍④，教则不至，道则无遗者矣。"

　　是故慎到弃知去己，而缘不得已。泠汰于物⑤，以为道理。曰："知不知，将薄知而后邻伤之者也⑥。"谋髁无任⑦，而笑天下之尚贤也；纵脱无行，而非天下之大圣；椎拍辊断⑧，与物宛转；舍是与非，苟可以免⑨。不师知虑，不知前后，魏然而已矣⑩。推而后行，曳而后往。若飘风之还，若羽之旋，若磨石之隧⑪，全而无非，动静无过，未尝有罪。是何故？夫无知之物，无建己之患，无用知之累，动静不离于理，是以终身无誉。故曰："至于若无知之物而已，无用贤圣。夫块不失道。"豪桀相与笑之曰："慎到之道，非生人之行，而至死人之理。适得怪焉。"

　　田骈亦然，学于彭蒙，得不教焉。彭蒙之师曰："古之道人，至于莫之是、莫之非而已矣。其风窢然⑫，恶可而言。"常反人，不见观，而不免于魭断⑬。其所谓道非道，而所言之韪不免于非⑭。彭蒙、田骈、慎到不知道。虽然，概乎皆尝有闻者也。

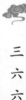

庄子

注 释

①党：偏。②决然：自然顺随流动的样子。③彭蒙、田骈、慎到：皆是先秦时期法家代表人物。④遍：全，都。⑤泠汰：听任自然。⑥薄：鄙薄，轻视。邻伤：即磷伤，意为毁坏，毁伤。⑦谋髁：儿戏，随意的样子。⑧椎、辁：皆是古代的刑具。椎拍辁断，与物宛转之意。⑨苟：姑且。⑩魏然：即巍然，独立不动的样子。⑪隧：转，旋转。⑫竂：指风快速吹过的样子。⑬魠断：即辁断。⑭趆：是。

译 文

公正而不偏党，均平而无偏私，排除主观的决断，顺随外物的变化而不三心二意，没有思虑，也不追求智谋，对万物无所选择地随顺，和它一道变化，这是古代道术的一个方面。彭蒙、田骈以及慎到都很认同这种道术。以齐同万物为首要，说："天能覆盖万物却无法负载，地能负载万物却无法覆盖，大道能包藏万物却无法分辨。"知道了万物都有所能，以及有所不能，因此说："有所选择则定不会全面，有所教导则必有所不及，大道包藏万物则无所遗漏。"

所以慎到抛去己见而顺遂于不得已，把听任自然作为道理。他说："知就是不知，要鄙薄知识，之后再进一步毁弃它。"随便逢迎情势，没有才能却讥笑天下崇尚贤人；放任不羁不修德行，却非议天下的圣贤。刑罚之轻重，顺遂事物的发展而相应地变化，摒弃了是非，才能免除刑罚。不凭靠机巧智谋，不瞻前顾后，方能巍然而独立。推动才往前走，拖拽才向后退，犹如飘风的往返，犹如羽毛的飞旋，犹如磨石的转动，完善而没有差错，动静适度而没有过错，一直都没有罪责。这是什么缘故呢？没有知识的事物，就不会因标榜自己而招来祸患，不会因运用智慧而受到牵累，动静都合乎自然之理，所以终生都不会有毁誉。因此说："达到像没有知识的事物那样就可以了，用不到圣贤，就像那无知无识的土块不会偏离大道。"豪杰们相互讥笑他说："慎到的主张无法适用于活人而只适用于死人。实在是让人感到怪异。"

田骈也是如此，受学于彭蒙，学得了不言之教。彭蒙的老师说："古代得道的人，达到了无所谓是非的最高境界。他们的道术就像风迅速吹过一样，哪能用语言来表达呢？"常常违反百姓的意愿，就不会受到人们的敬爱，也仍不免于祸患。彭蒙他们所说的道并不是真正的道，所认同的东西也不都是正确的。彭蒙、田骈以及慎到并不通达道。但是，他们还都大概知道一点儿道。

原 文

以本为精，以物为粗，以有积为不足，淡然独与神明居①。古

之道术有在于是者，关尹、老聃闻其风而悦之[2]。建之以常无有，主之以太一。以濡弱谦下为表[3]，以空虚不毁万物为实。

关尹曰："在己无居[4]，形物自著[5]。"其动若水，其静若镜，其应若响。芴乎若亡[6]，寂乎若清。同焉者和，得焉者失。未尝先人而常随人。

老聃曰："知其雄，守其雌，为天下溪；知其白，守其辱，为天下谷。"人皆取先，己独取后[7]。曰："受天下之垢。[8]"人皆取实，己独取虚。"无藏也故有余"。岿然而有余[9]。其行身也，徐而不费，无为也而笑巧。人皆求福，己独曲全[10]。曰："苟免于咎。"以深为根，以约为纪。曰："坚则毁矣，锐则挫矣。"常宽容于物，不削于人[11]，可谓至极。

关尹、老聃乎，古之博大真人哉！

寂漠无形[12]，变化无常，死与，生与，天地并与，神明往与！芒乎何之[13]，忽乎何适，万物毕罗，莫足以归。古之道术有在于是者，庄周闻其风而悦之。以谬悠之说[14]，荒唐之言[15]，无端崖之辞，时恣纵而不傥[16]，不以觭见之也。以天下为沈浊，不可与庄语。以卮言为曼衍，以重言为真，以寓言为广。独与天地精神往来，而不敖倪于万物[17]。不谴是非，以与世俗处。其书虽瑰玮[18]，而连犿无伤也[19]。其辞虽参差，而諔诡可观[20]。彼其充实，不可以已。上与造物者游，而下与外死生、无终始者为友。其于本也，弘大而辟，深闳而肆；其于宗也，可谓稠适而上遂矣。虽然，其应于化而解于物也，其理不竭，其来不蜕，芒乎昧乎，未之尽者。

注 释

①**淡然**：无心无知的样子。②**关尹**：人名，姓尹名喜，做过函谷关令，所以称之为关尹，是先秦时期道家学派的代表人物，曾出现在《达生》篇中。③**濡**：通"懦"，弱。**表**：外在形式。④**居**：止，滞。⑤**著**：显著，昭著。⑥**芴**：通"忽"。⑦**取后**：甘居于后。⑧**垢**：辱。⑨**峣然**：形容高大的样子。⑩**曲全**：委曲求全。⑪**削**：侵，侵削。⑫**寂漠**：静，静寂。**无形**：虚，虚无。⑬**芒**：通"茫"。⑭**谬悠**：虚远而不可探测。⑮**荒唐**：广大而无法捉摸。⑯**恣纵**：恣意，放肆。**傥**：偏执一方，片面。⑰**敖倪**：轻视，轻蔑。⑱**瑰玮**：奇伟，卓尔不凡。⑲**连犿**：随和温柔的样子。⑳**诚诡**：奇异，奇特。

译 文

以无形之德为精微，以有形之物为粗鄙，以积蓄为不足，恬淡无心地只与大道为一体。这是古代道术的一个方面，关尹、老聃很认同这种道术。他们主张建树在常无常有的基础上，以大道为核心，以柔弱谦卑为外在形式，以空虚而不毁坏万物为实质。

关尹说："自己不存偏私，有形之物就会自然而然地各自彰显。动似流水，静似明镜，反应似回响。忽然似无有，静寂似清虚。一致必和谐，有得必有失。不曾争先而甘居于后。"

老聃说："知道存在着雄强，却持守着雌柔，而甘愿成为天下的沟壑；知道存在着明亮，却持守着暗昧，而甘愿成为天下的山谷。"人人都争先，而自己甘居于后。这是说："承担天下的垢辱。"人人都讲究务实，而自己甘守空虚。这是说："不敛藏就是有余。"多如堆积的高山一样。他立身行事，舒缓而从容镇定，无为而讥笑机巧。人人都祈求福禄，而自己甘愿委曲求全。这是说："姑且免于祸患。"以深藏为宗本，以隐约为纲要。这是说："坚硬的容易毁掉，锐利的容易受挫。"时常宽容待物，从不侵削他人，可以说是达到最高境界了。

关尹、老聃啊！真是古时候的博大真人啊！

道，静寂无形，变幻莫测，死死生生，与天地共存，与神明同往！茫然而不知何往，忽然而不知何去，包罗万物，无所归属。这是古代道术的一个方面，庄子很认同这种道术。他用着虚远而高深莫测的理论，广大而无法捉摸的言论，不着边际的言辞，放纵而不受拘泥，不持一方之见。他认为天下昏暗而污浊，不能说庄重的话，所以以用无心之言而随意推衍，用前辈之言来体现真实，用寄寓之言来阐释道理。只与天地精神交往，却从不傲视万物，不拘执于是非，与世俗和谐共处。他的书虽然写得奇异雄伟却委婉随和而不伤人，言辞虽然变化无常却奇趣可观。他内心充实而思想活跃，上可与大道同游，下可与超脱死生、不分终始的人为友。他阐述的德，广博而通达，深邃而畅达；他阐述的道，谐和妥帖而上合天意。然而，他对于反映事物变化和解释各种事物，还没有达到止境，且也不曾脱离大道，迷惘恍惚，而未能穷尽其中的奥妙。

惠施多方，其书五车，其道舛驳①，其言也不中②。历物之意③，曰："至大无外，谓之大一；至小无内，谓之小一。无厚，不可积也，其大千里。天与地卑④，山与泽平。日方中方睨⑤，物方生方死。大同而与小同异，此之谓'小同异'；万物毕同毕异，此之谓'大同异'。南方无穷而有穷。今日适越而昔来。连环可解也。我知天之中央，燕之北、越之南是也。泛爱万物，天地一体也。"

惠施以此为大，观于天下而晓辩者⑥，天下之辩者相与乐之。卵有毛。鸡有三足。郢有天下。犬可以为羊。马有卵。丁子有尾⑦。火不热。山出口。轮不蹍地。目不见。指不至，至不绝。龟长于蛇。矩不方，规不可以为圆。凿不围枘⑧。飞鸟之景未尝动也。镞矢之疾⑨，而有不行、不止之时。狗非犬。黄马骊牛三。白狗黑⑩。孤驹未尝有母。一尺之捶⑪，日取其半，万世不竭。辩者以此与惠施相应，终身无穷。

桓团、公孙龙辩者之徒，饰人之心⑫，易人之意，能胜人之口，不能服人之心，辩者之囿也。惠施日以其知与之辩，特与天下之辩者为怪⑬，此其柢也⑭。

然惠施之口谈，自以为最贤，曰："天地其壮乎？"施存雄而无术。南方有倚人焉⑮，曰黄缭，问天地所以不坠不陷，风雨雷霆之故。惠施不辞而应，不虑而对，遍为万物说。说而不休，多而无已，犹以为寡，益之以怪，以反人为实，而欲以胜人为名，是以与众不

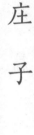
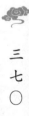

适也。弱于德，强于物，其涂隩矣⑯。由天地之道观惠施之能，其犹一蚊一虻之劳者也。其于物也何庸⑰！夫充一尚可，曰愈贵，道几矣！惠施不能以此自宁，散于万物而不厌，卒以善辩为名。惜乎！惠施之才，骀荡而不得⑱，逐万物而不反，是穷响以声，形与影竞走也，悲夫！

注 释

①舛驳：交错杂乱。②中：中肯。③历：剖析阐述。④卑：低，下。⑤睨：原指斜视，这里指偏斜。⑥观：显示。晓：启发。⑦丁子：指蛤蟆，当时的楚国人叫丁子。⑧枘：榫头。⑨镞矢：箭头。⑩白狗黑：白毛的狗的身上有黑色的眼珠。依据毛色可称为白狗，依据黑色的眼睛又可称为黑狗。⑪捶：通"棰"，杖。⑫饰：掩蔽，蒙蔽。⑬特：特意，专门。⑭柢：大略。⑮倚：通"畸"，怪异。⑯涂：路，道路。隩：本指深曲，这里指狭隘。⑰庸：用。⑱骀荡：放荡，放纵。

译 文

惠施学识渊博，他的藏书多达五车，而道术却交错杂乱，言论也多有不当。他分析叙述事物的性质，说："大到无限的，称作'大一'；小到无限的，称作'小一'。没有厚度，便无法累积，却能扩至千里。天与地一样低，山与泽一样高。太阳刚正中就发生偏斜，万物刚兴起就向灭亡转化。大同与小同是有差异的，因此称为'小同异'；万物完全相同又完全相异，因此称为'大同异'。南方既是无穷的却又是有穷的。今天往越国去而昨天已经到了。连环是可解的。我所知道的天下的中央，在燕国之北和越国之南。兼爱万物，天地融为一体。"

惠施把这些看成是大道理，就炫耀于世并以此来引导辩士，天下的辩者也乐于跟他辩论。蛋里有毛。鸡有三只脚。郢都能包容天下。狗可以变成羊。马是胎生的。蛙有尾。火不热。山有口。轮子不着地。眼睛看不到东西。物与其概念不相称，相称的也没有穷尽。龟比蛇还长。矩不方，规画不圆。凿孔围不住榫头。飞鸟的影子从未移动。飞快的箭头有不动不停的时候。狗不是犬。黄马和骊牛是三个动物。白狗是黑色的。孤驹没有母亲。一尺长的木杖，每天截去一半，万世也截不完。辩士们跟惠施辩论这类辩题，终身都没有穷尽。

桓团、公孙龙都是一些好辩之徒，时常迷乱人心，改变人意，在口舌上战胜他人，却不能使人从心底里信服，这正是辩士的局限。惠施每天凭靠他的智慧与他人辩论，专门与天下的辩士一道提出各种怪异之说，这是他们辩论的大略。

然而惠施夸夸其谈，自认为最具才能，说："天地真比我伟大吗？"惠施虽能雄辩却不明了道术。南方有位叫黄缭的怪人，问天为什么不坠落、地为什么不塌陷，风雨雷电是什么缘故。惠施毫不推托地接受了他的提问，不假思索地应答，广泛地解说天地万物，夸夸其谈，没完没了，还以为说得太少了，又增加了一些怪异的言论。把违背人之常情的东西说成是真实的，只想辩胜别人而获得名声，所以就不合于大众。轻视内在德行的修养，竭力追逐外物，他走的是一条歪门邪道。以天地之道来看惠施的才干，他不过就像是一只蚊虫那样徒劳罢了。对于万物并没有什么用处！充当一家之说还可以，如果尊奉为大道，那大道就差不多完了！惠施不安守大道，把心思分散在万物上而不知疲倦，最终因善辩而获得名声。可惜啊！惠施放荡地挥霍自己的才能，而无法取得正道，追随万物而不知回头，这就像是用声音去追随回响，让形体和影子竞走，实在是可悲啊！